江苏省高等学校重点教材

（编号：2021-1-049）

高等教育会计类创新应用型规划教材

Intermediate Financial Accounting

中级财务会计

（第三版）

缪艳娟 主　编
黄爱玲 李亚琴 宋红玉 副主编

东北财经大学出版社
Dongbei University of Finance & Economics Press　大连

图书在版编目（CIP）数据

中级财务会计 / 缪艳娟主编．—3版．—大连：东北财经大学出版社，2023.1（2024.7重印）
（高等教育会计类创新应用型规划教材）
ISBN 978-7-5654-4702-0

Ⅰ．中…　Ⅱ．缪…　Ⅲ．财务会计-高等学校-教材　Ⅳ．F234.4

中国版本图书馆CIP数据核字（2022）第235510号

东北财经大学出版社出版
（大连市黑石礁尖山街217号　邮政编码　116025）
网　　址：http://www.dufep.cn
读者信箱：dufep@dufe.edu.cn

大连东泰彩印技术开发有限公司印刷　东北财经大学出版社发行

幅面尺寸：185mm×260mm　字数：611千字　印张：25.75
2023年1月第3版　2024年7月第2次印刷

责任编辑：王　莹　周　慧　责任校对：尚玉影
封面设计：冀贵收　版式设计：原　皓

定价：58.00元

教学支持　售后服务　联系电话：（0411）84710309

如有印装质量问题，请联系营销部：（0411）84710711

第三版前言

《中级财务会计》（第二版）获扬州大学重点教材立项，自2019年8月出版以来多次重印，表明本教材得到相关师生的认可。本教材自第二版出版至今已三年有余，在这期间，国家加大了对高校课程思政的重视力度，教育部2020年5月发布的《高等学校课程思政建设指导纲要》要求深度挖掘和提炼专业知识体系中所蕴含的思想价值和精神内涵，科学合理拓展专业课程的广度、深度，增加课程的知识性、人文性，防止专业教育和思政教育"两张皮""贴标签"现象。编者在多年来的教学和科研过程中也在不断思索和积累，力争将所悟、所得融入本教材第三版的内容之中。本次修订在不改变前两版主要框架的前提下，对教材整体内容进行了不同程度的修改，适当精简了一些可能与高级财务会计重复的内容或赘余的例题，加强了对重难点的阐释。此版的特色主要体现在以下方面：

第一，更新引导案例并由此引出各章主要知识点和思政要点。在每一章开头都增加了有针对性的引导案例，将本章的知识点及思政要点嵌入其中，并在各章末尾的课程思政专栏的分析中与之呼应。引导案例均由编者根据相应上市公司的公开资料改编而成，如此一来，既可增强书本理论知识与实践应用的联系，也便于有兴趣的读者进一步深挖并进行延展性案例研究。

第二，有机融合课程思政与专业知识。中级财务会计作为经管法类专业的核心课或选修课，本身蕴含着经济、管理、法律多学科知识，为此，我们结合本课程各章诸多专业知识点从不同角度挖掘课程思政内容，除包括较常见的会计信息质量外，还包括引导企业脱虚向实、信守合约、履行社会责任、健全内控等多元思政元素，既将其有机融入专业知识的讲解过程，又在引导案例及课程思政专栏首尾呼应地体现出来。

第三，增加会计准则比较及主要差异分析。由于国内现有的财务会计类教材大多以我国企业会计准则（CAS）为准绳进行会计实务的讲解，而对那些被CAS"废弃"的相关会计规定及实务处理方法只字不提，甚至认为再讲解就是"落伍"，殊不知，在本科教学阶段，不仅要让学生们掌握现行会计准则的要求，更应让学生们知晓会计准则的变迁及其缘由。虽然CAS与国际会计准则（IAS）、国际财务报告准则（IFRS）已实现实质趋同，但在某些方面仍存在一些差异，理解这些差异存在的原因对更好地理解我国企业会计准则及其实施与所处社会经济环境的适用性具有重要意义。此外，我国有为数众多的小企业，作为我国社会经济中不可忽视的重要力量，它们执行的是财政部于2011年10月18日发布、自2013年1月1日起实施的《小企业会计准则》，了解其与CAS的差异及其原因对学生们理解小企业财务报告目标及作用都非常必要，也有助于增强学生们在日后工作中的适应能力。为此，我们在修订此版时在各章章末增加了CAS与IAS及我国小企业会计准则的比较。

第四，增加专业知识的广度和深度。一方面，编者将自己对相关会计理论与实务的所思所悟融入教材相应章节，让读者在使用教材的过程中既能知其然又能知其所以然。另一方面，为拓展视野、培养思辨能力，对于一些较难理解或目前尚有争议的知识点，我们提供了推荐阅读文献，便于开展研究型教学。

第五，新增课后练习。我们从以往单独印制的配套习题册中抽取具有典型性和代表性的习题附在各章末尾，便于学生们课后巩固复习，并将参考答案以二维码形式提供，以便对照掌握。

本书由缪艳娟担任主编，黄爱玲、李亚琴、宋红玉担任副主编，主编确定全书修订思路后多次与副主编讨论、沟通。修订具体分工如下：第一、四、五、八章及第十四章引导案例及第四至六节由缪艳娟教授修订；第二、三、六、七章及第十四章第一至三节由黄爱玲副教授修订；第十、十一章由李亚琴副教授修订；第九、十二、十三章由宋红玉副教授修订。修订初稿完成后，由主编提出修改建议，四位编者多次讨论、反复沟通后再进一步修改，最后由主编对全书进行总纂。本书在修订过程中参考了大量相关教材、论著及企业会计准则讲解等，在此向相关作者深表谢意，但若有疏漏，文责自负。

全书知识结构图

尽管编者已尽量细致和努力，但书中难免有不足之处，恳请读者和同行专家批评指正，以便日后进一步完善。

本教材获得2021年江苏省高等学校重点教材立项，在此特别致谢！

编 者

2022年10月

第一版前言

2006年发布的《企业会计准则》标志着中国企业会计准则除长期资产减值转回、企业合并外，其他方面均实现与国际财务报告准则的实质趋同。我国财政部于2010年4月发布《中国企业会计准则与国际财务报告准则持续趋同路线图》（以下简称“路线图”），“路线图”承诺中国企业会计准则的修订与制定将与国际财务报告准则项目保持同步。国际金融危机发生后，国际会计准则理事会先后修订和制定发布了多项国际财务报告准则，我国为实现“路线图”中的承诺，保持中国会计准则与国际会计准则的持续趋同，修订和制定了多项企业会计准则，并分别于2014年、2017年陆续颁布与施行。毫无疑问，无论是国际会计准则还是中国企业会计准则的修订和制定进程，一定还会随着企业经济业务模式的不断推陈出新、新经济情况的不断涌现而持续不断地进行下去，这些无疑都会对中级财务会计课程的教与学产生重要影响。另外，我国自2013年以来的“营改增”试点至2016年的全面推开及2017年的简并税率等，也使得这门课程的教材必须要与时俱进、常用常新。我们认为，作为本科教材的《中级财务会计》，其不应仅是企业会计准则的解读，而应有别于会计职称考试或注册会计师考试辅导教材，着眼于本课程知识体系框架的构建，着重于企业日常基本业务的透彻讲解和分析。与此同时，还应让学生理解一些会计实务处理方法变迁的背景和原因，以培养学生的会计思辨能力和探究兴趣。基于以上考虑，我们编写了本教材。

本教材具有以下特色：

第一，吸收会计准则及相关税法最新改革成果。会计实务与会计准则的制定（或修订）及税法的改革密切相关，本书在编写时融入了截至2017年3月底制定（或修订）的企业会计准则及2017年4月底颁布的相关税收政策最新规定，并在每章后面列出本章主要参考法规与准则供读者查阅，力争做到与时俱进。

第二，注重理论与实务相结合。本书充分考虑本科财务会计学科的特点，在紧密结合本领域最新改革成果、讲透基本实务的同时，还注重剖析会计实务处理方法及其变迁的理论缘由，引导学生透过实务更加牢固地掌握理论，学会运用理论解释实务。

第三，清晰梳理知识体系和脉络结构。考虑到本课程知识点多、信息量大，为避免学生学习本课程时只见树木不见森林、陷入支离破碎的知识点的漩涡，本书将每一章应掌握的基本知识结构体系或易于混淆的知识点用二维码的方式在各章章末形象直观地列示出来，以帮助学生提高本课程学习的效果和能力。

第四，融入作者教学和研究的思索。不同于大多数教材千篇一律或中规中矩的范式，本书在有关章节中融入了作者的一些探索和思考，如对现金流量表"传统"直接法的质疑到"真正"直接法的转变及落实等。另外，在大多数章节后面都留有拓展性思考题，可用于引导研究型教与学。

本书由扬州大学缪艳娟担任主编，黄爱玲、李红梅担任副主编，缪艳娟负责全书大纲的拟定并确定编写思路，三位作者共同讨论并确定编写分工情况。具体编写分工如下：第一、四、五、八章及第十四章第四至六节由缪艳娟编写；第二、三、六、七章及第十四章第一至三节由黄爱玲编写；第九、十、十一、十二、十三章由李红梅编写。初稿完成后，三位作者再次讨论并进行修改，最后由缪艳娟对全书进行总纂。本书在编写过程中参考了大量相关教材、论著及企业会计准则讲解等，在此向相关作者深表谢意，若有疏漏，文责自负。

尽管作者已尽心尽力，但书中难免有不足之处，恳请读者和同行专家批评指正，以便日后进一步完善。

编　者

2017年5月

目 录

第一章 总 论

【学习目标】

通过本章的学习，应了解财务会计相对于管理会计的不同；掌握财务会计的目标及财务会计信息的质量特征和要求；重点掌握财务会计确认和计量的含义及会计要素确认和计量的基本原则和标准。了解我国基本会计准则关于会计目标、会计信息质量特征、会计要素等方面与国际会计准则的差异，并理解差异形成的原因，从而为立足于我国社会经济现实进一步修订完善会计准则奠定基本理论基础。

【引导案例】

公允价值计量模式的引入能否提高会计信息质量？

皇庭国际（股票代码000056）由深圳市国际企业股份有限公司（简称深国商）于2015年更名而来，深国商于20世纪90年代在深交所上市。公司通过自持、整租、委托管理等多种方式，为购物中心、商用办公写字楼、酒店管理、公寓等多个商业不动产领域提供综合服务。公司自2012年起引入公允价值计量模式作为其投资性房地产的后续计量模式。公司会计政策规定，每年末公允价值由第三方评估确定，若评估结果与年初相比变动幅度不大（±5%以内），不进行会计处理；若变动幅度较大（超过±5%），则按评估结果调整账面价值并确认公允价值变动损益。

思考：

（1）何为公允价值？公允价值应如何确定？

（2）结合引导案例分析公允价值计量模式的引入是否有助于提高会计信息质量？为什么？

分析提示

第一节 财务会计的特点及基本假设

一、财务会计及其特点

随着公司制企业的兴起，在公司制企业外部形成了比独资、合伙等古典企业更为庞大的多样化利益相关者集团。这些外部利益相关者并不直接参与企业内部经营和管理，但都直接或间接地关心企业的财务状况和经营成果，从而构成企业会计信息的外部使用者集团。这个集团与企业内部会计信息使用者（业主、经理层）并立，两者对会计信息的要求及关注的侧重点不完全相同。为满足其不同需求，现代会计由此产生分野，形成两大分支——财务会计与管理会计。

财务会计主要满足外部信息使用者的需要，故往往称之为对外报告会计；管理会计主要满足内部信息使用者管理决策的需要，故往往称之为对内报告会计。同时，由于外部信息使用者相对于生产和提供会计信息的企业管理层而言，处于信息劣势地位，而作为会计信息提供者的企业管理层，若没有外界的要求和约束，极有可能利用其有利地位做出有损于外部信息使用者的选择。为解决上述矛盾，首先就要求有第三方站在中立的立场制定并提供生产会计信息应遵循的标准（即会计标准，也称之为会计准则）；其次，还应有独立的第三方就会计信息的生产和呈报是否遵循会计标准进行监督和检查（也即目前大家所熟知的注册会计师（CPA）财务报表审计），这样才能确保外部信息使用者较为放心地根据会计信息进行相应的决策。而管理会计的信息提供者和使用者则不存在上述矛盾，故其在生产和提供会计信息时也就不需要受到严格限制，即没有必须遵循的准则，也无需CPA审计。总体而言，与管理会计相比，财务会计存在以下特点：

1.财务会计主要满足外部信息使用者的需要

财务会计主要是应外部信息使用者的需求而产生的，故其首先应满足外部信息使用者的需要，如投资人、债权人、社会公众和政府部门等。显然这些外部信息使用者对企业关注的侧重点各不相同，但有研究显示，能满足投资者、债权人需求的信息，也基本能兼顾其他外部信息使用者的信息需求。需要说明的是，财务会计主要满足外部信息使用者的需求，但这并不排除企业管理层等内部信息使用者对财务会计信息的使用。

2.财务会计必须遵循公认会计准则

由于财务会计信息的提供者与使用者存在着上文所提到的内外部信息不对等地位，并且财务会计信息涉及诸多利益相关团体，因此，财务会计信息的生产和呈报必须遵循公认会计准则，并且该信息质量会受到外部监管部门较为严格的监督和检查。而管理会计信息的提供者和使用者往往较为一致，故管理会计信息的生产和呈报则无须受上述约束。

3.财务会计侧重于过去已经发生的业务

财务会计是对企业已经发生的交易和事项予以确认、计量、记录和报告，以向信息使用者提供反映企业财务状况、经营成果和现金流量的信息。对于尚未发生的交易和事项则不允许在财务会计信息系统中确认和报告，若其可能会影响信息使用者决策的制定，则应在表外披露。而管理会计则着眼于规划未来，侧重于对企业重大经营活动的预测和决策。

4.财务会计的最终产品是着眼于企业整体范围的定期报告

企业对外提供的财务报告必须是站在企业整体的角度，定期（按月、季度、年）提供反映企业整体财务状况、经营成果等方面的总括性信息。而管理会计则可以根据管理的需要确定报告的范围和频率，如可以按照产品、部门或区域等，按日、周、月等较为灵活的频率提供相应信息。

简而言之，财务会计是运用复式簿记系统等专门方法，以公认会计准则为指导，对企业所发生的与资金运动有关的经济业务和事项进行确认、计量、记录和报告，旨在为投资者、债权人等信息使用者提供会计信息的对外报告会计。

随着现代信息技术不断发展、成熟和深化，“大智移云物区”（即大数据、人工智能、移动互联网、云计算、物联网、区块链）时代的到来，信息流与价值流、实物流的实时、同步越来越成为可能，有些大公司已经在一定程度上将其变为现实，财务会计信息系统与管理会计信息系统也将日趋融合，财务会计与管理会计的上述差异和界限也将日趋淡化和弥合。

二、财务会计基本假设

通常所说的会计基本假设其实是指财务会计基本假设，是对企业财务会计核算所处时间、空间等所作的合理假定，是企业财务会计要素确认、计量和报告的前提，以下均简称会计基本假设。会计基本假设包括会计主体、持续经营、会计分期和货币计量。

（一）会计主体

会计主体，也称会计实体，是指会计工作服务的特定对象。其界定了企业会计确认、计量、记录和报告的空间范围。为了向财务报告使用者反映企业财务状况、经营成果和现金流量，提供对决策有用的信息，财务会计应集中反映特定对象的活动，并将其与其他经济实体区别开来。

在会计主体假设下，企业应当对其本身发生的交易或事项进行会计确认、计量、记录和报告，反映企业本身所从事的各项生产经营活动和其他相关活动。明确界定会计主体是开展会计确认、计量、记录和报告工作的重要前提。只有明确了会计主体，才能划定财务会计所要处理的各项交易或事项的范围，才能将会计主体的交易或者事项与会计主体所有者的交易或者事项以及其他会计主体的交易或者事项区分开来，才能明确其会计处理是站在哪个会计主体的角度进行的。例如，甲企业向乙企业销售商品一批，站在甲企业会计主体的角度应作为销售业务进行会计处理，而站在乙企业会计主体的角度则应作为采购业务进行会计处理。再如，甲企业的所有者因私出差，就不属于甲企业这个会计主体所发生的业务，故不应属于甲企业会计核算的范畴。

会计主体与法律主体、报告主体（或称之为编报主体）并不是等同的概念，它们各不相同，但也存在一定的交叉。

一般来说，法律主体必然是会计主体或报告主体，但会计主体或报告主体未必是法律主体。例如，一家公司制企业肯定是一个法律主体，其应当建立财务会计系统，反映其财务状况、经营成果和现金流量，故它亦是一个会计主体。而一个分公司、车间、事业部或合伙制企业一般不具有法人资格，但其仍有必要进行会计核算和加强财务管理，也就是说，它虽不是法律主体但却是会计主体。再如，一家母公司拥有若干子公司，它们共同构成了一个企业集团，母子公司是各自独立的法律主体、会计主体，也是报告主体；同时，为了全面反映企业集团的财务状况、经营成果和现金流量，有必要将企业集团看成一个会计主体，编制合并财务报表，故该企业集团也是一个报告主体。由此可见，在这种情况下，一个报告主体由若干法律主体构成。

（二）持续经营

持续经营，是指在可以预见的将来，企业将会按当前的规模和状态继续经营下去，不会停业，也不会大规模削减业务。在持续经营假设下，会计确认、计量、记录和报告应当以企业持续、正常的生产经营活动为前提。

企业是否持续经营，在会计原则、会计方法的选择上有很大差别。明确持续经营这个基本假设，就意味着会计主体将按照既定用途使用资产并按照既定的合约条件清偿债务。诸多会计原则和会计方法都是建立在持续经营假设的基础上的，如权责发生制、资本性支出与收益性支出的划分等。如果判断企业会持续经营，就可以假定企业取得的固定资产会在生产经营过程中长期发挥作用，故取得时，就应将其作为资本性支出并按历史成本入账，并在使用过程中采用一定的折旧方法，将历史成本分摊到各会计期间及相关产品或服务的成本中去。如果判断一家企业面临破产清算，即不再持续经营，则固定资产就不应采用历史成本记录，亦无须再计提折旧，而应采用清算价进行相应会计处理。

如果一家企业在不能持续经营时仍按持续经营假设选择会计确认、计量、记录和报告的原则与方法，就不能客观地反映企业的财务状况、经营成果和现金流量，就会误导会计信息使用者的经济决策。故《CAS 30——财务报表列报》规定：企业正式决定或被迫在当期或将在下一个会计期间进行清算或停止营业的，则表明以持续经营为基础编制财务报表不再合理，企业应当采用其他基础编制财务报表，并在附注中声明财务报表未以持续经营为基础编制的事实、原因和财务报表的编制基础。

（三）会计分期

会计分期，是指将企业持续经营的生产经营活动划分为一个个连续的、间隔期相同的期间。会计分期的目的在于通过对会计期间的划分，将持续经营的生产经营活动划分成连续、相等的期间，据以结算盈亏，按期编报财务报告，从而及时向财务报告使用者提供有关企业财务状况、经营成果和现金流量等信息。

在会计分期假设下，企业应当划分会计期间，分期结算账目和编制财务报告。会计期间通常分为年度和中期。中期，是指短于一个完整的会计年度的报告期间，如月、季、半年等。我国采取与公历日历相一致的会计期间。

正因为有会计分期假设，才有本期和非本期之分，也才有权责发生制和收付实现制等不同的记账基准，才有应收和应付款项、预收和预付款项之分，才有折旧、摊销等会计处理方法，而这一切又与持续经营假设密不可分，没有持续经营假设就没有会计分期假设存在的必要。

随着现代信息技术的发展，信息技术高度融入经济社会，信息的实时化正在变为现实，会计分期的间隔期将可能随着管理的需要而日益细分和动态调整，从而使得财务会计提供会计信息的频率可以根据信息使用者的需求而及时调整。

（四）货币计量

货币计量，是指会计主体在会计确认、计量、记录和报告时以货币计量，反映会计主体的生产经营活动。货币计量假设，就是假定货币是最好的计量工具。

在会计的确认、计量、记录和报告过程中，之所以选择货币为基础进行计量，是由货币本身的属性决定的。货币是商品的一般等价物，是衡量一般商品价值的共同尺度，具有价值尺度、流通手段、贮藏手段和支付手段等职能。其他计量单位，如重量、长度等，只能从一个侧面反映企业的生产经营情况，无法在量上进行汇总和比较，不便于会计计量和经营管理，只有选择货币尺度进行计量，才能较为综合、充分地反映企业的生产经营情况，所以，目前为止，各国会计准则均规定，会计确认、计量、记录和报告应选择货币作为计量单位。

货币计量假设除了假定货币是最好的计量工具这层含义外，还有假定币值不变的另一层含义。否则，若突破这一层假定，则需要运用物价变动会计进行会计处理和报告。

随着现代信息技术的发展，其他非货币计量工具也将可能越来越多地运用于会计信息系统。譬如对于林业企业而言，其拥有的森林树木不仅具有经济价值，更具有绿色环保功能，这时就需要借助现代信息技术测量其在碳会计等方面的价值和能力，如此，非货币计量将成为货币计量以外极其重要的计量工具和单位。

第二节 财务会计目标及信息质量要求

一、财务会计目标

会计目标是在对会计本质认识的基础上，人们以主观要求形式提出来的客观存在范畴，其核心问题是“会计应该为谁提供什么样的信息”。由于会计通常被分为财务会计（对外会计）与管理会计（对内会计）两大分支，故其目标也会存在一定差异。本教材着重就前者展开讨论。一般认为，财务会计目标，也即财务报告目标，是指企业编制的财务报告应该向谁提供、其应该具备什么样的质量特征。前者决定后者，后者为前者服务，而会计信息的质量特征又决定着会计要素的确认和计量原则以及基础等，所以说财务报告目标是财务会计系统的核心与灵魂，也是确定财务会计概念框架的起点。财务报告目标对财务会计规范的建立和发展起着导向性作用。考察会计目标，离不开与会计目标密切相关的会计环境。

关于财务报告目标，现在通常有以下两种代表性观点，即受托责任观和决策有用观。

（一）受托责任观

受托责任观可以被看作财务报告最初始的目标，主要形成于公司制企业发端与盛行时期，这时的委托代理关系比较清晰。由于在公司制下，公司财产的所有权与经营权分离，财产所有者将财产投入公司后可以不再直接参与公司的经营决策，而是委托给公司管理层或职业经理人管理，公司管理层作为受托责任人享有对公司财产的自主经营和处置权，但其必须定期向委托者报告其履行受托责任的情况，财务报告则肩负着在受托人和委托人之间架起桥梁的作用。这就是基于公司制企业财务报告的受托责任观的基本含义和缘由。

（二）决策有用观

决策有用观是在受托责任观的基础上发展起来的，其主要源于资本市场的发展。随着公司制企业的发展，股权交换和流通显得越来越迫切，资本市场顺应其需要，获得了长足发展。而资本市场的发展又进一步使公司股权交易愈加活跃，公司的股权也愈加分散。为数众多的拥有分散股权的中小投资者更是不可能也不愿意直接参与企业的经营管理和决策，其更多的是采取“用脚投票”的方式对企业经营管理层的履职情况和表现投票表决，而其投票表决的直接依据即为公司的财务业绩和市场业绩。公司财务业绩主要通过公司财务报告这一载体向市场上现有及潜在的投资者进行传递，进而可能会影响公司的市场业绩。由此可见，在此情形下，财务报告扮演着负责向投资者传递其是否买卖公司股票的决策信息的重要角色。

财务报告目标的受托责任观和决策有用观各有侧重。在受托责任观下，财务报告目标主要在于反映企业管理层受托责任的履行情况，为此，财务会计信息更侧重于可靠性，会计计量主要采用历史成本计价原则；在决策有用观下，财务报告目标是为决策者提供决策有用的信息，故财务会计信息更侧重于相关性，如果采用其他计量属性能够提供更加相关的信息，则财务会计系统会较多地采用除历史成本之外的其他计量属性。

决策有用观作为会计目标首次被正式提出至今也只有五十多年时间，美国会计学会（AAA）在其1966年出版的《基本会计理论公告》中首次提出决策有用的概念，至1978

年才被美国财务会计准则委员会（FASB）明确为会计基本目标。然而，随着经济全球化及会计准则国际化进程的推进，从国际财务报告准则及全球大多数国家会计准则和会计实务发展来看，目前决策有用观似乎日渐占上风且有独占鳌头的趋势。

会计目标会受到其所处社会、经济、政治、文化、法律制度等诸多因素的影响，因此，考察会计目标必须立足于会计所服务的社会经济环境，而不能盲目跟风。国际会计准则制定机构——国际会计准则委员会（IASC）于1973年初创时即主要由七个西方发达国家主导，其制定的会计准则主要基于发达的资本主义市场经济环境。随着国际会计准则运用范围的日益扩大，对IASC改组为更具代表性及更具独立性组织的要求不断提高，2001年在原IASC基础上改组成立了国际会计准则理事会（IASB）。改组后的组织架构中受托人和理事会处于中心地位。虽然IASB成员比原IASC成员更具代表性（有来自各大洲及新兴市场经济国家代表），但受托人几乎都是国际金融界专家，其不仅负责筹措资金和监督理事会活动，而且拥有对IASB章程修订的唯一决策权。于2008年金融危机后成立的监事会，其成员也大多是国际金融监管机构及发达国家金融监管部门的负责人。鉴于上述种种原因，国际会计准则（IAS）及国际财务报告准则（IFRS）（IASB于2001年之后发布的）均带有较为明显的服务于金融市场经济的烙印。

我国坚持走中国特色社会主义道路，坚持中国特色社会主义市场经济改革和发展方向，市场在资源配置中起决定性作用，更好发挥政府作用。自党的十八大、十九大以来，一直强调深化金融体制改革，建立健全支持实体经济发展的现代金融体系。建设现代化经济体系，必须将发展经济的着力点放在实体经济上，建立和发展多层次资本市场体系必须围绕服务于发展实体经济和创新型经济这一大局。大力发展资本市场虽然是我国金融体系改革的主要任务之一，但在相当长时期内，从银行等金融机构间接融资仍将是我国绝大多数企业融资的主要渠道，从资本市场上直接融资尚不可能成为我国绝大多数企业融资的主流渠道。

因此，无论是从会计产生之本源需求来看，还是从我国社会经济发展之现实来看，都不应该忽视或弱化受托责任目标，毕竟上市公司和非上市公司在我国国民经济中各有千秋，我国财务报告目标必须兼顾受托责任观和决策有用观。

我国企业会计准则指出，企业财务报告的目标是向财务报告使用者提供与企业财务状况、经营成果和现金流量等有关的会计信息，反映企业管理层受托责任的履行情况，有助于财务报告使用者做出经济决策。这表明，我国财务报告目标确实兼顾了受托责任观和决策有用观。同时，我国企业会计准则明确指出，财务会计报告使用者包括投资者、债权人、政府及相关部门和社会公众等。政府及相关部门包括各级财政、税务、国有资产监督管理委员会、证券监督管理委员会等部门。

二、财务会计信息质量要求

财务会计目标解决了财务会计主要应向谁提供会计信息，提供的信息应该发挥什么样作用的问题。要想实现上述目标，就必须对财务会计信息质量提出应有的要求或标准。

会计信息质量要求是对企业财务报告中所提供会计信息质量的基本要求，是使财务报告所提供的会计信息对投资者等信息使用者决策有用应具备的基本特征，也相当于是财务会计系统在提供会计信息时应当遵循的基本原则和要求。其主要包括可靠性、相关性、可理解性、可比性、实质重于形式、重要性、谨慎性和及时性等八大基本特征和要求。

（一）可靠性

可靠性要求企业应当以实际发生的交易或事项为依据进行确认、计量、记录和报告，如实反映符合确认和计量要求的会计要素及其他相关信息，保证会计信息真实可靠、内容完整。

会计信息要有用，必须以可靠性为基础。如果财务报告所提供的会计信息是不可靠的，就难以发挥会计信息在受托责任及业绩考核中的作用，也会对投资者等会计信息使用者的决策产生误导，甚至带来损失。为了贯彻可靠性要求，企业应当做到：

1.以实际发生的交易或者事项为依据进行确认、计量。将符合会计要素定义及确认条件的资产、负债、所有者权益、收入、费用和利润等如实反映在财务报表中，而不得虚构或随意估计经济业务和会计事项。

2.企业所提供的会计信息应当是中立的、无偏的。如果企业在提供会计信息时为了达到事先设定的结果或效果，选择性地提供会计信息以影响信息使用者的决策和判断，就有违会计信息的中立性，这样的会计信息就不具有可靠性特征。

我们认为可靠性是财务会计信息最基本、最重要的质量特征和要求，是会计信息质量的生命线。无数中外财务报告舞弊案件无不向我们昭示，离开可靠性，会计目标将成为无源之水、无本之木。

可靠性与IASB于2018年所提出的如实呈报（faithful representation）有相通之处，但我们认为也存在一定差异，如实呈报不如可靠性那么强调“实际发生”，如公允价值的大量引入，表明即使没有发生实际交易也可以公允价值计量相关资产（尤其是金融资产）的期末价值。

（二）相关性

相关性要求企业提供的会计信息应当与投资者等会计信息使用者的经济决策需要相关，有助于投资者等会计信息使用者对企业过去、现在或未来的情况做出评价或者预测。

会计信息能否发挥其应有的作用，关键看其是否与信息使用者决策相关，能否有助于决策或者提高决策水平。相关的会计信息应当能够有助于使用者评价企业过去的经营业绩、财务状况和现金流量等，以及预测企业未来的财务状况、经营成果和现金流量。

会计信息质量的相关性要求企业在确认、计量、记录和报告会计信息的过程中充分考虑信息使用者的决策模式和信息需要。相关性是以可靠性为基础的，两者之间并不矛盾，不应将两者对立起来。也就是说，会计信息应在可靠性的前提下，尽可能地做到相关，以满足投资者等财务报告使用者的决策需要。

（三）可理解性

可理解性要求企业提供的会计信息应当清晰明了，便于会计信息使用者理解和使用。

企业编制财务报告、提供会计信息的目的在于为信息使用者决策所用，而要想让使用者有效使用会计信息，就应当让其了解会计信息的内涵，理解会计信息的内容，这就要求财务报告所提供的会计信息应当清晰明了，易于理解。只有这样，才能提高会计信息的有用性，实现财务报告目标，满足向投资者等财务报告使用者提供决策有用信息的要求。

由于会计信息是一种专业性较强的信息，在强调会计信息的可理解性要求的同时，还应假定信息使用者具有一定的有关企业经营活动和会计方面的基础知识，并且愿意付出努力去研究这些信息。对于某些复杂的信息，如交易本身较为复杂或者会计处理较为复杂，但如与使用者的经济决策相关，企业就应当在财务报告中充分披露。

（四）可比性

可比性是指企业提供的会计信息应当相互可比，包括纵向可比和横向可比两层含义。

纵向可比是指同一企业不同时期的会计信息之间应当具有可比性。会计信息的纵向可比要求同一企业前后各个不同会计期间发生的相同或者相似的交易或者事项应当采用相同的会计政策，会计政策一经选定不得随意变更。这主要是为了便于财务报告使用者比较企业不同时期的财务报告信息，了解企业财务状况、经营成果和现金流量的变化趋势，全面、客观地评价过去、预测未来，从而做出正确的决策。为确保会计信息的纵向可比，会计准则要求企业不得随意变更会计政策，若国家法律、法规或会计准则等做出修订或有新的要求或者企业会计政策变更后可以提供更可靠、更相关的会计信息的，也可以变更会计政策，但应当在财务报告附注中披露会计政策变更的性质、内容、原因及当期和各列报前期财务报表中受影响的项目名称和调整金额等信息。

横向可比是指不同企业所提供的会计信息之间应当相互可比。会计信息的横向可比要求不同企业应当遵循公认会计准则，对于同类经济业务和事项应当按照会计准则的要求采用相同或类似的会计政策，以确保会计信息生成口径一致、相互可比，这样，不同企业按照相互一致的确认、计量、记录和报告要求提供有关会计信息，便于财务报告使用者对不同企业的财务状况、经营成果和现金流量等进行比较、评价和决策。

（五）实质重于形式

实质重于形式要求企业应当按照交易或者事项的经济实质而不仅仅以交易或者事项的法律形式为依据进行会计确认、计量、记录和报告。

在实际工作中，大多数情况下，企业发生的交易或者事项在经济实质和法律形式上是一致的。但在有些情况下，交易或者事项的外在法律形式与其实质内容会不一致。例如，企业以租赁方式租入的资产，虽然从法律形式来讲承租企业并不拥有其所有权，但是由于租赁合同中规定的诸多条款使得承租企业从经济实质来看能够控制租入资产所创造的未来经济利益，因而，承租企业应当将以租赁方式租入的资产视为自有资产加以管理、核算和反映。

如果企业的会计核算仅按照交易或事项的法律形式进行，而这些形式又没有反映其经济实质，那么，最终结果将不仅不会有利于会计信息使用者的决策，反而会误导会计信息使用者的决策。

（六）重要性

重要性要求企业提供的会计信息应当反映与企业财务状况、经营成果和现金流量等有关的所有重要交易或者事项。这就要求企业会计在对相关交易和事项进行确认、计量、记录时应当区别其重要程度，采用不同的核算和报告方式。对资产、负债、损益等有较大影响，并进而影响财务报告使用者据以做出合理判断和决策的重要会计事项，必须按照会计准则规定的会计方法和程序予以处理，并在财务报告中予以充分披露；对于次要的会计事项，在不影响会计信息真实性和不至于导致财务报告使用者做出错误判断和决策的前提下，可以不必按照严格的会计程序和方法进行处理，而是适当简化处理。之所以强调重要性原则，主要是基于生产和提供会计信息的成本与效益原则的考虑。

在会计实务中，重要性的运用需要依赖会计师的职业判断，应当根据经济交易或事项所处环境和实际情况，从项目的性质和金额两方面加以判断。从性质方面来看，只要该会计事项发生就可能对决策有重大影响的，或者某项会计事项信息的省略或错报会影响财务报告使用者据此做出正确决策的，其就属于具有重要性的会计事项。从金额方面来看，当某一会计事项的发生额达到总资产的一定比例（如5%）时，一般认为其具有重要性。但总体而言，会计信息重要性的判断主要视其对正确决策的影响而定。

（七）谨慎性

谨慎性也称稳健性，要求企业在对具有不确定性的交易或者事项进行会计确认、计量、记录和报告时应当保持应有的谨慎，既不高估资产或者收益，也不低估负债或费用、损失。

如果企业的生产经营和财务活动面临的环境都是确定的，那么，对这些交易和事项的确认、计量、记录和报告也就是确定的，也就无须提出谨慎性原则的要求。但在市场经济环境下，企业的生产经营活动面临着诸多风险和不确定性，如应收款项的可收回性、固定资产的使用寿命、无形资产的使用寿命、售出存货可能发生退货或者返修、企业可能会面临侵权诉讼等，在这些不确定情况下，无论是对资产或收益的确认和计量，还是对负债或费用、损失的确认和计量，都需要基于会计师应有的职业判断。谨慎性就是要求会计师在运用职业判断和估计时，应"充分估计各种风险和损失，不高估资产或者收益，也不低估负债或者费用"，以使财务报告的结果较企业实际情形更为保守。例如，要求企业对可能发生的资产减值损失计提资产减值准备、对售出商品可能发生的保修义务等确认预计负债等，均体现了会计信息质量的谨慎性要求。此外，在财务报告中也应提供尽可能全面的会计信息，特别是对可能发生的风险损失应予以充分披露。

需要注意的是，谨慎性要求"不高估资产或收益，不低估负债或费用、损失"，但并不意味着可以故意低估资产或收益，高估负债或费用、损失，更不能提取秘密准备或故意隐藏利润。

（八）及时性

及时性要求企业对已经发生的交易或者事项，应当及时进行确认、计量、记录和报告，不得提前或延后。

会计信息对于财务报告使用者的经济决策而言是具有时效性的，即便是可靠、相关的会计信息，如果不及时提供，对于使用者的效用也会大大降低，甚至不再具有实际意义。因此，要求企业在会计确认、计量、记录和报告过程中应当贯彻及时性原则。一是要求及时收集会计信息，即在经济交易或者事项发生后，及时收集整理各种原始单据或者凭证；二是要求及时处理会计信息，即按照会计准则的规定，及时对经济交易或者事项进行确认、计量、记录，并编制财务报告；三是要求及时传递会计信息，即按照国家规定的有关时限，及时地将编制的财务报告传递给财务报告使用者，便于其及时使用和决策。

随着现代信息技术的不断发展和深入应用，实时提供信息即将或正在变为现实，及时性将可以得到更好满足。

第三节 财务会计要素及其确认与计量

一、财务会计的确认和计量

财务会计的主要环节就是对会计要素进行确认、计量、记录和报告。因此，财务会计确认与计量（以下分别简称会计确认或会计计量）是财务会计的核心内容，也是财务会计特有的技术。会计确认与计量是密切相关的两个环节，两者既有区别又有联系。

（一）会计确认

1.会计确认的含义

会计确认是指对企业发生的经济活动和事项进行筛选，确定哪些应在会计复式簿记系统中用会计专门语言进行记录和反映的过程。简单来说，会计确认就是指把一个经济业务或事项作为资产、负债、收入和费用等会计要素加以记录并列入财务报表的过程。其不仅包括各会计要素取得时的初始确认，还应包括其随后增减变动的再确认及消失时的终止确认（即注销）。

2.会计确认的标准

一般认为，会计确认应当具备可定义性、可计量性。

（1）可定义性。可定义性，是指被确认的项目只有符合会计要素的定义才能用会计专门语言予以记录和反映。

（2）可计量性。可计量性，是指被确认的项目应具有一个相关的计量属性，足以充分、可靠地以货币单位记录其金额。因为会计要素的确认与计量是会计专门技术中两个密切相关的环节，若其无法计量，则难以用会计专门语言记录和反映。具体来说，符合会计要素定义的经济业务和事项，只有能够用货币进行可靠计量，才能在财务会计系统中予以确认。否则，即使符合会计要素定义，若不能可靠地用货币予以计量，也不能将其确认为会计要素，也就不能在财务报表中列报，至多只能在表外进行披露。

（二）会计计量

会计计量，是指将符合确认条件的会计要素登记入账，并列报于财务报表且确定其金额的过程。一种计量模式通常由计量单位和计量属性两个维度构成。

1.计量单位

任何计量都必须首先确定采用何种计量单位。到目前为止的现阶段来看，就计量技术而言，货币计量单位仍是会计计量的首选。作为计量单位的货币通常是一国或一个地区的法定流通货币，如人民币、美元、英镑等。在不存在恶性通货膨胀的情况下，一般都以名义货币作为会计的计量单位。按名义货币计量的特点是不需要调整不同时期货币购买力而直接采用固定的货币单位计量。

2.计量属性

计量属性是指计量对象的特性或外在表现形式，即计量对象予以数量化的特征。一种计量模式区别于另一种计量模式的标准主要在于计量属性。计量属性的选择是会计计量的核心，不同的计量属性直接影响计量结果，并在很大程度上决定会计信息的质量特征。会计的计量属性主要包括历史成本、重置成本、可变现净值、现值和公允价值等。

（1）历史成本，又称实际成本，是指企业取得或建造某项资产时实际支付的现金或现金等价物的金额。在历史成本计量模式下，资产按照其购置时支付的现金或现金等价物的金额，或者按照购置资产时所付出的对价的公允价值计量。负债按照因承担现时义务而实际收到的款项或资产的金额，或者承担现时义务的合同金额，或者按照日常活动中为偿还负债预期需要支付的现金或现金等价物的金额计量。

（2）重置成本，又称现行成本或现时投入成本，是指如果在现时重新取得相同或类似资产将支付的现金或现金等价物的金额。在重置成本计量模式下，资产按照现在购买相同或类似资产所需支付的现金或现金等价物的金额计量。负债按照现在偿付该项债务所需支付的现金或现金等价物的金额计量。

（3）可变现净值，又称预期脱手价格。可变现净值，是指资产按照其正常对外销售所能收到的现金或现金等价物的金额扣减该资产至完工时估计将要发生的成本、估计的销售费用及相关税金后的金额。在可变现净值计量模式下，资产按现时销售净额计量。

（4）现值，是指在正常经营状态下资产所带来的未来净现金流入量的折现金额。在现值计量模式下，资产按照预计从其持续使用和最终处置中所产生的未来净现金流入量的折现金额计量。负债按照预计期限内需要偿还的未来净现金流出量的折现金额计量。

（5）公允价值，是指市场参与者在计量日发生的有序交易中，出售一项资产所能收到或者转移一项负债所需支付的价格，即脱手价格。在该计量模式下，企业应当按照假定在有序交易中出售资产所能收到的金额或转移负债所需支付的金额计量资产或负债。

有序交易是指资产出售、债务转移或清偿假定是在常规市场条件下发生的，且是在相关资产或负债的主要市场进行的。主要市场，是指相关资产或负债交易量最大和交易活跃程度最高的市场。不存在主要市场的，企业应当假定该交易在相关资产或负债的最有利市场进行。最有利市场，是指在考虑交易费用和运输费用后，能够以最高金额出售相关资产或以最低金额转移相关负债的市场。

需要说明的是，虽然现有教材大多将现值作为计量属性的一种，但其实现值算不上一种真正的会计计量属性。因为任何一种计量属性都必须可用于交易或事项的初始计量，而现值不能，但运用现值技术可以测算得到难以直接从市场上获得的计量属性——公允价值（第二、三级层次的公允价值）。为便于读者掌握现值的概念和含义，本教材仍将其列示于此。

可变现净值，就其本质而言与现行市价是相似的概念，只是因为有些资产就其所处的阶段而言没有现行市价（如未完工的产品等），但若其进一步加工完成后即具有现行市价，这时可运用可变现净值反映其预期价值。

在各种会计计量属性中，历史成本通常反映的是资产或负债过去的价值，而重置成本、可变现净值、公允价值通常反映的是资产或负债的现时成本或者现时价值，它们是与历史成本相对应的计量属性。但不同计量属性之间也存在密切联系，一般来说，历史成本往往是交易发生当时环境下某项资产或负债的公允价值，而在当前环境下某项资产或负债的公允价值往往就是未来环境下某项资产或负债的历史成本。公允价值是各交易或事项发生时最理想的计量属性，只是限于取得条件的不同，其可能有现行市价、重置成本、可变现净值和以公允价值为计量目的的现值等不同的表现形式。

3.不同计量属性的应用

企业在对会计要素进行计量时，一般应当采用历史成本。在某些情况下，为了提高会计信息的质量，实现财务报告目标，允许采用重置成本、可变现净值、公允价值计量的，企业应当保证所确定的会计要素的上述计量属性的金额能够可靠取得和计量，如果这些金额无法取得或者无法可靠地计量，则不允许采用这些计量属性。

（三）会计确认与计量的基础和原则

会计确认与计量的基础或原则，往往也称为会计记账基础或原则。会计记账基础通常有两种，即权责发生制和收付实现制。

1.权责发生制和收付实现制

权责发生制，也称应计制，即凡是应归属于本期的收入和费用，无论本期是否实际收到或付出，均应确认为本期收入和费用。

收付实现制，也称现金制，即均以款项的实际收到或付出为标准确认收入或费用。

由于权责发生制能够真正按照会计期间正确核算和反映各期的盈亏，故企业会计准则规定企业应当以权责发生制为基础进行会计要素的确认、计量、记录和报告，但现金流量表除外，现金流量表应以收付实现制为基础进行编制。

我国政府会计则采用双重记账基础。其中，预算会计采用收付实现制记账基础，财务会计采用权责发生制记账基础。预算会计和财务会计适度分离，又相互衔接，它们共同构成我国政府会计核算体系。

2.历史成本原则及其修正

历史成本原则，也称实际成本原则，是指各项资产应当按交易发生时的取得成本计量。除国家另有规定者外，不得调整其账面价值。其优势是具有可核性，因此，在相当长时期内，它是会计计量最基本的原则。

随着决策有用观财务报告目标日渐为人们所重视，历史成本计量原则的局限性也逐渐暴露，如在某些情况下，历史成本未必能反映企业真实的财务状况。因此，目前企业会计准则允许对历史成本计量原则进行如下修正：（1）在初始计量环节仍坚持历史成本计量原则；（2）在后续计量环节，即在以后各会计期末则分别不同情况进行要求：①对于企业生产经营过程中使用的非货币性资产，如存货、固定资产、无形资产等经营性资产，在期末应当按照成本与可变现净值孰低原则（或账面价值与可收回金额孰低原则）计量，即若前者高于后者（也就是说发生了跌价或减值），应当按其差额计提减值准备并确认减值损失；②对一些具有投资性质且具有活跃市场的资产，如企业持有的股票、债券、基金或投资性房地产等，可以采用期末的公允价值计量，公允价值变动部分计入当期损益或直接计入所有者权益，以便更加真实地反映企业的财务状况。

3.配比原则

企业经营活动会带来一定的经营收入，必然因此要发生相应的经营费用。企业会计准则要求企业取得的收入与其相关的成本、费用应当相互配比。具体来说，收入与费用之间的配比包括因果配比和期间配比两层含义。因果配比是指收入与费用之间要根据因果关系进行直接配比；期间配比是指收入与费用之间应当根据时间上的一致关系进行配比。只有做到因果配比，才能准确核算某产品或生产线等核算对象或单位的盈亏；只有做到期间配比，才能准确核算各会计期间的盈亏。

配比原则往往与收入实现原则、历史成本原则密切相关，这些往往是在利润表观下确认和计量利润所坚持的原则。近年来随着资产负债表观逐渐占上风，利润的确认和计量将可能突破配比原则和收入实现原则，如“公允价值变动损益”项目的出现即是例证。

4.划分收益性支出与资本性支出

收益性支出是指该项支出所产生的效益仅与本会计年度有关。收益性支出在发生当期应当确认为本期费用，计入当期损益，如本期发生的办公费、营销费用。

资本性支出是指该项支出所产生的效益不仅与本会计年度有关，还与以后几个会计年度有关。资本性支出在发生当期应记为一项长期性资产的增加，并在本期及以后各受益期内分期转作费用，如本期购买机器设备或建设厂房发生的支出等。

若将一项收益性支出误记为资本性支出，则会导致少记本期费用，从而多记本期利润和资产；反之，则会导致多记本期费用，从而少记本期利润和资产。由此可见，在进行会计确认和计量时，必须要正确划分收益性支出和资本性支出。正确划分收益性支出与资本性支出，既有助于正确反映企业各期的经营成果（利润），也有助于恰当反映企业特定时点的财务状况（资产及权益）。

需要说明的是，会计确认与计量的基础、原则以及上述会计信息质量特征（也是会计确认和计量时应遵循的原则）并不是截然分开的，而是相互联系并相互影响的。譬如，企业当年发生一笔大额广告支出，就其所产生效应的可能期限来看，应属于资本性支出，但由于这种影响效应存在一定的不确定性，因此，在这种情况下，就得遵循谨慎性原则，将其确认为一项收益性支出，计入当期损益。

二、会计要素的确认和计量

会计要素是根据交易或者事项的经济特征所确定的财务会计对象的基本分类。会计要素按照其性质和内容通常分为资产、负债、所有者权益、收入、费用和利润。其中：资产、负债和所有者权益要素侧重于反映企业的财务状况，也称之为资产负债表要素；收入、费用和利润要素侧重于反映企业的经营成果，也称之为利润表要素。

（一）资产的确认和计量

1.资产的定义及特征

资产，是指企业过去的交易或者事项形成的，由企业拥有或者控制的，预期会给企业带来经济利益的资源。根据资产的定义，资产具有以下几方面特征：

（1）预期会给企业带来经济利益

资产预期会给企业带来经济利益，是指资产具有直接或者间接导致现金和现金等价物流入企业的潜力。这种潜力可以来自企业日常的生产经营活动，也可以来自非日常活动。

预期能给企业带来经济利益是资产的重要特征。如果某一项目预期不能给企业带来经济利益，那么就不能将其确认为企业的资产。前期已经确认为资产的项目，如果不能再为企业带来经济利益，就应将其确认为一项损失并从资产中剔除；如果其为企业带来经济利益的能力下降了，则应计提资产减值准备，抵减资产账面价值，同时确认资产减值损失。

（2）资产应为企业所拥有或者控制

资产作为一项资源，应当由企业拥有或者控制，具体是指企业享有某项资源的所有权，或者虽然不享有某项资源的所有权，但该资源能被企业控制。企业享有资产的所有权，通常表明企业能够排他地从资产中获取经济利益。在有些情况下，资产虽然不为企业所拥有，即企业并不享有其所有权，但企业控制了这些资产，同样表明企业能够从资产中获取经济利益，符合会计上对资产的定义。如果企业既不拥有也不控制资产所能带来的经济利益，就不能将其作为本企业的资产予以确认。

（3）资产是由企业过去的交易或者事项形成的

资产应当由企业过去的交易或者事项所形成。过去的交易或者事项包括购买、生产、建造行为或者其他交易或者事项。只有企业已经发生了的交易或者事项所形成的资产才能确认为本企业的资产。

2.资产的确认

将一项资源确认为资产，需要符合资产的定义，同时应满足以下两个条件：

（1）与该资源有关的经济利益很可能流入企业

从资产的定义可以看出，能给企业带来经济利益是资产的一个本质特征，但在现实生活中，由于经济环境瞬息万变，与资源有关的经济利益能否流入企业或者能够流入多少有时具有不确定性。因此，资产的确认还应与经济利益流入的不确定性程度的判断结合起来。如果根据编制财务报表时所取得的证据，判断与资源有关的经济利益很可能流入企业，那么就应当将其作为资产予以确认；反之，不能确认为资产。

（2）该资源的成本或者价值能够可靠计量

可计量性是会计要素可确认的重要标准之一，对资产要素也不例外，只有当其成本或者价值能够可靠计量时，资产才能予以确认。否则，即使对企业来说是非常重要的资源，也不能确认为企业的资产。譬如，对企业来说非常重要的人力资源，由于其成本或价值难以可靠计量，因此现有财务会计系统无法将其确认为资产。

3.资产的计量

资产计量的目的是使企业在财务报表上正确反映企业所拥有或控制的经济资源的价值，以便为会计信息使用者提供其决策所需信息。企业各项资产的计量一般应当采用历史成本原则。但在某些情况下，为了实现财务报告决策有用观目标，企业会计准则允许对历史成本计量原则进行适当修正。如对于具有活跃市场的金融工具（股票、债券、基金等）及投资性房地产等，若其公允价值能够持续可靠取得，即可按照公允价值予以计量；当企业有些资产的历史成本高于其可变现净值（即资产发生了跌价或减值）时，应当按照其可变现净值计量；在有些情况下当企业资产的历史成本由于各种原因难以取得时，可以采用重置成本予以计量。由此可见，在目前的财务会计系统中，资产计量属性具有多样性，但无论其期末采用何种计量属性，初始计量均应当按照取得时的实际成本计量。

（二）负债的确认和计量

1.负债的定义和特征

负债，是指企业过去的交易或者事项形成的，预期会导致经济利益流出企业的现时义务。根据负债的定义，负债具有以下几方面特征：

（1）负债是企业承担的现时义务

负债必须是企业承担的现时义务，这里的现时义务是指企业在现行条件下已承担的义务。未来发生的交易或者事项形成的义务，不属于现时义务，不应当确认为负债。

这里所指的义务可以是法定义务，也可以是推定义务。法定义务是指具有约束力的合同或者法律、法规规定的义务，通常在法律意义上需要强制执行。例如，企业赊购原材料形成应付账款，企业向银行借入款项形成借款，企业按照税法的规定应当缴纳税款等，均属于企业承担的法定义务，需要依法予以偿还。推定义务是指根据企业多年来的习惯做法、公开的承诺或者公开宣布的经营政策而导致企业将承担的责任，这些责任也使有关各方形成了企业将履行义务承担责任的合理预期。例如，企业多年来一直实施一项销售政策，对于售出商品提供一定期限内的售后保修服务，预期将为售出商品提供的保修服务就属于推定义务，应当将其确认为一项负债。

（2）预期会导致经济利益流出企业

预期会导致经济利益流出企业是负债的一个本质特征，只有在履行义务时会导致经济利益流出企业的才符合负债的定义。在履行现时义务清偿负债时，导致经济利益流出企业的形式多种多样，可以用现金或实物清偿，也可以以提供劳务的形式清偿等。

（3）负债是由企业过去的交易或者事项形成的

负债应当由企业过去的交易或者事项所形成，也就是说，只有已经发生了的交易或者事项形成的义务才能确认为负债。

2.负债的确认

将一项现时义务确认为负债，需要符合负债的定义，同时应满足以下两个条件：

（1）与该义务有关的经济利益很可能流出企业

从负债的定义可以看出，预期会导致经济利益流出企业是负债的一个本质特征。在实务中，履行义务所需流出的经济利益在有些情况下会具有不确定性，尤其是与推定义务相关的经济利益通常需要依赖大量的估计。因此，负债的确认应当与经济利益流出的不确定性程度的判断结合起来，如果有确凿证据表明，与现时义务有关的经济利益很可能流出企业，就应当将其作为负债予以确认；反之，如果企业承担了现时义务，但导致企业经济利益流出的可能性很小，就不符合负债的确认条件，不应将其作为负债予以确认。

（2）未来流出的经济利益的金额能够可靠计量

负债的确认在考虑经济利益流出企业的同时，对于未来流出的经济利益的金额应当能够可靠计量。对于与法定义务有关的经济利益流出金额，通常可以根据合同或者法律规定的金额予以确定。考虑到经济利益流出的金额通常在未来期间，而有时未来期间较长，因此有关金额的计量需要考虑货币时间价值等因素的影响。对于与推定义务有关的经济利益流出金额，企业应当根据履行相关义务所需支出的最佳估计数进行估计，并综合考虑有关货币时间价值、风险等因素的影响予以合理估计。

3.负债的计量

负债计量的目的是使企业在财务报表上正确反映企业所承担的现时义务，从而为会计信息使用者提供用于预测企业未来现金流量和财务风险的相关信息。通常情况下，负债应以合同或协议约定的未来应付金额的现值计量。但是，考虑到成本效益原则，一般对于期限较短的负债不予折现，即在实务中直接以到期值或未来应付金额计量。

（三）所有者权益的确认和计量

1.所有者权益的定义及来源构成

（1）所有者权益的定义

所有者权益，是指企业资产扣除负债后，由所有者享有的剩余权益，是所有者对企业净资产的要求权，也即所有者对企业资产的剩余索取权。其既可以反映所有者投入资本的保值增值情况，又体现了保护债权人权益的理念。

（2）所有者权益的来源构成

所有者权益的来源主要包括所有者投入的资本、其他权益工具、直接计入所有者权益的利得和损失、留存收益等，通常由股本（实收资本）、其他权益工具、资本公积（主要指股本溢价或资本溢价）、其他综合收益、盈余公积和未分配利润等构成。

所有者投入的资本是指所有者投入企业的所有资本，既包括构成企业注册资本或者股本的金额，也包括投入资本超过注册资本或股本部分的金额，即资本溢价或股本溢价，这部分在资本公积中反映。

其他权益工具是指企业发行的除普通股以外的归类于权益工具的各种金融工具，主要包括归类于权益工具的优先股、永续债等。

直接计入所有者权益的利得和损失，是指不应计入当期损益，但会导致所有者权益发生增减变动的，与所有者投入资本或者向所有者分配利润无关的利得或损失，目前通过“其他综合收益”账户反映。

其中，利得是指由企业非日常活动所形成、会导致所有者权益增加的、与所有者投入资本无关的经济利益的流入。损失是指由企业非日常活动所发生、会导致所有者权益减少的、与向所有者分配利润无关的经济利益的流出。利得与损失又分为两大类：一类是直接计入当期损益的利得与损失；另一类则是直接计入所有者权益的利得与损失，如其他权益工具公允价值变动额、其他债权投资公允价值变动额、现金流量套期中套期工具公允价值变动额等。

盈余公积和未分配利润统称为留存收益，是企业历年实现的净利润留存于企业的部分，其高低可以反映企业自我积累能力和水平。

2.所有者权益的确认和计量

所有者权益体现的是所有者在企业中的剩余权益，因此，所有者权益的确认主要依赖于其他会计要素，尤其是资产和负债的确认。所有者权益金额的确定（即计量）也主要取决于资产和负债的计量。此外，由于留存收益等主要与企业利润实现情况有关，故其确认和计量亦与企业的收入、费用要素的确认和计量有关。

（四）收入的确认和计量

1.收入的定义和特征

收入是指企业在日常活动中形成的、会导致所有者权益增加的、与所有者投入资本无关的经济利益的总流入。根据收入的定义，收入具有以下几方面的特征：

（1）收入是企业在日常活动中形成的

日常活动是指企业为完成其经营目标所从事的经常性活动以及与之相关的活动。明确界定日常活动是为了将收入与利得相区分，因为企业非日常活动形成的经济利益的流入不能确认为收入，而应当计入利得。

（2）收入是与所有者投入资本无关的经济利益总流入

收入应当会导致经济利益的流入，从而导致资产的增加。但是在实务中，经济利益的流入有时是所有者投入资本的增加所导致的。所有者投入资本的增加不应当确认为收入，而应当将其直接确认为所有者权益。

（3）收入会导致所有者权益的增加

与收入相关的经济利益的流入应当会导致所有者权益的增加，不会导致所有者权益增加的经济利益的流入不符合收入的定义，不应确认为收入。例如，企业向银行借入款项，尽管也导致了企业经济利益的流入，但该流入并不导致所有者权益的增加，故不应将其确认为收入。

2.收入的确认和计量

（1）收入确认的条件

企业取得收入的形式多种多样，企业应当在履行了合同中的履约义务，即在客户取得相关商品或服务的控制权时确认收入。

客户取得相关商品控制权，是指其能够主导该商品或服务的使用并从中获得几乎全部的经济利益。

（2）收入确认和计量应遵循的原则

企业所取得的收入应当按照权责发生制原则予以确认，并按照实际发生额予以计量。

（五）费用的确认和计量

1.费用的定义和特征

费用是指企业在日常活动中发生的、会导致所有者权益减少的、与向所有者分配利润无关的经济利益的总流出。根据费用的定义，费用具有以下几方面特征：

（1）费用是企业在日常活动中形成的

费用必须是企业在其日常活动中形成的，这些日常活动的界定与收入定义中涉及的日常活动的界定相一致。日常活动所产生的费用通常包括销售成本（营业成本）、职工薪酬、折旧费、无形资产摊销等。将费用界定为在日常活动中形成的目的是将其与损失相区分，企业非日常活动形成的经济利益的流出不能确认为费用，而应当计入损失。

（2）费用是与向所有者分配利润无关的经济利益的总流出

费用的发生应当会导致经济利益的流出，从而导致资产的减少或者负债的增加。企业向所有者分配利润也会导致经济利益的流出，而该经济利益的流出属于所有者权益的减少项目，不应确认为费用，应当将其排除在费用的定义之外。

（3）费用会导致所有者权益的减少

与费用相关的经济利益的流出应当会导致所有者权益的减少，不会导致所有者权益减少的经济利益的流出不符合费用的定义，不应确认为费用。

2.费用的确认和计量

（1）费用的确认条件

费用的确认除了应当符合定义外，还应当符合以下条件：一是与费用相关的经济利益很可能流出企业；二是经济利益流出企业的结果会导致资产的减少或者负债的增加；三是经济利益的流出额能够可靠计量。

（2）费用确认和计量应遵循的原则

企业所发生的费用应当按照权责发生制、配比原则及正确划分收益性支出与资本性支出的原则予以确认和计量。若一项支出，其所产生的收益不仅与本会计年度有关，还与以后几个会计年度有关，则该项支出应当属于资本性支出而不属于收益性支出，也就不应全部计入当期费用。

（六）利润的确认和计量

1.利润的定义及来源构成

（1）利润的定义

利润是指企业在一定会计期间的经营成果。通常情况下，如果企业实现了利润，企业所有者权益将增加；反之，如果企业发生亏损（即利润为负数），则企业的所有者权益将减少。因此，利润往往是评价企业管理层业绩的一个重要指标，也是投资者等财务报告使用者进行决策时的重要参考。

（2）利润的来源构成

利润包括收入减去费用后的净额、直接计入当期利润的利得和损失等。其中，收入减去费用后的净额反映的是企业日常活动的业绩。直接计入当期利润的利得和损失，是指应当计入当期损益、最终会引起所有者权益发生增减变动的、与所有者投入资本或者向所有者分配利润无关的利得或者损失。企业应当严格区分收入和利得、费用和损失，以更加全面地反映企业的经营业绩。

2.利润的确认和计量

利润反映的是收入减去费用、利得减去损失后净额的概念。因此，利润的确认和计量取决于收入与费用、利得与损失的确认和计量。

三、会计要素的拓展[①]

会计要素是会计报表构成的基本要件，也是账户设置的依据和核算基础。上述会计要素的内容和分类均主要基于以权责发生制为记账基础的资产负债表、利润表，而并未涉及另一主要会计报表——现金流量表的基本要素。由于现金流量表是以收付实现制为编报基础的，若不设置现金流量表会计要素，势必会使现金流量表的编制无法根据现金流量会计要素直接获得所需数据和资料，而只得依赖资产负债表、利润表数据调整得到，使得现金流量表的编制烦琐、不准确，也不及时。为改变上述不足，作者建议设置现金流入、现金流出、现金净流量三大现金流量表会计要素。此处现金采用广义现金概念，具体包括库存现金、银行存款、其他货币资金和现金等价物。

现金流入是指各种形式和性质的现金及现金等价物的增加，现金流出则是指各种形式和性质的现金及现金等价物的减少。现金流入、现金流出均是流量概念，其不包括现金及现金等价物之间内在变动所引起的增加或减少，因为这只是其内部项目的增减变动，不会引起现金流量总变动。现金净流量则是指现金流入减去现金流出后的净额。现金流入、现金流出均按照收付实现制原则进行确认和计量，现金净流量的确认和计量则依赖前两者的确认和计量。

① 缪艳娟．试论改变现金流量表“依附性”的现实路径［J］．中国农业会计，2020（10）．

【课程思政】

以1992年发布“两则两制”为标志，我国开启了建立和不断完善与我国社会主义市场经济相适应的会计制度体系的征程。在过去三十年中，我国企业会计准则从无到有、从有到优，在与国际会计准则接轨、趋同、等效的过程中，坚持批判性扬弃和吸收，对不完全适用于我国社会经济实际条件的具体准则提出我国解决方案，且还在持续完善和探索。会计准则作为会计制度体系的主要组成部分，其有效落实必须与其所处的社会经济环境相适应，譬如对于公允价值计量模式的引入必须考虑其适用条件和情形。同时，也应考虑所规范对象的特性和要求，我国有为数众多的小企业，相比于上市公司及大型企业，规范小企业会计行为主要是为促进其自身规范管理而较少涉及众多利益相关者，故对其做出的会计核算要求应“化繁为简”，于是专门制定了小企业会计准则，以更好地为小企业服务。上述会计准则制定和完善的实践，既是“四个自信”的要求，也是“四个自信”在会计领域的具体体现和落实。

【与国际会计准则的比较及主要差异】

我国企业会计准则（CAS）与国际会计准则（IAS）和国际财务报告准则（IFRS）的比较与差异见表1-1。

表1-1 中国会计准则与IAS/IFRS关于会计目标等方面的比较

项目/内容	CAS	IAS/IFRS
会计目标	受托责任目标与决策有用观目标并列	决策有用观目标；受托责任目标从属于决策有用观目标
会计信息质量特征	可靠性、相关性、可理解性、可比性、实质重于形式、重要性、谨慎性、及时性	相关性、如实呈报；可比性、可验证性、及时性、可理解性
会计要素	资产、负债、所有者权益、收入、费用、利润	资产、负债、权益、收益、费用

简要阐述如下：

1. 会计目标不同。IASB认为财务报告目标是提供报告主体相应财务信息以有助于现实及潜在的投资者、贷款人和其他债权人做出是否向主体提供资源的决策，该决策包含了对影响经济资源运用起决定作用的管理层的投票表决，即受托责任观目标成了从属于决策有用观目标的次级目标，而我国是受托责任、决策有用双目标。

2. 会计信息质量特征不同。IASB将会计信息质量特征分为基本质量特征和提升性质量特征两个层次。其中，基本质量特征包括相关性和如实呈报；提升性质量特征包括可比性、可验证性、及时性、可理解性。其并未解释如实呈报的含义，只是指出可从完整、中立、无误三方面刻画其特性和要求。我国则将可靠性、相关性作为8个会计信息质量中的两个基本特征，仍然强调实质重于形式、谨慎性等特征。

3. 会计要素不同。IASB没有将利润作为单独的会计要素；除权益外，对其余四个要素的定义均与我国相应会计要素的定义有一定差异，其对收益、费用要素的定义是基于资产、负债角度，充分体现了“资产负债表观”占主导地位。此外，其既没有强调这两个要素是在日常活动中发生的还是在非日常活动中发生的，也没有强调导致这两个要素产生的原因是生产经营还是资产增值或资本运作，这表明收益、费用的内涵和外延要比我国会计准则中的收入、费用概念广，相当于其既包含了非日常经营活动导致的内容，也包含了资产增值或资本运作发生的内容。

【与我国小企业会计准则的比较及主要差异】

1.制定会计准则的目的不同。我国出台小企业会计准则的目的主要是为规范小企业会计确认、计量和报告等会计行为，促进小企业健康、可持续发展，并未对财务报告目标、会计信息质量等进行专门规范和要求，而主要是就会计要素及其包含的内容进行规范和说明。

2.会计准则体系构成及体例不同。小企业会计准则没有采取“基本准则+具体准则+应用指南”准则体系的体例，而是采取比较传统的“会计准则+会计科目+主要账务处理+财务报表”体例形式，以便小企业会计从业者理解和操作。

3.会计要素所含具体内容存在差异。六大会计要素虽然相同，但其具体内容和会计处理有所不同，将会在后面各相关章节阐释。

【重点与难点】

（一）重点

1.财务会计相比于管理会计的特征。

2.财务会计目标及财务会计信息质量特征。

3.财务会计确认和计量的基础和原则。

4.财务会计不同计量属性的含义及运用。

5.财务会计六大会计要素确认和计量的标准及要求。

6.会计准则在制定和执行中的制度及文化适应性。

（二）难点

1.会计四大基本假设对会计确认和计量的影响及其在会计实务中的具体运用。

2.会计信息质量特征的内涵及其在会计实务中的运用和体现。

3.正确划分收益性支出与资本性支出原则在面临不确定性事项时的处理方法及应遵循的原则。

【课后练习】

（一）单项选择题

1.下列有关会计核算基本前提的表述中恰当的是（　　）。

A.持续经营和会计分期确定了会计核算的空间范围

B.一个会计主体必然是一个法律主体

C.货币计量为会计核算提供了必要的手段

D.会计主体确立了会计核算的时间范围

2.下列属于会计核算基础的是（　　）。

A.会计分期　　B.货币计量
C.权责发生制　　D.持续经营
3.下列各项中，不符合资产会计要素定义的是（　　）。
A.委托代销商品　　B.委托加工物资
C.待处理财产损失　　D.尚待加工的半成品
4.下列项目中，能同时影响资产和负债的是（　　）。
A.接受投资者投入企业的设备　　B.支付现金股利
C.收回应收账款　　D.宣告发放现金股利
5.下列各项经济业务中，会引起公司股东权益总额变动的是（　　）。
A.用资本公积转增股本　　B.向投资者分配股票股利
C.向投资者宣告分配现金股利　　D.用盈余公积弥补亏损
6.下列各项中，属于收益性支出的是（　　）。
A.购进无形资产支出　　B.购进固定资产支出
C.在建工程支出　　D.专设销售机构人员工资支出
7.区分营业收入与营业外收入、营业成本与营业外支出，可以提高会计信息的预测价值，进而提高会计信息的（　　）。
A.相关性　　B.一贯性　　C.可比性　　D.重要性
8.企业在可预见的未来既不会停业也不会大规模地削减业务，符合（　　）会计核算基本前提。
A.货币计量　　B.持续经营　　C.会计主体　　D.会计分期
9.下列部门规章和规范性文件中，属于在整个企业会计准则体系中扮演着概念框架的角色，起着统驭作用的是（　　）。
A.《企业会计准则——应用指南》　　B.《企业会计制度》
C.《企业会计准则解释公告》　　D.《企业会计准则——基本准则》
10.对金融资产和金融负债后续计量采用公允价值计量，反映了会计信息质量要求中的（　　）。
A.可靠性　　B.相关性　　C.实质重于形式　　D.重要性
11.企业各期提供的会计信息应当采用一致的会计政策，不得随意变更。这体现会计信息质量的（　）要求。
A.可靠性　　B.相关性　　C.可比性　　D.可理解性
12.下列各种会计处理方法中，体现会计信息质量谨慎性要求的是（　　）。
A.对可能发生的资产减值损失计提减值准备
B.发出存货采用先进先出法
C.发出存货采用后进先出法
D.金融资产期末采用公允价值计量
（二）多项选择题
1.下列会计期间中，属于会计中期的有（　　）。
A.月度　　B.季度　　C.年度　　D.半年度
2.在下列会计信息质量要求的具体应用中，很大程度上需要做出职业判断的有（　　）。

A.可靠性　B.及时性　C.谨慎性　D.重要性

3.下列各项会计要素中，属于反映企业财务状况的要素有（　）。

A.资产　B.负债　C.收入　D.所有者权益

4.按照现行会计准则，下列不可以确认为企业资产的有（　）。

A.企业的营销渠道

B.企业发生研究支出，能可靠计量但很难判断能否给企业带来相关经济利益

C.企业赊销一批商品给某客户形成的一笔货款，与该商品有关的风险与报酬已转移给该客户，但该客户财务状况持续恶化，估计很难收回该笔货款

D.企业短期租出一项固定资产

5.依据企业会计准则的规定，下列有关收入和利得的表述中，正确的有（　）。

A.收入源于日常活动，利得源于非日常活动

B.收入会影响利润，利得不一定会影响利润

C.收入会导致经济利益的流入，利得也会导致经济利益的流入

D.收入会导致所有者权益的增加，利得不一定会导致所有者权益的增加

（三）判断题

1.企业在对会计要素进行计量时，一般应当采用历史成本。采用重置成本、可变现净值、现值、公允价值计量的，应当保证所确定的会计要素金额能够取得并可靠计量。（　）

2.企业预期的经济业务将发生的债务，应当作为负债要素予以确认和计量。（　）

3.某一会计事项是否具有重要性，在很大程度上取决于会计人员的职业判断。就同一会计事项而言，在某一企业具有重要性，在另一企业则不一定具有重要性。（　）

4.企业在一定期间发生亏损，则其所有者权益必定减少。（　）

5.企业将原本应记入资本性的支出误记为收益性支出，则会高估资产和利润。（　）

6.财务会计提供的信息主要是基于已经发生的经济业务和事项，管理会计提供的信息则主要侧重于对未来经济业务和事项的预测。（　）

7.只有在持续经营前提下，企业才需要对所使用的机器设备、厂房等固定资产采用一定的折旧方法计提折旧。（　）

8.利得和损失可能计入当期损益，也可能直接计入所有者权益。（　）

9.企业当年发生一笔大额广告支出，就其所产生效应的可能期限来看，应属于资本性支出，但由于这种影响效应存在一定的不确定性，因此在这种情况下，就得遵循谨慎性原则，将其确认为一项收益性支出，计入当期损益。（　）

10.我国企业财务报告目标主要包括向财务报告使用者提供决策有用的信息和反映企业管理层受托责任的履行情况两个方面。（　）

（四）简答与思考题

1.财务会计相比于管理会计有哪些特征？思考现代信息技术不断融入经济管理场景对财务会计与管理会计融合可能性的影响。

2.财务会计信息质量有哪些要求？

3.会计计量属性有哪些？其各自的优缺点是什么？

4.公允价值是不是一种独立的计量属性？请思考公允价值计量的引入对会计信息质量的影响。

5.企业发生的研究与开发支出应作为收益性支出还是资本性支出？运用财务会计确认和计量的基本原则与要求说明你判断的理由和依据。

6.我国财务会计目标与国际会计准则理事会公布的《财务报告概念框架》中所界定的财务报告目标有何不同？你如何看待两者的差异？请思考小企业的会计目标是什么。

参考答案

【知识结构图】

第二章　货币资金与应收款项

【学习目标】

通过本章的学习，应了解货币资金的基本概念及内容，了解应收款项的相关概念，了解银行转账结算的方式。掌握货币资金的管理内容和要求及其内部控制，掌握应收票据、应收账款及坏账损失的相关会计处理。

【引导案例】

货币资金内控制度缺失的后果引人深思

小李是单位出纳人员，负责库存现金、银行存款的收付，并掌握空白支票和企业在银行预留的法定代表人章、单位财务章等，自己从银行取得银行对账单并负责与银行对账。小李是个资深的网迷，平时一有空闲时间，不是玩网络游戏，就是参与网络平台的直播，但这两项活动都是“烧钱”的买卖。由于自己收入有限，家里经济也不宽裕，他就把心思动到了自己掌控的钱款上。2020年3月，小李利用自己保管现金支票、单位财务章等职务便利，取出空白现金支票，填上金额，盖上单位财务章、法定代表人章及会计私章后，去银行领出现金装入自己腰包。最初小李提心吊胆，祈求不被领导发现。取回银行对账单后，小李对着原对账单把偷拿的款项去掉，并填制银行存款余额调节表。小李在忐忑不安中度过了一个月，可什么事也没发生。后来小李胆子越来越大，在前后不到一年的时间里，多次利用同样的手段作案。2020年12月底，单位组织人员进行年终查账。小李见事情败露，就把部分赃款交至廉政账户，并主动交代了贪污公款的犯罪事实。据核查，在2020年3月至2020年12月不到一年的时间里，小李共贪污公款120万余元。其中，这些公款中用于网络直播平台打赏的就有60多万元，还有10多万元用于游戏充值购买网游设备。

思考：

（1）小李违反了哪些货币资金管理制度？其所在的单位在货币资金管理方面又存在哪些问题呢？

（2）作为财会专业的大学生从中又该吸取哪些教训？

分析提示

第一节　货币资金

一、货币资金概述

（一）货币资金的概念

货币资金是指企业拥有的处于货币形态的经营资金。资金是企业生产经营的血液，它具有各种不同的形态，比如库存原材料占用的资金属于储备资金形态，在产品占用的资金属于生产资金形态，产成品占用的资金属于产成品资金形态，应收账款占用的资金属于结算资金形态等。货币资金在所有的资金形态中属于变现能力最强的资金形态，企业货币资金的多少反映了该企业应付紧急情况的现金支付能力的大小。

（二）货币资金的内容

货币资金包括库存现金、银行存款和其他货币资金三种类型。

现金在会计学上有广义和狭义之分。狭义的现金概念仅指企业财务部门存有的用于日常零星开支的现钞，即库存现金。广义的现金是指企业拥有的库存现金、银行存款以及其他各种可作为支付手段的票据，如支票、银行汇票、银行出具的信用证等。在西方会计学中往往使用的是广义的现金概念，而我国财务会计中的现金是指狭义的现金概念。

银行存款是指企业存入银行或其他金融机构的各种款项。为了加强对企业金融活动的管理与控制，按现行制度的规定，每家独立核算的企业都应在当地的银行申请开立存款结算账户，企业在对外办理结算业务时，除了符合现金收支范围规定的业务可直接用现金结算外，其余的经济业务结算都必须通过银行转账的方式办理。

其他货币资金是指企业拥有的除库存现金、银行存款以外的其他各种货币资金，如外埠存款、银行汇票存款、银行本票存款、信用证保证金存款、长期借款质押存款、微信存款、支付宝存款和存出投资款等。外埠存款，是指企业到外地进行临时或零星采购时，汇往在采购地银行开立的采购专户的存款。银行本票存款、银行汇票存款、信用证保证金存款，是指企业为了取得银行本票、银行汇票和信用证等按照规定存入银行的款项。长期借款质押存款，是指借款人以银行签发的、其本人名下的未到期个人本外币定期储蓄存单设置质押，从银行取得一定金额的人民币贷款，并按期归还贷款本息的一种信用业务。微信、支付宝存款，是指企业通过微信、支付宝平台存入的款项。存出投资款，是指企业为了购买股票等进行投资而存入银行但尚未购买股票、基金等投资对象的款项。

（三）货币资金的性质和特点

货币资金属于企业一项重要的流动资产，与其他类型的资产相比，它具有以下特点：

1.支付能力强

货币资金一般不需通过变现，直接就可以用作支付手段，用于偿还债务或购买各种资产。

2.流动性强

在企业的生产经营过程中，大量的经济业务涉及货币资金的收付，因此企业货币资金的余额会发生变化，波动性强。为了确保企业生产经营所需的货币资金，企业必须有计划地做好货币资金的预算，确保货币资金收支平衡。

二、货币资金管理

（一）库存现金的管理

为了满足企业正常的生产经营需要，企业必须存有一定量的库存现金，对此企业必须建立健全严格的库存现金管理规章制度，并结合国家对现金管理的要求，安排专人对库存现金实行严格的管理和控制。库存现金管理主要围绕严格执行国务院颁布的《中华人民共和国现金管理暂行条例》、严格控制库存现金的规模以及严格执行库存现金的内部控制制度等方面进行。

1.库存现金的使用范围

企业使用的经济业务结算方式总体上可以分为两类，即现金结算和银行转账结算。现金结算方式是指直接利用库存现金进行收付的结算方式；银行转账结算方式则是指需要通过银行转账才能进行款项结算的方式。

企业在进行经济业务结算时，是采用现金结算还是采用银行转账结算并不是随意的。根据国务院颁布的《中华人民共和国现金管理暂行条例》（以下简称《现金管理暂行条例》），企业在下列情况下可直接支付现金：支付给职工的工资、津贴；支付给个人的劳务报酬；根据国家的规定颁发给个人的科学技术、文化艺术、体育等各种奖金；向个人收购农副产品和其他物资的价款；预借给出差人员随身携带的差旅费；支付给职工个人的各种劳保、福利费用以及按国家规定应支付给职工的其他支出；在结算起点（1 000元）以下的零星支出；中国人民银行确定需要支付现金的其他支出。

目前，由于网银支付、支付宝支付及微信支付等现代新型结算方式的普遍使用，实际工作中现金的使用范围已经远远小于上述《现金管理暂行条例》中规定的范围。

2.库存现金的限额

企业需控制库存现金的限额。企业库存现金的最高限额，是由其开户银行根据企业生产经营的特点和实际需要核定的。其原则是一般以企业3~5天的日常零星开支所需现金的平均规模为企业库存现金的最高限额。边远地区和交通不便地区的企业经银行批准，可以保存超过5天但最长不超过15天的日常零星开支所需的现金。对于超过规定限额的库存现金，企业必须在当日或次日送存银行；如库存现金不足限额时，可向银行申请提取现金。

同样，由于现代新型结算方式的普遍使用以及现代交通便利、现代通信便捷等原因，现实中单位库存现金限额可以远小于上述规定。

3.库存现金的内部控制

为了加强对库存现金的管理，企业必须实行库存现金的内部控制。库存现金的内部控制主要包括库存现金收入的内部控制和库存现金支出的内部控制等。

（1）库存现金收入的内部控制

企业库存现金收入的主要来源是产品销售收入、其他业务收入和其他零星收入等方面。实际工作中对库存现金收入的内部控制应注意以下几点：

① 控制发票和收据的数量和编号。领用发票、收据时，必须按规定办理必要的手续，具体登记数量、起讫编号和领用单位等；发票、收据的存根要及时收回，妥善保管；空白发票、收据要定期核对。

② 签发收款凭证与收取现金要由不同的人负责。销售部门经办销售手续的人员填制发票和单据，由财务部门的出纳人员据以收款，会计人员据以记账。

③ 一切库存现金收入都应开具收款收据。收款收据要及时销号。开出收据的存根与已登记入账的收据联，应按编号一一核对注销；作废的收据应全联粘贴在存根上，以备检查。

④ 一切库存现金收入都必须当天入账，并及时存入银行。

（2）库存现金支出的内部控制

库存现金支出应按有关规定办理，贯彻执行企业的库存现金收支计划和有关制度，坚持审批制度。在实际工作中应注意以下几点：

① 坚持“内部牵制原则”。库存现金的出纳、记账应由不同人员分别担任，不得由

一人兼任；签发支票和付出款项应由两人分别签章。财务专用章应由专人保管，单位负责人及财务负责人个人印章必须由本人或其授权人员保管。严禁一人保管支付款项所需的全部印章。按规定需要有关负责人签字或盖章的经济业务，必须严格履行签字或盖章手续。

② 付款业务都是根据企业主管人员和会计人员审核签章同意后的原始凭证，并填具了付款凭证后付款的；付款凭证在付款后，应分别加盖“现金付讫”或“银行付讫”戳记，并应定期装订成册由专人妥善保管。

③ 企业付出的保证金、押金、暂付款或备用金等，都应定期清理核对，到期及时收回。

(3) 严格控制坐支现金

坐支现金，是指企业用其业务收入的现金直接支付业务支出的行为。根据我国现行现金管理办法的规定，企业原则上不得坐支现金，企业业务收入的现金必须如数交存银行。如因特殊情况（如发放职工工资、奖金、支付采购原材料款项等）确需坐支现金时，应事先向银行提出申请，经批准后，方可在银行指定的用途和金额范围内坐支，并且在库存现金账上如实加以反映。

（二）银行存款管理

1.开立和使用银行存款账户的规定

银行存款是指企业存放在银行或其他金融机构的货币资金。为了加强对企业银行存款的管理与控制，维护正常的社会经济秩序，中国人民银行制定的《银行结算账户管理办法》规定，每家独立核算的企业都应在当地银行申请开立存款结算账户，用于办理经济业务的结算。一般来讲，企业开设的银行账户可分为四类，即基本存款账户、一般存款账户、临时存款账户和专用存款账户。

(1) 基本存款账户

基本存款账户主要用于企事业单位办理日常的转账结算和现金收付。企事业单位的工资、奖金和日常零星支出所需现金的支取只能通过该账户办理。按规定企事业单位只能在一家银行的一个营业机构开立一个基本存款账户。

(2) 一般存款账户

一般存款账户是企业在基本存款账户以外的银行借款转存以及与基本存款账户的企业不在同一地点的附属非独立核算单位开立的账户，主要用于企事业单位办理转账结算和存入现金，但不能通过该账户支取现金。

(3) 临时存款账户

临时存款账户是企事业单位因临时经营活动的需要而在本地或异地银行的营业机构开立的账户，如企业因异地产品展销或异地采购而在异地银行的营业机构开立的临时结算账户等。

(4) 专用存款账户

专用存款账户是企事业单位因特定用途需要专门开立的账户，如基本建设项目专项资金账户等。

企事业单位开立基本存款账户，实行开户许可证制度，不得为还贷、还债和套取现金在银行的多个营业机构开设多个基本存款账户，也不得出租、出借银行账户。

2.银行存款内部控制

（1）企业应当严格按照《支付结算办法》等国家有关规定，加强对银行账户的管理，严格按照规定开立账户，办理存款、取款和结算。企业应当加强对银行结算凭证的填制、传递及保管等环节的管理与控制。

（2）企业应当指定专人定期核对银行账户，每月至少核对一次，编制银行存款余额调节表，并指派对账人员以外的其他人员进行审核，确定银行存款账面余额与银行对账单余额是否调节相符。如调节不符，应当查明原因，及时处理。

（3）企业应当坚持不相容职务相分离原则，如银行存款各种票据的保管与签发职务相分离，包括支票保管职务与印章保管职务相分离，银行存款总账与明细账登记相分离，出纳人员不得同时从事银行对账单的获取与核对、银行存款余额调节表的编制等工作。企业应指定不从事出纳工作的专人进行银行存款的对账工作。

（4）实行网上交易、电子支付等方式办理货币资金支付业务的企业，应当与承办银行签订网上银行操作协议，明确双方在资金安全方面的责任与义务、交易范围等。操作人员应当根据操作授权和密码进行规范操作。

使用网上交易、电子支付方式的企业办理货币资金支付业务，不应因支付方式的改变而随意简化、变更支付货币资金所必需的授权批准程序。企业在严格实行网上交易、电子支付操作人员不相容岗位相互分离控制的同时，应当配备专人加强对交易和支付行为的审核。

（三）银行转账结算方式

按中国人民银行发布的《银行结算办法》的规定，现行适用于办理国内结算业务的银行转账结算方式有七种，即银行汇票结算、商业汇票结算、银行本票结算、支票结算、委托收款结算、异地托收承付结算和汇兑结算。在国际结算中，目前使用得比较多的有汇付、托收和信用证等方式。随着网络的迅速发展，汇款人也可以通过网上支付平台将款项从付款单位账户划到收款单位账户，目前，网银支付、支付宝支付及微信支付等成为大家普遍接受的新型支付方式。

1.银行汇票结算方式

银行汇票是由出票银行签发的，由其在见票时按照实际结算金额无条件支付给收款人或者持票人的票据。银行汇票结算是一种使用较广泛的结算方式。

2.商业汇票结算方式

商业汇票是出票人签发的，委托付款人在指定日期无条件支付确定的金额给收款人或者持票人的票据。商业汇票按其承兑人的不同可以分为商业承兑汇票和银行承兑汇票两种。

商业汇票结算方式属于信用结算方式，适用于企业先发货后收款或双方约定延期付款的商品交易的款项。其具体内容参见本章第二节“应收票据”内容。

3.银行本票结算方式

银行本票是申请人将款项交存银行，由银行签发给其凭以办理转账结算或支取现金的票据。银行本票分为不定额和定额两种。不定额本票根据实际需要填写金额；定额本票面额事先印制好，目前主要的本票面额有1 000元、5 000元、10 000元和50 000元四种。

4.支票结算方式

支票是银行存款人签发给收款人办理结算或通知开户银行从其存款户中付款的一种票据。支票可分为现金支票、转账支票和普通支票三种。现金支票只能用于提取现金；转账支票只能用来转账，不能用来直接提取现金；普通支票既可以用来提取现金，也可以用来转账。支票适用于单位、个体工商户或个人商品交易、劳务供应以及其他款项的结算。

5.委托收款结算方式

委托收款结算方式是收款人委托银行向付款单位收取款项的一种结算方式，凡在银行或其他金融机构开立账户的单位或个体工商户的商品交易、劳务款项以及其他应收款项的结算均可以使用这种结算方式。这种结算方式既可以用于同城结算，也可以用于异地结算。

6.异地托收承付结算方式

异地托收承付结算方式是收款单位根据销售双方签订的经济合同发货后，委托其开户银行向异地购货单位收取货款，由付款单位承付款项的一种结算方式。它适用于异地单位之间签有经济合同的商品交易结算。

7.汇兑结算方式

汇兑是汇款人委托银行将款项汇往外地收款人的一种结算方式，一般分信汇和电汇两种形式，供汇款人选用。这种结算方式适用于异地各单位、个体工商户、个人之间的款项结算及汇往外地的采购资金。

8.信用证结算方式

信用证（letter of credit）结算，是国际结算中最常用的一种结算方式。信用证是银行应进口企业的请求开给出口商的一种保证付款的凭证。在信用证结算方式下，开证银行承担第一付款责任，因此，信用证结算的性质属于银行信用。

三、货币资金核算

（一）货币资金日常核算

1.库存现金的核算

库存现金的核算一般分为总分类核算和序时核算两种。库存现金的总分类核算是通过“库存现金”总分类账户进行的。该账户借方登记收到的现金，贷方登记支出的现金，期末借方余额表示期末库存现金的实际数额。如果会计主体的库存现金除人民币外还有其他币种，这时“库存现金”总分类账应根据币种分别设置明细分类账，对各种不同货币进行明细分类核算。企业因销售产品、提供劳务或从银行提取现金等业务收到现金时，应借记“库存现金”账户，贷记“主营业务收入”“银行存款”等相关账户；企业因采购物资、支付工资、预付差旅费等业务支出现金时，应借记“材料采购”“原材料”“应付职工薪酬”“其他应收款”等相关账户，贷记“库存现金”账户。

库存现金的序时核算是在“库存现金日记账”中进行的。“库存现金日记账”是用来对企业库存现金的收付业务进行序时核算的账户，由出纳人员根据现金的收、付款凭证和银行存款的付款凭证，按业务发生的时间顺序逐笔登记的。“库存现金日记账”的期末余额应该与“库存现金”总分类账户的期末余额相一致。如果企业有外币现金，应根据币种设置库存现金日记账的明细账，对各种不同币种现金进行序时明细核算。

【例2-1】华扬股份有限公司2022年2月发生如下现金收付业务（不考虑相关税费）：

（1）2月1日，开出现金支票，从开户银行提取现金4 500元备用。根据现金支票存根，编制如下会计分录：

借：库存现金 4 500

　贷：银行存款 4 500

（2）2月5日，公司李经理因外出参加商品交易会，从财务处预借差旅费5 000元。根据借款单，编制如下会计分录：

借：其他应收款——李经理 5 000

　贷：库存现金 5 000

（3）2月15日，收到房屋租金8 000元，编制如下会计分录：

借：库存现金 8 000

　贷：其他业务收入 8 000

（4）2月20日，李经理报销差旅费4 200元，其余800元退回现金。根据收回的现金和报销凭证，编制如下会计分录：

借：库存现金 800

　　管理费用 4 200

　贷：其他应收款——李经理 5 000

2.银行存款的核算

同库存现金的核算类似，银行存款的核算一般也分为总分类核算和序时核算两种。银行存款的总分类核算是通过“银行存款”总分类账户进行的。该账户的借方登记银行存款的增加额，贷方登记银行存款的减少额，该账户的借方余额表示存款人期末银行存款的实有数额。企业因销售产品、收到欠款等结算业务增加银行存款时，应借记“银行存款”账户，贷记“主营业务收入”“应收账款”等账户；企业因采购物资、支付前欠货款等业务支出银行存款时，应借记“原材料”“应付账款”等账户，贷记“银行存款”账户。

银行存款的序时核算是在“银行存款日记账”中进行的。“银行存款日记账”是用来对企业银行存款的收付业务进行序时核算的账户，由出纳人员根据银行存款的收、付款凭证和库存现金的付款凭证，按原业务发生的时间顺序逐笔登记。“银行存款日记账”的期末余额应该与“银行存款”总分类账户的期末余额一致。如果企业除人民币存款外，还有外币存款，本账户应根据存款币种设置明细账，对各种不同币种存款进行序时明细核算。

3.其他货币资金的核算

为了核算其他货币资金的增减变化和结存情况，企业应设置“其他货币资金”总分类账。该账户的借方登记其他货币资金的增加数，贷方登记其他货币资金的减少数，其借方余额表示期末企业实际拥有的其他货币资金数额。为了分别反映各种形式的其他货币资金的收付及结存情况，应分别设置外埠存款、银行本票存款、银行汇票存款、信用证保证金存款、长期借款质押存款、支付宝存款、微信存款和存出投资款等明细账，对各种不同类型的其他货币资金进行明细分类核算。现以外埠存款、银行汇票存款和存出投资款为例说明其他货币资金的核算。

【例2-2】华扬股份有限公司2022年2月发生如下外埠存款结算业务：

（1）2月2日，公司决定到上海进货，通过银行汇往上海结算账户500 000元，用于在上海的采购结算。根据汇款单，编制如下会计分录：

借：其他货币资金——外埠存款 500 000

贷：银行存款 500 000

（2）2月12日，到上海去采购的采购人员回公司报销采购费用，所提供的发票注明价款400 000元、增值税52 000元。材料尚未入库。根据购料发票等报销单据，编制如下会计分录：

借：在途物资 400 000

应交税费——应交增值税（进项税额） 52 000

贷：其他货币资金——外埠存款 452 000

（3）2月20日，因上海的采购业务已完成，将剩余的资金转回。根据银行的收账通知，编制如下会计分录：

借：银行存款 48 000

贷：其他货币资金——外埠存款 48 000

【例2-3】华扬股份有限公司2022年2月发生如下银行汇票结算业务：

（1）2月11日，公司通过其开户银行办理了一笔146 900元的银行汇票，向乙公司支付购货款。根据汇票委托书存根，编制如下会计分录：

借：其他货币资金——银行汇票存款 146 900

贷：银行存款 146 900

（2）2月18日，收到银行的付款通知书，且收到乙公司开来的发票，其价款为130 000元，增值税为16 900元。材料尚未入库。根据付款通知书和发票，编制如下会计分录：

借：在途物资 130 000

应交税费——应交增值税（进项税额） 16 900

贷：其他货币资金——银行汇票存款 146 900

关于银行本票存款、信用证保证金存款的核算，除“其他货币资金”明细科目的设置不同外，其他核算内容和方法与银行汇票存款的核算类似。

【例2-4】华扬股份有限公司2022年2月发生存出投资款业务如下：

（1）2月15日，公司利用闲置资金进行证券投资，开出转账支票划出资金150万元存入投资账号，编制如下会计分录：

借：其他货币资金——存出投资款 1 500 000

贷：银行存款 1 500 000

（2）2月25日，公司从二级市场购入甲公司股票10万股，每股市价为12元，发生交易费用2 400元，作为交易性金融资产，编制如下会计分录：

借：交易性金融资产 1 200 000

投资收益 2 400

贷：其他货币资金——存出投资款 1 202 400

（二）货币资金清查核算

1.库存现金的清查

库存现金的清查采用“实地盘点法”，是对库存现金进行实地盘点，得出实存数后与账存数相核对，从而检查库存现金的账存数与实存数之间是否一致以及检查企业执行货币资金管理制度的情况，发现问题及时查明原因，并按规定进行处理。库存现金的清查包括出纳人员每日的清点和清查小组定期、不定期的清查。

（1）每日清点

这是指出纳人员在每日业务终了时，首先结算出当日的现金收入合计数和现金支出合计数，并计算出当日库存现金余额，然后清点所有库存现金并与当日账面余额相核对，如果发现有现金溢余或短缺，必须及时查明溢、缺的原因，并予以纠正。每日清点的目的在于防止现金短缺或记账差错，以确保账款相符。

【例2-5】出纳员王某在2月10日下班前进行现金清点时，发现库存现金短款1 800元，后经详细核查当日现金收付记录，发现有一笔预付黄某差旅费业务，实际支付金额为4 200元，而编制的付款凭证中填写的是2 400元，并据以登记入账。

该笔错账应采用补充登记法更正，编制如下会计分录：

借：其他应收款——黄某　　1 800

　贷：库存现金　　1 800

将上述更正错账的会计分录登记入账，并结算出账面余额，使得账实相符。

（2）清查小组清查

这是指清查小组定期或不定期地对出纳员保管的现金进行清查。清查小组一般由3～4名企业领导及企业职工组成。清查小组在对出纳员保管的现金进行清查时，出纳员必须在场配合清查小组的工作。清查小组在进行现金清查时，除了检查库存现金的实存数与库存现金日记账的账存数是否相符外，还应检查企业遵守现金管理制度的情况，如库存现金是否超过限额，是否有白条抵库等情况。

清查小组对现金实行定期或不定期的清查，其目的在于加强对出纳人员的监督，防止贪污、挪用现金等不法行为的发生，监督企业有关人员严格执行现金管理制度，以确保企业现金的安全及合理使用。在清查过程中无论是否发现问题，清查小组都必须在清查结束后填写“库存现金清查、盘点报告”，其基本格式见表2-1。

表2-1　**库存现金清查、盘点报告**

单位名称：＿＿＿＿＿＿　　年　月　日　　单位：元

实存金额	账存金额	对比结果		备 注
		盘 盈	盘 亏	

盘点人（签章）：　　出纳员（签章）：

在库存现金清查过程中，如果发现账存金额与实存金额不相符，即出现长、短款时，在未查明原因前，可记入“待处理财产损溢”账户，待查明原因后，再根据不同情况分别处理。

【例2-6】2月26日，清查小组在对库存现金进行全面清查后发现短款100元。根据库存现金清查、盘点报告，编制如下会计分录：

借：待处理财产损溢——待处理流动资产损溢 100

贷：库存现金 100

经查明，上述短款属于出纳人员的责任，由出纳人员全额赔偿。根据批复报告，编制如下会计分录：

借：其他应收款——××出纳员 100

贷：待处理财产损溢——待处理流动资产损溢 100

【例2-7】3月27日，清查小组在对库存现金进行全面清查后发现长款50元。根据库存现金清查、盘点报告，编制如下会计分录：

借：库存现金 50

贷：待处理财产损溢——待处理流动资产损溢 50

经查，上述长款产生原因不明，经批准计入营业外收入，编制如下会计分录：

借：待处理财产损溢——待处理流动资产损溢 50

贷：营业外收入——盘盈利得 50

2.银行存款的清查

银行存款的清查与库存现金清查方法不一样，是采用"对账单法"，即定期将企业的银行存款日记账与开户银行提供的对账单进行核对。由于银行转账结算中使用的各种单据的传递需要时间，因此在银行和企业之间经常出现未达账项。未达账项是指对于同一经济业务，由于企业与开户银行的记账时间不同，一方已登记入账，而另一方尚未登记入账的会计事项。未达账项根据其性质不同可分为以下四种类型：

（1）企业已收款入账，银行尚未收款入账的款项；

（2）企业已付款入账，银行尚未付款入账的款项；

（3）银行已收款入账，企业尚未收款入账的款项；

（4）银行已付款入账，企业尚未付款入账的款项。

当开户银行或企业中任何一方出现了上述任何一种类型的未达账项时，企业银行存款日记账的余额和开户银行对账单的余额就会不一致。另外，如果开户银行与企业在处理某一笔经济业务时，只要一方记错了账，也会出现双方的余额不相等的情况。

为了保证银行存款收支业务记录的正确性，企业应定期对银行存款账目进行清查，企业通常每月与开户银行对账一次。在核对过程中将所发现的未达账项填入银行存款余额调节表，以检查调节后的余额是否相等。如果调节后的余额仍然不相等，说明开户银行与企业之间至少有一方记错了账，应及时查明错账的原因，予以更正。现举例说明"银行存款余额调节表"的编制方法。

【例2-8】华扬股份有限公司2022年2月28日银行存款日记账的余额为284 000元，其开户银行送来的对账单上的存款余额为305 000元。经逐笔核对，发现如下五笔未达账项：

（1）企业于2月26日下午送存银行一张转账支票，金额为80 000元，企业已根据进账单的回单联作了入账处理，而银行尚未入账。

（2）企业于2月28日开出转账支票，金额为60 000元，支付甲公司的货款，企业已登记入账，但甲公司尚未到银行办理转账手续，故银行尚未入账。

（3）企业于2月28日委托银行代收货款45 000元，银行已收妥，并已登记入账，而企业尚未收到入账通知。

（4）开户银行于2月28日替企业支付了当月水电费18 000元，并已登记入账，而企业尚未收到付款通知。

（5）开户银行于2月28日结算企业银行存款利息14 000元，并已登记入账，而企业尚未收到入账通知。

根据上述资料，编制银行存款余额调节表，见表2-2。

表2-2 **银行存款余额调节表**

2022年2月28日 单位：元

项　目	金　额	项　目	金　额
银行存款日记账余额	284 000	银行对账单余额	305 000
加：		加：	
银行已收企业未收	45 000 14 000	企业已收银行未收	80 000
减：		减：	
银行已付企业未付	18 000	企业已付银行未付	60 000
调节后余额	325 000	调节后余额	325 000

经过调节后的余额是相等的，说明除了发现的未达账项外，企业与银行的账簿记录是基本正确的，同时说明企业的银行存款的实际余额既不是企业银行存款日记账上所载的284 000元，也不是银行对账单上所载的305 000元，而是325 000元，银行存款余额调节表上调节后相等的余额一般表示企业实际可以动用的银行存款余额数，但如果出现银行和企业对某一笔转账业务都未记账或都记错了账，且错账金额正好对冲的情况，这时的余额就可能不是企业银行存款的真实金额。

同时需注意，企业编制的银行存款余额调节表，只能作为检查未达账项和了解企业实际可以动用的银行存款金额的依据，而不能作为企业调账的依据，企业发生未达账项只能待收到有关单据后，才能进行账务处理，并登记入账。

第二节　应收票据

在商业信用日益发达的市场经济条件下，企业之间的商品交易和劳务提供越来越借助于商业信用方式，商业信用被购销双方分别作为融资或扩大销路的手段，因而形成了企业的应收及预付款。应收及预付款是企业的债权性资产，表示企业拥有的未来获取现金、商品或劳务的权利，具体包括应收票据、应收账款、其他应收款和预付账款等。本节主要介绍应收票据的概念、种类、确认及会计处理。

一、应收票据的概念与种类

应收票据是企业因销售商品、提供劳务等而收到的商业汇票。商业汇票是出票人签发的，委托付款人在指定日期无条件支付确定的金额给收款人或者持票人的票据。它是建立在真实的交易关系或债权债务关系基础上的一种信用凭证，商业汇票按其承兑人的不同可以分为商业承兑汇票和银行承兑汇票两种。商业承兑汇票是由收款人或付款人签发并由银行以外的付款人承兑的票据；银行承兑汇票是由收款人或承兑申请人签发并由承兑申请人向开户银行申请，经银行审查同意承兑的票据。商业承兑汇票到期时，银行只负责将款项从付款人账户划转给收款人或贴现银行，如果付款人银行存款余额不足以支付票款，银行不承担付款责任，直接将汇票退还给收款人，由收付款双方自行处理。银行承兑汇票到期时，无论承兑申请人是否将票款足额缴存开户行，承兑银行都应向收款人或贴现银行无条件履行付款责任。

商业汇票按票面是否载明利率划分为带息票据和不带息票据。带息票据是指商业汇票中注明利率，其到期值等于票面值加利息，即到期时承兑人向收款人或被背书人支付的款项等于面值加到期应计利息的票据；不带息票据是指商业汇票中未注明利率，其到期值等于票面值，即到期时承兑人按票据面值向收款人或被背书人支付款项的票据。

在银行开立账户的法人之间根据购销合同进行的商品交易，均可使用商业汇票结算。这种结算方式既可以在同城结算中使用，也可以在异地结算中使用。根据购销合同，收款单位依据经付款单位承兑的商业汇票发运商品。收款单位将要到期的商业汇票连同填制的委托收款凭证委托银行收款。付款单位应于到期日前备款支付。

商业汇票适用于企业先发货后收款或双方约定延期付款的商品交易的款项。签发商业汇票时企业必须具有真实的商品交易关系或债权债务关系。商业汇票的承兑期限由交易双方商定，最长不超过6个月。

在实际使用过程中，银行承兑汇票的使用要比商业承兑汇票广泛得多。银行承兑汇票兑付风险低，信用好。银行承兑汇票到期时，如果购货企业不能足额支付票款，承兑银行会按承兑协议付款给持票人，持票人可以按期收回票款。而商业承兑汇票到期时，如付款人账户没有足够的资金，银行不会代为支付，由购销双方自行处理，由此会发生支付风险。

二、应收票据的确认及会计处理

（一）应收票据入账价值的确定

关于应收票据入账价值的确定，目前存在两种方法：

1.按票据面值确认

这种方法是指无论票据是否带息，均按其票面价值入账。

2.按票面价值的现值确认

从理论上讲，应收票据应考虑货币的时间价值等因素的影响，按其未来现金流量的现值入账比较合理。在西方国家的会计实务中，凡期限较长的票据一般都用此确认方法。

由于我国商业汇票的期限较短，利息金额相对来说不大。根据重要性原则，我国企业会计制度规定，应收票据一般按照面值入账。若是跨期的带息应收票据，应于期末计提利息入账，并相应增加应收票据的账面价值。

（二）应收票据到期日与到期值的计算

应收票据是承兑人承诺一段时间终了时支付款项的票据，因此企业必须准确计算票据的到期日和到期值。

1.到期日的计算

商业汇票的期限一般有两种表示方式：

（1）以日数表示。计算时以实际日历天数计算到期日，“出票日”和“到期日”只算其中一天，即“算头不算尾”或“算尾不算头”。一般按“算头不算尾”的方法确定票据计息天数，即从出票日起算到到期日的前一天止。如2022年3月1日签发的150天到期的票据，到期日为7月29日（3月31天，4月30天，5月31天，6月30天，7月应算28天）。

（2）以月数表示。一般从票据签发日起，以票据上载明的若干月后的对应日为到期日，而不管各月的实际日历天数是多少。如2022年2月1日签发5个月到期的票据，到期日为2022年7月1日。

2.到期值的计算

不带息应收票据的到期值=票据面值

带息应收票据的到期值=票据面值+利息=票据面值×（1+利率×期限）

票据利率有年利率、月利率和日利率三种表示方法，在实际计算带息票据利息时其利率与期限口径应保持一致。

（三）应收票据的会计处理

为了反映和监督应收票据的增减变动情况，企业应设置“应收票据”账户。该账户借方登记企业收到的商业汇票和计提的带息应收票据的利息，贷方登记收回、背书转让、贴现的商业汇票，余额在借方，表示期末企业持有的商业汇票的票面价值和应计利息。该账户应按票据的付款人设置明细账，进行明细分类核算。

1.应收票据的取得

企业因销售商品，收到已承兑的商业汇票时，按应收票据的面值，借记“应收票据”账户，按实现的营业收入，贷记“主营业务收入”账户，按增值税专用发票上注明的增值税，贷记“应交税费——应交增值税（销项税额）”账户。期末（一般指半年末和年末），带息应收票据应计算利息，增加应收票据账面价值，借记“应收票据”账户，贷记“财务费用”账户。

【例2-9】华扬股份有限公司2022年3月1日销售一批产品给A公司，货已发出。增值税专用发票上注明的货款为200 000元、增值税税额为26 000元。收到A公司当日签发并承兑的商业承兑汇票一张，票面金额为226 000元，票面利率为6%，期限为5个月。该公司的会计处理如下：

（1）收到A公司商业承兑汇票时：

借：应收票据——A公司（面值）　　226 000

　贷：主营业务收入　　200 000

　　应交税费——应交增值税（销项税额）　　26 000

（2）6月30日，计算票据利息时：

票据利息=226 000×6%×4÷12=4 520（元）

借：应收票据——A公司（利息）　　4 520

　贷：财务费用　　4 520

此时，“应收票据”账面余额为230 520元。

2.应收票据到期

应收票据到期，收到承兑人兑付的到期票款时，按实际收到的金额，借记“银行存款”账户，按应收票据账面余额，贷记“应收票据”账户，按实际收到的金额与应收票据账面余额的差额贷记“财务费用”账户。

如果承兑人到期无力支付票款，导致商业承兑汇票发生退票（银行承兑汇票一般不会发生到期无款支付的情况），付款人可以根据协议签发新的票据以清偿原应付票据；付款人不再签发新票据时，应按应收票据账面余额，借记“应收账款”账户，贷记“应收票据”账户。到期不能收回的带息应收票据，转入“应收账款”账户核算后，期末不再计提利息，其所包含的利息在有关备查簿中进行登记，待实际收到时再冲减收到当期的财务费用。

【例2-10】承【例2-9】，2022年8月1日，该票据到期如数兑现。编制如下会计分录：

借：银行存款	231 650	
贷：应收票据——A公司		230 520
财务费用		1 130

如果2022年8月1日该票据到期，承兑人无力支付票款，发生退票，付款人不再签发新票据，则应编制如下会计分录：

借：应收账款——A公司	231 650	
贷：应收票据——A公司		230 520
财务费用（226 000×6%÷12）		1 130

3.应收票据转让

应收票据转让是指持票人因购买商品或偿还债务等原因，将未到期的商业汇票背书后转让给其他单位或个人的业务活动。背书是指持票人在票据背面签字，签字人称为背书人。对于背书转让的商业承兑汇票，若付款人到期无力兑付票款，背书人负有连带付款责任，由此产生的或有负债，企业应在财务报表附注中加以说明。

企业将持有的应收票据背书转让，以获取所需物资时，按应计入物资成本的价值，借记“在途物资”“原材料”“库存商品”等账户，按取得的增值税专用发票上注明的增值税税额，借记“应交税费——应交增值税（进项税额）”账户，按应收票据的账面余额，贷记“应收票据”账户，按尚未计提的利息，贷记“财务费用”账户，按应收或应付的金额，借记或贷记“银行存款”等账户；企业将持有的应收票据背书转让，以抵付前欠货款时，借记“应付账款”账户，贷记“应收票据”账户。

【例2-11】华扬股份有限公司将原收到的A公司的一张面值为90 000元的不带息商业承兑汇票背书转让给B公司，以抵付前欠货款。华扬股份有限公司的会计处理如下：

借：应付账款——B公司	90 000	
贷：应收票据——A公司		90 000

4.应收票据贴现

应收票据贴现是指持票人因急需资金，将未到期的商业汇票背书后转让给银行。银行受理后，扣除按银行贴现率计算确定的贴现息后，将余额付给贴现企业的业务活动。

贴现值的计算如下：

贴现值=票据到期值-贴现利息

贴现利息=票据到期值×贴现率×贴现期

贴现期：贴现日至票据到期日前一日的天数。

到期值：带息应收票据的到期值，是其面值加上按票据载明的利率计算的票据全部期间的利息；不带息应收票据的到期值就是其面值。

将未到期的商业汇票向银行贴现，符合金融工具确认和计量准则有关金融资产终止确认条件的（如不附追索权的商业汇票贴现），应按实际收到的贴现值，借记"银行存款"账户，按贴现利息部分，借记"财务费用"等账户，按商业汇票的账面价值，贷记"应收票据"账户；不符合金融工具确认和计量准则有关金融资产终止确认条件的（如附有追索权的商业汇票贴现），不应转销应收票据，应按实际收到的贴现值，借记"银行存款"账户，按贴现利息部分，借记"短期借款——利息调整"等账户，按商业汇票的到期值，贷记"短期借款——成本"账户。贴现利息应在票据贴现期间采用实际利率法确认为利息费用。当然，如果期限较短，金额不大，按照重要性原则，贴现利息也可计入当期财务费用。

【例2-12】华扬股份有限公司销售一批商品给乙企业，货已发出，增值税专用发票上注明的商品价款为300 000元，增值税销项税额为39 000元。当日收到乙企业签发的不带息商业承兑汇票一张，该票据的期限为3个月。相关销售商品收入符合收入确认条件。

华扬股份有限公司的账务处理如下：

（1）销售实现时：

借：应收票据——乙企业	339 000	
贷：主营业务收入		300 000
应交税费——应交增值税（销项税额）		39 000

（2）3个月后，应收票据到期，华扬股份有限公司收回款项339 000元存入银行：

借：银行存款	339 000	
贷：应收票据——乙企业		339 000

（3）如果华扬股份有限公司在该票据到期前向银行贴现，且不附有追索权，则表明华扬股份有限公司的应收票据贴现符合金融资产终止确认条件，可以转销应收债权。假定华扬股份有限公司贴现获得的现金净额为335 610元，则相关账务处理如下：

借：银行存款	335 610	
财务费用	3 390	
贷：应收票据——乙企业		339 000

（4）如果华扬股份有限公司在该票据到期前向银行贴现，且银行拥有追索权，则表明华扬股份有限公司的应收票据贴现不符合金融资产终止确认条件，应将贴现所得确认为一项金融负债（短期借款）。假定华扬股份有限公司贴现获得的现金净额为335 610元，则相关账务处理如下：

借：银行存款	335 610	
短期借款——利息调整	3 390	
贷：短期借款——成本		339 000

贴现利息3 390元应在票据贴现期间采用实际利率法确认为利息费用。

三、应收票据备查登记簿

企业对于持有的商业汇票在进行明细分类核算的同时，还应设置“应收票据备查登记簿”，逐笔登记每一张应收票据的种类、编号、签发日期、面值、票面利率、交易合同号、出票人、承兑人、背书人的姓名或单位名称、到期日、贴现日、收款日期、收回金额、退票等详细情况。待票据到期或转销时，在备查登记簿内逐笔注销。

第三节 应收账款

应收账款是指企业在日常经营活动中，因销售商品或提供劳务等应向购货单位或接受劳务单位收取的款项，包括代垫的运杂费。它是由于赊销而产生的流动资产性质的债权，在企业流动资产中一般占有较大比重。应收账款仅指应收客户的款项，不包括本企业付出的存出保证金。与应收票据相比，应收账款面临的不确定性因素较多，其风险比较大。因此，为了保证企业资金的正常运转，应加强对应收账款的管理。

由于应收款项同时符合下列条件：（1）企业管理该金融资产的业务模式是以收取合同现金流量为目标的；（2）该金融资产的合同条款规定，在特定日期产生的现金流量仅为本金和以未偿付本金为基础的利息。所以，在不打算频繁或大金额（大规模）提前处置应收账款的情况下，应当将其作为以摊余成本计量的金融资产。应收账款会计核算应遵守下列规定：

（1）一般企业对外销售商品或提供劳务形成的应收债权，通常应按从购货方应收的合同或协议价款作为初始确认金额。

（2）企业收回应收款项时，应将取得的价款与应收款项账面价值之间的差额计入当期损益。

一、应收账款的确认

应收账款的确认，包括入账时间的确认和入账金额的确认两个方面。

（一）应收账款入账时间的确认

应收账款的确认时间与销售收入的确认标准密切相关。当商品的所有权从卖方转向买方或劳务已经提供时，买卖双方的债权债务关系就已确立，卖方就拥有买方在未来日期支付款项的权利。因此，应收账款的入账时间的确认方法与销售收入确认的方法相同，即在交易发生日取得收款凭证或取得收款权利时，确认企业的应收账款，并予以入账。

（二）应收账款入账金额的确认

从理论上讲，应收账款的入账金额应按未来可得现金的现值入账。但是，应收账款转化为现金的期限一般不会超过一年或者一个营业周期，所以其现值与交易发生日确定的金额之间的差额不会很大，根据重要性原则可以忽略不计。因此，在实际工作中，企业应收账款的入账金额按销售商品或提供劳务实际发生的交易价格计量，即以交易的实际发生额入账。但是在商业信用中，由于商业折扣和现金折扣等影响应收账款入账金额的确认，因此在确认应收账款入账金额时，还需要考虑其折扣因素。

1. 商业折扣

商业折扣是指企业为了促进销售而在商品标价上给予的价格扣除，以扣减后的金额作为发票价格。企业对顾客提供商业折扣的原因是多方面的，如避免经常性更改价目表，为不同的销售数量或不同的顾客提供不同的价格，或向竞争对手隐瞒真实的发票价格等。总之，商业折扣与企业促销密切相关。商业折扣是企业采用的一种促销手段，其目的是扩大销路、增加销量，以提高盈利水平。

商业折扣一般在交易发生时确定，并按报价的一定百分比表示，它仅仅是确定销售商品发票价格的一种手段，不在买卖双方的账目上反映，所以它对应收账款的入账价值没有实质性的影响。在提供商业折扣的情况下，应收账款的入账金额应按扣除商业折扣以后的实际销售价格确认。例如，华扬股份有限公司销售甲商品，价目表上所订价格为每件200元，成批购买100件，按10%的商业折扣出售，则100件甲商品的发票价格为18 000元，企业应按18 000元确认销售收入。

2.现金折扣

现金折扣是指债权人为鼓励债务人（客户）尽早付款而向债务人提供的债务扣除。在采用赊销方式销售商品或提供劳务的交易中，企业往往与客户达成协议，客户在不同期限内付款可享受不同比例的折扣。现金折扣一般用“折扣/付款期限”来表示。如“2/10，1/20，N/30”，表示信用期限为30天，如果在10天内付款，可享受2%的折扣；如果在20天内付款，可享受1%的折扣；超过20天付款，则没有折扣。

在存在现金折扣的情况下，企业应当根据合同条款，并结合其以往的习惯做法确定交易价格。由于现金折扣合同将来收回金额不确定，属于存在可变对价的情形，因而企业应当按照期望值或最可能发生金额确定可变对价的最佳估计数。

如果估计客户不是极有可能取得现金折扣，则按开票金额（即未扣减现金折扣的总金额）作为应收账款的入账金额；如果客户确在折扣期内付款，给予其现金折扣时，冲减销售收入；如果估计客户极有可能取得现金折扣，则将扣减现金折扣后的净额作为应收账款的入账金额，若客户超过折扣期才付款，则企业应将其多收的金额增加销售收入。

二、应收账款的会计处理

为了总括反映和监督应收账款的增减变动情况，企业应设置“应收账款”账户进行核算。该账户借方登记企业应收的款项，贷方登记已收回的款项，余额在借方，表示尚未收回的应收账款。该账户应按债务人设置明细账，进行明细分类核算。

（一）在没有现金折扣的情况下应收账款的会计处理

在没有现金折扣的情况下企业应根据销售商品应收的款项，借记“应收账款”账户，贷记“主营业务收入”“应交税费”账户；收到账款时，借记“银行存款”账户，贷记“应收账款”账户。

【例2-13】华扬股份有限公司4月5日销售给A公司产品3 000件，每件售价为100元，价值总计为300 000元，适用的增值税税率为13%，买方承诺一个月后付款。华扬股份有限公司应进行如下会计处理：

（1）销货时，根据增值税专用发票记账联：

借：应收账款——A公司	339 000	
贷：主营业务收入		300 000
应交税费——应交增值税（销项税额）		39 000

（2）一个月后，根据银行收款通知：

借：银行存款　　339 000

　贷：应收账款——A公司　　339 000

【例2-14】华扬股份有限公司4月8日向B公司销售产品一批，按价目表标明的价格计算，货物总价值为200 000元，由于是成批销售，华扬股份有限公司给予对方10%的商业折扣，发票金额为180 000元，适用的增值税税率为13%。买方承诺一个月后付款。华扬股份有限公司应进行如下会计处理：

（1）销货时，根据增值税专用发票记账联：

借：应收账款——B公司　　203 400

　贷：主营业务收入　　180 000

　　应交税费——应交增值税（销项税额）　　23 400

（2）一个月后，根据银行收款通知：

借：银行存款　　203 400

　贷：应收账款——B公司　　203 400

（二）在有现金折扣的情况下应收账款的会计处理

在有现金折扣的情况下，如果估计客户极有可能不会提前付款，不能得到现金折扣，则企业应根据销售商品应收的未扣减现金折扣的总金额入账，如果顾客在现金折扣期内付款，企业将应给予顾客的现金折扣作为冲减销售收入处理；如果估计客户极有可能提前付款，能得到现金折扣，则按照扣减现金折扣后的净额入账核算。下面举例说明。

【例2-15】承【例2-13】，华扬股份有限公司规定的现金折扣条件为“2/10，N/30”，估计客户极有可能不会提前付款，不能享受折扣额。假设折扣时不考虑增值税。华扬股份有限公司应进行如下会计处理：

（1）销货时：

借：应收账款——A公司　　339 000

　贷：主营业务收入　　300 000

　　应交税费——应交增值税（销项税额）　　39 000

（2）如果A公司在折扣期10天内付款，折扣额为6 000元（300 000×2%），则：

借：银行存款　　333 000

　　主营业务收入　　6 000

　贷：应收账款——A公司　　339 000

（3）如果A公司在超过了现金折扣的最后期限付款，则：

借：银行存款　　339 000

　贷：应收账款——A公司　　339 000

该例中，如果估计客户极有可能在折扣期10天内付款，能享受折扣额6 000元（300 000×2%），则：

（1）销货时：

借：应收账款——A公司　　333 000

　贷：主营业务收入　　294 000

　　应交税费——应交增值税（销项税额）　　39 000

（2）如果A公司在折扣期10天内付款，享受折扣额6 000元，则：

借：银行存款　　333 000

　贷：应收账款——A公司　　333 000

（3）如果A公司在超过了现金折扣的最后期限付款，则需全额付款：

借：银行存款　　339 000

　贷：应收账款——A公司　　333 000

　　　主营业务收入　　6 000

三、坏账损失及其会计处理

企业的各项应收款项（包括应收账款和其他应收款等，下同），可能会因购货人或付款人拒付、破产、死亡等原因而无法收回。这些无法收回的应收款项在会计上称为坏账，因坏账而造成的损失称为坏账损失。

（一）坏账损失的确认

根据现行会计制度的规定，符合下列条件的应收账款可确认为坏账：

1. 债务人死亡，以其遗产清偿后仍然无法收回的应收账款；

2. 债务人破产，以其破产财产清偿后仍然无法收回的应收账款；

3. 债务人逾期未履行偿债义务超过三年，并有足够的证据表明无法收回或收回的可能性极小的应收账款。

（二）坏账损失的会计处理

企业对符合坏账确认条件的应收款项，根据企业的管理权限，经股东大会或董事会、经理（厂长）会议或类似机构批准后，作坏账损失处理。坏账损失的核算方法一般有两种：

1. 直接转销法

采用直接转销法时，日常核算中对应收款项可能发生的坏账损失不予考虑，只有在实际发生坏账时，才作为损失计入当期损益，同时冲销应收款项。

【例2-16】华扬股份有限公司2022年年底清理账务时，发现应收C公司一笔8 000元的货款长期无法收回，经批准确认为坏账。华扬股份有限公司进行如下会计处理：

借：信用减值损失——坏账损失　　8 000

　贷：应收账款——C公司　　8 000

企业已转为坏账损失核销的应收款项，并不意味着企业对其放弃追索权利。如果因债务人经济情况好转或其他原因，已确认为坏账并转销的应收款项又重新收回，此时应按实际收回的金额进行会计处理。

【例2-17】如【例2-16】中已冲销的应收账款以后又收回7 000元，则华扬股份有限公司的会计处理如下：

（1）转回原冲销的坏账：

借：应收账款——C公司　　7 000

　贷：信用减值损失——坏账损失　　7 000

（2）按正常收回应收款项入账：

借：银行存款　　7 000

贷：应收账款——C公司　7 000

直接转销法的优点是会计处理简便，但它不符合权责发生制原则和配比原则，也不符合谨慎性要求。所以，我国会计制度规定，除小微企业外，一般企业对坏账损失的核算必须采用备抵法。

2.备抵法

备抵法是采用一定的方法按期估计坏账损失，计入当期费用并形成坏账准备，待坏账实际发生时，冲销已提的坏账准备和相应的应收款项。采用这种方法，坏账损失计入与应收款项发生的同一期间的损益，体现了配比原则和权责发生制原则的要求，避免了企业明盈实亏；在报表上列示应收款项净额，使报表使用者能了解企业应收款项的可变现金额，因而较真实地揭示了企业的财务状况。

在备抵法下，每期确认的坏账损失是一个估计数，但坏账损失的估计必须切合实际，这是恰当运用备抵法的关键。因此，企业应根据以往的经验、债务单位的实际财务状况以及其他情况对坏账损失进行合理的估计。在实务中，估计坏账损失的方法主要有以下四种：

（1）应收账款余额百分比法

应收账款余额百分比法，是按应收账款余额的一定比例计算提取坏账准备的方法。这种方法认为，坏账损失的发生是与应收账款的余额直接相关的，应收账款的余额越大，发生坏账的风险也越高。从理论上讲，这一比例应按坏账占应收账款的比率计算，发生坏账多的企业，比例就相应高一些，反之则低一些。在实务中，估计坏账率可以根据以往的数据资料加以确定，也可以根据规定的百分比计算。会计期末，企业应提取的坏账准备大于其账面余额的，按其差额提取；反之，按其差额冲回。其计算公式为：

$$\frac{\text{当期实际提取的}}{\text{坏账准备金额}} = \frac{\text{当期应收账款}}{\text{期末余额}} \times \frac{\text{坏账准备}}{\text{计提比例}} - \frac{\text{“坏账准备”账户本期}}{\text{提取前贷方余额}} \left(\text{或} + \frac{\text{“坏账准备”账户本期}}{\text{提取前借方余额}} \right)$$

【例2-18】华扬股份有限公司某年年末应收账款余额为800 000元，坏账准备提取比例为1%；第二年发生了坏账20 000元，年末应收账款余额为1 100 000元；第三年，已冲销的上年应收账款10 000元又收回，并存入银行，年末应收账款余额为1 200 000元。华扬股份有限公司各年会计处理如下：

①第一年年末，提取坏账准备8 000元（800 000×1%）：

借：信用减值损失——计提的坏账准备　8 000

　贷：坏账准备　8 000

②第二年，冲销坏账：

借：坏账准备　20 000

　贷：应收账款　20 000

③第二年年末，按应收账款余额计算提取坏账准备：

坏账准备余额应为11 000元（1 100 000×1%）。

本期实际应提的坏账准备为23 000元（11 000+（20 000–8 000））。

借：信用减值损失——计提的坏账准备　23 000

　贷：坏账准备　23 000

④第三年，已冲销的上年应收账款10 000元又收回：

借：应收账款　　10 000

　贷：坏账准备　　10 000

同时，

借：银行存款　　10 000

　贷：应收账款　　10 000

⑤第三年年末，按应收账款余额计算提取坏账准备：

坏账准备余额应为12 000元（1 200 000×1%）。

本期实际应提的坏账准备为-9 000元（12 000-（11 000+10 000）），即坏账准备应冲减9 000元。

借：坏账准备　　9 000

　贷：信用减值损失——计提的坏账准备　　9 000

应收账款余额百分比法着眼于资产负债表的真实性，强调在资产负债表上反映应收账款的可变现净值，通常又被称为"资产负债表法"。采用这种方法计算坏账准备的应有余额比较简便，但它假设所有应收账款产生坏账的风险是相同的，这与现实不符。一般来说，应收账款拖欠时间越长，发生坏账的可能性就越大。为了更准确地估计应计提的坏账准备，应采用账龄分析法。

（2）账龄分析法

账龄分析法，是根据应收账款账龄的长短来估计坏账损失的方法。账龄指的是客户所欠账款的时间。尽管应收账款能否收回以及能够收回多少，并不一定完全取决于账龄的长短，但一般来讲，账款被拖欠的期限越长，发生坏账的可能性就越大。采用这种方法，企业期末一般要根据账龄分析表所提供的各账龄段信息，对不同账龄段的应收账款，采用不同的坏账百分比来估计坏账损失。

【例2-19】华扬股份有限公司2022年12月31日通过分析各客户的应收账款明细账，确定了不同账龄段的应收账款的坏账损失率，并据以编制"应收账款账龄及坏账损失估计表"，见表2-3。

表2-3　**应收账款账龄及坏账损失估计表**

2022年12月31日　　金额单位：元

应收账款账龄	应收账款金额	估计损失（%）	估计损失金额
不足1个月	600 000	0.75	4 500
超过1个月但不足6个月	400 000	1	4 000
超过6个月但不足1年	100 000	5	5 000
超过1年但不足2年	80 000	10	8 000
超过2年但不足3年	20 000	20	4 000
超过3年	10 000	50	5 000
合 计	1 210 000		30 500

假设华扬股份有限公司2022年12月31日提取坏账准备之前"坏账准备"账户有贷方余额20 000元，则2022年年末应补提坏账准备10 500元。相关会计处理如下：

借：信用减值损失——计提的坏账准备 10 500

贷：坏账准备 10 500

账龄分析法和应收账款余额百分比法一样，在计提坏账准备时，考虑了该账户的原有余额，再做出调整。这两种方法都是从资产负债表的角度来估计坏账的，注重的是期末坏账准备的应有余额，使资产负债表中的应收账款能更合理地按变现价值评价。但是，期末的应收账款并不都是本期的赊销产生的，可能含有以往年度销售产生的账款，所以采用这两种方法计算出的坏账费用就不能完全与本期的销售收入配比。

(3) 赊销百分比法

赊销百分比法，是以赊销金额的一定百分比估计坏账损失的方法。采用这一方法的理由是坏账损失的产生与当期赊销业务直接相关，与当期的现款销售无关，当期赊销业务越多，产生的坏账损失就越大。

【例2-20】假设华扬股份有限公司2022年全年赊销金额为2 500 000元，采用赊销百分比法估计坏账损失。根据以往的资料和经验，估计坏账损失率为6‰。2021年年末“坏账准备”账户贷方余额为13 000元。相关会计处理如下：

2022年年末估计坏账损失=2 500 000×6‰=15 000（元）

因此，应计提坏账准备15 000元。

借：信用减值损失——计提的坏账准备 15 000

贷：坏账准备 15 000

2022年年末“坏账准备”账户余额=15 000+13 000 = 28 000（元）

可以看出，采用赊销百分比法，在计算各年度应提的坏账准备金额时，并不需要考虑“坏账准备”账户已有的余额。由于这种方法主要是根据当期利润表上的销货收入数字来估计当期的坏账损失的，因此坏账损失与销货收入能较好地配比，比较符合配比原则。但是，由于计提坏账时没有考虑到“坏账准备”账户原有的余额，如果以往年度出现坏账损失估计错误的情况就不能自动更正，资产负债表上的应收账款净额也就不一定能正确地反映其变现价值。因此，采用赊销百分比法还应该定期评估坏账准备是否适当并及时做出调整，以便能更加合理地反映企业的财务状况。

(4) 个别认定法

个别认定法，是针对每项应收款项的实际情况分别估计坏账损失的方法。例如，公司一般根据应收账款的5%来计提坏账，但是如果有的客户有明显的迹象表明还款困难，就可以对这一企业的应收账款采用个别认定法计提坏账准备，把计提比例提高到10%或其他数值。

个别认定法往往与其他方法结合运用。同一会计期间内运用个别认定法计提坏账准备的应收账款额应从运用其他方法计提坏账准备的应收账款额中剔除。

个别认定法区别于应收账款余额百分比法和赊销百分比法的主要特点在于两个方面：一是计提坏账准备的依据不仅仅是应收账款余额或赊销总额，还要考虑特定客户的信用状况和偿债能力；二是不再是所有欠款客户都用一个相同的比例计提坏账准备，信用状况不同，其采用的计提比例也不同。只要调查清楚每个客户的信用状况和偿债能力，再据此确定每个客户的计提比例和欠款数额，就能核算坏账准备。

在采用备抵法计提坏账准备时，为减少随意性，防止企业利用计提坏账准备调节利润，保证会计信息的真实性和可靠性，企业应按照会计准则规定的要求，做好以下工作：

第一，企业应向债务人函证应收账款，对应收款项的可收回性进行评价。

第二，企业应根据具体情况，自行确定计提坏账准备的方法、计提比例等。企业在确定坏账准备的计提比例时，应根据以往的经验、债务单位的实际财务状况、现金流量以及其他相关信息合理地估计，如市场情况和行业惯例，特别是赊销金额巨大的客户的支付能力等因素。

第三，除有确凿证据表明该项应收款项不能够收回或收回的可能性不大外（如债务单位已撤销、破产、资不抵债、现金流量严重不足、发生严重的自然灾害导致停产而在短时间内无法偿付债务等），下面四种情况不能全额提取坏账准备：①当年发生的应收款项；②计划对应收款项进行重组；③与关联方发生的应收款项；④其他已逾期但无确凿证据表明不能收回的应收款项。

需要说明的是，根据《企业会计准则第14号——收入》的规定，在商品交易中，如果销售单位交付商品给购买单位后，其收取对价的权利还要取决于时间流逝之外的其他因素，即该项收款权利是有条件的，则形成一项合同资产，不计入应收账款。

合同资产，是指企业已向客户转让商品而有权收取对价的权利，且该权利取决于时间流逝之外的其他因素。合同资产不同于应收款项。两者的区别在于，应收款项是企业无条件收取合同对价的权利，即企业仅仅随着时间的流逝即可收款。而合同资产并不是一项无条件收款权，该权利除了取决于时间流逝的因素之外，还取决于其他条件（例如，履行合同中的其他履约义务）才能收取相应的合同对价。因此，合同资产和应收款项相关的风险是不同的，应收款项仅承担信用风险，而合同资产除承担信用风险之外，还承担其他风险，如履约风险等。关于合同资产的核算，详见第十三章收入、费用和利润部分。

第四节　其他应收款及预付账款

一、其他应收款

（一）其他应收款的内容

其他应收款是指除应收票据、应收账款、预付账款、应收股利、应收利息等以外的其他各种应收、暂付款项。它是企业发生的非购销活动的应收债权，主要内容包括应收各种赔款、罚款，应收出租包装物租金，预付给企业内部单位的备用金，应向职工收取的各种垫付款项，存出保证金以及其他不属于上述各项的其他应收款项。

（二）其他应收款的核算

为了反映和监督其他应收款的增减变化和结余情况，企业应设置“其他应收款”账户。该账户借方登记其他应收款的增加，贷方登记其他应收款的收回，余额在借方，表示尚未收回的其他应收款。企业发生各种其他应收款时，借记“其他应收款”账户，贷记有关账户；收回各种款项时，借记有关账户，贷记“其他应收款”账户。该账户应按债务人设置明细账，进行明细分类核算。

【例2-21】2月28日，清查小组在对华扬股份有限公司库存现金进行全面清查后发现短款200元。同日，该公司向M公司租入包装物，支付押金5 000元。华扬股份有限公司应编制如下会计分录：

（1）短款在查明原因之前：

借：待处理财产损溢——待处理流动资产损溢 200

贷：库存现金 200

（2）经查明，上述短款属于出纳人员的责任，由出纳人员全额赔偿。根据批复报告：

借：其他应收款——××出纳员 200

贷：待处理财产损溢——待处理流动资产损溢 200

（3）支付包装物押金：

借：其他应收款——M公司 5 000

贷：银行存款 5 000

其他应收款有可能发生坏账，根据谨慎性原则的要求，企业应当定期或者至少于每年年末，对其他应收款进行检查，预计其可能发生的坏账损失，并计提坏账准备，方法同前。

二、预付账款

（一）预付账款的内容

预付账款是指企业按照购货合同的规定，预先支付给供货方或提供劳务单位的货款。预付账款是企业的短期债权，在性质上与应收账款相同，但两者产生的原因不同。应收账款是因为销售商品、提供劳务而应向对方索取款项的权利；预付账款是因为购货而产生的应向对方索取货物的权利。

（二）预付账款的会计处理

为了正确反映和监督预付账款的预付和结算情况，企业应设置"预付账款"账户，并按供货单位设置明细账，进行明细分类核算。

【例2-22】华扬股份有限公司为购买原材料预付给D公司定金50 000元，实际收到原材料的价款为80 000元，增值税为10 400元。超出部分以银行存款补付。华扬股份有限公司的会计处理如下：

（1）预付给D公司定金时：

借：预付账款——D公司 50 000

贷：银行存款 50 000

（2）收到原材料时：

借：材料采购（或"原材料"） 80 000

应交税费——应交增值税（进项税额） 10 400

贷：预付账款——D公司 90 400

（3）补付货款时：

借：预付账款——D公司 40 400

贷：银行存款 40 400

预付账款业务不多的企业，可以不单独设置"预付账款"账户，而通过"应付账款"账户核算。在这种情况下，"应付账款"的某些明细账户期末会出现借方余额。在编制资产负债表时，应将"应付账款"所属明细账户的借方余额合并记入"预付款项"项目反映，以明确区分债权债务。

本章“货币资金与应收款项”内容在资产负债表中分别以“货币资金”“应收票据”“应收账款”“预付款项”“其他应收款”等项目列示。其中，“货币资金”项目，需根据“库存现金”“银行存款”“其他货币资金”三个总账账户余额的合计数填列；“应收票据”“应收账款”“预付账款”“其他应收款”项目，需根据相关总分类账户或明细分类账户的期末余额，减去相应的坏账准备期末余额后的净额填列。

【课程思政】

在本章引导案例中，小李违反了《中华人民共和国现金管理暂行条例》及库存现金与银行存款管理的内部控制制度等财经法规。其所在单位在货币资金管理方面存在缺乏严格的内部控制制度或内部控制制度执行不严、监管不到位的问题。现金支出的内部控制制度明确规定，现金支出应按有关规定办理，贯彻执行企业的现金收支计划和有关制度，坚持审批制度。在实际工作中应注意坚持“内部牵制原则”。现金的出纳、记账应由不同人分别担任，不得由一人兼任；签发支票和付出款项应由两人分别签章。

当代大学生从本案例中应该吸取深刻教训：作为财会人员，应严格遵守《会计法》、《内部会计控制规范》等法律法规，加强对库存现金、银行存款等货币资金的管理，保证国家、集体财产的安全，不做假账，在不当利益面前不动摇，不给自己留下终身遗憾；作为大学生，必须培养正确的价值观，遵纪守法，诚实守信，从小事做起，防微杜渐，不贪污舞弊，不获取不义之财。

【与我国小企业会计准则的比较及主要差异】

企业会计准则中，坏账核算应采用“备抵法”，并设置“信用减值损失”账户；而《小企业会计准则》对坏账核算则采用“直接转销法”，当坏账损失实际发生时计入营业外支出，同时冲销相应的应收款项。

【重点与难点】

（一）重点

1. 库存现金的管理及银行存款的清查。
2. 其他货币资金的内容。
3. 应收票据的种类、应收票据贴现及账务处理。
4. 应收账款的确认和计量。
5. 坏账损失的确认及会计处理。

（二）难点

1. 应收票据贴现的计算及账务处理。
2. 应收账款入账金额的确认及会计处理。
3. 备抵法下坏账损失的核算。

【课后练习】

（一）单项选择题

1. 企业流动性最强的资产是（　　）。

A.货币资金　　B.短期有价证券

C.存货　　D.应收账款

2.允许企业保留的库存现金限额一般不得超过本单位（　　）天正常零星开支需要量。

A.2~3　　B.3~5　　C.5~10　　D.10~15

3.按照《现金管理暂行条例》的规定，下列项目中不允许使用现金的是（　　）。

A.个人劳动报酬　　B.出差借支差旅费

C.购置固定资产　　D.向个人收购物品

4.库存现金清查一般采用（　　）。

A.估算法　　B.实地盘点法

C.技术推算法　　D.账目核对法

5.企业的工资、奖金等现金的支取，只能通过（　　）办理。

A.一般存款账户　　B.临时存款账户

C.基本存款账户　　D.专用存款账户

6.清查银行存款的方法是（　　）。

A.实地盘点法　　B.对账单法　　C.技术推算法　　D.估算法

7.商业汇票的承兑期限由交易双方商定，最长不能超过（　　）。

A.3个月　　B.6个月　　C.9个月　　D.12个月

8.如果企业与银行对账时“银行存款日记账”余额与“银行对账单”余额不相等，那么，（　　）。

A.肯定记账有错误

B.一定有未达账项

C.肯定记账没错误

D.可能是记账有错误，也可能存在未达账项

9.企业按规定提取的坏账准备应计入（　　）。

A.财务费用　　B.管理费用　　C.信用减值损失　　D.营业外支出

10.根据我国企业会计制度的规定，下列票据中应通过“应收票据”科目核算的是（　　）。

A.银行汇票　　B.银行本票　　C.商业汇票　　D.银行支票

（二）多项选择题

1.企业应坚持“钱账分管”的内部控制制度，出纳人员不得兼管（　　）。

A.稽核工作　　B.费用账簿的登记工作

C.往来账簿的登记工作　　D.总账的登记工作

2.银行存款账户分为（　　）。

A.基本存款账户　　B.一般存款账户　　C.临时存款账户　　D.专用存款账户

3.会计上作为应收票据核算的包括（　　）。

A.银行本票　　B.银行汇票　　C.商业承兑汇票　　D.银行承兑汇票

4.企业采用备抵法进行坏账核算时，估计坏账损失的常用方法有（　　）。

A.应收账款余额百分比法　　B.账龄分析法

C.赊销百分比法　　D.年数总和法

5.票据贴现利息的计算与（　　）有关。

A.银行存款利率　　B.票据到期价值

C.贴现率　　D.贴现期

（三）判断题

1. 企业购入价值30 000元的周转材料，可以用库存现金支付。（　　）

2. 企业可以根据需要自行调整库存现金的限额。（　　）

3. 企业可以从当天的现金收入中直接支付现金。（　　）

4. 企业不准签发空头和远期支票，但可以签发空白支票。（　　）

5. 企业的银行存款日记账和总账均由出纳员负责登记和管理。（　　）

6. 货币资金是指所有货币性资产所占用的资金。（　　）

7. 为了方便现金收支，企业的现金收入可以个人名义存入银行。（　　）

8. 凡不属于国家现金使用范围的支出，一律不准使用库存现金支付。（　　）

9. 在进行库存现金核对时，库存现金实有数，包括借条、收据等在内，必须与库存现金日记账的账面余额相符。（　　）

10. 未达账项是错账的一种形式。（　　）

（四）业务处理题

1.华扬股份有限公司2022年11月1日销售一批商品给乙企业，销售收入为100 000元，增值税为13 000元，商品已经发出。乙企业交来一张期限为6个月、票面利率为10%的商业汇票。

要求：编制华扬股份有限公司收到票据、年终计提票据利息和收回货款的会计分录。

2.华扬股份有限公司2022年12月31日应收账款账龄分析及估计坏账损失见表2-4。

表2-4　**应收账款账龄分析及估计坏账损失**　金额单位：元

应收账款账龄	应收账款金额	估计损失（%）	估计损失金额
不足1个月	300 000	1	
超过1个月但不足1年	200 000	2	
超过1年但不足2年	100 000	3	
超过2年但不足3年	50 000	4	
超过3年	60 000	5	
合计	710 000		

2022年12月31日提取坏账准备前“坏账准备”账户贷方余额为6 500元，计算本期估计坏账损失金额及应计提的坏账准备，并做出会计分录。

3.华扬股份有限公司首次计提坏账准备年度的应收账款年末余额为1 000 000元，提取坏账准备的比例为4‰，第二年发生坏账损失6 000元，年末应收账款余额为1 300 000元，第三年发生坏账损失3 000元，上年已转销的应收账款中有3 400元本年度又收回，该年度末应收账款余额为800 000元。

要求：做出相应的账务处理。

4.华扬股份有限公司于2022年5月1日销售给光大公司一批商品200件，增值税专用发票上注明的售价为20 000元，增值税为2 600元，双方协商的折扣条件为“2/10，1/20，N/30”，估计客户不是极有可能取得现金折扣，折扣时不考虑增值税。

要求：假定光大公司5月9日、5月18日或5月底还款，做出华扬股份有限公司5月1日销售商品及收款时的账务处理。

（五）简答与思考题

1. 库存现金与银行存款分别如何管理？

2. 什么是未达账项？它有哪几种形式？银行存款余额调节表如何编制？

3. 什么是商业折扣和现金折扣？两者有何区别？

4. 发生商业折扣和现金折扣对应收账款入账金额的确认有什么影响？

5. 备抵法下估计坏账损失的方法有哪几种？

参考答案

【知识结构图】

第三章　存　货

【学习目标】

通过本章的学习，需要了解存货的概念、特点、分类和确认条件，掌握发出存货的计价方法、存货期末计价及存货清查方法；熟练掌握实际成本计价方法下及计划成本计价方法下存货取得与发出的会计处理、存货盘盈与盘亏的会计处理。

【引导案例】

存货跌价准备的计提是否合理?

广东劲胜智能集团股份有限公司（简称劲胜智能，股票代码：300083）成立于2003年4月11日，于2010年5月20日在深交所创业板挂牌上市，是东莞第一家创业板上市公司。公司是国内消费电子精密结构件产品及服务的领先供应商，目前公司主营业务形成了包括消费电子产品精密结构件业务、高端装备制造业务、智能制造服务业务等三大模块。

2019年1月31日，劲胜智能对外披露了《2018年度业绩预告》，预计亏损28.70亿元至28.75亿元，主要原因是公司对消费电子产品精密结构件业务的相关存货计提跌价准备21.44亿元、相关固定资产计提减值准备1.81亿元。而深交所给公司发出的2017年年报问询函和2018年半年报问询函中均要求劲胜智能说明存货跌价准备计提是否充分，劲胜智能分别回复称2017年度存货跌价准备计提充分、2018半年度无须计提存货跌价准备。对2018年下半年突然如此大额计提存货跌价准备，劲胜智能被深交所直接问询，要求公司说明是否存在2018年度利用大额计提存货跌价准备、未来年度利用存货跌价准备转回进行利润调节的动机?

分析提示

思考：

（1）企业在什么情况下需要计提存货跌价准备?

（2）存货跌价准备的计提对企业财务状况和经营成果会产生什么影响?

（3）如何防范企业会计人员利用存货跌价准备的计提来调节企业资产与利润?

第一节　存货及其分类

一、存货的概念及特征

存货是指企业在日常活动中持有以备出售的产成品或商品、处在生产过程中的在产品、在生产过程或提供劳务过程中耗用的材料、物料等。

存货区别于固定资产等非流动资产的最基本的特征是，企业持有存货的最终目的是出售，不论是可供直接出售，如企业的产成品、商品等，还是需经过进一步加工后才能出售，如原材料等。其特征具体表现在：

（1）具有一定的实物形态。存货的这一特征，使其区别于商标权、专利权等无形资产。

（2）变现速度在一年或一个经营周期以内，有较强的流动性。存货的这一特征，使其区别于其他虽具有实物形态，但变现速度在一年或一个经营周期以上、流动性较弱的资产，如固定资产和在建工程等。

（3）储存的目的在于准备按正常的经营方式予以出售或耗用，以赚取收入。存货的这一特征，使其区别于其他具有实物形态，流动性也较大，但储存目的不是将其直接出售或者制成产品后出售，而是满足工程建造的物资需求，如工程物资。

（4）存货属于非货币性资产，存在价值减损的可能性。由于存货的价值易受市场价格以及其他因素变动的影响，因此其能够转换为货币资金的数额是不固定的，具有较大的不确定性。当存货长期不能销售或耗用时，就有可能变为积压物资或者需要降价销售，给企业带来损失。

二、存货的范围

确定存货的范围应以企业对存货是否具有法定所有权为标准。凡是在盘存日法定所有权属于企业的、具有存货特征的物资，不论其存放在何处，都应作为企业的存货处理。因此，企业存货的范围包括：

（1）所有权属于企业的库存物资。已经办理销货手续，所有权已转移给购买者，而尚未提取仍在企业仓库的物资，不包括在企业存货范围内。

（2）所有权属于企业的在途物资。销售方按销售合同、协议的规定已确认销售（已收到货款等），而尚未发运给购货方的商品，属于购货方的存货；购货方已收到商品，并已确认为购进（如已支付货款等），但尚未收到销售方结算发票的商品，也属于购货方的存货。

（3）所有权属于企业的委托外单位加工的物资。

（4）所有权属于企业的委托外单位代销的物资。

虽然存货的认定以货品的法定所有权归属为基本准则，但也有例外，如代销商品的归属。代销商品是指一方委托另一方代其销售的商品。从商品的所有权来看，代销商品应作为委托方的存货处理。但为了使受托方加强对代销商品的管理和核算，企业会计准则规定受托方应将其受托代销的商品在资产负债表的“存货”项目中反映。同时，与“受托代销商品”对应的“受托代销商品款”作为一项负债，在编制资产负债表时，也将其作为抵减项目并入“存货”项目反映。

三、存货的分类

存货的种类繁多，为了加强对存货的实物管理，正确进行有关存货业务的会计处理，必须对其进行合理的分类。

（一）存货按经济用途分类

以工业企业为例，存货按经济用途可作如下分类：

1.原材料

原材料是指企业在生产过程中经加工改变其形态或性质并构成产品主要实体的各种原

料及主要材料、辅助材料、外购半成品（外购件）、修理用备件（备品备件）、包装材料、燃料等。为建造固定资产等各项工程而储备的各种材料，虽然同属于材料，但不符合存货的定义，因此不能作为企业的存货进行核算。

2.在产品

在产品是指企业正在制造尚未完工的产品，包括正在各个生产工序加工的产品和已加工完毕但尚未检验或已检验但尚未办理入库手续的产品。

3.半成品

半成品是指经过一定生产过程并已检验合格交付半成品仓库保管，但尚未制造完工成为产成品，仍需进一步加工的中间产品。

4.产成品

产成品是指工业企业已经完成全部生产过程并验收入库，可以按照合同规定的条件送交订货单位或者可以作为商品对外销售的产品。企业接受外来原材料加工制造的代制品和为外单位加工修理的代修品，制造和修理完成验收入库后，应视同企业的产成品。

5.周转材料

周转材料是指企业能够多次使用但不符合固定资产定义的材料，如为了包装本企业商品而储备的各种包装物，各种工具、管理用具、玻璃器皿、劳动保护用品以及在经营过程中周转使用的容器等低值易耗品和建造承包商的钢模板、木模板、脚手架等其他周转材料。但是，周转材料符合固定资产定义的，应当作为固定资产处理。

（二）存货按存放地点分类

1.在途存货

在途存货是指已经取得所有权但尚在运输途中或虽已运抵企业但尚未验收入库的各种材料物资及商品。

2.在库存货

在库存货是指已经购进或生产完工并经过验收入库的各种原材料、周转材料、半成品、产成品以及商品。

3.在制存货

在制存货是指在产品以及委托外单位加工但尚未完工的材料物资等。

4.在售存货

在售存货是指已经发运给购货方但尚不能完全满足收入确认条件，因而仍作为销货方存货的发出商品、委托代销商品等。

（三）存货按取得方式分类

存货按取得方式，可以分为外购存货、自制存货、委托加工存货、接受投资存货、以债务重组方式取得的存货以及盘盈的存货等。

第二节　存货的确认和初始计量

一、存货的确认条件

存货同时满足下列条件的，才能予以确认：

（一）与该存货有关的经济利益很可能流入企业

企业在确认存货时，需要判断与该项存货相关的经济利益是否很可能流入企业。在实务中，主要通过判断对该项存货的控制权是否转移到了企业来确定。取得相关商品的控制权，是指能够主导该商品的使用并从中获得几乎全部的经济利益。

通常情况下，取得存货的控制权是与存货相关的经济利益很可能流入本企业的一个重要标志。例如，根据销售合同已经售出（取得现金或收取现金的权利）的存货，其控制权已经转移，与其相关的经济利益已不再流入本企业，此时，即使该项存货尚未运离本企业，也不能再确认为本企业的存货。企业在判断与存货相关的经济利益能否流入企业时，主要结合该项存货控制权的归属情况进行分析确定。

（二）该存货的成本能够可靠地计量

存货是企业资产的重要组成部分，要确认存货，企业必须能够对其成本进行可靠的计量。存货的成本能够可靠地计量必须以取得确凿、可靠的证据为依据，并且具有可验证性。如果存货成本不能可靠地计量，则不能确认为一项存货。例如，企业承诺的订货合同，由于并未实际发生，不能可靠地确定货物成本，因此就不能确认为购买企业的存货。又如，企业预计发生的制造费用，由于并未实际发生，不能可靠地计量，因此不能计入产品成本。

二、存货的初始计量

企业取得存货应当按照成本进行计量。存货成本包括采购成本、加工成本和使存货达到目前场所和状态所发生的其他成本三个组成部分。在会计实务中，存货的取得方式不同，其成本的具体构成也不同。存货的取得方式有外购、自制、委托加工、投资者投入、接受捐赠以及债务重组等。

企业在日常核算中采用计划成本法或售价金额法核算的存货成本，实质上也是存货的实际成本。比如，采用计划成本法，通过“材料成本差异”或“产品成本差异”账户将材料或产成品的计划成本调整为实际成本；采用售价金额法，通过“商品进销差价”账户将商品的售价调整为实际成本（进价）。

（一）外购的存货

1.外购存货的成本

企业外购存货主要包括原材料和商品。外购存货的成本即存货的采购成本，是指企业物资从采购到入库前所发生的全部支出，包括购买价款、相关税费、运输费、装卸费、保险费以及其他可归属于存货采购成本的费用。

商品流通企业在采购商品过程中发生的运输费、装卸费、保险费以及其他可归属于存货采购成本的费用等进货费用，应计入所购商品成本。在实务中，企业也可以将发生的运输费、装卸费、保险费以及其他可归属于存货采购成本的进货费用等先进行归集，期末再按照所购商品的存销情况进行分摊。对于已销售商品的进货费用，计入主营业务成本；对于未售商品的进货费用，计入期末存货成本。商品流通企业采购商品的进货费用金额较小的，可以在发生时直接计入当期销售费用。

应当注意的是，市内零星货物运杂费、采购人员的差旅费、采购机构的经费以及供应部门的经费等，一般不应当包括在存货的采购成本中。

2.外购存货的会计处理

存货的核算包括原材料、委托加工物资、产成品、周转材料（包装物、低值易耗品）、自制半成品、委托代销商品等的核算，这里主要以原材料为例，阐述如何对其采用实际成本法进行核算。

材料核算采用实际成本法，即材料按实际成本计价的会计核算，是指材料日常收入、发出、结存的总分类核算和明细分类核算均按实际成本计价的一种核算方法。

为了总括反映和监督原材料的增加、减少和结存情况，在按照实际成本法进行材料的总分类核算时，工业企业应设置“原材料”账户。该账户属于资产类账户，借方登记材料增加的实际成本数，贷方登记材料减少的实际成本数，余额在借方，反映材料期末结余的实际成本。为了核算在途材料的增减变化情况，企业还应设置“在途物资”账户。该账户属于资产类账户，用来核算企业已付款（已签发商业汇票等）但尚未验收入库的各种在途材料成本，借方登记已购入（已付款、已开出商业汇票等）但尚未验收入库的材料的实际成本，贷方登记入库材料的实际成本。若有余额，余额一定在借方，反映在途材料的实际成本。

企业从外部购入材料，应根据购入材料的不同经济业务类型进行账务处理。

（1）存货验收入库与货款结算同时完成

材料的发票等结算凭证已到，货款已付或已开出商业承兑汇票，材料也如数验收入库时，根据购入材料的实际成本借记“原材料”账户，按照专用发票上注明的增值税税额，借记“应交税费”账户，按实际支付的金额或应付金额，贷记“银行存款”“应付票据”“应付账款”账户。

【例3-1】华扬股份有限公司4月3日从本市购入钢材一批，已于当日验收入库，货款为60 000元，增值税为7 800元，开出转账支票予以支付。华扬股份有限公司应进行如下会计处理：

借：原材料——钢材	60 000	
应交税费——应交增值税（进项税额）	7 800	
贷：银行存款		67 800

（2）货款已付，但存货尚未验收入库

材料结算凭证已到，货款已付，但材料尚未验收入库。这种情况的出现主要是因为在采用托收承付结算方式时，材料的运输时间往往长于材料结算凭证的传递时间。为了及时核算银行存款的减少和在途材料的增加，应根据购入材料的实际成本借记“在途物资”账户，按照专用发票上注明的增值税税额，借记“应交税费”账户，按实际支付的金额，贷记“银行存款”账户。

【例3-2】4月12日，华扬股份有限公司向乙厂购买钢材一批，货款150 000元与专用发票上注明的增值税19 500元已全部承付，但钢材尚未到达。华扬股份有限公司应进行如下会计处理：

借：在途物资——乙厂（钢材）	150 000	
应交税费——应交增值税（进项税额）	19 500	
贷：银行存款		169 500

对于已经承付货款的在途材料到达企业并验收入库时，应根据入库材料的实际成本借

记“原材料”账户，贷记“在途物资”账户。

【例3-3】承【例3-2】，华扬股份有限公司向乙厂承付货款的钢材于4月20日送达并全部验收入库。华扬股份有限公司应进行如下会计处理：

借：原材料——钢材　　150 000

　贷：在途物资——乙厂（钢材）　　150 000

在实际工作中，为了简化材料的核算手续，对于上述在途材料的验收入库，不必逐笔填制记账凭证，可以在月终根据汇总凭证填制转账凭证。

（3）材料已验收入库，而结算凭证未到，货款尚未支付

这种情况一般发生在外地的材料采购业务中，是由于结算凭证的传递时间长于材料的运输时间而发生的，但在正常的情况下，两者的时间相差不会太长。对于这种情况，平时可不进行账务处理，待供货单位的结算凭证到达并支付货款后，再进行账务处理。但是在月终供货单位的结算凭证仍未到达的，为了在月末反映库存材料的增加数，应根据供货合同中注明的价格暂估入账，即借记“原材料”账户，贷记“应付账款”账户，在下月初用红字编制相同的分录予以冲回，以便在结算凭证到达并支付货款后，按上述第（1）种情况进行账务处理。

【例3-4】华扬股份有限公司4月20日收到丙公司的材料一批，已办理验收入库，但月末结算凭证尚未到达，货款尚未支付，根据供货合同估价8 000元入账。华扬股份有限公司应进行如下会计处理：

4月20日收到丙公司的材料时，暂不记账。

4月30日结算凭证尚未到达，货款尚未支付，根据供货合同估价8 000元入账：

借：原材料——×材料　　8 000

　贷：应付账款——暂估应付款　　8 000

5月初用红字冲回：

借：原材料——×材料　　[8 000]

　贷：应付账款——暂估应付款　　[8 000]

（4）购入材料发生短缺或损耗

在材料验收入库过程中发现材料短缺或损坏时，应及时查明原因，分不同情况进行账务处理。

①材料短缺和损坏应由供货单位负责的。如果货款尚未承付，应按短缺及损坏数量和材料单价计算拒付金额，填制拒付理由书，向银行办理拒付手续；如果货款已经支付，应要求供货单位赔偿。

【例3-5】华扬股份有限公司从丁公司购入甲材料600千克，每千克100元，货款已于上月承付，本月验收入库时发现短缺10千克，经查应由供货单位负责。华扬股份有限公司应进行如下会计处理：

借：原材料——甲材料　　59 000

　　应收账款——丁公司　　1 130

　贷：在途物资——丁公司（甲材料）　　60 000

　　　应交税费——应交增值税（进项税额转出）　　130

②材料的短缺或损坏应由××运输公司负责的，应要求其赔偿。

【例3-6】在【例3-5】中，如果华扬股份有限公司短缺的10千克甲材料是××运输公司造成的，应由××运输公司赔偿。华扬股份有限公司应进行如下会计处理：

借：原材料——甲材料 59 000

其他应收款——××运输公司 1 130

贷：在途物资——丁公司（甲材料） 60 000

应交税费——应交增值税（进项税额转出） 130

③材料在运输途中发生自然灾害等非正常损失，在未经批准转销前，应根据短缺和损失的金额通过“待处理财产损溢”账户核算，查明原因并报经批准后，将扣除保险公司和过失人赔款后的净损失，计入营业外支出。

【例3-7】华扬股份有限公司从南京购入原材料一批，货款80 000元已承付。材料运达并验收入库时发现短缺1 000元。原因待查。华扬股份有限公司应进行如下会计处理：

借：原材料——×材料 79 000

待处理财产损溢——待处理流动资产损溢 1 000

贷：在途物资 80 000

上述短缺材料，经查明属自然灾害造成，由××保险公司赔偿800元，其余经批准由企业承担。

借：其他应收款——××保险公司 800

营业外支出 200

贷：待处理财产损溢——待处理流动资产损溢 1 000

④材料短缺属于运输途中合理损耗的，应计入有关材料的采购成本，不需要进行专门的会计处理，只是原材料单价提高了。

（二）通过进一步加工取得的存货

1.通过进一步加工取得存货的成本

企业通过进一步加工取得的存货，主要包括产成品、在产品、半成品、委托加工物资等，其成本由采购成本、加工成本构成。某些存货还包括使存货达到目前场所和状态所发生的其他成本，如可直接认定的产品设计费用等。通过进一步加工取得的存货的成本中，采购成本是由所使用或消耗的原材料采购成本转移而来的，因此，计量加工取得的存货的成本，重点是确定存货的加工成本。

存货加工成本由直接人工和制造费用构成，其实质是企业在进一步加工存货的过程中追加发生的生产成本，因此，不包括直接由材料存货转移来的价值。其中，直接人工是指企业在生产产品过程中，直接从事产品生产的工人的职工薪酬。直接人工和间接人工的划分依据通常是生产工人是否与所生产的产品直接相关（即可否直接确定其服务的产品对象）。制造费用是指企业为生产产品和提供劳务而发生的各项间接费用。制造费用是一种间接生产成本，包括企业生产部门（如生产车间）管理人员的职工薪酬、折旧费、办公费、水电费、机物料消耗、劳动保护费、季节性和修理期间的停工损失等。

2.通过进一步加工取得存货的会计处理

（1）委托外单位加工的存货

委托外单位加工完成的存货，以实际耗用的原材料或者半成品、加工费、运输费、装卸费等成本费用以及按规定应计入成本的税金，作为实际成本。在会计处理上主要包括拨付加工物资、支付加工费用和税金、收回加工物资和剩余物资等几个环节。

【例3-8】华扬股份有限公司委托乙企业加工B材料一批（非应税消费品）。生产B材料耗用A材料的成本为30 000元，支付的加工费用为10 500元（不含增值税），B材料加工完成并已验收入库，加工费用等已经支付。双方适用的增值税税率均为13%。

华扬股份有限公司按实际成本核算原材料，有关账务处理如下：

①发出委托加工原料A材料：

借：委托加工物资——乙企业（B材料） 30 000

  贷：原材料——A材料 30 000

②支付加工费用和税金：

应交增值税税额=10 500×13%=1 365（元）

借：委托加工物资——乙企业（B材料） 10 500

  应交税费——应交增值税（进项税额） 1 365

  贷：银行存款 11 865

③加工完成，收回委托加工的B材料：

借：原材料——B材料（30 000+10 500） 40 500

  贷：委托加工物资——乙企业（B材料） 40 500

如委托加工应税消费品，则根据不同情况分别进行处理：如果加工收回后直接销售或用于非应税消费品的再加工，由受托方代缴的消费税计入加工物资的成本：借记“委托加工物资”账户，贷记“银行存款”“应付账款”账户；如果收回后再加工应税消费品然后出售，由受托方代缴的消费税先记入“应交税费——应交消费税”账户的借方，借记“应交税费——应交消费税”账户，贷记“银行存款”账户。具体详见第十章流动负债中“应交税费”部分。

（2）自行生产的存货

自行生产的存货的初始成本包括投入的原材料或半成品、直接人工和按照一定方法分配计入的制造费用。制造费用是指企业为生产产品和提供劳务而发生的各项间接费用，包括企业生产部门（如生产车间）管理人员的薪酬、折旧费、办公费、水电费、机物料消耗、劳动保护费、季节性和修理期间的停工损失等。在生产车间只生产一种产品的情况下，企业归集的制造费用可直接计入该产品成本；在生产多种产品的情况下，企业应采用与该制造费用相关性较大的方法对其进行合理分配。通常采用的方法有生产工人工时比例法、生产工人工资比例法、机器工时比例法和按年度计划分配率分配法等，还可以按照耗用原材料的数量或成本、直接成本及产品产量分配制造费用。

【例3-9】华扬股份有限公司的基本生产车间制造完成一批产成品，已验收入库，经计算，该批产成品的成本为80 000元。华扬股份有限公司应进行如下会计处理：

借：库存商品 80 000

  贷：生产成本——基本生产成本 80 000

（三）投资者投入的存货

投资者投入存货的成本，应当按照投资合同或协议约定的价值确定，但合同或协议约定价值不公允的除外。

【例3-10】2022年4月1日，甲、乙、丙三方共同投资设立了A有限责任公司（以下简称A公司），甲以其生产的产品×材料作为资本投资（A公司作为原材料核算），投资合同约定的价值为400万元（不含税，与公允价值一致）。A公司取得的增值税专用发票上注明的不含税价款为400万元，增值税税额为52万元。假定A公司的实收资本总额为1 000万元，甲在A公司享有的份额为35%。A公司为一般纳税人，适用的增值税税率为13%，A公司采用实际成本法核算存货。

在本例中，由于A公司为一般纳税人，投资合同约定的该项原材料的价值为400万元，因此，A公司接受的这批原材料的入账价值为400万元，增值税52万元单独作为可抵扣的进项税额进行核算。

甲在A公司享有的实收资本=10 000 000×35%=3 500 000（元）

甲在A公司投资的资本溢价=4 000 000+520 000-3 500 000=1 020 000（元）

A公司的账务处理如下：

借：原材料——×材料　　4 000 000

　　应交税费——应交增值税（进项税额）　　520 000

　贷：实收资本——甲　　3 500 000

　　　资本公积——资本溢价　　1 020 000

（四）通过债务重组取得的存货

通过债务重组取得的存货的成本及会计处理，参照本书第十一章的相关内容。

第三节　存货发出的计价

一、存货发出的计价方法

企业存货实体在实际生产经营过程中始终处于流动状态，既不断地购入存货，又不断地为生产、销售发出存货。会计期末，一部分存货已经投入生产或销售，其余部分则仍留在仓库中。存货实体的这种运动，称为存货的实物流动。

存货成本也随着存货实体的流动而流动。存货价值流动是指取得存货时成本流入及发出存货时成本流出。会计期末，发出存货应负担的成本为已耗或销货成本，期末存货应负担的成本为期末存货成本。在实际成本计价方式下，如果已发出存货的价值流动能与实物流动相一致，则发出存货成本与期末存货成本的确定极其简便。但是，在现实生活中，由于不同批次取得的存货，其单位成本不同，而且实物的流动也没有一定的规律。因此，必须采用某种存货价值流动的假设，以方便发出存货成本与期末存货成本的分配计算。以不同的存货价值流动假设为依据，产生了不同的存货计价方法。

企业在确定发出存货的成本时，可以采用个别认定法、月末一次加权平均法、移动加权平均法、先进先出法和后进先出法等方法。

（一）个别认定法

个别认定法是指以某批存货购入时的实际单位成本作为该批存货发出时的实际成本的一种方法。采用这种方法，要求为每一批存货进行详细记录，并要有每批或每个存货的识别标记，以便据以确认发出存货和期末存货所属的批别。

个别认定法要求存货的实物流动与价值流动相一致。这种计价方法看似不仅简单合理，而且在定期盘存制或永续盘存制下都可使用，但实行起来并不容易，这是因为，使用该方法时需要对企业具体的发出和结存存货的批次进行认定，辨别其具体的收入批次，工作量较大，困难较多。因此，该方法只适用于单价高、数量少且易于辨认进货的不同批次的贵重商品，如黄金、珠宝首饰等。

（二）月末一次加权平均法

月末一次加权平均法是以当期全部购入数量与期初存货数量为权数，以期初存货成本与本期各批购货成本之和除以总数量，计算出存货的加权平均单价，从而确定本期发出存货成本和期末存货成本的一种方法，具体计算公式如下：

存货加权平均单位成本=（期初存货成本+本期收入存货成本）÷（期初存货数量+本期收入存货数量）

本期发出存货成本=本期发出存货数量×存货加权平均单位成本

期末存货成本=期末存货数量×存货加权平均单位成本

【例3-11】华扬股份有限公司4月份甲材料的明细账资料见表3-1。

表3-1 **原材料明细账（月末一次加权平均法）**

材料类别： 最高存量：

材料名称：甲材料 规格： 计量单位：元、件 最低存量：

2022年		凭证号数	摘要	收入			发出			结余		
月	日			数量	单价	金额	数量	单价	金额	数量	单价	金额
4	1		月初结存							10	9	90
4	5		购进	100	8	800				110		
4	10		领用				50			60		
4	15		购进	40	10	400				100		
4	20		领用				70			30		
4	30		月末结存	140		1 200	120	8.6	1 032	30	8.6	258

按月末一次加权平均法确定的有关成本如下：

（1）存货加权平均单位成本=（90+1 200）÷（10+140）=8.6（元/件）

（2）本期发出存货成本=120×8.6=1 032（元）

（3）期末存货成本=30×8.6=258（元）

采用这种方法，月末一次计算加权平均单位成本，计算手续比较简便，日常核算工作量少；但由于平时账上无法提供存货的结存金额，不利于加强对存货的管理，而且发出存货成本必须到月末才能结转，月末结转工作繁重，影响成本计算的及时性。

（三）移动加权平均法

移动加权平均法是在每次购货后，根据账面结存数量与总成本计算出新的加权平均单位成本，并据以对此后发出存货进行计价的一种方法。采用这种方法，发出存货的单价将随着每次购货而变动。资料见表3-2。

表3-2　**原材料明细账（移动加权平均法）**

材料类别：　　　　　　　　　　　　　　　　　　　　最高存量：

材料名称：甲材料　　　规格：　　　计量单位：元、件　　　最低存量：

2022年		凭证号数	摘要	收入			发出			结余		
月	日			数量	单价	金额	数量	单价	金额	数量	单价	金额
4	1		月初结存							10	9	90
4	5		购进	100	8	800				110	8.09	890
4	10		领用				50	8.09	404.5	60	8.09	485.5
4	15		购进	40	10	400				100	8.855	885.5
4	20		领用				70	8.855	619.85	30	8.855	265.65
4	30		月末结存	140		1 200	120		1 024.35	30	8.855	265.65

具体计算过程如下：

4月5日购进存货后的加权平均单价=（90+800）÷（10+100）=8.09（元/件）

4月10日领料成本=50×8.09=404.5（元）

4月15日购进存货后的加权平均单价=（485.5+400）÷（60+40）=8.855（元/件）

4月20日领料成本=70×8.855=619.85（元）

采用移动加权平均法，每次发出存货都可以及时计算出其成本，能及时了解存货的结余情况，便于对存货进行管理。但是，由于每次购入存货都要重新计算加权平均单位成本，增加了平时的核算工作量。

（四）先进先出法

先进先出法，是假设先入库的存货先发出，并按照这种假设的存货流动次序对发出存货和期末存货进行计价的一种方法。采用先进先出法，期末存货是按最近的单位成本计价的。具体计算方法见表3-3。

表3-3　**原材料明细账（先进先出法）**

材料类别：　　　　　　　　　　　　　　　　　　　　最高存量：

材料名称：甲材料　　　规格：　　　计量单位：元、件　　　最低存量：

2022年		凭证号数	摘要	收入			发出			结余		
月	日			数量	单价	金额	数量	单价	金额	数量	单价	金额
4	1		月初结存							10	9	90
4	5		购进	100	8	800				10 100	9 8	90 800
4	10		领用				10 40	9 8	90 320	60	8	480
4	15		购进	40	10	400				60 40	8 10	480 400
4	20		领用				60 10	8 10	480 100	30	10	300
4	30		月末结存	140		1 200	120		990	30	10	300

采用先进先出法，由于期末存货成本较接近现行成本，因而资产负债表能较为真实地反映企业的财务状况，但与现行收入相配比的是较早期的存货成本，在物价持续上涨的情况下，使得当期销货成本偏低，利润偏高，同时会高估期末存货的价值，高估资产。

（五）后进先出法

后进先出法，是假设后入库的存货先发出，并按照这种假设的存货流动次序对发出存货和期末存货进行计价的一种方法。采用后进先出法，期末存货是按最先购进存货的单位成本计价的。具体计算方法见表3-4。

表3-4　　**原材料明细账（后进先出法）**

材料类别：　　　　　　　　　　　　　　　　　　最高存量：

材料名称：甲材料　　　规格：　　　计量单位：元、件　　　最低存量：

2022年		凭证号数	摘　要	收　入			发　出			结　余		
月	日			数量	单价	金额	数量	单价	金额	数量	单价	金额
4	1		月初结存							10	9	90
4	5		购进	100	8	800				10 100	9 8	90 800
4	10		领用				50	8	400	10 50	9 8	90 400
4	15		购进	40	10	400				10 50 40	9 8 10	90 400 400
4	20		领用				40 30	10 8	400 240	10 20	9 8	90 160
4	30		月末结存	140		1 200	120		1 040	10 20	9 8	90 160

采用后进先出法，期末存货成本较接近最早购进存货的成本，与现行成本不一致，因而资产负债表不能较为真实地反映企业的财务状况；同时，与现行收入相配比的是最后购进的存货成本，在物价持续上涨的情况下，使得当期销货成本偏高，利润偏低，同时低估期末存货的价值，低估资产。

由此可见，采用后进先出法计算的存货项目的金额不能准确地反映期末存货的实际价值，在持续通货膨胀的情况下尤为如此。同时，为了减少企业可以选择会计政策的空间，我国现行会计准则规定不允许采用后进先出法。

根据上述存货不同计价方法的计算结果，我们能看出，在物价变动的情况下，不同的成本计价方法对企业经营成果和财务状况产生不同的影响。例如，在物价持续上涨的情况下，采用先进先出法，会使本期发出存货成本偏低，利润偏高；同时会使期末结存存货成本偏高，资产偏高。如采用月末一次加权平均法，情况则相反。因此，为了防范企业会计人员利用存货成本计价方法来调节利润与资产，企业会计准则规定，企业可以在个别认定法、月末一次加权平均法、移动加权平均法及先进先出法中选择某一种方法，对于性质和用途相似的存货，应当采用相同的存货计价方法，且一经选定不得随意变更，前后各期应保持一致，并在财务报表附注中予以披露。企业会计人员必须严格执行会计准则等相关规定，不得任意选择不同的存货计价方法来调节利润和资产、粉饰会计报表或规避税收，以确保会计信息的真实性和可比性。

二、存货发出的会计处理

下面仍以工业企业为例，介绍按照实际成本计价发出存货的账务处理。

（一）生产经营领用原材料

企业发出材料时，应根据月份内签收的领料单、限额领料单、领料登记表等发料凭证，按照发出材料的用途进行分类汇总，编制发出材料汇总表，作为进行账务处理的依据。对于直接用于制造产品所耗用的材料、车间一般耗用材料以及企业管理部门领用的材料，应分别记入“生产成本”“制造费用”“管理费用”等账户的借方；对于在建工程以及对外销售等发出的材料，则应分别记入“在建工程”“其他业务成本”等账户的借方；发出委托加工材料时，应记入“委托加工物资”账户的借方，并按发出材料的总额记入“原材料”账户的贷方。

【例3-12】华扬股份有限公司4月领用原材料的实际成本为200 000元，其中：生产甲产品领用120 000元，生产乙产品领用60 000元，生产车间一般耗用12 000元，在建工程领用5 000元，管理部门领用3 000元。华扬股份有限公司应进行如下会计处理：

借：生产成本——甲产品	120 000	
——乙产品	60 000	
制造费用	12 000	
在建工程	5 000	
管理费用	3 000	
贷：原材料——×材料		200 000

（二）生产经营领用周转材料

周转材料，是指企业能够多次使用、逐渐转移其价值，但仍保持原有形态，不确认为固定资产的材料，如低值易耗品和包装物。

低值易耗品，是指在使用过程中保持原有实物形态，可以多次周转使用，但单位价值较低，或者使用期限在一年以下，达不到固定资产标准的劳动资料。低值易耗品按其用途可分为：一般工具；专用工具；替换工具；管理用具；劳动保护用品和其他。低值易耗品的特点表现在两个方面：一方面，它具有与固定资产相同的特性，即在多次使用中不改变原有实物形态，它与固定资产同属于劳动资料；另一方面，其价值低廉或使用期限短，流动性强，在资产归类上属于存货。

包装物，是指为包装本企业产品或商品并随产品或商品出售、出租和出借的各种包装容器，如桶、箱、瓶、袋、筐、坛等。企业在生产经营过程中用于储存、保管、运送企业产品、材料等，但不随同产品出售、出借、出租的包装物品，不属于包装物，而应根据情况列入固定资产或低值易耗品。另外，企业在生产经营过程中用于包装、包扎产品的包装材料，如纸、绳、铁丝、塑料袋等，在会计上不作为包装物核算，而作为辅助材料核算。包装物按其用途可分为：生产过程中用于包装产品，作为产品组成部分的包装物；随同产品出售不单独计价的包装物；随同产品出售单独计价的包装物；出租或出借给购货单位使用的包装物。

企业可以设置“周转材料”账户，并在该账户下分别设置“包装物”与“低值易耗品”明细账户，也可以单独设置“包装物”与“低值易耗品”账户分别核算企业的包装物与低值易耗品。企业领用的周转材料，其具体用途不同，会计处理也不相同。在生产过程中领用的周转材料，构成产品实体一部分的，应记入“生产成本”账户；属于生产车间一般消耗的，应记入“制造费用”账户；销售过程领用不单独计价的，应记入“销售费用”账户；销售过程领用单独计价的，应视为销售材料，将获得的收入记入“其他业务收入”账户，并计算相应的增值税销项税额，其账面价值记入“其他业务成本”账户；用于出租的周转材料，收取的租金应记入“其他业务收入”账户，并计算增值税销项税额，其账面价值记入“其他业务成本”账户；用于出借的周转材料，其账面价值记入“销售费用”账户；管理部门领用的周转材料，其账面价值记入“管理费用”账户。

企业应根据周转材料的特点，选择合理的摊销方法，将其成本摊入产品成本或费用。周转材料常用的摊销方法有一次摊销法、五五摊销法和分次摊销法等。

1.一次摊销法

一次摊销法是指在周转材料被领用时，将其账面价值一次全部摊入产品成本或费用的方法。

【例3-13】4月6日，华扬股份有限公司第一生产车间领用替换零件一批，实际成本为2 500元，采用一次摊销法摊销。华扬股份有限公司应编制如下会计分录：

借：制造费用——一车间　　2 500

　贷：周转材料——低值易耗品　　2 500

采用一次摊销法的周转材料，报废时收回的残料价值作为当月周转材料摊销费用的减少。

如在【例3-13】中，假设该批替换零件报废时收回残料价值120元，并验收入库，应编制如下会计分录：

借：原材料——×材料　　120

　贷：制造费用——一车间　　120

一次摊销法通常适用于价值较低或极易损坏的管理用具、小型工具等低值易耗品以及数量不多、金额较小且业务不频繁的出租或出借包装物，但采用该方法，应加强实物管理，并在备查簿上进行登记。

2.五五摊销法

五五摊销法是指在周转材料领用时摊销其价值的50%，报废时再摊销其价值的50%。采用五五摊销法时，企业应在“周转材料”账户下设置“在库”“在用”“摊销”三个明细账户进行核算。领用周转材料时，按其账面价值，借记“周转材料——在用”账户，贷记“周转材料——在库”账户，同时摊销其账面价值的50%，借记“其他业务成本”“制造费用”“销售费用”“管理费用”等账户，贷记“周转材料——摊销”账户；周转材料报废时，摊销其账面价值的50%，借记“其他业务成本”“制造费用”“销售费用”“管理费用”

等账户，贷记“周转材料——摊销”账户，同时转销周转材料全部已提摊销额，借记“周转材料——摊销”账户，贷记“周转材料——在用”账户；报废周转材料的残料价值应冲减有关成本费用，借记“原材料”等账户，贷记“其他业务成本”“制造费用”“销售费用”“管理费用”等账户。

【例3-14】华扬股份有限公司4月1日领用全新包装物500件，每件成本为20元，实际成本共计10 000元，无偿提供给客户使用，采用五五摊销法。该批包装物10月份报废时残料价值500元，已收入仓库。根据上述资料，进行如下会计处理：

（1）领用时：

借：周转材料——包装物（在用） 10 000

　　贷：周转材料——包装物（在库） 10 000

同时，摊销账面价值的50%：

20×500×50%=5 000（元）

借：销售费用 5 000

　　贷：周转材料——包装物（摊销） 5 000

（2）10月份，该批包装物全部报废时：

摊销账面价值的50%：

20×500×50%=5 000（元）

借：销售费用 5 000

　　贷：周转材料——包装物（摊销） 5 000

（3）转销在用包装物和包装物摊销：

借：周转材料——包装物（摊销） 10 000

　　贷：周转材料——包装物（在用） 10 000

（4）收回残料：

借：原材料——×材料 500

　　贷：销售费用 500

假设10月份该批包装物报废300件，其余200件继续使用，编制如下会计分录：

摊销报废的300件账面价值的50%：

20×300×50%=3 000（元）

借：销售费用 3 000

　　贷：周转材料——包装物（摊销） 3 000

转销报废的300件在用包装物和包装物摊销：

20×300=6 000（元）

借：周转材料——包装物（摊销） 6 000

　　贷：周转材料——包装物（在用） 6 000

采用五五摊销法，虽然会计处理较为烦琐，但周转材料在报废之前始终有50%的价值保留在账面上，有利于加强对周转材料的管理和核算。该方法适用于领用数量多、金额大的周转材料的摊销。

3.分次摊销法

分次摊销法是根据周转材料估计可供使用的次数，将其成本分期计入有关成本费用的一种摊销方法。其计算公式如下：

某期周转材料摊销额=周转材料账面价值÷预计可使用次数×该期实际使用次数

分次摊销法的核算原理与五五摊销法相同，只是周转材料的价值是分若干次计算摊销的，而不是在领用和报废时各摊销一半。

分次摊销法主要适用于建造承包商的钢模板、木模板、脚手架等周转材料的摊销。

（三）销售发出存货

1.销售产成品等存货

在进行产成品销售的会计处理时，企业应及时确认收入，并结转销售成本。

【例3-15】华扬股份有限公司为增值税一般纳税人，适用的增值税税率为13%。2022年4月，该公司向A公司销售一批商品，增值税专用发票上注明的售价为200 000元，增值税为26 000元。该产品的生产成本为160 000元。华扬股份有限公司进行如下会计处理：

借：应收账款——A公司　226 000

　贷：主营业务收入　200 000

　　　应交税费——应交增值税（销项税额）　26 000

借：主营业务成本　160 000

　贷：库存商品　160 000

2.销售原材料等存货

企业出售原材料、周转材料等存货与出售产成品、商品的会计处理相似，只不过将“主营业务收入”“主营业务成本”账户改为“其他业务收入”“其他业务成本”账户。若需承担增值税以外的税金及附加，则记入“税金及附加”账户。

【例3-16】华扬股份有限公司将企业积压的一批材料对外出售，该批材料的账面成本为6 000元，出售的不含增值税价款为10 000元，增值税税率为13%，款项已收存银行。华扬股份有限公司进行如下会计处理：

借：银行存款　11 300

　贷：其他业务收入　10 000

　　　应交税费——应交增值税（销项税额）　1 300

借：其他业务成本　6 000

　贷：原材料——×材料　6 000

第四节　计划成本法

存货按实际成本计价进行日常核算，要求存货的收入和发出凭证、明细分类账、总分类账全部按实际成本计价，这对于存货品种、规格、数量繁多，收发频繁的企业来说，日常核算工作量很大，核算成本很高。为了简化存货的核算，企业可以采用计划成本法对存货的收入、发出及结存进行日常核算。

计划成本法是指存货的收入、发出和结存均按计划成本计价。这里仍然以原材料为例进行说明。材料实际成本和计划成本之间的差异，应设置“材料成本差异”账户另行核算。因此，采用计划成本法，在日常材料发出时按计划成本计价，期末将发出材料的计划成本调整为实际成本。

材料按计划成本进行计价，不仅可以简化材料收、发、存的核算工作，而且可以考核采购部门的工作业绩，使会计部门对材料的金额核算与仓库的数量核算统一起来，从而加强对材料的控制，提高会计信息管理的有效性。

一、材料计划成本的制定

按计划成本进行材料日常核算，企业应为每一品种、规格的材料制定计划成本。采用计划成本进行材料核算的目的是简化材料核算时的会计处理工作，加强对采购部门的业绩考核，因此在制定材料计划成本时，应以实际成本为基础，即尽可能接近实际成本。材料计划成本定得过高或过低，都会影响材料核算的正确性。材料计划成本的组成内容应与实际成本完全一致。材料的计划成本一般由企业的会计部门会同材料采购部门共同制定。如无特殊情况导致材料采购成本或运费发生重大变动，一般在年度内不调整计划成本。

二、账户设置

在按计划成本对材料进行核算的情况下，企业应设置“原材料”“材料采购”“材料成本差异”等账户。

“原材料”账户用来反映企业材料收入、发出、结存的情况。该账户借方登记收入材料的计划成本，贷方登记发出材料的计划成本，期末余额在借方，反映结存材料的计划成本。在按计划成本计价的情况下，该账户一般按材料类别设置二级明细账，按材料品种、规格等设置三级明细账。在反映具体材料品种收、发、存情况时，三级明细账上平时可只记数量不记金额，这是因为材料的计划单价一般在年内不会发生变动，数量乘以计划单价即为收入、发出或结存材料的金额。

“材料采购”账户主要用来核算企业采购材料物资过程中所发生的全部实际成本。该账户借方归集物资采购过程中的实际成本，包括物资采购买价、运输费、入库前的挑选整理费和进口材料应由买方负担的关税等；贷方反映入库材料的计划成本，以及月末结转的计划成本小于实际成本的差额；月末结转后借方余额表示已经付款但尚未到达或未验收入库的在途材料的实际成本。

“材料成本差异”账户用来反映已入库材料实际成本与计划成本之间的差异。在“原材料”账户按计划成本记账的情况下，该账户是“原材料”账户的调整账户。该账户的借方登记入库材料采购成本的超支差异；贷方登记入库材料采购成本的节约差异，以及随着材料发出而转出的材料成本的超支差异，转出的材料成本的节约差异也用红字登记在贷方。如期末余额在借方，表示库存材料的实际成本大于计划成本的超支差异；如期末余额在贷方，表示库存材料的实际成本小于计划成本的节约差异。

三、材料按计划成本计价的会计处理

1.按计划成本计价材料收入的核算

同按实际成本计价一样，在按计划成本计价的情况下，材料采购业务也存在三种情况：一是结算单据和材料同时到达，简称单到料到；二是结算单据到达，货款已付，但材料尚未运达，简称单到料未到；三是材料已运达并验收入库，但结算单据尚未收到，简称料到单未到。现分述如下：

（1）价款结算和材料入库同时完成的会计处理

【例3-17】4月初，华扬股份有限公司甲材料的库存量为50 000千克，计划单价为11元/千克，材料成本差异为借方余额9 000元（超支）。

4月6日，华扬股份有限公司收到3月28日从A公司订购的甲材料10 000千克，材料验收入库，财务部门当即根据采购部门提供的供货发票和代垫的材料运费单据以银行存款支付材料价款110 000元、材料增值税14 300元、运费5 000元、运费增值税450元。该笔业务的结算单据和材料同时收到并当即付款。根据上述资料，应编制如下会计分录：

①根据结算单据付款时：

借：材料采购——甲材料　115 000

　　应交税费——应交增值税（进项税额）　14 750

　贷：银行存款　129 750

②材料验收入库时：

借：原材料——甲材料　110 000

　贷：材料采购——甲材料　110 000

借：材料成本差异——甲材料　5 000

　贷：材料采购——甲材料　5 000

（2）结算单据到达、货款已付但材料尚未运达的会计处理

【例3-18】续【例3-17】，4月8日，华扬股份有限公司收到B公司送来的供应甲材料的发票一张，发票上列示甲材料的数量为8 000千克，不含税单价为10元/千克，增值税税率为13%。企业财务部门根据供应部门送来的发票当即开出支票一张，支付上述款项。甲材料的计划单价为11元/千克。根据上述资料，应编制如下会计分录：

借：材料采购——甲材料　80 000

　　应交税费——应交增值税（进项税额）　10 400

　贷：银行存款　90 400

以后在收到材料时，再根据收料单编制材料入库和结转材料成本差异的会计分录。

【例3-19】假设【例3-18】中的8 000千克在途材料于4月18日收到并验收入库。在收到材料时，企业还用支票向运输单位支付运输费用2 000元，可以抵扣的增值税为180元。

①根据运费支付单据，编制如下会计分录：

借：材料采购——甲材料　2 000

　　应交税费——应交增值税（进项税额）　180

　贷：银行存款　2 180

②根据收料单，编制如下会计分录：

借：原材料——甲材料　88 000

　贷：材料采购——甲材料　88 000

借：材料采购——甲材料　6 000

　贷：材料成本差异——甲材料　6 000

（3）材料验收入库、结算单据尚未收到、尚未付款的会计处理

企业在收到材料时由于结算单据尚未收到，故暂不进行会计处理，待材料采购结算单据收到时，视同单、料同到处理。但如果已验收入库的材料的结算单据截至月底还未到

达，那么，为了全面反映企业已拥有所有权材料的情况，必须根据其计划成本暂估入账，下月初以同样的分录用红字冲回，在下月待结算单据到达时一并处理。

（4）在途材料发生短缺的会计处理

如短缺属合理损耗，则不必进行会计处理，短缺的材料成本由该批入库的材料承担；如短缺属于供货单位少发货所致，则一方面应向供货单位催货，另一方面应按收料单上实收材料数量结转入库材料的计划成本及相应的材料成本差异；如短缺属运输部门运输不当所致，则应向运输部门索赔，并将应索赔部分的材料实际成本转入“其他应收款”账户，入库材料的计划成本及相应的材料成本差异根据收料单上所列数量转入“原材料”账户和“材料成本差异”账户。

2.按计划成本计价材料发出的核算

在按计划成本计价的情况下，材料的收、发、存均按计划成本计价，当材料发出时相应的材料成本差异也要同时结转，以便将发出材料的计划成本调整为实际成本。其计算公式如下：

发出材料实际成本=发出材料计划成本±材料成本差异

发出材料应负担的材料成本差异=本月发出材料计划成本×本月材料成本差异率

$$本月材料成本差异率=\frac{月初结存材料的成本差异+本月收入材料的成本差异}{月初结存材料的计划成本+本月收入材料的计划成本}\times 100\%$$

上述公式的分子中，材料成本差异超支用正数表示，节约用负数表示。

在计算本月材料成本差异率时，注意应剔除分母月初结存和本月收入材料计划成本中的料到单未到收料业务的计划成本，否则会使分母偏大，材料成本差异率的绝对数相对偏小，从而不能正确结转应与发出材料计划成本相匹配的材料成本差异。

库存材料的实际成本通过以下公式确定：

库存材料实际成本=库存材料计划成本±材料成本差异

材料成本差异如为借差（超支），则应加上；如为贷差（节约），则应减去。

下面举例说明材料发出的账务处理。

【例3-20】续【例3-17】至【例3-19】，并假设该公司乙材料月初结存计划成本为400 000元，材料成本差异（节约）为4 000元；本月入库乙材料计划成本为350 000元，材料成本差异（节约）为3 800元。计算华扬股份有限公司4月份甲、乙材料的材料成本差异率并编制发出材料及结转发出材料成本差异的会计分录。

甲材料成本差异率=［9 000+（5 000-6 000）］÷［550 000+（110 000+88 000）］×100%=1.07%

乙材料成本差异率=（-4 000-3 800）÷（400 000+350 000）×100%=-1.04%

华扬股份有限公司发料汇总表见表3-5。

表3-5 **发料汇总表** 单位：元

项　目	甲材料		乙材料		合　计	
	计划成本	成本差异	计划成本	成本差异	计划成本	成本差异
生产成本——A产品						
1—10日	300 000		100 000			
11—20日	200 000		200 000			
21—30日	150 000		200 000			
合　计	650 000	6 955	500 000	-5 200	1 150 000	1 755

根据表3-5编制如下会计分录：

①发出材料的会计分录：

借：生产成本——A产品　　1 150 000

　贷：原材料——甲材料　　650 000

　　　　　——乙材料　　500 000

②结转发出甲材料成本差异的会计分录：

借：生产成本——A产品　　6 955

　贷：材料成本差异——甲材料　　6 955

③结转发出乙材料成本差异的会计分录：

借：生产成本——A产品　　5 200

　贷：材料成本差异——乙材料　　5 200

第五节 存货的期末计量

存货是企业的非货币性资产，具有发生潜在贬值的可能性，为了客观、准确、真实地反映存货的实际价值，企业在期末编制资产负债表前，需要对期末存货进行计价。《企业会计准则第1号——存货》规定，期末存货应当按成本与可变现净值孰低法计价。

一、成本与可变现净值孰低法的含义

成本与可变现净值孰低法是对期末存货按照成本与可变现净值孰低者计价的方法，即当存货成本低于可变现净值时，期末存货按成本计价；当存货可变现净值低于成本时，期末存货按可变现净值计价，按存货可变现净值低于成本的部分计提存货跌价准备。

这里的“成本”是指存货的历史成本，即账面成本；“可变现净值”是指在日常活动中，存货的估计售价减去至完工时将要发生的成本、估计的销售费用以及相关税费后的金额。

二、存货可变现净值的确定

可变现净值的特征表现为存货的预计未来净现金流量，而不是存货的售价或合同价。企业预计的销售存货现金流量，并不完全等于存货的可变现净值。存货在销售过程中可能发生的销售费用和相关税费，以及为达到预定可销售状态还可能发生的加工成本等相关支出，构成现金流入的抵减项目。企业预计的销售存货现金流量，扣除这些抵减项目后，才能确定存货的可变现净值。

企业在确定存货可变现净值时，应以确凿证据为基础计算确定存货的可变现净值。存货可变现净值的确凿证据，是指对确定存货的可变现净值有直接影响的客观证明，如产成品或商品的市场销售价格、与产成品或商品相同或类似商品的市场销售价格、销货方提供的有关资料和生产成本资料等。

不同存货的可变现净值应按下列方法确定：

（1）产成品、商品和用于出售的材料等直接用于出售的商品存货，在正常生产经营过程中，应当以该存货的估计售价减去估计的销售费用和相关税费后的金额，确定其可变现

净值。

（2）需要经过加工的材料存货，在正常生产经营过程中，应当以所生产的产成品的估计售价减去至完工时估计将要发生的成本、估计的销售费用和相关税费后的金额，确定其可变现净值。

（3）资产负债表日，同一项存货中一部分有合同价格约定、其他部分不存在合同价格的，应当分别确定其可变现净值，并与其相对应的成本进行比较，分别确定存货跌价准备的计提或转回的金额。其中，合同订货部分以合同价作为预计售价，非合同订货部分以市场价作为预计售价。

三、成本与可变现净值孰低法的具体应用

（一）存货跌价准备计提方法的选择

企业计提存货跌价准备的方法有三种：

（1）单项计提，即将每一项存货的成本与可变现净值逐项进行比较，每一项存货均取较低者来确定其期末成本。

（2）分类计提，即将每一类存货的成本和可变现净值进行比较，取较低者。

（3）按总额计提，即将全部存货的成本与可变现净值进行比较，取较低者。

《企业会计准则第1号——存货》规定：存货跌价准备应当按单个项目计提；在某些情况下，比如与具有类似目的或最终用途并在同一地区生产和销售的产品系列相关，且难以将其与该产品系列的其他项目区别开来的存货，可以合并计提；对于数量繁多、单价较低的存货，也可以按存货类别计提。企业可以根据具体情况做出选择。

单项计提法，其计算结果较准确，但工作量大，对于存货类别繁杂的企业更是如此；按总额计提法，简便易行，但过于粗糙；分类计提法介于两者之间，具有较强的可操作性。按我国会计准则的要求，企业应尽量采用单项计提法。

（二）计提存货跌价准备的会计处理

1.账户设置

企业应设置“存货跌价准备”账户，用来核算企业计提的存货跌价准备。该账户贷方登记企业计提的存货跌价准备；借方登记由于丧失使用价值及转让价值而转入当期损益的已计提的存货跌价准备以及已计提存货跌价准备的存货价值又恢复而增加的价值。

2.计提存货跌价准备的会计处理

期末，企业计算出存货可变现净值低于存货成本的差额，应借记“资产减值损失”账户，贷记“存货跌价准备”账户。当存在以下一项或若干项情况时，应将存货账面价值全部转入当期损益：①已霉烂变质的存货；②已过期且无转让价值的存货；③生产中已不再需要并且已无使用价值和转让价值的存货；④其他足以证明已无使用价值和转让价值的存货。发生上述情况时，应按存货账面价值借记“资产减值损失”账户，按已计提的存货跌价准备借记“存货跌价准备”账户，按存货的账面余额贷记“库存商品”“原材料”等账户。

【例3-21】甲公司按照单项存货计提存货跌价准备。2022年12月31日，A、B两项存货的成本分别为290 000元、200 000元，可变现净值分别为270 000元、240 000元，假设“存货跌价准备”账户余额为0。

本例中，对于A项存货，其成本290 000元高于其可变现净值270 000元，应计提存货跌价准备20 000元（290 000–270 000）。对于B项存货，其成本200 000元低于其可变现净值240 000元，无须计提存货跌价准备。因此，甲公司对A、B两项存货计提的跌价准备共计为20 000元，在当日资产负债表中列示的存货金额为470 000元（270 000 + 200 000）。

【例3–22】乙公司按单项存货计提存货跌价准备。2022年12月31日，乙公司库存自制半成品成本为360 000元，预计加工完成该产品尚需发生加工费用120 000元，预计产成品的销售价格（不含增值税）为520 000元，预计销售费用为70 000元。假定该库存自制半成品未计提存货跌价准备，且不考虑其他因素的影响。

本例中，2022年年末，乙公司该库存自制半成品可变现净值=预计产成品的销售价格–预计销售费用–预计加工完成尚需发生费用=520 000–70 000–120 000 =330 000（元）。所以，该自制半成品应计提的存货跌价准备=自制半成品成本–自制半成品可变现净值=360 000–330 000=30 000（元）。

【例3–23】华扬股份有限公司2021年年末，A存货的账面成本为120 000元，由于自本年以来A存货的市场价格持续下跌，根据资产负债表日的状况确定的A存货的可变现净值为105 000元，“存货跌价准备”账户期初余额为0，应计提的存货跌价准备为15 000元（120 000–105 000）。相关账务处理如下：

借：资产减值损失——计提的存货跌价准备　　15 000

　贷：存货跌价准备——A存货　　15 000

3.存货跌价准备的转回

当以前减记存货价值的影响因素已经消失时，减记的金额应当予以恢复，并在原已计提的存货跌价准备金额内转回，转回的金额计入当期损益，借记“存货跌价准备”账户，贷记“资产减值损失”账户。

在核算存货跌价准备的转回时，转回的存货跌价准备与计提该准备的存货项目或类别应当存在直接对应关系，即转回的金额以将存货跌价准备的余额冲减至零为限。

【例3–24】沿用【例3–23】，假设2022年年末，华扬股份有限公司A存货的种类和数量、账面成本和已计提的存货跌价准备均未发生变化，但是A存货市场价格持续上升，市场前景明显好转，至2022年年末根据当时状态确定的A存货的可变现净值为130 000元。

本例中，由于A存货市场价格上涨，2022年年末，A存货的可变现净值（130 000元）高于其账面成本（120 000元），可以判断以前造成减记存货价值的影响因素（价格下跌）已经消失。A存货减记的金额应当在原已计提的存货跌价准备金额15 000元内予以恢复。相关账务处理如下：

借：存货跌价准备——A存货　　15 000

　贷：资产减值损失——计提的存货跌价准备　　15 000

需要注意的是，导致存货跌价准备转回的是以前减记存货价值的影响因素的消失，而不是在当期造成存货可变现净值高于其成本的其他影响因素。如果本期导致存货可变现净值高于其成本的影响因素不是以前减记该存货价值的影响因素，则不允许将该存货跌价准备转回。

4.存货跌价准备的结转

企业计提存货跌价准备后，如果其中有部分存货已经销售，则企业在结转销售成本时，应同时结转对其已计提的存货跌价准备。对于因债务重组转出的存货，也应同时结转已计提的存货跌价准备。如果按存货类别计提存货跌价准备，则应当按照发生销售、债务重组等而转出存货的成本占该存货未转出前该类别存货成本的比例结转相应的存货跌价准备。

【例3-25】2021年，华扬股份有限公司库存A机器10台，每台成本为3 000元，已经计提的存货跌价准备合计为5 000元。2022年，公司将库存的10台机器全部以每台4 000元的价格售出，适用的增值税税率为13%，货款未收到。

华扬股份有限公司的相关账务处理如下：

借：应收账款——×单位	45 200	
贷：主营业务收入——A机器		40 000
应交税费——应交增值税（销项税额）		5 200
借：主营业务成本——A机器	25 000	
存货跌价准备——A机器	5 000	
贷：库存商品——A机器		30 000

第六节 存货的清查

为了真实地反映企业的存货实物和资金的现有数额，加强对存货的管理，保证存货核算的真实性，必须进行存货的清查。企业对存货应该定期或不定期地进行盘点，每年至少一次，发现问题后及时处理。其方法有全面盘点、轮番盘点、重点抽查等。全面盘点主要在每年年末编制年度决算前进行。在年度中间，企业要针对不同情况，对存货进行轮番盘点、重点抽查。

一、存货清查概述

（一）存货的盘存制度

对存货清查的目的主要是确定各项存货的账面结存数量、账面结存金额与存货的实存数量、实存金额，以确定其账存与实存是否相符。存货数量要靠盘存来确定，常用的盘存制度有两种：永续盘存制和定期盘存制。

1.永续盘存制

永续盘存制，又称账面盘存制，是指对企业发生的每一笔存货收发业务，都要根据原始凭证，逐笔登记各种存货明细账，并随时结出账面结存数额的一种方法。

永续盘存制的优点是核算手续严密，能对存货的增减变动进行连续、系统的记录，及时反映存货的结存情况，有利于对存货的控制和管理。它的缺点是会计核算工作量大。

2.定期盘存制

定期盘存制，又称实地盘存制，是指通过实物盘点的方法先确定期末存货结存数额，再倒算本期存货减少数额的一种方法。

在实地盘存制下，平时只在各种存货的明细账中登记收入数量和金额，对于存货减少的数额则不作记录，期末通过实地盘点确定期末盘存数额后，倒轧出本期已耗用或已销售存货的成本，故也称为“以存计耗”或“以存计销”制。其计算公式如下：

本期发出存货=期初结存存货+本期收入存货-期末结存存货

这种方法平时只登记收入数量，减少了核算工作量。但核算手续不严密，不能及时了解存货的收、发、存情况，不利于对存货的控制与管理，易将各种不正常原因造成的存货短缺挤入发出存货价值中。

（二）存货清查的基本工作

在清查前，企业应将各种存货明细账登记齐全，核对清楚，切实做到记录完整、计算正确。在清查时，可以采用点数、过磅或测量等实地盘点的方法确定实存数量。在清查盘点后要编制“存货盘点报告表”，反映各种存货的账存和实存数量，盘盈、盘亏的数量和金额，并查明盈亏原因，根据企业的管理权限，经股东大会或董事会，或经理（厂长）会议或类似机构批准后，在期末结账前处理完毕。

二、存货清查的核算

企业应设置“待处理财产损溢——待处理流动资产损溢”账户，用来核算存货盘盈、盘亏的价值。该账户借方登记存货盘亏数和处理转销的盘盈数；贷方登记存货盘盈数和处理转销的盘亏数；期末处理后本账户应无余额。

（一）存货盘盈的核算

存货盘盈时，应按其重置成本借记“原材料”“周转材料”“库存商品”等账户，贷记“待处理财产损溢——待处理流动资产损溢”账户；盘盈的存货报经批准转销时，借记“待处理财产损溢——待处理流动资产损溢”账户，贷记“管理费用”等账户。

（二）存货盘亏的核算

企业发生存货盘亏时，应按实际成本或计划成本借记“待处理财产损溢——待处理流动资产损溢”账户，贷记“原材料”“周转材料”“库存商品”等账户，按应记的增值税，贷记“应交税费——应交增值税（进项税额转出）”账户；按计划成本或售价核算的，还应结转成本差异或商品进销差价。

关于盘亏存货的“进项税额”在何种情况下需转出的问题，按增值税暂行条例及实施细则的规定，只有非正常损失的存货进项税额才需要转出。实施细则中对“非正常损失”做出了明确的解释：所称非正常损失，是指因管理不善造成被盗、丢失、霉烂变质的损失。鉴于没有列举自然灾害，所以因自然灾害产生的原材料盘亏，其进项税额仍然可以抵扣。这是由非人为因素导致的，在天灾面前人是无能为力的，国家这个规定显现了法的人性。也就是说，如果是管理不善造成被盗、丢失、霉烂变质的非正常损失，需要把该盘亏存货的进项税额转出，除这三项情况外其他情况下不做进项税额转出处理。

至于因管理不善造成被盗、丢失、霉烂变质的存货，其进项税额何时转出的问题，笔者认为，在审批前就做进项税额转出符合税法要求。

对盘亏毁损的存货报经批准转销时，应根据不同的情况进行处理：属于自然损耗或计量差错等原因产生的经营损失借记“管理费用”账户，可以收回的残料借记“原材料”账户，属于保险公司或过失人赔偿的借记“其他应收款”账户；扣除残料价值和应由保险公司、过失人赔偿后的净损失，属于一般经营损失的借记“管理费用”等账户，属于非常损失的借记“营业外支出——非常损失”账户，贷记“待处理财产损溢——待处理流动资产损溢”账户。

【例3-26】华扬股份有限公司4月30日进行财产清查，盘盈甲材料40千克，每千克10元，盘亏乙材料50千克，每千克6元，材料适用的增值税税率为13%。经查明，盘盈的甲材料是由于日常计量不准而造成的；盘亏的乙材料，其中20千克系计量差错导致，其余为管理不善造成的丢失、霉烂变质的非正常损失。报请批准后，盘盈的甲材料，冲减管理费用。根据上述资料编制如下会计分录：

（1）审批前：

①借：原材料——甲材料 400

贷：待处理财产损溢——待处理流动资产损溢 400

②借：待处理财产损溢——待处理流动资产损溢 323.4

贷：原材料——乙材料 300

应交税费——应交增值税（进项税额转出）（30×6×13%） 23.4

（2）审批后：

①借：待处理财产损溢——待处理流动资产损溢 400

贷：管理费用 400

②借：管理费用 120

营业外支出——非常损失 203.4

贷：待处理财产损溢——待处理流动资产损溢 323.4

【例3-27】华扬股份有限公司因为仓库保管员失职使库存材料发生火灾，产生非正常损失10 500元，其中1 500元应由过失人赔偿，8 000元应向保险公司索赔，其余由企业承担。金额均不含税，增值税税率为13%。其会计处理如下：

（1）发生材料短缺、毁损，审批前：

借：待处理财产损溢——待处理流动资产损溢 11 865

贷：原材料 10 500

应交税费——应交增值税（进项税额转出）（10 500×13%） 1 365

（2）审批后：

借：其他应收款——××保管员 1 695

——××保险公司 9 040

营业外支出 1 130

贷：待处理财产损溢——待处理流动资产损溢 11 865

（3）企业收到上述赔偿款项时，注销各明细账：

借：银行存款 10 735

贷：其他应收款——××保管员 1 695

——××保险公司 9 040

根据现行会计制度的规定，企业清查的各种财产物资的损溢，应于期末前查明原因，并根据企业的管理权限，经股东大会或董事会，或经理（厂长）会议或类似机构批准后，在期末结账前处理完毕。

本章“存货”内容在资产负债表中以“存货”项目列示。“存货”项目，应根据“材料采购”“在途物资”“原材料”“库存商品”“周转材料”“委托加工物资”等账户的期末余额合计数，减去“存货跌价准备”账户期末余额后的净额填列。材料采用计划成本核算的，还应按加上（或减去）“材料成本差异”账户借方（或贷方）余额填列。

【课程思政】

会计人员应严格遵守企业会计准则等相关法规规定，正确核算费用，例如正确测算期末存货可变现净值，合理提取存货跌价准备，避免利用存货跌价准备的计提和转销等手段来调节利润和资产，粉饰会计报表或规避税收，以确保会计信息的真实性和可比性。

【与国际会计准则的比较及主要差异】

1. 存货确认范围有所不同。IAS 2中存货包括在用、在耗、库存的有形资产；而我国《企业会计准则》中还多了一个“在途”的存货，另外明确了存货不包括的项目，这一点比IAS 2要具体细致。

2. 对历史成本中采购成本的规范有所不同。IAS 2中采购成本包括“采购价格+采购费用-商业折扣-现金折扣-补贴”。而我国《企业会计准则》对采购费用的处理有所不同。对于“采购费用”，IASB处理是计入历史成本中的采购成本，而我国《企业会计准则》提出，商品流通企业在计算存货的采购成本时，不包括“采购费用”，而将采购费用作为流通费用直接计入当期损益。

3. 在财务报表中的列报方法上有所不同。有关其他披露要求基本相同，不同的是，IAS 2要求存货在资产负债表或附表及其附注说明中按项目列示，而我国《企业会计准则》要求存货在资产负债表中单项列出，有关具体分类在附表及附注中说明。我国《企业会计准则》的规定使报表内容简化。

【与我国小企业会计准则的比较及主要差异】

1. 在是否计提存货跌价准备方面不同。在《会计企业准则》中，根据谨慎性要求，当存货可变现净值低于成本时，期末存货按可变现净值计价，可变现净值低于成本的部分需要计提存货跌价准备。而《小企业会计准则》中没有明确要求计提减值准备。

2. 在资产清查方面会计处理不相同。在《企业会计准则》中，存货盘盈时以重置成本入账，待批准以后直接冲减当期费用，盘亏时按亏损原因分类汇总，属于计量收发失误与管理不善等问题的计入管理费用，属于自然灾害等原因引起的损失计入营业外支出。而《小企业会计准则》中，盘盈存货实现的收益直接计入营业外收入，存货盘亏时的损失列入营业外支出。

【重点与难点】

（一）重点

1. 存货的初始计量与期末计量。

2. 发出存货的不同计价方法。

3. 存货按实际成本计价时收入与发出的会计处理。

4. 存货按计划成本计价时收入与发出的会计处理。

（二）难点

1. 存货按计划成本计价时成本差异的结转及分摊的核算。

2. 存货减值准备的计提。

【课后练习】

（一）单项选择题

1. 下列项目中，不属于企业存货的是（　　）。

A. 原材料　　B. 周转材料　　C. 工程物资　　D. 库存商品

2. 一般纳税人购进存货时，不应计入采购成本的项目是（　　）。

A. 外地运杂费　　B. 入库前的整理费用

C. 支付增值税并取得专用发票　　D. 途中合理损耗

3. 接受投资者投资取得的存货，其入账价值应当是（　　）。

A. 投出企业的原账面余额　　B. 投出企业的原账面价值

C. 投资各方确认的价值　　D. 该存货未来现金流量的现值

4. 企业购进存货发生短缺，经查，属于运输途中合理损耗，该项损耗应计入（　　）。

A. 销售费用　　B. 管理费用　　C. 营业外支出　　D. 存货成本

5. 存货计价采用先进先出法，在存货价格上涨的情况下，将会使企业（　　）。

A. 期末存货升高，当期利润减少　　B. 期末存货升高，当期利润增加

C. 期末存货减少，当期利润减少　　D. 期末存货减少，当期利润增加

6. 企业应于期末按存货可变现净值低于成本的差额计提存货跌价准备，计入（　　）。

A. 管理费用　　B. 资产减值损失

C. 公允价值变动损益　　D. 营业外支出

7. 企业的存货如果已经计提了跌价准备，则存货的账面价值是指（　　）。

A. 账面成本　　B. 现行市价

C. 公允价值　　D. 账面成本减去已计提的跌价准备

（二）多项选择题

1. 存货发出的成本计价方法有（　　）。

A. 个别计价法　　B. 加权平均法　　C. 估价法　　D. 先进先出法

2. 期末存货价值的多计，必然会使（　　）。

A. 销售成本偏低　　B. 利润夸大　　C. 销售成本偏高　　D. 利润少计

3. 采用成本与可变现净值孰低法对期末存货进行计价的，成本与可变现净值的比较可采用（　　）。

A. 单项比较法　　B. 分类比较法　　C. 总额比较法　　D. 前后比较法

4. 下列项目中，应计入材料采购成本的有（　　）。

A. 制造费用　　B. 进口关税

C. 运输途中的合理损耗　　D. 一般纳税人购入材料支付的增值税

5. 企业发出的下列存货中，应同时结转存货跌价准备的有（　　）。

A. 生产部门领用的存货　　B. 管理部门领用的存货

C. 销售的存货　　D. 投资转出的存货

（三）判断题

1. 股份有限公司在对外提供会计报告时，对于年末盘亏的存货，如未得到批准，可不

做账务处理。（ ）

2. 购入材料在运输途中发生的合理损耗不需要单独进行账务处理。（ ）

3. 存货计价方法的选择不仅影响资产负债表中资产总额的多少，而且影响利润表中的净利润。（ ）

4. 我国企业会计准则要求，存货的期末计价应采用成本与可变现净值孰低法，其中，成本是指存货的重置成本。（ ）

5. 企业某期实际计提的存货跌价准备金额为该期期末存货的可变现净值低于成本的差额。（ ）

6. 企业在存货清查中发现盘盈，报经批准处理后，应当转入营业外收入。（ ）

7. 企业因收发计量差错造成的存货盘亏，应计入产品生产成本。（ ）

8. 需要缴纳消费税的委托加工物资，由受托加工方代收代缴的消费税，均应计入委托加工存货成本。（ ）

（四）业务处理题

1.2022年6月，华扬股份有限公司购入一批原材料，增值税专用发票上注明的材料价款50 000元，增值税税额为6 500元。

要求：分别编制下列不同情况下华扬股份有限公司购入原材料的会计分录。

（1）原材料已验收入库，款项也已支付。

（2）款项已经支付，但材料尚在运输途中。

① 6月15日，支付款项。

② 6月20日，材料运抵企业并验收入库。

（3）材料已验收入库，但发票账单尚未到达企业。

① 6月25日，材料运抵企业并验收入库，但发票账单尚未到达。

② 6月30日，发票账单仍未到达，对该批材料估价51 000元入账。

③ 7月1日，用红字冲回上月末估价入账分录。

④ 7月5日，发票账单到达企业，支付货款。

2. 华扬股份有限公司的存货采用计划成本法核算。8月15日，购进一批原材料，增值税专用发票上注明的原材料价款为60 000元，增值税为7 800元。货款已通过银行转账支付，材料也已验收入库。

（1）支付货款。

（2）材料验收入库。

① 假定材料的计划成本为59 000元。

② 假定材料的计划成本为62 000元。

3. 华扬股份有限公司4月初结存原材料的计划成本为50 000元，材料成本差异为节约3 000元。4月份，购进原材料的实际成本为247 000元，计划成本为230 000元；本月领用原材料的计划成本为250 000元，其中，生产领用235 000元，车间一般消耗12 000元，管理部门耗用3 000元（金额均不含税）。

要求：做出华扬股份有限公司发出原材料的有关会计处理：

（1）按计划成本领用原材料。

（2）计算本月材料成本差异率。

（3）分摊材料成本差异。

（4）计算月末结存原材料的实际成本。

4.华扬股份有限公司假设从2019年度起，对存货按成本与可变现净值孰低法计价。

要求：

编制华扬股份有限公司计提甲商品跌价准备的下列会计分录：

（1）2019年12月31日，甲商品的账面成本为120 000元，可变现净值为100 000元。

（2）2020年12月31日，甲商品的账面成本为150 000元，可变现净值为135 000元，存货跌价准备贷方余额为6 000元。

（3）2021年12月31日，甲商品的账面成本为100 000元，可变现净值为95 000元，存货跌价准备贷方余额为8 000元。

（4）2022年12月31日，甲商品的账面成本为110 000元，可变现净值为115 000元，存货跌价准备贷方余额为2 000元。

5.华扬股份有限公司将甲产品按50 000元的价格售出，增值税销项税额为6 500元，甲商品账面成本为60 000元，已计提存货跌价准备10 600元。

要求：编制华扬股份有限公司销售甲商品、结转销售成本、转出已计提存货跌价准备的会计分录。

（五）简答与思考题

1.在按历史成本计价的情况下，不同渠道取得存货的实际成本包括哪些内容？

2.存货按实际成本计价核算和按计划成本计价核算有何区别？

3.发出存货计价方法有哪些？采取不同的计价方法对企业的财务状况和经营成果有何影响？

参考答案

4.成本与可变现净值孰低法与存货按历史成本计价有无矛盾？为什么？

【知识结构图】

第四章　金融资产

【学习目标】

通过本章的学习，应了解金融资产的含义及分类；理解金融资产分类的依据及缘由。掌握三类金融资产的初始确认和计量、后续计量、期末计量等不同环节的会计处理以及持有期间收益确认的核算；掌握金融资产重分类的相关会计处理。理解金融资产减值的预期信用损失模型，掌握不同阶段减值计提、利息收入的计算及会计处理。领会本章讲解金融资产与第二章货币资金及应收款项的异同。

【引导案例】

公司购买的理财产品属于其他货币资金还是金融资产？

欧普照明是一家集家居照明、电工电器、厨卫吊顶和商业照明的研发、生产、销售为一体的综合化、全球化企业，其于2016年8月19日在上海证券交易所成功上市（IPO），股票代码为603515，首次募集资金86 652万元全部到账。根据公司招股说明书，其IPO募集资金计划用于绿色照明生产、研发中心建设、展示中心及营销网络建设3个项目。

自上市以来，2017年至2021年公司账面上货币资金均控制在5亿元以内，而将多余资金用于购买各种理财产品，理财产品类型包括银行理财、券商理财、信托理财、公募基金产品、私募基金产品等，以银行理财产品居多。年报显示，公司各年末未到期的理财产品平均约达42.5亿元，占公司总资产之比约为50%（见表4-1），理财收益占公司利润总额比重均在10%以上（见表4-2）。

表4-1　**欧普照明2017—2021年年末理财产品规模及比例**　金额单位：万元

年份	理财产品	资产总额	理财产品占比
2017	328 723	630 616	52.13%
2018	348 205	733 344	47.48%
2019	455 811	810 740	56.22%
2020	481 567	856 046	56.25%
2021	494 475	907 691	54.48%

表4-2　**欧普照明2017—2021年理财产品收益及比例**　金额单位：万元

年份	理财产品投资收益	利润总额	理财收益占比
2017	11 893	80 066	14.85%
2018	16 020	104 197	15.37%
2019	15 448	103 832	14.88%
2020	10 954	94 018	11.65%
2021	13 081	105 098	12.45%

思考：

（1）欧普照明购买的理财产品属于其他货币资金还是金融资产？若属于金融资产，应属于其中的哪一类？在报表中应通过什么项目列报？

（2）请以该公司为例分析上市公司购买理财产品的利与弊（可以从微观、中观、宏观层面分别予以思考）。

分析提示

第一节 金融资产的定义和分类

一、金融资产概述

要理解金融资产，首先要了解金融工具。金融工具是指形成一方的金融资产同时形成其他方的金融负债或权益工具的合同。

金融工具本质上是连接资金供需双方、载明各自权利和义务的一项合同。任何金融工具都具有双向性，即对于资金供给方（也可称之为投资方）而言是一项资产，而对于资金需求方（往往是金融工具的发行方）而言是一项负债或权益，故金融工具包括金融资产、金融负债和权益工具三大类。例如，企业存入银行的资金，对企业而言是资产，对银行而言则是负债；又如，银行向企业发放的贷款，对银行而言是资产，对企业而言则是负债；再如，乙公司购买甲公司发行的股票，对乙公司而言是投资性资产，对甲公司而言则是权益工具。本章主要讲解金融工具中的金融资产。

为与国际财务报告准则保持同步和持续趋同，我国于2017年修订了《企业会计准则第22号——金融工具确认和计量》（CAS 22）。根据CAS 22，金融资产是指企业持有的现金、其他方的权益工具以及符合下列条件之一的资产：（1）从其他方收取现金或其他金融资产的合同权利；（2）在潜在有利条件下，与其他方交换金融资产或金融负债的合同权利；（3）将来须用或可用企业自身权益工具进行结算的非衍生工具合同，且企业根据该合同将收到可变数量的自身权益工具；（4）将来须用或可用企业自身权益工具进行结算的衍生工具合同，但以固定数量的自身权益工具交换固定金额的现金或其他金融资产的衍生工具合同除外。

需要说明的是，由于现行会计准则不再按行业划分，而是针对具体业务分别制定具体会计准则，故CAS 22适用于所有行业企业各种类型的金融工具。但是，工商企业毕竟不同于商业银行、证券公司等金融企业，两类企业在其经营活动中涉及的金融资产业务种类和规模就会存在较大差异。据国泰安数据库（CSMAR）统计，近五年（2017—2021年）非金融行业上市公司金融资产占总资产比重均在5%以下，而金融类上市公司的金融资产占比均在55%以上。

工商企业的货币资金及由于赊销所形成的应收账款、应收票据等虽然也属于金融资产，但由于其主要与经营活动有关，已在第二章讲解，本章不再专门涉及。本章涵盖的金融资产主要包括工商企业在对外投资活动中形成的及商业银行等金融企业在经营活动中涉及的金融资产，且主要针对前者进行讲解。

二、金融资产的分类

金融资产的分类与其计量密切相关，不同类别的金融资产，其初始计量、后续计量及会计处理并不完全相同。

企业应当结合自身业务特点、投资策略和风险管理要求，将取得的金融资产在初始确认时即进行分类。CAS 22要求企业根据其管理金融资产的"业务模式"和金融资产的"合同现金流特征"对金融资产进行分类。

管理金融资产的"业务模式"，是指企业如何管理其金融资产以产生现金流量。业务模式决定企业所管理金融资产现金流量的来源是收取合同现金流量，还是出售金融资产，抑或两者兼有，抑或其他。企业管理金融资产的业务模式，应当以企业关键管理人员决定的对金融资产进行管理的特定业务目标为基础确定。

金融资产的"合同现金流特征"，是指其是否符合SPPI（solely payments of principal and interest，即本金和以未偿付本金为基础的利息）测试，即现金流是否仅限于本金及基于未偿付本金和合同利率的利息。显然，若合同现金流仅限于本金及与之相关的利息，则与该合同相关的金融资产具备债权特性。

根据CAS 22，金融资产可分为以下三类：

1.以摊余成本计量的金融资产

以摊余成本计量的金融资产是指同时符合下列条件的金融资产：①企业管理该金融资产的业务模式是以收取合同现金流量为目标的；②该金融资产的合同条款规定，在特定日期产生的现金流量仅为本金和以未偿付本金为基础的利息，即合同现金流符合SPPI测试。

以企业购买的准备持有至到期的债券为例，企业管理该类债券的业务模式通常是以收取合同现金流量为目标的；再如商业银行发放的普通贷款，若在没有其他特殊安排的情况下，其管理该类贷款的业务模式也是以收取合同现金流量为目标的。而且上述合同现金流往往以本金及与之相关的利息为基础，则其均应归类为以摊余成本计量的金融资产。又譬如工商企业正常商业往来形成的具有一定信用期限的应收账款，其不打算提前处置该应收账款，表明企业拟根据与之相关的销售合同收取现金流，则该应收账款也属于以摊余成本计量的金融资产。

此类金融资产，除通过"应收账款"（工商企业等非金融企业设置）、"贷款"（商业银行等金融企业设置）等项目核算和反映外，各类企业对外投资所取得的准备持有至到期的债券，均通过"债权投资"进行核算和反映。

2.以公允价值计量且其变动计入其他综合收益的金融资产

以公允价值计量且其变动计入其他综合收益的金融资产是指同时符合下列条件的金融资产：①企业管理该金融资产的业务模式既以收取合同现金流量为目标又以出售该金融资产为目标；②该金融资产的合同条款规定，在特定日期产生的现金流量仅为本金和以未偿付本金为基础的利息，即合同现金流符合SPPI测试。

如企业在赊销过程中形成的大量应收账款，企业为了盘活存量资产，尽快回笼资金，可以与银行签订应收账款无追索权保理总协议，企业可以在需要时随时向银行出售应收账款。假如甲企业历史上频繁向银行出售应收账款，且出售金额重大。在这种情况下，该应收账款的业务模式就符合"既以收取合同现金流量为目标又以出售该金融资产为目标"，应将其分类为以公允价值计量且其变动计入其他综合收益的金融资产。

又如，商业银行持有的按揭贷款，以收取合同现金流量为主要目标，同时为了对具有更高收益的金融资产再投资或为了更好地匹配其负债期限结构而打包出售该按揭贷款，这种策略下的按揭贷款即应归类为以公允价值计量且其变动计入其他综合收益的金融资产。

权益工具投资一般不符合本金加利息的合同现金流量特征，因此一般不符合此类金融资产的特性要求。然而在初始确认时，企业可以将非交易性权益工具投资指定为以公允价值计量且其变动计入其他综合收益的金融资产。该指定一经做出，不得撤销。

所以，为核算和反映此类金融资产，应按其权益性质的不同，分别设置“其他债权投资”和“其他权益工具投资”科目和报表项目。

3.以公允价值计量且其变动计入当期损益的金融资产

除上述两类金融资产以外的其他金融资产，即除了以摊余成本计量的金融资产及以公允价值计量且其变动计入其他综合收益的金融资产之外的金融资产，企业应当将其分类为以公允价值计量且其变动计入当期损益的金融资产。此类金融资产最典型的是交易性金融资产。企业持有交易性金融资产的目的主要是调节资金余缺，充分利用闲余资金，获得比银行存款利息更高的收益。如企业购买的准备随时出售的股票、债券、基金等，通常都属于此类金融资产。

此类金融资产，一般通过“交易性金融资产”核算和反映。

CAS 22强调以企业管理金融资产的“业务模式”和金融资产“合同现金流量特征”作为金融资产分类的判断依据，以尽可能提高金融资产分类的客观性和会计处理的一致性。企业确定管理金融资产的业务模式，应当以客观事实为依据，不得以按照合理预期不会发生的情形为基础确定，即应当遵循“实质重于形式”的原则进行判断。上述分类一经确定，不得随意变更。

需要说明的是，上述分类在特定情况下也存在例外，而由企业自主选择指定为某类金融资产。如商业银行持有的符合归类为以摊余成本计量的金融资产，但为了消除或减少会计错配，其可于初始确认时将其指定为以公允价值计量且其变动计入当期损益的金融资产。上述指定，一经做出，不得撤销。

一般工商企业对外投资所形成的三类金融资产的特性及其比较见表4-3。

表4-3 **三类金融资产的特性及其比较**

金融资产类别	以摊余成本计量的金融资产（简称AC）	以公允价值计量且其变动计入其他综合收益的金融资产（简称FVOCI）	以公允价值计量且其变动计入当期损益的金融资产（简称FVPL）
业务模式及目标	收取合同现金流量（仅为本金和利息）——模式1	既收取合同现金流量，又出售——模式2	交易、以公允价值为基础管理资产、通过出售实现现金流量最大化等——模式3（除模式1、2以外的模式）
特性	出售是附带性质的活动，发生频率低或价值小	出售频率高、价值大	买卖频繁，收取合同现金流量只是附带性质的活动
会计账户	“债权投资”等	“其他权益工具投资”“其他债权投资”	“交易性金融资产”

具体地，金融资产分类可按以下两步进行：

第一步，业务模式的判断。业务模式是以收取合同现金流量为目标，还是以收取合同现金流量和出售金融资产为双重目标。

第二步，合同现金流量特征的判断。合同现金流量是否仅包括本金和基于本金的利息，即SPPI测试。

为进一步帮助大家理解，将金融资产的分类步骤及内容列示于表4-4。

表4-4　　金融资产的分类步骤及内容

步骤1：业务模式的判断 / 步骤2：合同现金流量特征的判断	收取合同现金流量	收取合同现金流量+出售	其他
仅以本金和基于本金的利息为基础	AC	FVOCI	FVPL
其他	FVPL	FVPL	FVPL

第二节　以公允价值计量且其变动计入当期损益的金融资产

一、以公允价值计量且其变动计入当期损益的金融资产概述

除分类为以摊余成本计量的金融资产及分类为以公允价值计量且其变动计入其他综合收益的金融资产之外的其他金融资产，企业应当将其分类为以公允价值计量且其变动计入当期损益的金融资产。此类金融资产通常设置“交易性金融资产”账户进行核算和反映。

交易性金融资产通常是指企业取得该金融资产的目的主要是为近期内出售以赚取价差，如企业从二级市场购入的股票、债券、基金等。虽然企业在持有该类金融资产期间也可能会获得一定的现金流量（如股利或利息等），但是这对实现其业务模式而言只是附带性质的活动。

有些金融资产虽不满足分类为交易性金融资产的条件，但为消除或减少会计错配，企业（通常指商业银行等金融企业）在初始确认时，可将其指定为以公允价值计量且其变动计入当期损益的金融资产，且该指定一经做出，不得撤销。需要特别指出的是，在活跃市场中没有报价、公允价值不能可靠计量的权益工具投资，不得指定为以公允价值计量且其变动计入当期损益的金融资产。直接指定为此类的金融资产，亦通过“交易性金融资产”账户核算和反映，故以下均简称交易性金融资产。

交易性金融资产的会计处理主要包括以下内容：初始确认和计量、持有期间收益的确认、期末计量及处置。

企业应设置“交易性金融资产”账户，按照交易性金融资产的类别、品种，同时设置“成本”“公允价值变动”明细账户进行明细核算。其中，“成本”明细账户反映交易性金融资产的初始入账金额；“公允价值变动”明细账户反映交易性金融资产在持有期间的公允价值变动金额。

二、交易性金融资产的初始计量

交易性金融资产取得时应当按照取得时的公允价值作为初始入账金额，相关交易费用

应当直接计入当期损益（投资收益）。公允价值通常为其交易价格，交易费用是指可直接归属于购买、发行或处置金融工具新增的外部费用，主要包括支付给代理机构、咨询公司、券商等的手续费和佣金及其他必要支出，不包括债券溢价、折价及其他与交易不直接相关的费用。企业为发行金融工具所发生的差旅费等不属于交易费用。

企业取得交易性金融资产所支付的价款中包含的已宣告但尚未发放的现金股利或已到付息期但尚未领取的债券利息，应当单独确认为"应收股利""应收利息"等应收项目，不计入交易性金融资产的初始入账金额。

【例4-1】2022年3月10日，华扬股份有限公司从证券市场购入A公司发行在外的股票20万股作为交易性金融资产，每股价格为5.5元（含已宣告但尚未发放的现金股利0.5元），另外支付交易费用3 000元。公司于3月25日收到上述现金股利。华扬股份有限公司的会计处理如下：

（1）2022年3月10日，购入A公司股票：

初始入账金额=（5.5−0.5）×20=100（万元）

应收现金股利=0.5×20=10（万元）

借：交易性金融资产——A公司股票（成本）	1 000 000	
应收股利——A公司	100 000	
投资收益	3 000	
贷：银行存款		1 103 000

（特别说明：若公司购买交易性金融资产等的对外投资款是以预先存入在证券公司开设的投资账户中的资金支付的，则应贷记"其他货币资金——存出投资款"账户，下同）

（2）2022年3月25日，收到现金股利。

借：银行存款	100 000	
贷：应收股利——A公司		100 000

【例4-2】2022年7月3日，华扬股份有限公司从证券市场购入B公司于当年1月1日发行的面值为1 000元、期限为3年、票面年利率为6%、每半年付息一次、到期还本的债券1 000份作为交易性金融资产。购买价格为106万元，其中，含有已到付息期但尚未支取的利息3万元，利息将于7月8日收到。另外支付手续费3 000元。华扬股份有限公司的会计处理如下：

（1）2022年7月3日，购入B公司债券。

初始入账金额=106−3=103（万元）

借：交易性金融资产——B公司债券（成本）	1 030 000	
应收利息——B公司	30 000	
投资收益	3 000	
贷：银行存款		1 063 000

（2）2022年7月8日，收到B公司支付的利息。

借：银行存款	30 000	
贷：应收利息——B公司		30 000

三、交易性金融资产持有期间收益的确认

企业在持有交易性金融资产期间所获得的被投资方宣告发放的现金股利或到期的债券利息等，应当确认为投资收益。需要特别指出的是，取得交易性金融资产时支付价款中包含的已宣告但尚未发放的现金股利或已到付息期但尚未领取的债券利息，不属于持有期间的收益。

【例4-3】接【例4-1】资料。2023年3月15日，华扬股份有限公司持有的A公司股票数仍为20万股，A公司宣告派发现金股利0.4元/股，并于4月7日发放。华扬股份有限公司的会计处理如下：

（1）2023年3月15日，A公司宣告派发现金股利，华扬股份有限公司确认投资收益8万元（0.4×20）。

借：应收股利——A公司 80 000

贷：投资收益 80 000

（2）2023年4月7日，收到A公司发放的现金股利。

借：银行存款 80 000

贷：应收股利——A公司 80 000

【例4-4】接【例4-2】资料。2022年12月31日，华扬股份有限公司确认所购买B公司债券的利息为3万元（100×6%÷2）。华扬股份有限公司的会计处理如下：

借：应收利息——B公司 30 000

贷：投资收益 30 000

四、交易性金融资产的期末计量

交易性金融资产在期末应按资产负债表日的公允价值进行计量和列报，公允价值变动部分应计入当期损益，并设置“公允价值变动损益”账户予以反映，同时调整交易性金融资产的账面价值，记入“交易性金融资产——公允价值变动”账户的借方（公允价值增加）或贷方（公允价值减少）。

【例4-5】接【例4-1】资料。华扬股份有限公司持有A公司股票数没有发生变化，2022年12月31日，A公司股票公允价值为4.8元/股。华扬股份有限公司的会计处理如下：2022年12月31日，华扬股份有限公司确认的A公司股票公允价值变动损益=4.8×20-100=-4（万元）。

借：公允价值变动损益 40 000

贷：交易性金融资产——A公司股票（公允价值变动） 40 000

【例4-6】接【例4-2】资料。2022年12月31日，华扬股份有限公司持有的B公司债券公允价值为108万元。华扬股份有限公司的会计处理如下：

2022年12月31日，华扬股份有限公司确认的B公司债券公允价值变动损益=108-103=5（万元）。

借：交易性金融资产——B公司债券（公允价值变动） 50 000

贷：公允价值变动损益 50 000

五、交易性金融资产的处置

交易性金融资产的处置是指企业不准备继续持有而将其出售、转让等。企业处置交易性金融资产时，应将处置价款（按处置时的公允价值）与其账面价值之间的差额确认为投资收益，同时终止确认交易性金融资产。由于交易性金融资产不需要计提减值准备，故其账面价值与账面余额是一致的，包括成本及公允价值变动部分。同时，将持有期间累计确认的公允价值变动净损益转为处置当期的投资收益。

【例4-7】接【例4-1】、【例4-5】资料。2023年4月12日，华扬股份有限公司将所持有的A公司股票全部出售，扣除相关税费，实际收到出售价款105万元。股票出售日，A公司股票账面价值为96万元，其中，成本为100万元，公允价值变动（贷方）为4万元。华扬股份有限公司的会计处理如下：

处置损益=105-96=9（万元）

借：银行存款	1 050 000	
交易性金融资产——A公司股票（公允价值变动）	40 000	
贷：交易性金融资产——A公司股票（成本）		1 000 000
投资收益		90 000

同时：

借：投资收益	40 000	
贷：公允价值变动损益		40 000

对于之前累计形成的公允价值变动损益在金融资产处置时是否要转入“投资收益”，理论界和实务界均尚未形成令人信服的、内在逻辑一致的结论[①]。从“公允价值变动损益”与“投资收益”分别反映未实现损益和已实现损益角度来看，处置时应当结转，因为其已变为已实现损益。但从账务处理角度看，若是跨年度处置的金融资产，由于在上年年末时“公允价值变动损益”已经转入“本年利润”，故在处置时其对应的“公允价值变动损益”已没有余额，故无须转入“投资收益”。为简化起见，本教材以下部分一律不将公允价值变动损益转入投资收益，这也是为了统一同类经济业务的会计处理。

【例4-8】接【例4-2】、【例4-6】资料。2023年2月16日，华扬股份有限公司将持有的B公司债券以每份1 150元的价格出售了其中的600份，扣除相关税费后，实际得到价款68.8万元。处置时，1 000份债券的账面价值为108万元，其中，成本为103万元，公允价值变动（借方）为5万元。华扬股份有限公司的会计处理如下：

处置损益=68.8-108×600÷1 000=4（万元）

借：银行存款	688 000	
贷：交易性金融资产——B公司债券（成本）		618 000
——B公司债券（公允价值变动）		30 000
投资收益		40 000

---

① 赵建勇．确认的公允价值变动损益需要转出吗？[J]．中国注册会计师，2021（9）．

第三节 以摊余成本计量的金融资产

一、以摊余成本计量的金融资产概述

按照CAS 22，金融资产同时符合下列条件的，应当分类为以摊余成本计量的金融资产：(1) 企业管理该金融资产的业务模式是以收取合同现金流量为目标的；(2) 该金融资产的合同条款规定，在特定日期产生的现金流量仅为本金和以未偿付本金为基础的利息。

在以收取合同现金流量为目标的业务模式下，企业管理金融资产旨在通过在金融资产存续期内收取合同付款来实现现金流量，而不是通过持有并出售金融资产产生整体回报。需要说明的是，尽管企业持有金融资产是以收取合同现金流量为目标的，但并不意味着企业必须将所有此类金融资产持有至到期。譬如，企业在此类金融资产的信用风险增加时，为减少信用损失而提前将其出售，并不改变其以收取合同现金流量为目标的业务模式。又譬如，企业只是偶尔出售（即使价值重大）或总体而言出售的价值非常小，这并不改变其以收取合同现金流量为目标的业务模式。此外，如果出售发生在金融资产临近到期时，且出售所得接近待收取的剩余合同现金流量，则该金融资产的业务模式仍然可能是以收取合同现金流量为目标的。

通常情况下，商业银行发放的贷款、租赁公司提供租赁业务形成的长期应收款、各类企业购买并准备持有至到期的债权投资等均符合上述特性，故均属于以摊余成本计量的金融资产。此类金融资产共同的特性是，一般有较为明确的或可确定的到期日、收回现金流量的金额固定或可确定，且企业一般有明确意图和能力持有至到期，具有明显的债权特性。而权益性投资则不符合上述特性，故不属于该类金融资产。

本节主要讲解准备持有至到期的债权投资。债权投资的会计处理主要包括以下内容：初始确认和计量、按实际利率法确认利息收入、期末计量。

企业应设置“债权投资”账户，并按债权投资的类别、品种设置二级账户，同时设置“成本”“利息调整”“应计利息”明细账户进行明细核算。其中，“成本”明细账户反映准备持有至到期债权投资的面值或本金；“利息调整”明细账户反映准备持有至到期债权投资的初始入账金额与面值或本金的差额，以及按照实际利率法分期摊销后该差额的摊余金额；“应计利息”明细账户反映企业计提的到期一次还本付息持有至到期债权投资应计提的利息。

“债权投资——应计利息”与“应收利息”的差异在于：前者反映到期一次还本付息债权投资应计提的利息，后者反映分期付息债权投资应计提的利息。通常来说，前者属于非流动资产，后者属于流动资产。下文对这两种不同付息方式的债权投资不予以重复举例，读者只要注意区别例题中的付息方式，对应使用上述两个不同的会计账户即可。

二、债权投资的初始计量

债权投资应当按取得时的公允价值与相关交易费用之和作为初始入账金额。若实际支付的价款中含有已到付息期但尚未领取的债券利息，应单独确认为应收项目，不构成债权

投资的初始入账金额。

企业取得债权投资时，可能是折价（即低于面值）、溢价（即高于面值）或按面值购入的。这主要是因为债券票面利率与市场利率之间可能存在差异，通常来说，当债券票面利率低于市场利率时，往往是折价购买；当债券票面利率高于市场利率时，往往是溢价购买；当债券票面利率等于市场利率时，则往往是按面值购买的。

企业折价购买的实质是其以后各期只能按照低于市场利率的票面利率获取利息而预先得到的一种补偿，溢价购买的实质是其以后各期能按照高于市场利率的票面利率获取利息而预先支付的一种代价。因此，折价或溢价部分均应在“利息调整”明细账户中进行反映，并于企业持有该投资期间，在分期确认利息收入时调整增加或减少实际利息收入。

【例4-9】2022年1月1日，华扬股份有限公司从证券市场购入C公司当日发行的面值为1 000元、票面利率为6%、每年12月31日付息、到期一次还本的3年期债券400份作为债权投资，实际支付价款（包括交易相关税费）40万元。华扬股份有限公司的会计处理如下：

借：债权投资——C公司债券（成本） 400 000

　贷：银行存款 400 000

【例4-10】2022年1月1日，华扬股份有限公司从证券市场购入D公司当日发行的面值为1 000元、票面利率为6%、每年12月31日付息、到期一次还本的5年期债券500份作为债权投资，实际支付价款（包括交易相关税费）55万元。华扬股份有限公司的会计处理如下：

借：债权投资——D公司债券（成本） 500 000

　　　　　——D公司债券（利息调整） 50 000

　贷：银行存款 550 000

三、债权投资利息收入的确认

债权投资应以摊余成本进行后续计量，并采用实际利率法按期计算当期实际利息收入并确认为投资收益。

实际利率法，是指计算金融资产的摊余成本及各期利息收入的方法。

实际利率，是指将金融资产在预期存续期内的估计未来现金流量折现为该金融资产当前账面价值所使用的利率。

摊余成本是指该债权投资的初始确认金额经下列调整后的结果：（1）扣除已偿还的本金；（2）加上或减去采用实际利率法进行利息调整的累计摊销额；（3）扣除已累计计提的减值准备（如果有）。

在实际利率法下，各期实际利息收入、应收利息、利息调整摊销、摊余成本之间的关系，可用下列公式表示：

① 各期实际利息收入=债权投资各期期初摊余成本×实际利率

② 各期应收利息（名义利息）=债权投资的面值×票面利率（即名义利率）

③ 各期利息调整摊销额=②-①

若债权投资按溢价购买，则③＞0，摊余成本=初始入账金额-各期累计的摊销额，各期摊余成本逐渐减少，直至到期时恰好等于面值；

若债权投资按折价购买，则③＜0，摊余成本=初始入账金额-各期累计的摊销额，各期摊余成本逐渐增加，直至到期时恰好等于面值；

若债权投资按面值购买，则一般不存在利息调整问题，摊余成本即等于面值。

需要说明的是：债权投资若是到期一次还本付息的，则其摊余成本应包含各期应计利息，若是分期付息的，则其摊余成本不包含各期应收利息。也就是说：

摊余成本=“债权投资”一级账户所属明细账户的余额之和（或差）-“债权投资减值准备”账户余额

若实际利率与票面利率相差较小，按照重要性原则，也可简化，采用票面利率计算确认实际利息收入。

【例4-11】接【例4-9】资料。华扬股份有限公司2022年、2023年及2024年年底均应按照权责发生制确认C公司债券利息收入2.4万元（40×6%），并进行以下会计处理：

借：应收利息——C公司　　24 000

　贷：投资收益　　24 000

收到上述利息时，再进行如下会计处理：

借：银行存款　　24 000

　贷：应收利息——C公司　　24 000

【例4-12】接【例4-10】资料。华扬股份有限公司2022年1月1日购入D公司债券时，应计算确定该债券的实际利率，假定采用内插法计算得出实际利率为3.78%，则各期实际利息收入、名义利息收入及各期摊销的利息调整见表4-5。

表4-5　**利息收入与摊余成本计算表（溢价购买）**　单位：元

日　期	实际利息收入 （投资收益） ①=期初④×3.78%	名义利息收入 （应收利息） ②=面值×6%	利息调整摊销 ③=②-①	摊余成本 ④=期初④-③
2022.1.1	—	—	—	550 000
2022.12.31	20 790	30 000	9 210	540 790
2023.12.31	20 442	30 000	9 558	531 232
2024.12.31	20 081	30 000	9 919	521 313
2025.12.31	19 706	30 000	10 294	511 019
2026.12.31	18 981*	30 000	11 019*	500 000
合　计	100 000	150 000	50 000	—

注：*考虑了计算过程中出现的尾差。11 019=511 019-500 000；18 981=30 000-11 019。

华扬股份有限公司各年年末确认实际利息收入及进行利息调整摊销的相关会计处理如下：

（1）2022年12月31日，确认实际利息收入并进行利息调整摊销：

借：应收利息——D公司　　30 000

　贷：投资收益　　20 790

　　　债权投资——D公司债券（利息调整）　　9 210

收到票面利息收入时：

借：银行存款 30 000

　贷：应收利息——D公司 30 000

（注：以后各年年末收到利息的会计处理均与此相同，下面略）

（2）2023年12月31日，确认实际利息收入并进行利息调整摊销：

借：应收利息——D公司 30 000

　贷：投资收益 20 442

　　债权投资——D公司债券（利息调整） 9 558

（3）2024年12月31日，确认实际利息收入并进行利息调整摊销：

借：应收利息——D公司 30 000

　贷：投资收益 20 081

　　债权投资——D公司债券（利息调整） 9 919

（4）2025年12月31日，确认实际利息收入并进行利息调整摊销：

借：应收利息——D公司 30 000

　贷：投资收益 19 706

　　债权投资——D公司债券（利息调整） 10 294

（5）2026年12月31日，确认实际利息收入并进行利息调整摊销：

借：应收利息——D公司 30 000

　贷：投资收益 18 981

　　债权投资——D公司债券（利息调整） 11 019

（6）2026年12月31日，到期收回债券本金：

借：银行存款 500 000

　贷：债权投资——D公司债券（成本） 500 000

【例4-13】2022年1月1日，华扬股份有限公司从证券市场购入W公司于2021年1月1日发行的面值为100万元、票面利率为4%、到期一次还本付息的5年期债券作为债权投资，实际支付价款（包括交易相关税费）98万元，其中包含一年的应计利息4万元。

（1）2022年1月1日，华扬股份有限公司取得W公司债券时，应编制如下会计分录：

借：债权投资——W公司债券（成本） 1 000 000

　　　　——W公司债券（应计利息） 40 000

　贷：银行存款 980 000

　　债权投资——W公司债券（利息调整） 60 000

（2）华扬股份有限公司取得W公司债券时，应计算持有该金融资产的实际利率。假定实际利率为r，适用以下公式：

（100+100×4%×5）×（P/F，r，4）=98

通过内插法计算得出实际利率r=5.2%。则2022—2025年每年年末应计算确认各期实际利息收入、名义利息收入及各期摊销的利息调整，结果见表4-6。

表4-6 **利息收入与摊余成本计算表（折价购买）** 单位：元

日 期	实际利息收入（投资收益）①=期初④×5.2%	名义利息收入（应计利息）②=面值×4%	利息调整摊销③=①-②	摊余成本④=期初④+③+②=期初④+①
2022.1.1	—	—	—	980 000
2022.12.31	50 960	40 000	10 960	1 030 960
2023.12.31	53 610	40 000	13 610	1 084 570
2024.12.31	56 398	40 000	16 398	1 140 968
2025.12.31	59 032*	40 000	19 032*	1 200 000
合 计	220 000	160 000	60 000	—

注：*考虑了计算过程中出现的尾差。59 032=1 200 000-1 140 968；19 032=59 032-40 000。

华扬股份有限公司的会计处理如下：

①2022年12月31日，确认实际利息收入并进行利息调整摊销：

借：债权投资——W公司债券（应计利息） 40 000
　　　　　　——W公司债券（利息调整） 10 960
　贷：投资收益 50 960

②2023年12月31日，确认实际利息收入并进行利息调整摊销：

借：债权投资——W公司债券（应计利息） 40 000
　　　　　　——W公司债券（利息调整） 13 610
　贷：投资收益 53 610

③2024年12月31日，确认实际利息收入并进行利息调整摊销：

借：债权投资——W公司债券（应计利息） 40 000
　　　　　　——W公司债券（利息调整） 16 398
　贷：投资收益 56 398

④2025年12月31日，确认实际利息收入并进行利息调整摊销：

借：债权投资——W公司债券（应计利息） 40 000
　　　　　　——W公司债券（利息调整） 19 032
　贷：投资收益 59 032

（3）2025年12月31日，华扬股份有限公司收回W公司债券的本金和利息：

借：银行存款 1 200 000
　贷：债权投资——W公司债券（成本） 1 000 000
　　　　　　　——W公司债券（应计利息） 200 000

四、债权投资的期末计量

通常来说，债权投资期末应以其摊余成本计量，但企业应当在资产负债表日对债权投资的账面价值进行检查，有客观证据表明该金融资产发生减值的，即账面价值大于预计未来现金流量现值时，应按其差额计提减值准备，并计入当期损益，借记“信用减值损失”

账户，贷记“债权投资减值准备”账户。具体内容详见本章第六节。

对债权投资确认减值损失后，如有客观证据表明该债权投资价值已经恢复，且客观上与确认该损失后发生的事项有关（如债务人的信用评级已提高等），原确认的减值损失应当予以转回，计入当期损益。但是，该转回后的账面价值不应当超过假定不计提减值准备情况下该金融资产在转回日的摊余成本。

在资产负债表中，“债权投资”项目反映企业以摊余成本计量的长期债权投资，其应根据“债权投资”“债权投资减值准备”两个账户余额计算填列。

五、债权投资的处置

上文提到，尽管企业持有债权投资是以收取合同现金流量为目标的，但并不意味着企业必须将其持有至到期。譬如，企业可能在债权投资的信用风险增加时，为减少信用损失而提前将其出售（即处置）。企业处置债权投资时，应将取得的价款与该债权投资账面价值（即“债权投资”账户余额减去“债权投资减值准备”账户余额后的金额）之间的差额确认为当期损益，记入“投资收益”账户。若处置时，已计入应收项目的债券利息尚未收回，则应将其从处置价款中扣除后，确认为处置损益。

第四节　以公允价值计量且其变动计入其他综合收益的金融资产

一、以公允价值计量且其变动计入其他综合收益的金融资产概述

金融资产同时符合下列条件的，应当分类为以公允价值计量且其变动计入其他综合收益的金融资产：(1) 企业管理该金融资产的业务模式既以收取合同现金流量为目标又以出售该金融资产为目标；(2) 该金融资产的合同条款规定，在特定日期产生的现金流量仅为本金和以未偿付本金为基础的利息。

前文已经分析指出，权益工具投资一般不符合本金加利息的合同现金流量特征，因此一般不符合此类金融资产的特性要求。然而在初始确认时，企业可以将非交易性权益工具投资指定为以公允价值计量且其变动计入其他综合收益的金融资产。

因此，对于在活跃市场上有报价的金融资产，既可能被划分为以公允价值计量且其变动计入当期损益的金融资产，也可能被划分为以公允价值计量且其变动计入其他综合收益的金融资产。如果该金融资产属于有固定到期日、回收金额固定或可确定的金融资产，还可能被划分为以摊余成本计量的金融资产。具体被划分为哪一类，主要取决于企业管理层对风险管理、投资决策等因素的考量。企业管理金融资产的意图不能简单等同于其业务模式，企业的业务模式也非企业自愿指定，而是一种客观事实。

金融资产的分类与其确认和计量密切相关，故金融资产的分类一经确定，不得随意变更。

以公允价值计量且其变动计入其他综合收益的金融资产，按金融工具的属性可以分为两类：债权性投资和权益性投资。相应地，分别设置“其他债权投资”“其他权益工具投资”两个账户进行核算和反映。

“其他债权投资”账户核算企业分类为以公允价值计量且其变动计入其他综合收益的长期债权投资。企业应按金融资产的品种，同时设置“成本”“公允价值变动”“利息调

整”“应计利息”等明细账户进行明细核算。

“其他权益工具投资”账户核算企业指定为以公允价值计量且其变动计入其他综合收益的非交易性权益工具投资。企业应按金融资产的类别、品种，同时设置“成本”“公允价值变动”等明细账户进行明细核算。

其中，“成本”明细账户反映金融资产的初始入账金额；“公允价值变动”明细账户反映金融资产的公允价值变动金额；“利息调整”明细账户反映其他债权投资初始入账金额与面值的差额，以及按照实际利率法分期摊销后该差额的摊余金额；“应计利息”明细账户反映企业计提的到期一次还本付息长期债权投资应计提的利息。

二、以公允价值计量且其变动计入其他综合收益的金融资产的初始计量

此类金融资产应当按照取得时的公允价值和相关交易费用作为初始入账金额。如果支付的价款中包含已宣告但尚未发放的现金股利或已到付息期但尚未领取的债券利息，应当单独确认为“应收股利”“应收利息”等应收项目，不构成其初始入账金额。

“其他债权投资”与“其他权益工具投资”的初始计量环节的会计处理原理相同。

【例4-14】2022年2月10日，华扬股份有限公司从证券市场购入X公司发行在外的股票200万股，华扬股份有限公司将其指定为以公允价值计量且其变动计入其他综合收益的金融资产，每股价格为6.5元，另外支付交易费用3.5万元。华扬股份有限公司的会计处理如下：

初始入账金额=6.5×200+3.5=1 303.5（万元）

借：其他权益工具投资——X公司股票（成本） 13 035 000

　贷：银行存款 13 035 000

【例4-15】2022年1月6日，华扬股份有限公司从证券市场购入Y公司于2021年1月1日发行的面值为1 000元、期限为5年、票面年利率为6%、每年付息一次、到期还本的债券1 000份，华扬股份有限公司将其分类为以公允价值计量且其变动计入其他综合收益的金融资产。购买价格为110万元，其中含有已到付息期但尚未领取的利息6万元，利息将于1月13日收到。另外支付手续费0.3万元。华扬股份有限公司的会计处理如下：

（1）2022年1月6日，购入Y公司债券。

初始入账金额=110−6+0.3=104.3（万元）

借：其他债权投资——Y公司债券（成本） 1 000 000

　　　　　　　——Y公司债券（利息调整） 43 000

　　应收利息——Y公司 60 000

　贷：银行存款 1 103 000

（2）2022年1月13日，收到Y公司债券利息。

借：银行存款 60 000

　贷：应收利息——Y公司 60 000

三、以公允价值计量且其变动计入其他综合收益的金融资产持有期间收益的确认

企业在持有以公允价值计量且其变动计入其他综合收益的金融资产期间所获得的被投资方宣告发放的现金股利或到期的债券利息等，应当确认为投资收益。同样，取得此类金

融资产时支付价款中包含的已宣告但尚未发放的现金股利或已到付息期但尚未领取的债券利息，应作为应收款项，不属于持有期间的收益。

其他权益工具投资持有期间收益的确认与交易性金融资产相同，即持有股票及其他权益工具期间，获得投资方宣告分配的股利应确认为投资收益。

其他债权投资持有期间收益的确认与债权投资相同，即应采用实际利率法确认当期实际利息收入，计入投资收益。

【例4-16】接【例4-15】资料。2022年1月6日，华扬股份有限公司将取得的Y公司债券作为"其他债权投资"后，应测算该金融资产的实际利率，假定运用内插法计算得出其实际利率为4.82%（计算过程略），则以后各年年末应计算确认的实际利息收入、名义利息收入及各期摊销的利息调整见表4-7。

表4-7 **利息收入与摊余成本计算表（溢价购买）** 单位：元

日　期	实际利息收入 （投资收益） ①=期初④×4.82%	名义利息收入 （应收利息） ②=面值×6%	利息调整摊销 ③=②-①	摊余成本 ④=期初④-③
2022.1.6	—	—	—	1 043 000
2022.12.31	50 273	60 000	9 727	1 033 273
2023.12.31	49 804	60 000	10 196	1 023 077
2024.12.31	49 312	60 000	10 688	1 012 389
2025.12.31	47 611*	60 000	12 389*	1 000 000
合　计	197 000	240 000	43 000	—

注：*考虑了计算过程中出现的尾差。12 389=1 012 389-1 000 000；47 611=60 000-12 389。

华扬股份有限公司的会计处理如下：

（1）2022年12月31日，确认实际利息收入并进行利息调整摊销：

借：应收利息——Y公司 60 000
　贷：投资收益 50 273
　　其他债权投资——Y公司债券（利息调整） 9 727

收到Y公司债券利息时：

借：银行存款 60 000
　贷：应收利息——Y公司 60 000

以后各年收到Y公司债券利息的会计处理相同，下面省略。

（2）2023年12月31日，确认实际利息收入并进行利息调整摊销：

借：应收利息——Y公司 60 000
　贷：投资收益 49 804
　　其他债权投资——Y公司债券（利息调整） 10 196

（3）2024年12月31日，确认实际利息收入并进行利息调整摊销：

借：应收利息——Y公司 60 000
　贷：投资收益 49 312
　　其他债权投资——Y公司债券（利息调整） 10 688

（4）2025年12月31日，确认实际利息收入并进行利息调整摊销：

借：应收利息——Y公司 60 000

贷：投资收益 47 611

其他债权投资——Y公司债券（利息调整） 12 389

四、以公允价值计量且其变动计入其他综合收益的金融资产的期末计量

期末，此类金融资产应按资产负债表日的公允价值进行计量和列报，公允价值变动部分应记入“其他综合收益”账户的贷方（升值）或借方（下跌），其下分别设置“其他权益工具投资公允价值变动”“其他债权投资公允价值变动”明细账户，同时调整金融资产账面价值，记入“其他权益工具投资/其他债权投资——公允价值变动”账户的借方（升值）或贷方（下跌）。

需要特别注意的是，其他债权投资与其他权益工具投资对其期末是否需要计提减值的要求也并不完全相同，具体见本章第六节讲解。

【例4-17】接【例4-14】资料。2022年12月31日，华扬股份有限公司持有的X公司股票仍为200万股，每股价格为7元。华扬股份有限公司的会计处理如下：

公允价值变动=7×200-1 303.5=96.5（万元）

借：其他权益工具投资——X公司股票（公允价值变动） 965 000

贷：其他综合收益——其他权益工具投资公允价值变动 965 000

【例4-18】接【例4-15】和【例4-16】资料。华扬股份有限公司持有的Y公司债券，在2022年12月31日的市价为104万元，在2023年12月31日的市价为102万元。华扬股份有限公司的会计处理如下：

（1）2022年12月31日，确认公允价值变动：

公允价值变动=1 040 000-1 033 273=6 727（元）

借：其他债权投资——Y公司债券（公允价值变动） 6 727

贷：其他综合收益——其他债权投资公允价值变动 6 727

（2）2023年12月31日，确认公允价值变动：

调整前Y公司债券账面价值=1 040 000-10 196=1 029 804（元）

公允价值变动=1 020 000-1 029 804=-9 804（元）

借：其他综合收益——其他债权投资公允价值变动 9 804

贷：其他债权投资——Y公司债券（公允价值变动） 9 804

五、以公允价值计量且其变动计入其他综合收益的金融资产的处置

以公允价值计量且其变动计入其他综合收益的金融资产，按照其性质的不同分为“其他债权投资”与“其他权益工具投资”两类，其处置时的会计处理也存在较大不同。具体地：

（1）处置其他债权投资时，应将取得的处置款与其账面价值之间的差额计入当期损益（即“投资收益”账户）；同时，将原计入其他综合收益的累计公允价值变动对应处置部分的金额转出，计入当期损益（即“投资收益”账户）。

若在处置此类金融资产时有已计入应收项目的债券利息，应在从处置款中扣除该部分利息之后，确认处置损益的金额。

（2）处置其他权益工具投资时，应将取得的处置款与其账面价值之间的差额计入当期（不是期初，下同）留存收益；同时，将原计入其他综合收益的累计公允价值变动对应处置部分的金额转出，计入当期留存收益（即记入“盈余公积”“利润分配——未分配利润”账户），即此类金融资产的累计公允价值变动不得重分类进损益。也就是说，处置其他权益工具投资，不会对当期损益产生任何影响，只会影响当期留存收益。

若在处置此类金融资产时，有已计入应收项目的现金股利，应从处置款中扣除该部分现金股利之后，确认计入留存收益的金额。

【例4-19】2022年5月22日，华扬股份有限公司从二级证券市场以每股11.5元的价格购入P公司股票100万股，另支付交易费用3万元，华扬股份有限公司将其指定为以公允价值计量且其变动计入其他综合收益的非交易性权益工具投资。2022年12月31日，受国内外整体经济形势影响，P公司股价下跌至每股8元；2023年6月30日，P公司股价回升至每股8.5元，华扬股份有限公司出售其持有的P公司股票50万股，获得款项425万元，已存入银行账户。假定华扬股份有限公司按照10%提取法定盈余公积。华扬股份有限公司的会计处理如下：

（1）2022年5月22日，购入P公司股票。

初始入账金额=11.5×100+3=1 153（万元）

借：其他权益工具投资——P公司股票（成本）　11 530 000

　贷：银行存款　11 530 000

（2）2022年12月31日，确认P公司股票公允价值变动。

本期公允价值变动=8×100-1 153=-353（万元）

借：其他综合收益——其他权益工具投资公允价值变动　3 530 000

　贷：其他权益工具投资——P公司股票（公允价值变动）　3 530 000

（3）2023年6月30日，处置50万股P公司股票获得价款425万元。

分析：处置利得=425-（1 153-353）÷100×50=50×（8.5-8）=25（万元），将其计入留存收益。

借：银行存款　4 250 000

　　其他权益工具投资——P公司股票（公允价值变动）　1 765 000

　贷：其他权益工具投资——P公司股票（成本）　5 765 000

　　盈余公积　25 000

　　利润分配——未分配利润　225 000

同时，将原已计入其他综合收益的累计公允价值变动对应处置部分的金额176.5万元（353÷100×50）转为留存收益。

借：盈余公积　176 500

　　利润分配——未分配利润　1 588 500

　贷：其他综合收益——其他权益工具投资公允价值变动　1 765 000

另外，仍持有的50万股P公司股票公允价值变动部分25万元（（8.5 -8）×50）应进行如下处理：

借：其他权益工具投资——P公司股票（公允价值变动）　250 000

贷：其他综合收益——其他权益工具投资公允价值变动　　250 000

【例4-20】2022年1月1日，华扬股份有限公司从债券二级市场按面值购入Z公司3年期债券1万份，每份面值为100元，票面年利率为4%，每年年底付息。华扬股份有限公司将其分类为以公允价值计量且其变动计入其他综合收益的长期债权投资。2022年12月31日，Z公司债券市价下降为每份90元，华扬股份有限公司认定此下降为债券市场的正常波动。2023年6月25日，华扬股份有限公司将持有的Z公司债券以每份96元的价格全部出售，获得价款96万元，已存入银行账户。

假定华扬股份有限公司初始确认Z公司债券时的实际利率与票面利率相同，假定不考虑交易税费。

华扬股份有限公司的会计处理如下：

（1）2022年1月1日，购入债券。

初始入账金额=100×1=100（万元）

借：其他债权投资——Z公司债券（成本）　　1 000 000

　贷：银行存款　　1 000 000

（2）2022年12月31日，确认利息收入和公允价值变动。

①按面值购买的债券实际利息收入与名义利息收入通常相等，即100×4%=4（万元）。

借：应收利息——Z公司　　40 000

　贷：投资收益　　40 000

（收到利息的会计分录略，下同）

②确认公允价值变动。

公允价值变动=90×1−100×1=−10（万元）

借：其他综合收益——其他债权投资公允价值变动　　100 000

　贷：其他债权投资——Z公司债券（公允价值变动）　　100 000

（3）2023年6月25日，出售Z公司债券，确认处置损益。

处置损益=96−（100−10）=6（万元）

借：银行存款　　960 000

　　其他债权投资——Z公司债券（公允价值变动）　　100 000

　贷：其他债权投资——Z公司债券（成本）　　1 000 000

　　　投资收益　　60 000

同时，将原已计入其他综合收益的累计公允价值变动对应处置部分的金额转出，计入当期损益。

借：投资收益　　100 000

　贷：其他综合收益——其他债权投资公允价值变动　　100 000

特别提醒：对于其他权益工具投资，除了持有期间获得的股利收入（明确作为投资成本部分收回的股利收入除外）计入当期损益外，其他相关的利得和损失（包括汇兑损益）均应当计入其他综合收益，且后续不得转入损益。当其终止确认时，之前计入其他综合收益的累计利得或损失应当从其他综合收益中转出，计入留存收益，也不需要计提减值准备。

三类金融资产核算异同点比较见表4-8。

表4-8　**三类金融资产核算异同点比较**

<table>
<tr><th colspan="2">金融资产类别</th><th>初始计量</th><th>持有期间收益</th><th>后续计量</th><th>期末是否计提减值</th></tr>
<tr><td colspan="2">以公允价值计量且其变动计入当期损益的金融资产（即交易性金融资产）</td><td>取得时的公允价值；交易费用计入当期损益</td><td>计入投资收益</td><td>期末公允价值；公允价值变动部分记入“公允价值变动损益”账户</td><td>否</td></tr>
<tr><td colspan="2">以摊余成本计量的金融资产（即债权投资）</td><td>取得时的公允价值+交易费用</td><td>同上</td><td>期末摊余成本（账面价值）</td><td>是
借：信用减值损失
　贷：债权投资减值准备
（若转回，则编制相反的会计分录）</td></tr>
<tr><td rowspan="2">以公允价值计量且其变动计入其他综合收益的金融资产</td><td>债权性金融资产（“其他债权投资”）</td><td>同上</td><td>同上</td><td>期末公允价值；公允价值变动部分记入“其他综合收益”账户，处置时转入当期损益</td><td>是
借：信用减值损失
　贷：其他综合收益——信用减值准备
（若转回，则编制相反的会计分录）</td></tr>
<tr><td>权益性金融资产（“其他权益工具投资”）</td><td>同上</td><td>同上</td><td>期末公允价值；公允价值变动部分记入“其他综合收益”账户，处置时转入留存收益</td><td>否</td></tr>
</table>

注：表格中的“同上”指与紧接着的上一栏相同。

第五节　金融资产重分类

金融资产的分类一经确定，不得随意变更。但当企业改变其管理金融资产的业务模式时，应当按照规定对所有受影响的相关金融资产进行重分类。企业对金融资产进行重分类，应当自重分类之日起采用未来适用法进行相关会计处理，不得对以前已经确认的利得、损失或利息进行追溯调整。从会计核算角度来看，其基本原理是相当于将原有金融资产处置后重新购置新金融资产。

重分类日，是指导致企业对金融资产进行重分类的业务模式发生变更后的首个报告期间的第一天。若某公司决定于2022年10月23日改变其管理某金融资产的业务模式，则重分类日为2023年1月1日。又如，若某上市公司决定于2023年2月25日改变其管理某金融资产的业务模式，则重分类日为2023年4月1日（即第一个季度报告期间的第一天）。

需要特别强调的是，企业管理金融资产业务模式的变更是一种极其少见的情形，该变更往往源自外部或内部的变化，必须由高级管理层进行决策，且其必须对企业的经营非常重要，并能够向外部各方证实。因此，只有当企业开始或终止某项对其经营影响重大的活动时（如收购、增持或减持某公司股份），其管理金融资产的业务模式才可能发生变更。因此，本节下面讲解可以作为选读内容。

为便于讲解和分析金融资产之间的重分类，我们将不同类别金融资产之间的重分类情况通过图4-1表示。

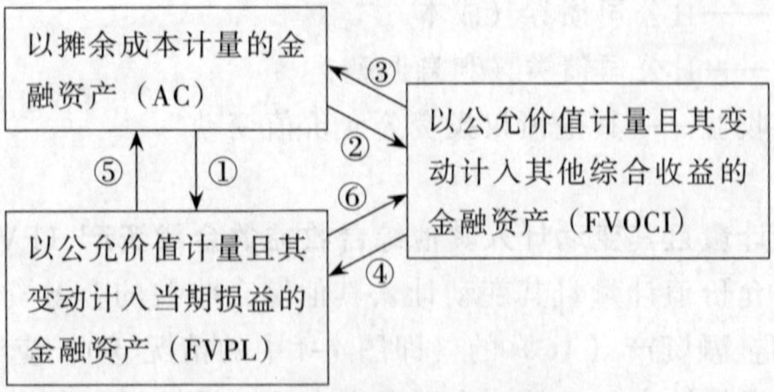

图4-1　金融资产重分类情况

一、以摊余成本计量的金融资产（AC）的重分类

企业将一项以摊余成本计量的金融资产（AC）重分类为以公允价值计量且其变动计入当期损益的金融资产（FVPL）的（即图4-1中的情况①），应当按照该金融资产在重分类日的公允价值进行计量，原账面价值（即摊余成本，下同）与公允价值之间的差额计入当期损益。

企业将一项以摊余成本计量的金融资产（AC）重分类为以公允价值计量且其变动计入其他综合收益的金融资产（FVOCI）的（即图4-1中的情况②），应当按照该金融资产在重分类日的公允价值进行计量，原账面价值与公允价值之间的差额计入其他综合收益。该金融资产重分类不影响其实际利率和预期信用损失的计量。

【例4-21】华扬股份有限公司将原持有的H公司债券作为债权投资，账面余额为200万元，其中：成本为180万元，利息调整（借方）为20万元。2022年，由于受市场因素的影响，该债券价格持续下跌，为此，华扬股份有限公司于8月1日将其中的20%转为交易性金融资产，等待时机准备卖出；将另外的80%重分类为其他债权投资。假定重分类日金融资产的公允价值为220万元。

分析：由于华扬股份有限公司为非上市公司，一般只需报告年报，故其重分类日应该是2023年1月1日。重分类日，相关会计处理如下：

（1）将20%的H公司债券重分类为交易性金融资产。

20%债券的账面余额=200×20%=40（万元）

其中：成本=180×20%=36（万元），利息调整=20×20%=4（万元）

重分类日公允价值=220×20%=44（万元）

借：交易性金融资产——H公司债券	440 000	
贷：债权投资——H公司债券（成本）		360 000
——H公司债券（利息调整）		40 000
投资收益		40 000

（2）将80%的H公司债券重分类为其他债权投资。

剩余债券的账面余额=200×80%=160（万元）

其中：成本=180×80%=144（万元），利息调整=20×80%=16（万元）

重分类日公允价值=220×80%=176（万元）

借：其他债权投资——H公司债券（成本） 1 440 000

——H公司债券（利息调整） 160 000

——H公司债券（公允价值变动） 160 000

贷：债权投资——H公司债券（成本） 1 440 000

——H公司债券（利息调整） 160 000

其他综合收益——其他债权投资公允价值变动 160 000

二、以公允价值计量且其变动计入其他综合收益的金融资产（FVOCI）的重分类

企业将一项以公允价值计量且其变动计入其他综合收益的金融资产（FVOCI）重分类为以摊余成本计量的金融资产（AC）的（即图4-1中的情况③），应当将之前计入其他综合收益的累计利得或损失转出，调整该金融资产在重分类日的公允价值，并以调整后的金额作为新的账面价值，以此作为重分类后该金融资产的入账价值，即视同该金融资产一直以摊余成本计量。该金融资产重分类不影响其实际利率和预期信用损失的计量。

企业将一项以公允价值计量且其变动计入其他综合收益的金融资产（FVOCI）重分类为以公允价值计量且其变动计入当期损益的金融资产（FVPL）的（即图4-1中的情况④），应当继续以公允价值计量该金融资产，同时应当将之前计入其他综合收益的累计利得或损失转入当期损益。

例题略。

三、以公允价值计量且其变动计入当期损益的金融资产（FVPL）的重分类

企业将一项以公允价值计量且其变动计入当期损益的金融资产（FVPL）重分类为以摊余成本计量的金融资产（AC）的（即图4-1中的情况⑤），应当以其在重分类日的公允价值作为新的账面余额。

企业将一项以公允价值计量且其变动计入当期损益的金融资产（FVPL）重分类为以公允价值计量且其变动计入其他综合收益的金融资产（FVOCI）的（即图4-1中的情况⑥），应当继续以公允价值计量该金融资产。

企业应当根据该金融资产在重分类日的公允价值确定其实际利率，即计算确定该金融资产未来可能收回的利息和面值的折现值恰好等于其重分类日公允价值的折现率。同时，企业应当自重分类日起对该金融资产适用本准则关于金融资产减值的相关规定，并将重分类日视为初始确认日。

严格说来，这种情形应该更为少见。因为初始确认时对该类金融资产即是采取的排除法，即不符合“收取合同现金流或又以出售为目标”且“合同现金流不符合SPPI特征”的才归为此类，所以，从逻辑上说，该类金融资产的重分类几乎不应该存在。

第六节 金融资产减值

从上文可知，金融资产按照计量模式可以分为两大类，即以摊余成本计量和以公允价值计量。从理论上来说，期末以公允价值计量的金融资产，无论其涨跌都已确认，而只有期末以摊余成本计量的金融资产才可能存在减值的确认和计量问题。又由于以摊余成本计量的金融资产就其本质而言属于债权性质，故若发生减值往往与债务人信用状况恶化有关，为区别于其他资产减值损失的情形，将其称为信用损失。

按照现行会计准则的规定，期末以公允价值计量的金融资产按其公允价值变动是否计入当期损益又可分为两类，故其期末是否确认减值、若确认减值又应如何进行会计处理等问题也有待下文进一步分析和讨论。

一、已发生信用减值损失与预期信用减值损失

（一）已发生信用减值损失

若对金融资产预期未来现金流量具有不利影响的一项或多项事件发生，则表明该金融资产的信用减值损失已经发生，即影响持有金融资产的企业按期收回本金和利息的事件已经发生。

金融资产已发生信用减值的证据或迹象通常包括下列可观察到的信息：

1. 发行方或债务人发生重大财务困难；
2. 债务人违反合同，如违约或逾期事件等；
3. 债权人出于与债务人财务困难有关的经济或合同的考虑，给予债务人在任何其他情况下都不会做出的让步；
4. 债务人很可能破产或进行其他债务重组；
5. 发行方或债务人财务困难导致该金融资产的活跃市场消失；
6. 以大幅折扣购买或源生一项金融资产，该折扣反映了发生信用损失的事实。

金融资产发生信用减值损失，有可能是单个事件或多个事件的共同作用所致，未必是可单独识别的事件所致。

“已发生信用减值损失法”是指以已发生信用减值的信息为依据计提金融资产信用减值损失的方法，即发生信用减值的事项已经发生，但具体损失需要按照一定的方法进行估计和测算。

（二）预期信用减值损失

预期信用减值损失，是指以发生违约风险或概率为权重的信用损失的加权平均值。

信用损失，是指企业根据合同应收的现金流量与预期可收取的现金流量之差（也即现金流缺口）的现值。企业应当采用相关金融资产初始确认时确定的实际利率进行折现。

考虑到货币时间价值，即使企业能够全额收回合同约定的金额，但如果收款时间晚于合同规定的时间，也可能产生信用减值损失。

“预期信用减值损失法”是指以未来可能的违约事件造成的损失的期望值为依据计提金融资产信用减值损失而不以减值事项的实际发生为前提的方法。

相比于已发生信用减值损失法，预期信用减值损失法可以更加及时、足额地计提金融资产减值准备，便于更及时、充分地揭示和防控金融资产信用风险。

现行CAS 22要求对金融资产信用减值损失的计提采用“预期信用减值损失法”。本节讨论金融资产减值，仅涵盖该准则中涉及的金融资产。至于以摊余成本计量的应收款项的减值已在本书第二章第三节讲解，其所采用的方法事实上亦为预期信用减值损失法。

二、金融资产预期信用减值损失的计提和确认

（一）金融资产预期信用减值损失计提的“三阶段模型”

“三阶段模型”，也可称为“三阶段法”，即根据金融资产信用风险是否发生及发生变化的显著程度划分为三个阶段，从而按照不同阶段的要求计提金融资产信用减值并确认相应利息收入的方法。

信用风险，是指债务人对债权发生违约的概率。违约概率，是指在某一时点上所确定的未来期间发生违约的概率，而不是在该时点发生违约的概率。

Ⅰ阶段：指金融资产的信用风险自初始确认后未显著增加的阶段。

对于处于该阶段的金融资产，企业应当按照该金融资产未来12个月的预期信用减值损失计量信用减值准备。

其中：未来12个月内预期信用减值损失，是指因资产负债表日后12个月内（若金融资产的预计存续期少于12个月，则为预计存续期）可能发生的金融资产违约事件而导致的预期信用减值损失，其只是整个存续期预期信用减值损失的一部分。

该阶段金融资产利息收入的确认应按其账面余额（即未扣除减值准备）和实际利率计算确定，也称之为以总额法确认利息收入。

Ⅱ阶段：指金融资产的信用风险自初始确认后已显著增加但尚未发生信用减值的阶段。

对于处于该阶段的金融资产，企业应当按照相当于该金融资产整个存续期的预期信用减值损失确认和计提信用减值准备。整个存续期的预期信用减值损失，是指因金融资产整个预计存续期内所有可能发生的金融资产违约事件而导致的预期信用减值损失。

该阶段金融资产利息收入的确认仍按其账面余额（即未扣除减值准备）和实际利率计算确定，即仍以总额法确认利息收入。

Ⅲ阶段：指金融资产在初始确认后信用风险已显著增加且已发生信用减值的阶段。

对于处于该阶段的金融资产，企业应当按照相当于该金融资产整个存续期的预期信用减值损失确认和计提信用减值准备。

但对利息收入的计算不同于处于前两个阶段的金融资产，对处于该阶段的金融资产，企业应当按其摊余成本（即账面余额减去已计提的减值准备，也即账面价值）和实际利率计算确认利息收入，也可称之为以净额法确认利息收入。

由此可见，处于Ⅰ、Ⅱ阶段的金融资产，其信用减值准备的计提及利息收入的计算和确认几乎是一致的，只是预期信用减值准备计算时考量的时间跨度长短不同，前者仅考量未来12个月，而后者考量整个存续期。而处于Ⅱ、Ⅲ阶段的金融资产，其信用减值准备计算时考量的时间跨度相同，但利息收入计算的依据不同，前者是按账面余额，而后者是按账面价值（即账面余额减去已计提的减值准备）。

需要说明的是，上述三个阶段并非必须依次经过，而应该根据与金融资产相关的信用风险特性，分析其所属阶段。

譬如，某商业银行2021年3月向生产日化用品的M公司发放一笔1年期贷款800万元，M公司生产的日化用品主要外销欧美市场。次月由于外贸运输受阻，严重影响M公司正常生产和销售，但由于该公司原有现金流较为充裕，尚未发生违约或逾期支付现象，则

该商业银行应对该贷款按照Ⅱ阶段要求计提信用减值准备、确认和计算利息收入。

若上述贷款是发放给从事同样业务的N公司的，但由于N公司原现金流储备并不充裕，很可能发生违约。则该商业银行应按照Ⅲ阶段要求计提信用减值准备、确认和计算利息收入。

（二）对信用风险是否显著增加的评估

企业应当在每个资产负债表日评估金融资产的信用风险自初始确认后是否已显著增加。企业在进行相关评估时，应当考虑所有合理且有依据的信息，包括前瞻性信息。

1.信用风险是否显著增加的判断标准

信用风险是否显著增加是个相对的概念。企业应当通过比较金融资产在初始确认时所确定的预计存续期内的违约概率和该金融资产在资产负债表日所确定的预计存续期内的违约概率，来判定金融资产信用风险是否显著增加。

企业在对信用风险的变化进行评估时，不能简单地比较违约风险随时间推移的绝对变化。这是因为一般而言，在信用风险不变的情况下，金融资产存续期越长，则违约概率越高。随着存续期的消减，违约概率一般也逐渐降低。如果一项预计存续期为10年的金融资产在初始确认时确定的违约概率，与后来预计存续期仅剩5年时确定的违约概率相同，则可能表明其信用风险已经增加。

实务中，企业可以用未来12个月内发生违约风险的变化作为整个存续期内发生违约风险变化的合理估计，以确定自初始确认后信用风险是否已显著增加。

2.评估信用风险变化所考虑的因素

在确定金融资产的信用风险水平时，企业应当考虑以合理成本即可获得的、可能影响金融资产信用风险的、合理且有依据的信息。企业在评估中可能需要考虑的因素包括但不限于以下信息：

（1）信用风险变化所导致的内部价格指标（如利率）的显著变化。

（2）同一金融资产或具有相同预计存续期的类似金融资产的信用风险的外部市场指标的显著变化。这些指标包括信用利差、金融资产的公允价值小于其账面价值的程度、债务人的债务工具或权益工具的价格变动等。

（3）金融资产的外部信用评级实际或预期的显著变化或对借款人实际或预期的内部信用评级下调。

（4）预期将导致借款人履行其偿债义务的能力发生显著变化的业务、财务、外部经济状况的不利变化或经营成果实际或预期的显著变化等。

（5）作为债务抵押的担保物价值或第三方提供的担保或信用增级质量的显著变化。这些变化预期将降低借款人按合同规定期限还款的经济动机或者影响违约概率。如果房价下降导致担保物价值下跌，则借款人可能会有更大动机拖欠抵押贷款。

（6）预期将降低借款人按合同约定期限还款的经济动机的显著变化。如母公司或其他关联公司能够提供的财务支持减少，或者信用增级质量显著变化。

（7）借款合同的预期变更或借款人预期表现和还款行为的显著变化。如预计违反合同的行为可能导致的合同义务免除或修订、给予免息期、利率跳升、要求追加抵押品或担保或者对金融工具的合同框架做出其他变更，或一组贷款中延期还款的数量或金额增加等。

(8) 企业对金融工具信用管理方法的变化。如企业信用风险管理实务预计将变得更为积极，包括更密切的监控或对债务人实施特别干预等。

有些概念（如“逾期”“违约”等）与“信用风险显著增加”在现实中容易混淆或被等同使用，需要澄清。前者往往只是后者的结果或表现形式，后者是前者发生的主要原因之一。通常在金融资产发生逾期或违约之前，信用风险都已显著增加。因此，企业在评估金融资产自初始确认后信用风险是否显著增加时，不能仅基于在报告日金融资产发生逾期或违约的证据。

出于简化会计处理和兼顾实务的考虑，对于在资产负债表日具有较低信用风险的金融资产，企业可以不用与其初始确认时的信用风险进行比较，而直接做出该金融资产的信用风险自初始确认后未显著增加的假定的判断。

（三）预期信用减值损失的计量

金融资产的信用减值损失是企业根据合同应收的现金流量与预期能收到的现金流量之间的差额（即现金流缺口）的现值。预期信用减值损失的计量主要取决于以下因素：

1.现金流缺口大小。

2.折现率。企业应当采用相关金融资产初始确认时确定的实际利率或其近似值进行折现。如果金融资产具有浮动利率，那么企业应当采用当前实际利率（即最近一次利率重设后的实际利率）作为折现率。

3.估计预期信用减值损失的期间。该期间是指相关金融资产可能发生现金流缺口所属期间或时间跨度。

企业应当以概率加权平均为基础对预期信用减值损失进行计量。企业对预期信用减值损失的计量应当反映发生信用减值损失的各种可能性，但不必识别所有可能的情形。

三、金融资产减值的会计处理

金融资产减值的会计处理主要包括两个环节：（1）减值准备的计提或转回；（2）已发生信用减值损失金融资产的核销。

由于本节所述及的金融资产减值主要包括以摊余成本计量的金融资产及以公允价值计量且其变动计入其他综合收益的金融资产的减值，而这两类金融资产的减值会计处理并不完全相同，故下文分开阐述。

（一）以摊余成本计量的金融资产的减值

由于本章讲解的以摊余成本计量的金融资产以“债权投资”为例，故此处也以此为例。相应地，应设置“信用减值损失”“债权投资减值准备”账户。

1.债权投资减值准备的计提和转回

企业应当在资产负债表日计算债权投资的预期信用减值损失。如果该预期信用减值损失大于该债权投资当前减值准备的账面金额，企业应按其差额补提信用减值损失，借记“信用减值损失”账户，贷记“债权投资减值准备”账户；如果资产负债表日计算的预期信用减值损失小于该债权投资当前减值准备的账面金额，则应按其差额冲减信用减值损失，编制相反的会计分录。但冲减转回的信用减值损失不得超过之前确认的总和。

2.已发生信用减值损失债权投资的核销

企业实际发生信用减值损失，认定相关债权投资无法收回，经批准予以核销的，应当根据批准的核销金额，借记“债权投资减值准备”账户，贷记“债权投资”账户。若核销金额大于已计提的损失准备，还应按其差额借记“信用减值损失”账户。

【例4-22】华扬股份有限公司于2020年12月31日从资本市场购入HD公司同日发行的5年期企业债券，面值500万元，票面利率4%，每年12月31日付息，2025年12月31日还本。假设不考虑交易费用，假定当时市场利率亦为4%。华扬股份有限公司将其分类为以摊余成本计量的金融资产。

2021年12月31日，HD公司按期支付利息。华扬股份有限公司评估认为该债券的信用风险自初始确认以来未显著增加，并计算其未来12个月预期信用减值损失为8万元。

2022年12月31日，HD公司按期支付利息。华扬股份有限公司评估认为该债券的信用风险自初始确认以来已经显著增加但没有客观证据表明已发生信用减值，据测算剩余存续期预期信用减值损失为30万元。

2023年6月30日，华扬股份有限公司了解到，HD公司部分经营业务亏损进一步扩大，面临重大财务困难，经评估认定，HD公司债券已发生减值。同日，华扬股份有限公司计算剩余存续期预期信用减值损失为80万元。

2023年12月31日，HD公司未按期支付利息。华扬股份有限公司计算剩余存续期预期信用减值损失为120万元。

2024年6月30日，华扬股份有限公司计算该债券剩余存续期预期信用减值损失为160万元，并以350万元的价格将该债券全部出售。

华扬股份有限公司的业务分析及相关会计处理如下：

（1）2020年12月31日，购入债券。

借：债权投资——HD公司债券（成本） 5 000 000

贷：银行存款 5 000 000

（2）2021年12月31日，确认利息收入与预期信用减值损失（相当于处于Ⅰ阶段，利息收入采用总额法计算）。

借：应收利息——HD公司（5 000 000×4%） 200 000

贷：投资收益 200 000

借：银行存款 200 000

贷：应收利息——HD公司 200 000

同时：

借：信用减值损失 80 000

贷：债权投资减值准备 80 000

（3）2022年12月31日，确认利息收入与预期信用减值损失（相当于处于Ⅱ阶段，利息仍采用总额法计算）。

借：应收利息——HD公司（5 000 000×4%） 200 000

贷：投资收益 200 000

借：银行存款 200 000

贷：应收利息——HD公司 200 000

同时补提信用减值损失22万元（30-8）。

借：信用减值损失　220 000

　贷：债权投资减值准备　220 000

（4）2023年6月30日，确认利息收入与预期信用减值损失（相当于处于Ⅲ阶段，采用净额法计算并确认利息收入）。

首先，补提信用减值损失50万元（80-30）。

借：信用减值损失　500 000

　贷：债权投资减值准备　500 000

其次，确认利息收入8.4万元［（500-80）×4%/2[①]］。

借：应收利息——HD公司　84 000

　贷：投资收益　84 000

（5）2023年12月31日，确认利息收入与预期信用减值损失（相当于处于Ⅲ阶段，采用净额法计算并确认利息收入）。

首先，补提信用减值损失40万元（120-80）。

借：信用减值损失　400 000

　贷：债权投资减值准备　400 000

其次，确认利息收入7.6万元［（500-120）×4%÷2］。

借：应收利息——HD公司　76 000

　贷：投资收益　76 000

（6）2024年6月30日，确认利息收入与预期信用减值损失（相当于仍处于Ⅲ阶段，采用净额法计算并确认利息收入）。

首先，补提信用减值损失40万元（160-120）。

借：信用减值损失　400 000

　贷：债权投资减值准备　400 000

其次，确认利息收入6.8万元［（500-160）×4%÷2］。

借：应收利息——HD公司　68 000

　贷：投资收益　68 000

（7）2024年6月30日，出售该债券。

终止确认该金融资产，并确认处置损益。将之前确认入账但未收到的应收利息22.8万元（8.4+7.6+6.8）及计提的减值准备一并转出。

借：银行存款　3 500 000

　　债权投资减值准备　1 600 000

　　投资收益　128 000

　贷：债权投资——HD公司债券（成本）　5 000 000

　　　应收利息——HD公司　228 000

（二）以公允价值计量且其变动计入其他综合收益的金融资产的减值

本节开头已经指出，期末以公允价值计量的金融资产，无论涨跌都已确认其上涨或下

① 这是简化算法。从理论上来说，年化利率4%的半年期的实际利率=（1+4%）$^{1/2}$-1≈1.98%。且由于发行债券公司的信用状况发生变化，其实际利率也会随之发生变化。本例题为简化起见，假定实际利率没有发生变化。下同。

跌部分的价值，故从理论上来说应该不存在减值损失计提和确认的问题。但是现行会计准则规定，期末以公允价值计量的金融资产按其公允价值变动是否计入当期损益分为两类：一类为公允价值变动计入当期损益的金融资产，即交易性金融资产。由于其已经在利润表中确认了公允价值涨跌，故无须再确认减值损失；另一类为公允价值变动计入其他综合收益的金融资产，按照是否为权益性工具，又可分为其他权益工具投资和其他债权投资。CAS 22只是在第49条规定：对于分类为以公允价值计量且其变动计入其他综合收益的金融资产，企业应当在其他综合收益中确认其损失准备，并将减值损失或利得计入当期损益，且不应减少该金融资产在资产负债表中列示的账面价值。至于为何做出上述规定，理论界极少展开探讨，实务界大多只是"照章办事"。为帮助读者理解其内在逻辑并知其所以然，本章编者结合自己的理解尝试进行如下分析：

首先，由于现行会计准则要求对金融资产以"预期信用减值损失"为基础计提减值准备，显然只有债权性资产才可能存在与"信用"相关的损失，故其他权益工具投资并不存在计提信用减值准备的问题。

其次，按照公允价值计量的其他债权投资，虽然在期末确认了公允价值的涨跌，但是其涨跌并未计入当期损益，且其涨跌并非都是由于宏观经济政策、经济形势等原因导致的，也可能与特定公司信用状况有关，因此，应对其产生涨跌（尤其是下跌）的原因和因素进行区分，对因发债公司（债务人）信用状况恶化所导致的部分应从原已计入"其他综合收益"的（下跌）部分转为"信用减值损失"，并在利润表中列报。

相应地，企业应设置"信用减值损失""其他综合收益——信用减值准备"账户核算与其他债权投资相关的信用减值业务。

资产负债表日，企业对此类金融资产一般应进行以下两方面的会计处理：

一方面，应确认公允价值变动（此时主要是下跌），对于较上期下跌的部分，借记"其他综合收益——其他债权投资公允价值变动"账户，贷记"其他债权投资——公允价值变动"账户；

另一方面，按照三阶段模型，确认当期应确认的预期信用减值损失，借记"信用减值损失"账户，贷记"其他综合收益——信用减值准备"账户。

对于已确认的预期信用减值损失，在随后会计期间因信用风险降低导致预期信用减值损失减少的，则按照上升部分（限于之前已确认金额），编制与上述相反的会计分录。

【例4-23】Y商业银行于2022年1月2日购入一项公允价值100万元的C公司同日发行的面值为100万元的5年期债券，并将其分类为以公允价值计量且其变动计入其他综合收益的金融资产。该债券每年年末付息，到期一次还本。假定票面利率与实际利率均为6%。购入时确定其不属于已发生信用减值的金融资产。

2022年12月31日，由于市场利率变动，购入的C公司债券公允价值跌至95万元。Y商业银行判断该债券的信用风险自初始确认后并无显著增加，故按12个月内预期信用减值损失计量信用减值准备，信用减值准备金额为2万元。

2023年3月3日，Y商业银行决定以当日公允价值98.2万元全部出售该债券，所获价款存入银行账户。

Y商业银行的分析及相关账务处理如下：

（1）2022年1月2日，购入C公司债券。

借：其他债权投资——C公司债券（成本） 1 000 000

　贷：银行存款 1 000 000

（2）2022年12月31日，确认C公司债券利息收入。

借：应收利息——C公司债券 60 000

　贷：投资收益 60 000

（3）2022年12月31日，确认C公司债券公允价值变动（跌价5万元）及预期信用减值损失（2万元）。

借：其他综合收益——其他债权投资公允价值变动 50 000

　贷：其他债权投资——C公司债券（公允价值变动） 50 000

借：信用减值损失 20 000

　贷：其他综合收益——信用减值准备 20 000

至此，Y商业银行持有的C公司债券账面价值为95万元（100–5），即年末在资产负债表列示的“其他债权投资”项目为95万元，反映其期末的公允价值金额；在利润表列示“信用减值损失”项目2万元，及时、充分反映该债券未来12个月内的预期信用减值损失。也就是说，Y商业银行持有的C公司债券共跌价5万元，其中，2万元由于与C公司信用风险有关，在利润表中反映该信用减值损失；3万元则相当于系统性风险所导致的跌价，直接在所有者权益项目“其他综合收益”中反映。

（4）2023年3月3日，以当日公允价值98.2万元全部出售C债券（假设利息于出售前已收到并入账，会计分录略）。

借：银行存款 982 000

　　其他债权投资——C公司债券（公允价值变动） 50 000

　　其他综合收益——信用减值准备 20 000

　贷：其他债权投资——C公司债券（成本） 1 000 000

　　其他综合收益——其他债权投资公允价值变动 50 000

　　投资收益 2 000

分析：投资收益0.2万元（3.2–5+2）由以下几部分构成：处置损益3.2万元（98.2–95），原计入其他综合收益的公允价值下跌5万元转回，原计入其他综合收益的信用减值准备2万元转回。

【课程思政】

理财产品作为一种安全性高、灵活性强的投资产品，日益受到公司的青睐。2012年证监会发布《上市公司监管指引第2号——上市公司募集资金管理和使用的监管要求》（简称2号指引）要求公司治理层勤勉尽职，督促上市公司应当按照招股说明书或募集说明书所列用途规范使用募集资金，原则上应当用于主营业务，不得进行金融性投资，不得直接或间接投资于以买卖有价证券为主要业务的公司。对于暂时闲置的募集资金可进行现金管理，但投资的产品须具备安全性高、流动性好的条件。可诸多上市公司还是打政策“擦边球”，购买大量理财产品，有的甚至占其总资产50%以上，虽然理财产品具备安全性高、流动性好的条件，但其是否违背了募集资金资源配置初衷才是最需要监管的。若企业对购买的理财产品未能在财务报表中准确列报或在报表附注中不充分披露，就难以及时向信息使用者及监管部门提供决策所需信息。因此，财会从业工作者必须及时更新和强化专业知识，发挥会计应有的核算和监督作用，同时严格遵循国家法律法规，坚守社会主义核心价值观，怀有经世济民的抱负。政府监管部门正是从上市公司财务报告中及时发现了诸多上市公司热衷购买理财产品的“不良倾向”，证监会于2022年年初修订了2号指引，进一步强调暂时闲置募集资金现金管理的保本要求，只能投资于“结构性存款、大额存单等安全性高的保本型产品”，同时新增对科创板上市公司募集资金使用要求，必须符合国家产业政策和相关法律法规，并应投资于科技创新领域。财会从业工作者应保持终身学习的热情，随时关注国家法律、法规及监管政策等要求，并在工作中予以贯彻和落实。

【与国际会计准则的比较及主要差异】

我国企业会计准则将《IAS 39——金融工具确认和计量》（于2014年被IFRS 9取代）相应内容分解为金融工具确认和计量（CAS 22）、金融资产转移（CAS 23）、套期保值（CAS 24）三个准则，以便将对我国绝大多数企业来说不是很常见且又复杂的金融工具业务进行细分，以有助于更好地理解和指导实务。我国上述相应金融工具确认和计量准则按照最新版IFRS 9修订，在金融工具的分类、初始确认和计量、后续及期末计量、终止确认和计量等内容上与国际会计准则几乎没有任何差异。但是，由于国际会计准则一般不涉及记录，因此具体会计科目的设置往往由企业自主决定，而我国在企业会计准则应用指南中相应明确了不同类型金融资产所对应的具体会计科目名称，这样便于我国企业在实际工作中加以执行和运用。

【与我国小企业会计准则的比较及主要差异】

小企业会计准则所规范的企业金融投资仅包括短期投资、长期债券投资和长期股权投资。

短期投资是指小企业购入的能随时变现并且持有时间不准备超过1年的投资，如为赚取差价从二级市场购入的股票、债券、基金等，期末按历史成本计量而不按公允价值计量。

长期债券投资是指小企业准备长期持有（通常在1年以上）的债券投资。持有期间按票面利率确认投资收益，债券投资的折溢价按直线法进行摊销，调整投资收益。期末不计提减值准备，对于确实无法收回的长期债券投资的净损失于实际发生时计入营业外支出。

综上所述，小企业会计准则对小企业持有金融资产的规范是基于非金融行业企业对外投资的立场，故金融投资不应该是其主营业务或重要业务，因此，其内容和规范远比企业会计准则规定的简单，主要体现在：（1）债券投资没有采取实际利率法确认利息收入；（2）期末没有引入公允价值计量模式；（3）没有考虑减值计提，且当实际发生损失时计入营业外支出。

【重点与难点】

（一）重点

1.金融资产分类依据及三类金融资产的含义和区别。

2.三类金融资产初始成本的确定、后续及期末计量及持有期间收益的核算。

3.预期信用减值损失的三阶段模型在金融资产减值中的运用和处理。

（二）难点

1.以摊余成本计量的金融资产（即债权投资）按实际利率法确认利息收入及摊余成本的确定。

2.其他债权投资与债权投资的预期信用减值损失处理的异同。

【课后练习】

（一）单项选择题

1.2022年12月10日，甲公司购入乙公司股票10万股，作为交易性金融资产核算，支付价款249万元，另支付交易费用0.6万元。12月31日，公允价值为258万元，2022年甲公司利润表中“公允价值变动收益”本年金额为（　　）万元。

A.9　　B.9.6　　C.8.4　　D.0.6

2.甲公司2022年7月1日购入乙公司2022年1月1日发行的债券，支付价款2 100万元（含已到付息期但尚未领取的债券利息40万元），另支付交易费用15万元。该债券面值为2 000万元，票面年利率为4%（票面利率等于实际利率），每半年付息一次，甲公司将其划分为交易性金融资产。甲公司2022年度该项交易性金融资产应确认的投资收益为（　）万元。

A.25　　B.40　　C.65　　D.80

3.2022年4月25日，甲公司从二级市场购入乙公司股票10万股，购买价款为每股9.85元，包含已宣告但尚未发放的现金股利每股0.1元，另外，支付交易费用5 000元，甲公司将其划分为其他权益工具投资，该资产入账金额为（　　）元。

A.980 000　　B.985 000　　C.975 000　　D.990 000

4.以下金融资产计提信用减值损失时，借记“信用减值损失”，贷记“其他综合收益”的是（　）。

A.债权投资　　B.交易性金融资产　　C.其他债权投资　　D.其他权益工具投资

5.2022年1月1日，甲公司购入乙公司当月发行的面值总额为1 000万元的债券，期限为5年，到期一次还本付息。票面利率8%，支付价款1 080万元，另支付相关税费10万元，甲公司将其划分为债权投资，甲公司初始入账应确认“债权投资——利息调整”的金额为（　）万元。

A.70　　B.80　　C.90　　D.110

6.2022年1月1日，甲公司支付125 000元购入乙公司同日发行的5年期债券，债券票面价值总额为150 000元，票面年利率为4%，实际年利率为8%，债券利息每年年末支付（即每年利息为6 000元），本金在债券到期时一次性偿还。甲公司将其划分为其他债权投资，2022年12月31日，该债券的账面价值为（　　）元。

A.150 000　　B.125 000　　C.133 320　　D.129 000

7.甲公司购入A债券，作为债权投资核算，购买价款400万元，另支付交易费用8万元，债券面值为360万元，票面利率为10%，则该债权投资的入账价值为（　　）万元。

A.400　　B.360　　C.368　　D.408

8.下列金融资产不可能计提减值准备的是（　　）。

A.交易性金融资产 B.其他债权投资 C.债权投资 D.应收账款

9.2022年2月3日，甲公司以银行存款2 003万元（其中含相关交易费用3万元）从二级市场购入乙公司股票100万股，作为交易性金融资产核算。2022年7月10日，甲公司收到乙公司于5月25日宣告分派的现金股利40万元，2022年12月31日，上述股票的公允价值为2 800万元，不考虑其他因素，该项投资使甲公司2022年营业利润增加的金额为（ ）万元。

A.797 B.800 C.837 D.840

10.企业购入交易性金融资产时，账务处理不会涉及的会计科目是（ ）。

A.交易性金融资产——成本 B.应收股利

C.财务费用 D.投资收益

（二）多项选择题

1.企业发生的下列事项中，不影响“投资收益”科目余额的有（ ）。

A.交易性金融资产在持有期间取得的现金股利

B.购买交易性金融资产支付的交易费用

C.期末交易性金融资产的公允价值小于账面价值

D.交易性金融资产持有期间收到的包含在购买价格中的现金股利

2.下列各项中，属于金融资产发生减值的客观证据有（ ）。

A.发行方或债务人发生严重财务困难

B.债务人违反了合同条款，如偿付利息或本金发生违约或逾期等

C.因发行方发生重大财务困难，该金融资产无法在活跃市场继续交易

D.债务人认为无法偿还

3.下列有关其他权益工具投资会计处理的表述中，正确的有（ ）。

A.不需要计提减值损失

B.公允价值变动部分应计入其他综合收益

C.处置时，应将累计公允价值变动部分转入当期损益

D.持有期间取得的现金股利应计入当期损益

4.下列各项中，会引起持有的以摊余成本计量的债权投资账面价值发生增减变动的有（ ）。

A.计提减值准备

B.采用实际利率法对债权投资进行利息调整

C.收到以面值购入、分期付息的债权投资利息

D.确认按面值购入、到期一次还本付息债权投资利息收入

5.在计算金融资产的摊余成本时，下列项目中应对金融资产初始确认金额予以调整的有（ ）。

A.已偿还的本金

B.初始确认金额与到期日金额之间的差额按实际利率法摊销形成的累计摊销额

C.已发生的减值损失

D.取得金融资产时支付的手续费

（三）判断题

1.“其他权益工具投资”账户的借方期末余额，反映企业拥有该资产在期末时点的公允价值。（ ）

2.期末以公允价值计量的其他权益工具投资，若发生永久性减值，应计提减值损失，计入当期损益。（ ）

3.当有客观证据证明其他债权投资发生减值时，应当计提减值准备，借记“信用减值损失”账户，贷记“其他债权投资减值准备”账户。（ ）

4.对于持有至到期的债权投资若是分期付息一次还本的，在资产负债表日，按票面利率计算确定应收未收利息，应该借记“债权投资——应计利息”账户。（ ）

5.交易性金融资产在持有期间获得的股利或债券利息收入计入投资收益。（ ）

6.企业取得按摊余成本计量的债权投资时支付的价款中包含的已到付息期但尚未领取的债券利息，应计入其初始成本。（ ）

7.企业取得其他权益工具投资时发生的交易费用，不应计入其初始成本。（ ）

8.资产负债表日，企业应按债权投资的摊余成本和实际利率确定实际利息收入，贷记“投资收益”账户。（ ）

（四）业务处理题

1.2022年3月至5月，甲上市公司发生的交易性金融资产业务如下：

（1）3月1日，向D证券公司划出投资款1 000万元，款项已通过开户行转入D证券公司银行账户。

（2）3月2日，委托D证券公司购入A上市公司股票100万股，每股8元，另发生相关的交易费用2万元，并将该股票划分为交易性金融资产。

（3）3月31日，该股票在证券交易所的收盘价格为每股7.70元。

（4）4月30日，该股票在证券交易所的收盘价格为每股8.10元。

（5）5月10日，将所持有的该股票全部出售，所得价款825万元已存入银行。假定不考虑相关税费。

要求：逐笔编制甲上市公司上述业务的会计分录（会计科目要求写出明细科目）。

2.甲公司为上市公司，2021年至2023年期间有关投资如下：

（1）2021年1月1日，按面值购入100万份乙公司公开发行的分次付息、一次还本债券，款项已用银行存款支付，该债券每份面值100元，票面年利率5%，每年年末支付利息，期限5年，甲公司将该债券投资分类为其他债权投资。2021年6月1日，自公开市场购入1 000万股丙公司股票，每股20元，实际支付价款20 000万元。甲公司将该股票分类为其他权益工具投资。

（2）2021年10月，受外部宏观因素影响，丙公司股票价格开始下跌，2021年12月31日丙公司股票收盘价为每股16元。2021年11月，受外部宏观因素影响，乙公司债券价格开始下跌。2021年12月31日乙公司债券价格为每份90元。

（3）2022年，丙公司股票价格持续下跌，2022年12月31日收盘价为每股10元。2022年，乙公司债券价格持续下跌，2022年12月31日乙公司债券价格为每份50元，且债券利息不能按期支付。按照预期信用损失模型，一方面应继续确认跌价部分4 000万元（100×90−100×50），另一方面应确认信用减值损失3 500万元。

（4）2023年宏观经济形势好转，2023年12月31日，丙公司股票收盘价上升至每股18元，此时，甲公司将持有的丙公司股票出售300万股，获得价款5 400万元已存入银行。乙公司债券价格上升至每份85元。

要求：编制甲公司取得、持有、处置乙公司债券和丙公司股票时的相关会计分录（本题不考虑所得税及其他相关税费）。

3.A公司2020年度至2022年度对B公司债券投资业务的相关资料如下：

（1）2020年1月1日，A公司以银行存款1 800万元购入B公司当日发行的5年期公司债券，作为债权投资核算，该债券面值总额为2 000万元，票面年利率为5%，每年年末支付当年利息，到期一次偿还本金，但不得提前赎回。A公司该债权投资的实际年利率为7.47%。

（2）2020年12月31日，A公司收到B公司支付的债券利息100万元。当日，该债权投资不存在减值迹象。

（3）2021年12月31日，A公司收到B公司支付的债券利息100万元。当日，A公司获悉B公司发生财务困难，对该债权投资进行了减值测试，预计该债权投资未来现金流量的现值为1 500万元。

（4）2022年1月1日，A公司以1 505万元的价格全部售出所持有的B公司债券，款项已收存银行。

假定A公司债权投资全部为对B公司的债券投资。除上述资料外，不考虑其他因素。

要求：

（1）计算A公司2020年度债权投资的投资收益。

（2）计算A公司2021年度债权投资的减值损失。

（3）计算A公司2022年1月1日出售债权投资的损益。

（4）根据资料（1）~（4），逐笔编制A公司持有至到期债权投资相关的会计分录（“债权投资”科目要求写出必要的明细科目）。

（五）简答与思考题

1.公允价值变动损益、投资收益、其他综合收益三者有何异同？

2.三类金融资产的初始计量与期末计量有何不同？期末是否都需要考虑计提信用减值损失？为什么？

3.企业购买的各类理财产品是否属于金融资产？应通过什么项目核算和列示？

4.本章金融资产与第二章的货币资金及应收款项均为金融资产，请辨析其对工商企业而言的性质和作用（可以从正反作用进行讨论）。

参考答案

【知识结构图】

第五章　长期股权投资

【学习目标】

通过本章的学习，了解长期股权投资的含义、特性、内容和类别；掌握不同方式取得长期股权投资的确认和计量；掌握长期股权投资成本法和权益法核算的基本要点；掌握因增持或减持股份导致长期股权投资成本法与权益法之间相互转换及长期股权投资与其他权益工具投资之间相互转换的核算；掌握长期股权投资处置的核算。

【引导案例】

不同类别权益性投资“界限”是否泾渭分明？

宁德时代，全称宁德时代新能源科技股份有限公司，于2018年6月11日在深交所上市，股票代码：300750。公司专注于动力电池及储能电池的研发、生产及销售，致力于为全球新能源应用提供一流的解决方案和服务。近年来，受益于政策推动、技术进步及配套设施普及等因素，全球新能源车市场持续增长，带动动力电池、储能电池市场空间持续扩大和快速提升，公司加速对外投资战略版图。截至2021年底，宁德时代对子公司的投资为185亿元，对联营合营企业的投资为111亿元，其他权益工具投资为113亿元，均比上年有较大幅度的增长，尤其是其他权益工具投资增长幅度高达465%（见表5-1）。其他权益工具投资的增加主要由以下原因导致：公允价值升高、本期净购入、部分不再具备重大影响的股权投资转入。2021年年报显示宁德时代共有29家子公司，其直接和间接拥有股权比例均在51%以上；对合营及联营企业的投资比例则介于7.15%～49%不等，其中持股低于10%但仍采用权益法核算的长期股权投资也不在少数（见表5-2）。

表5-1　**宁德时代2020—2021年权益性投资规模**　金额单位：亿元

项目	2021	2020	增长幅度
长期股权投资——子公司	185	98	88.78%
长期股权投资——联营合营	111	53	109.43%
其他权益工具投资	113	20	465%

表5-2　**宁德时代持股比例10%以下仍采用权益法核算的长期股权投资**　金额单位：万元

被投资单位名称	投资时间	持股比例	投资额	业务领域	投资类型及采用权益法的理由
北京新能源汽车技术创新中心有限公司	2019年12月31日	0.0743	3 000	技术开发与转让、技术推广与服务	联营（提供新能源汽车技术创新）；宁德合营企业董事孟祥峰兼任该公司董事

续表

被投资单位名称	投资时间	持股比例	投资额	业务领域	投资类型及采用权益法的理由
南京市卡睿创新创业管理服务有限公司	2018年8月31日	0.1	500	技术开发、企业管理服务	联营（开发新能源技术）；宁德时代副总经理、董事会秘书蒋理担任该公司董事
天津市滨海产业基金管理有限公司	2020年8月26日	0.1	2 000	私募基金管理与投资	联营（提供私募投资）；宁德时代副总经理、董事会秘书蒋理担任该公司董事
福建永福电力设计股份有限公司	2020年12月31日	0.0786	19 037	工程管理服务；地质勘查；“三废”污染治理	联营（研发“光伏+储能”核心技术）；宁德时代副总经理谭立斌担任该公司董事
重庆蚂蚁消费金融有限公司	2020年9月24日	0.08	64 000	个人消费金融；集团内公司存款及向金融机构借款	联营（提供资金支持）；宁德时代副总经理、董事会秘书蒋理担任该公司董事
无锡先导智能装备股份有限公司	2020年9月14日	0.0715	250 000	智能制造装备的设计、研发、生产与销售	联营（提供锂电智能装备制造）

思考：

（1）其他权益工具投资与采用权益法核算的长期股权投资“界限”如何确定？

（2）上述两类权益性投资所采取的核算方法有何不同？其对企业财务状况和经营成果有何影响？

分析提示

第一节 长期股权投资概述

一、长期股权投资的含义和内容

（一）长期股权投资的含义和性质

长期股权投资，是权益性投资中准备长期持有且不归属于金融资产的那部分投资。

权益性投资是与债权性投资相对的一类投资，是指投资方拥有被投资方股权或以股东身份出现的一类投资，而债权性投资是指投资方拥有被投资方债权或以债权人身份出现的一类投资。权益性投资者拥有的权利和承担的风险均高于债权性投资者。

（二）长期股权投资的内容和分类

长期股权投资包括对被投资单位具有控制和重大影响的权益性投资及对合营企业的权益性投资。

1.对子公司的权益性投资

对子公司的权益性投资，是指企业持有的能够对被投资单位实施控制的权益性投资。

控制，是指投资方拥有对被投资单位的权力，通过参与被投资单位的相关活动而享有可变回报，并且有能力运用对被投资单位的权力影响其回报金额。对“控制”含义的进一步理解和详细解读将在《高级财务会计》“合并会计报表”相关章节展开。

2.对合营企业的权益性投资

对合营企业的权益性投资，是指企业与其他合营方一起对被投资单位实施共同控制且对被投资单位净资产享有权利的权益性投资。

企业在确定被投资单位是否为合营企业时，应当按照《企业会计准则第40号——合营安排》的有关规定进行判断。

合营安排，是指一项由两个或两个以上的参与方共同控制的安排。合营安排具有下列特征：(1) 各参与方均受到该安排的约束；(2) 两个或两个以上的参与方对该安排实施共同控制，即任何一个参与方都不能够单独控制该安排，对该安排具有共同控制的任何一个参与方均能够阻止其他参与方或参与方组合单独控制该安排。

共同控制，是指按照合同约定对某项安排所共有的控制，并且该安排的相关活动必须经过分享控制权的参与方一致同意后才能决策。在判断是不是共同控制时，应当关注两点：①判断所有参与方或参与方组合是不是集体控制且这种组合具有唯一性；②判断该安排相关活动的决策是否必须经过集体控制参与方的一致同意。

合营安排又可分为共同经营和合营企业两类。前者是指合营方享有该安排相关资产且承担该安排相关负债的合营安排，应按比例将相关资产、负债、收入、费用等并入合营方报表；后者是指合营方仅对该安排的净资产享有权利的合营安排，也只有在这种情况下，才能在合营方的账簿和报表中以长期股权投资的形式呈现。

合营安排分类判断及对合营企业的权益性投资示意图如图5-1所示。

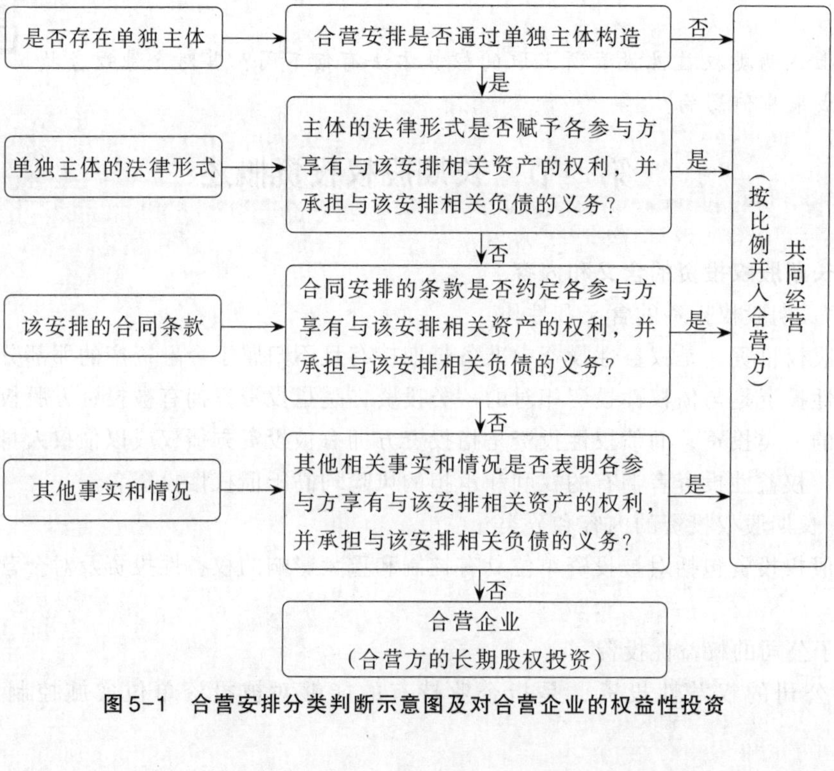

图5-1 合营安排分类判断示意图及对合营企业的权益性投资

3.具有重大影响的权益性投资

投资方能够对被投资单位施加重大影响的，被投资单位为其联营企业。故企业持有的具有重大影响的权益性投资，通常称为对联营企业的投资。

重大影响，是指对被投资单位的财务和经营政策有参与决策的权力，但并不能够控制或者与其他方一起共同控制这些政策的制定。在实务中，较为常见的重大影响体现为在被投资单位的董事会或类似机构中派有代表，通过在被投资单位财务和经营决策制定过程中的发言权实施重大影响。投资方直接或通过子公司间接持有被投资单位20%以上但低于50%的表决权时，一般认为对被投资单位具有重大影响。若有明确证据表明在该种情况下不能参与被投资单位的生产经营决策，则不形成重大影响。

若表决权的比例低于20%，但符合下列情形之一，通常应当认为对被投资单位具有重大影响：

（1）在被投资单位的董事会或类似机构中有权委派代表，并参与被投资单位财务和经营政策的制定。在这种情况下，由于在被投资单位的董事会或类似机构中派有代表，并相应享有实质性的参与决策权，投资方可以通过该代表参与被投资单位财务和经营政策的制定，从而对被投资单位施加重大影响。

投资方向被投资单位派驻了董事，但存在明确的证据表明其不能实际参与被投资单位的财务和经营决策时，不应认定为其对被投资单位具有重大影响，例如，存在被投资单位控股股东等积极反对投资方欲对其施加影响的事实，可能表明投资方不能实质参与被投资单位的经营决策。

一般而言，在被投资单位的股权结构以及投资方的持股比例等未发生实质变化的情况下，投资方不应在不同的会计期间，就是否对被投资单位具有重大影响，做出不同的会计判断。

（2）与被投资单位之间发生重要交易。有关的交易因对被投资单位的日常经营具有重要性，进而在一定程度上可以影响被投资单位的生产经营决策。

（3）向被投资单位派出关键管理人员。在这种情况下，管理人员有权主导被投资单位的相关活动，从而能够对被投资单位施加重大影响。与（1）相似，不只是派出关键管理人员，最主要的是要有实质性参与管理决策的权力。

（4）向被投资单位提供关键技术资料。如果被投资单位的生产经营需要依赖投资方的技术或技术资料，则表明投资方对被投资单位具有重大影响。

企业持有的对被投资单位不具有控制、共同控制或重大影响的权益性投资，适用于《企业会计准则第22号——金融工具确认和计量》，确认为相应类别的金融资产。

虽然会计准则对控制、共同控制及合营企业、重大影响等制定了较为详细的规范和判断标准，但在现实中，不同类别之间的界限并非清晰分明，均需要企业管理层及财务人员根据经济活动的现实进行判断，其掌握着较大的酌定性空间，故企业需要综合考虑所有事实和情况，根据实质重于形式的原则做出恰当的判断。

二、长期股权投资的特点

长期股权投资属于广义的金融资产，但其与一般意义的金融资产相比，具有以下特性：

1.权益性

企业对外投资按其性质可以分为债权性投资和权益性投资。长期股权投资属于权益性投资，但并非权益性投资均为长期股权投资。

一般而言，企业对外投资的法律形式要件都体现了其实际的投资意图和性质。然而，在当前的市场经济条件下，企业的投资模式日趋多元化，除传统的纯粹债权性或者纯粹权益性投资外，不少企业的投资模式同时具备债权性投资和权益性投资的特点，故需要根据经济实质进行判断。

2.战略性

长期股权投资着眼于对被投资方实施控制、共同控制或重大影响，往往体现企业的战略意图，如为与对方建立长期合作伙伴关系等，而非像一般性金融资产，主要为获取买卖价差或资本增值。

3.长期性

鉴于长期股权投资具有战略考量，故其持有期限往往较长，一般属于非流动资产。

第二节　长期股权投资的初始计量

一、长期股权投资初始计量的原则

1.企业在取得长期股权投资时，应按初始投资成本入账。长期股权投资的取得方式不同，其初始投资成本的确定方式也不同。

长期股权投资取得方式可分为两大类：控股合并方式和非控股合并方式。因此，企业应当根据控股合并和非控股合并方式分别确定长期股权投资的初始投资成本。

2.企业在取得长期股权投资时，如果实际支付的价款或其他对价中包含已宣告但尚未发放的现金股利或利润，则应将其作为应收项目单独入账，不构成长期股权投资的初始投资成本。

二、控股合并方式取得长期股权投资的初始计量

企业合并按照合并法律形式可以分为吸收合并、新设合并和控股合并三种形式。企业合并的具体方式及企业合并会计一般在《高级财务会计》中详细展开，这里仅做简要介绍。

控股合并是指合并方在企业合并中取得对被合并方的控制权，被合并方在合并后仍保持其独立的法人资格并持续经营的一种合并。在这种合并方式下，被合并方（被投资方）成为合并方（投资方）的子公司，合并方则将拥有的被投资方的权益在账簿及个别报表中确认为一项长期股权投资。

按照合并双方合并前后是否同属于同一方或相同的多方最终控制，企业合并可分为同一控制下企业合并和非同一控制下企业合并两大类。同一控制下企业合并，是指参与合并的企业在合并前后均受同一方或相同的多方最终控制且该控制并非暂时性的。非同一控制下企业合并，是指参与合并各方在合并前后不属于同一方或多方最终控制。在同一控制和非同一控制下控股合并这两种情况下，长期股权投资初始成本的确定基础并不完全相同，前者通常以取得被投资方账面价值相应份额入账，后者通常以支付对价的公允价值作为入账价值。

三、非控股合并方式取得长期股权投资的初始计量

非控股合并方式取得长期股权投资是指企业以支付现金、非货币性资产交换或发行权益性证券等方式获得对合营企业或联营企业的权益性投资，应按支付对价的公允价值确定长期股权投资的初始成本，具体如下：

（一）以支付现金方式取得的长期股权投资

企业以支付现金方式取得的长期股权投资，应当按照实际支付的购买价款作为初始投资成本。初始投资成本包括与取得长期股权投资直接相关的费用、税金及其他必要支出。

（二）以发行权益性证券方式取得的长期股权投资

企业以发行权益性证券方式取得的长期股权投资，应当按照所发行权益性证券的公允价值作为初始投资成本。为发行权益性证券所发生的手续费、佣金等相关费用及其他直接相关支出，不构成长期股权投资的初始成本，应抵减权益性证券溢价发行收入（即冲减资本公积——股本溢价），溢价收入不足抵减的，依次冲减盈余公积和未分配利润。

（三）投资者投入的长期股权投资

企业接受投资者投入的长期股权投资，应按照投资合同或协议约定的价值作为初始投资成本，但合同或协议约定的价值不公允的除外。若合同或协议约定的价值不公允，则应按照长期股权投资的公允价值确认。

此外，企业通过非货币性资产交换、债务重组方式取得的长期股权投资，其初始投资成本应当分别按照《企业会计准则第7号——非货币性资产交换》《企业会计准则第12号——债务重组》的有关规定确定。相关具体内容分别见本书的第九章、第十一章第六节。

【例5-1】2023年3月10日，华扬股份有限公司自公开市场中买入乙公司20%的股份，实际支付价款1 600万元，其中含有已经宣告但尚未发放的股利20万元。另支付手续费等相关费用40万元，并于同日完成了相关手续。华扬股份有限公司取得该部分股权后能够对乙公司施加重大影响。不考虑相关税费等其他因素的影响。

分析：华扬股份有限公司应当将实际支付的购买价款及相关交易费用作为取得长期股权投资的成本，但不包括实际支付价款中含有的已宣告但尚未发放的股利。

长期股权投资的初始成本=1 600-20+40=1 620（万元）

有关会计处理如下：

借：长期股权投资——乙公司（投资成本）	16 200 000	
应收股利——乙公司	200 000	
贷：银行存款		16 400 000

【例5-2】2023年3月6日，华扬股份有限公司通过增发600万股普通股（面值1元/股），从非关联方处取得B公司20%的股权。华扬股份有限公司取得该部分股权后能够对B公司施加重大影响，所增发股份的公允价值为1 040万元。为增发该部分股份，华扬股份有限公司向证券承销等中介机构支付了40万元的佣金和手续费，假定不考虑其他相关税费等因素的影响。相关手续于增发当日完成。

分析：华扬股份有限公司应当以所发行股份的公允价值作为取得长期股权投资的初始投资成本，发行股票过程中所支付的佣金和手续费，应冲减股票溢价发行收入。相关会计

处理如下：

借：长期股权投资——B公司 10 400 000

　贷：股本 6 000 000

　　资本公积——股本溢价（10 400 000-6 000 000-400 000） 4 000 000

　　银行存款 400 000

第三节　长期股权投资的后续计量与期末计量

长期股权投资的后续计量，即其在持有期间的计量，包括成本法和权益法两种核算方法。长期股权投资的期末计量，即检查其期末是否发生减值，若发生减值，则应计提减值准备，期末在资产负债表中以减去减值准备后的净额列示。

一、长期股权投资的成本法

成本法是指长期股权投资账面价值按初始投资成本计量，除追加或收回投资外，一般无须对其账面价值进行调整的一种会计处理方法。

投资方能够对被投资单位实施控制的长期股权投资，即对子公司的长期股权投资，应当采用成本法核算。

成本法的基本核算程序如下：

（1）设置“长期股权投资”账户，反映长期股权投资的初始投资成本。一般来说，在长期股权投资持有期间，无论被投资单位经营状况如何，净资产是否增减，投资企业都不对该长期股权投资的账面价值进行调整。

（2）被投资单位宣告分派现金股利或利润时，投资企业按应享有的部分确认当期投资收益，借记“应收股利”或“应收利润”账户，贷记“投资收益”账户。

（3）被投资单位宣告分派股票股利时，投资企业只在备查登记簿中登记拥有股票或股份数的变化情况，不需要编制会计分录。

【例5-3】2022年1月，华扬股份有限公司自非关联方处以银行存款800万元取得对乙公司60%的股权，并能够对乙公司实施控制，相关手续于当日办理完成。2023年3月6日，乙公司宣告分派现金股利30万元，华扬股份有限公司按其持股比例可获得18万元。不考虑相关税费等其他因素的影响。华扬股份有限公司于2023年3月24日实际收到乙公司发放的股利。

分析：华扬股份有限公司应对该长期股权投资采用成本法进行后续核算。相关会计处理如下：

（1）2022年1月，初始投资时：

借：长期股权投资——乙公司 8 000 000

　贷：银行存款 8 000 000

（2）2023年3月6日，宣告分派股利时：

借：应收股利——乙公司 180 000

　贷：投资收益 180 000

（3）2023年3月24日，收到股利时：

借：银行存款　　180 000

　　贷：应收股利——乙公司　　180 000

二、长期股权投资的权益法

权益法是指企业在取得长期股权投资时以初始投资成本计量，并在投资持有期间根据应享有被投资单位所有者权益份额的变动而对长期股权投资的账面价值进行调整的一种会计处理方法。

投资方对被投资单位具有共同控制（主要指合营企业）和重大影响（即联营企业）的长期股权投资，应当采用权益法核算。

长期股权投资采用权益法核算的，应当在“长期股权投资”账户下设置“投资成本”“损益调整”“其他综合收益”“其他权益变动”明细账户。

权益法的基本核算程序如下：

（1）初始投资或追加投资时，按照初始投资成本或追加投资的投资成本，增加长期股权投资的账面价值，记入“投资成本”明细账户。需要注意的是：①若初始投资成本大于投资时应享有的被投资单位可辨认净资产的公允价值份额，则不调整长期股权投资初始成本；②若初始投资成本小于投资时应享有的被投资单位可辨认净资产的公允价值份额，则应当按照两者之间的差额调整增加长期股权投资的初始成本，借记“长期股权投资——投资成本”账户，贷记“营业外收入”账户。

（2）持有投资期间，随着被投资单位所有者权益的变动，按照享有份额相应调整增加或减少长期股权投资的账面价值，并分别以下情况处理：

① 对于因被投资单位实现净损益（以取得投资时被投资单位可辨认净资产的公允价值为基础计算）和其他综合收益而产生的所有者权益的变动，投资方按照应享有的份额，增加或减少长期股权投资的账面价值，同时确认投资收益和其他综合收益，借（或贷）记“长期股权投资——损益调整（或其他综合收益）”账户，贷（或借）记“投资收益”“其他综合收益”账户。

② 对于被投资单位除净损益、其他综合收益以及利润分配以外的因素导致的其他所有者权益变动，投资方按照应享有的份额，相应调整增加或减少长期股权投资的账面价值，同时确认资本公积（其他资本公积），借（或贷）记“长期股权投资——其他权益变动”账户，贷（或借）记“资本公积——其他资本公积”账户。

（3）被投资单位宣告分派现金股利或利润时，投资企业按应享有的份额相应减少长期股权投资的账面价值，即视同投资的收回，借记“应收股利”或“应收利润”账户，贷记“长期股权投资——损益调整”账户。

（4）被投资单位宣告分派股票股利时，投资企业不需要编制会计分录，只需要在备查登记簿中登记其所持有股份数的增加情况。

（5）投资方确认被投资单位发生的净亏损，应当以长期股权投资的账面价值以及其他实质上构成对被投资单位净投资的长期权益减记至零为限，投资方负有承担额外损失义务的除外。被投资单位以后实现净利润的，投资方在其收益分享额弥补未确认的亏损分担额后，恢复确认收益分享额。

【例5-4】2023年1月，华扬股份有限公司支付价款600万元取得B公司30%的股权。

股权取得时，B公司净资产账面价值为1 500万元（假定其各项可辨认净资产的公允价值与账面价值相同）。华扬股份有限公司在取得B公司的股权后，能够对B公司施加重大影响。假定不考虑相关税费等其他因素的影响。

分析：华扬股份有限公司应对该投资采用权益法核算。由于初始投资成本600万元大于取得投资时应享有的B公司可辨认净资产公允价值的份额450万元（1 500×30%），故不需要调整长期股权投资的初始成本。有关会计处理如下：

借：长期股权投资——B公司（投资成本） 6 000 000

贷：银行存款 6 000 000

【例5-5】接【例5-4】资料。假定华扬股份有限公司取得投资时，B公司可辨认净资产的公允价值为2 400万元，其他资料不变。

分析：由于初始投资成本600万元小于取得投资时应享有的B公司可辨认净资产公允价值的份额720万元（2 400×30%），故应按两者的差额调整增加长期股权投资的初始成本。有关会计处理如下：

借：长期股权投资——B公司（投资成本） 7 200 000

贷：银行存款 6 000 000

营业外收入 1 200 000

【例5-6】2022年1月20日，华扬股份有限公司以3 000万元（包括交易税费）的价格取得N公司普通股1 200万股作为长期股权投资，该股份占N公司普通股股份的20%，能够对其产生重大影响，故华扬股份有限公司采用权益法核算。投资当时，N公司可辨认净资产的公允价值为15 000万元。2022年3月10日，N公司宣告2021年度利润分配方案，分派现金股利每股0.15元，并于4月5日发放。2022年度，N公司报告实现净收益1 800万元，其他综合收益增加（皆为其持有的其他权益工具投资公允价值变动）900万元。2023年3月10日，N公司宣告2022年度利润分配方案，分派现金股利每股0.10元，股票股利每10股派1股，4月10日为除权日，4月15日收到发放的现金股利。2023年度，N公司报告净亏损480万元，用以前年度留存收益弥补亏损后，于2024年4月5日宣告2023年度利润分配方案，分派现金股利每股0.10元，并于4月25日发放。2024年度，N公司发生亏损500万元，资本公积（其他资本公积）减少200万元，当年未派发股利。

分析：本题对长期股权投资权益法各环节的知识点均有涵盖，各时点相关会计处理如下：

（1）2022年1月20日，华扬股份有限公司购入N公司普通股股份。

应享有N公司可辨认净资产公允价值的份额=15 000×20%=3 000（万元），与初始投资成本3 000万元一致，故无须调整长期股权投资初始入账成本。

借：长期股权投资——N公司（投资成本） 30 000 000

贷：银行存款 30 000 000

（2）2022年3月10日，N公司宣告上年度利润分配方案，分派现金股利每股0.15元，并于4月5日发放。

①确认应收股利。

应收股利=0.15×1 200=180（万元）

借：应收股利——N公司 1 800 000

贷：长期股权投资——N公司（损益调整）　　1 800 000

②收到现金股利。

借：银行存款　　1 800 000

贷：应收股利——N公司　　1 800 000

（3）2022年度，N公司报告实现净收益1 800万元，其他综合收益增加900万元。2023年3月10日，N公司宣告2022年度利润分配方案，分派现金股利每股0.10元，股票股利每10股派1股，4月10日为除权日，于4月15日发放现金股利。

①2022年年底，华扬股份有限公司根据N公司净资产的增加按其享有份额调整增加长期股权投资账面价值，同时确认投资收益360万元（1 800×20%），其他综合收益180万元（900×20%）。

借：长期股权投资——N公司（损益调整）　　3 600 000

——N公司（其他综合收益）　　1 800 000

贷：投资收益　　3 600 000

其他综合收益　　1 800 000

②2023年3月10日，根据N公司利润分配方案，确认应收股利120万元（0.10×1 200）；分派股票股利，华扬股份有限公司不编制会计分录。

借：应收股利——N公司　　1 200 000

贷：长期股权投资——N公司（损益调整）　　1 200 000

③2023年4月10日为除权日，华扬股份有限公司应在备查登记簿中登记本公司拥有N公司的股份由原来的1 200万股增加到1 320万股（1 200+120）。

④2023年4月15日，收到现金股利。

借：银行存款　　1 200 000

贷：应收股利——N公司　　1 200 000

（4）2023年度，N公司报告净亏损480万元，用以前年度留存收益弥补亏损后，于2024年4月5日宣告2023年度利润分配方案，分派现金股利每股0.10元，并于4月25日发放。

①2023年年底，确认投资损失96万元（480×20%）。

借：投资收益　　960 000

贷：长期股权投资——N公司（损益调整）　　960 000

②2024年4月5日，确认现金股利132万元（0.10×1 320）。

借：应收股利——N公司　　1 320 000

贷：长期股权投资——N公司（损益调整）　　1 320 000

③2024年4月25日，收到现金股利。

借：银行存款　　1 320 000

贷：应收股利——N公司　　1 320 000

（5）2024年度，N公司发生亏损500万元，资本公积（其他资本公积）减少200万元，当年未分派股利。

①2024年年底，确认投资损失100万元（500×20%），并调整减少长期股权投资账面价值。

借：投资收益 1 000 000

贷：长期股权投资——N公司（损益调整） 1 000 000

（说明：投资企业确认被投资单位发生的净亏损，应当以长期股权投资的账面价值减记至零为限，投资企业负有承担额外损失义务的除外）

②2024年年底，由于N公司其他资本公积减少，故本公司应确认减少其他资本公积40万元（200×20%），并调整减少长期股权投资账面价值。

借：资本公积——其他资本公积 400 000

贷：长期股权投资——N公司（其他权益变动） 400 000

投资企业在确认应享有（或承担）被投资单位净收益（净亏损）的份额时的几点说明如下：

（1）应当以取得投资时被投资单位可辨认净资产的公允价值为基础，对被投资单位的净利润进行调整后确认。

（2）被投资单位采用的会计政策及会计期间与投资方不一致的，应当按照投资方的会计政策及会计期间对被投资单位的财务报表进行调整，并据以确认投资收益和其他综合收益等。

（3）投资方与联营企业、合营企业之间发生的未实现内部交易损益按照应享有的比例计算归属于投资方的部分，应当予以抵销，在此基础上确认投资收益。而投资方与被投资单位发生的未实现内部交易损失，按照《企业会计准则第8号——资产减值》等的有关规定属于资产减值损失的，应当全额确认。

【例5-7】2022年1月20日，华扬股份有限公司以200万元（包括交易税费）的价格取得W公司有表决权资本30%的股份，能够对其产生重大影响，华扬股份有限公司对该长期股权投资采用权益法核算。投资时，W公司可辨认净资产公允价值为600万元，其中固定资产账面价值为180万元，公允价值为210万元，尚可使用年限为5年，假定预计净残值为零，采用年限平均法计提折旧。其他资产、负债的公允价值与账面价值相同。2022年W公司全年实现净利润120万元；2023年W公司全年发生亏损50万元。

分析：华扬股份有限公司采用权益法确认的投资收益应以其取得投资时W公司可辨认净资产的公允价值为基础，对W公司的净利润（或亏损）进行调整后确认。华扬股份有限公司应进行如下会计处理：

（1）2022年1月20日，华扬股份有限公司取得W公司30%的股权。

借：长期股权投资——W公司（投资成本） 2 000 000

贷：银行存款 2 000 000

因投资成本200万元大于取得投资时应享有的W公司可辨认净资产公允价值的份额180万元（600×30%），故无须调整初始投资成本。

（2）2022年年末，华扬股份有限公司按调整后的W公司净利润的30%确认投资收益。

固定资产按账面价值计提折旧额=180÷5=36（万元）

固定资产按公允价值计提折旧额=210÷5=42（万元）

固定资产按公允价值比按账面价值每年要多提折旧6万元（42-36）。

W公司调整后的净利润=120-6=114（万元）

华扬股份有限公司按持股比例应分享的份额=114×30%=34.2（万元）

借：长期股权投资——W公司（损益调整）　　342 000

　贷：投资收益　　342 000

（3）2023年年末，华扬股份有限公司按调整后的W公司亏损的30%承担投资损失。

W公司调整后的损失=50+6=56（万元）

华扬股份有限公司按持股比例应承担的份额=56×30%=16.8（万元）

借：投资收益　　168 000

　贷：长期股权投资——W公司（损益调整）　　168 000

为便于对长期股权投资成本法与权益法的掌握和理解，对其不同环节的会计处理通过表5-3予以比较。

表5-3　**成本法与权益法的异同点比较**

比较内容	成本法	权益法
取得投资	按初始成本入账 借：长期股权投资 　贷：银行存款等	①按初始成本入账 借：长期股权投资——投资成本 　贷：银行存款等 ②若初始投资成本小于投资时应享有的被投资单位可辨认净资产公允价值份额，还应按其差额调整增加初始成本并计入当期损益 借：长期股权投资——投资成本 　贷：营业外收入
被投资单位实现净利润	不进行会计处理	按享有比例（若亏损，则编制相反的会计分录） 借：长期股权投资——损益调整 　贷：投资收益
被投资单位宣告分派现金股利	按享有比例 借：应收股利 　贷：投资收益	按享有比例 借：应收股利 　贷：长期股权投资——损益调整
被投资单位宣告分派股票股利	不编制会计分录，但应在备查登记簿中登记增加的股份数	同成本法
被投资单位除净损益以外的其他所有者权益发生变动	不进行会计处理	按享有比例（若减少，则编制相反的会计分录） 借：长期股权投资——其他权益变动 　　　　　　　　——其他综合收益 　贷：资本公积——其他资本公积 　　　其他综合收益
适用情形	达到控制程度的权益性投资（即对子公司的投资）	具有重大影响及共同控制的权益性投资（即对联营企业及对合营企业的）投资

三、长期股权投资的减值

企业在确认从被投资单位应分得的现金股利或利润后，应当检查该项长期股权投资是否发生减值。若该长期股权投资的账面价值大于应享有的被投资单位净资产（包括相关商誉）账面价值的份额或存在其他减值迹象的，则企业应当按照《企业会计准则第8号——资产减值》的规定对长期股权投资进行减值测试，若其可收回金额低于长期股权投资的账面价值，应按其差额计提长期股权投资减值准备，借记“资产减值损失”账户，贷记“长期股权投资减值准备”账户。“长期股权投资减值准备”账户应当按照被投资单位设置明细账户进行明细核算。

长期股权投资可收回金额应按照该股权投资的公允价值减去估计处置费用后的金额与其预计未来现金流量的现值两者较高者确定。

长期股权投资减值损失一经确认，在以后会计期间不得转回。当处置长期股权投资时，应将以前期间累计计提的长期股权投资减值准备予以转出。

第四节 长期股权投资的转换及处置

一、长期股权投资的转换

投资企业对被投资单位拥有的股份比例不可能一成不变，故随着其拥有股份的增减变动及影响程度的变化，长期股权投资的后续核算方法也将随之发生转换（即成本法与权益法之间的相互转换）；长期股权投资可能转换为金融资产，或反之。其可能的转换情形如图5-2所示。

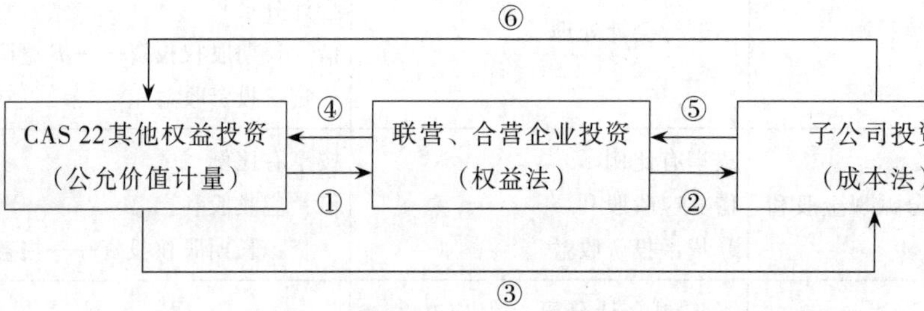

图5-2 长期股权投资之间及其与金融资产之间的相互转换

由于对子公司投资核算的内容属于控股合并的内容，且需要区分为同一控制和非同一控制下控股合并，这部分内容通常在《高级财务会计》中企业合并、合并财务报表相关专题讲解，故以下对于涉及与子公司投资之间的转换（图5-2中的情形②、③、⑤、⑥）简化分析。

（一）公允价值计量转按权益法核算（追加投资导致）

企业原持有的对被投资单位不具有控制、共同控制或重大影响的其他权益工具投资，因追加投资等原因导致持股比例上升，能够对被投资单位施加共同控制或重大影响但不构成控制的长期股权投资（如图5-2中的情形①），应转按权益法核算。

在转按权益法核算时，投资方应当按照CAS 22确定的原持有股权投资的公允价值与为取得新增投资所支付对价的公允价值之和，作为转按权益法核算长期股权投资的初始投资成本。原持有的其他权益工具投资，其公允价值与账面价值之间的差额，以及原计入其他综合收益的累计公允价值变动应当转入改按权益法核算当期的留存收益。

在按照上述要求确定初始投资成本后，还应比较其与按照追加投资后的全新持股比例计算确定的应享有被投资单位在追加投资日可辨认净资产公允价值份额之间是否存在差异，若前者大于后者，不调整长期股权投资初始投资成本；若前者小于后者，按其差额调整增加长期股权投资的初始投资成本，并同时增加当期营业外收入。

【例5-8】2022年2月，华扬股份有限公司以600万元的银行存款自非关联方处取得GB公司10%的股权。华扬股份有限公司根据CAS 22将其作为其他权益工具投资。2023年1月5日，华扬股份有限公司又以1 200万元的银行存款自另一非关联方处取得GB公司12%的股权，相关手续于当日完成。当日，GB公司可辨认净资产公允价值总额为8 000万元。华扬股份有限公司持有GB公司10%股权的原其他权益工具投资账面价值为1 000万元（假定与当日公允价值一致），原计入其他综合收益的累计公允价值变动为400万元。追加投资新增12%股权后，按照GB公司章程的规定，华扬股份有限公司能够对GB公司施加重大影响，故应对该项股权投资转按权益法核算。不考虑相关税费等其他因素的影响。假设华扬股份有限公司提取盈余公积的比例为10%。

分析：2023年1月5日，华扬股份有限公司原持有10%股权的公允价值为1 000万元，为取得新增投资而支付对价的公允价值为1 200万元，因此，华扬股份有限公司对GB公司22%股权的初始投资成本为2 200万元。应享有GB公司可辨认净资产公允价值的份额为1 760万元（8 000×22%）。由于初始投资成本（2 200万元）大于应享有的GB公司可辨认净资产公允价值的份额（1 760万元），因此，华扬股份有限公司无须调整长期股权投资的初始投资成本。

2023年1月5日，进行相关会计处理如下：

（1）确认长期股权投资初始入账成本。

借：长期股权投资——GB公司（投资成本）　22 000 000
　贷：其他权益工具投资——GB公司（投资成本）　6 000 000
　　　　　　　　　　——GB公司（公允价值变动）　4 000 000
　　银行存款　12 000 000

（2）将原计入其他综合收益的公允价值变动部分转入当期留存收益。

借：其他综合收益　4 000 000
　贷：盈余公积　400 000
　　利润分配——未分配利润　3 600 000

（二）权益法核算转为公允价值计量（减持股份导致）

企业原持有的对被投资单位具有共同控制或重大影响的长期股权投资，因部分处置（即减持股份）等原因导致持股比例下降，不能再对被投资单位实施共同控制或重大影响的（如图5-2中的情形④），应改按CAS 22对剩余股权投资确认为其他权益工具投资进行会计处理。

（1）剩余股权部分应改按公允价值计量，公允价值与其原账面价值之间的差额应计入当期损益（投资收益）。

（2）减持部分的长期股权投资，则按长期股权投资处置予以处理，即其账面价值与实际处置价款之间的差额应当计入当期损益（投资收益）。

（3）原采用权益法核算确认的相关其他综合收益，采用与被投资单位直接处置相关资产或负债相同的基础进行会计处理；因被投资方除净损益、其他综合收益和利润分配以外的其他所有者权益变动而确认的所有者权益，应当在终止采用权益法核算时全部转入当期损益。

【例5-9】华扬股份有限公司持有乙公司30%的有表决权股份，能够对乙公司施加重大影响，故对该股权投资采用权益法核算。2022年10月，华扬股份有限公司将该项投资中的50%出售给非关联方，取得价款1 800万元。相关手续于当日完成。华扬股份有限公司无法再对乙公司施加重大影响，遂将剩余股权投资转为其他权益工具投资核算。出售时，该项长期股权投资的账面价值为3 200万元，其中投资成本为2 600万元，损益调整为300万元，其他综合收益为200万元（是被投资单位其他权益工具投资的累计公允价值变动），除净损益、其他综合收益和利润分配外的其他所有者权益变动为100万元。剩余股权的公允价值为1 800万元。不考虑相关税费等其他因素的影响。

华扬股份有限公司有关会计处理如下：

（1）剩余股权投资转为其他权益工具投资。

按转换当天的公允价值1 800万元作为入账价值，原账面价值为1 600万元，两者之间的差异应计入当期投资收益。

借：其他权益工具投资——乙公司（成本） 18 000 000
　贷：长期股权投资——乙公司（投资成本） 13 000 000
　　　　　　　　——乙公司（损益调整） 1 500 000
　　　　　　　　——乙公司（其他综合收益） 1 000 000
　　　　　　　　——乙公司（其他权益变动） 500 000
　　投资收益 2 000 000

（2）确认有关股权投资的处置损益。

借：银行存款 18 000 000
　贷：长期股权投资——乙公司（投资成本） 13 000 000
　　　　　　　　——乙公司（损益调整） 1 500 000
　　　　　　　　——乙公司（其他综合收益） 1 000 000
　　　　　　　　——乙公司（其他权益变动） 500 000
　　投资收益 2 000 000

（3）由于终止采用权益法核算，将原确认的相关其他综合收益、其他权益变动按准则规定予以结转。其中，其他综合收益200万元是被投资单位的其他权益工具投资累计公允价值变动形成的，该部分处置时应转为留存收益（假定提取盈余公积的比例为10%），其他权益变动100万元则转为投资收益。

借：其他综合收益 2 000 000
　　资本公积——其他资本公积 1 000 000
　贷：盈余公积 200 000
　　利润分配——未分配利润 1 800 000
　　投资收益 1 000 000

二、长期股权投资的处置

（一）长期股权投资处置的含义

长期股权投资处置是指企业出于各方面的考虑，决定将所持有的对被投资单位的股权全部或部分对外出售，也包括用以抵偿债务、对外投资等非货币性资产交换而转出及因被投资单位破产清算等被迫终止确认股权投资的情形。

（二）长期股权投资处置的会计处理

企业处置长期股权投资时应终止确认与所处置股权相对应的长期股权投资的账面价值。一般情况下，处置所得价款与处置长期股权投资账面价值之间的差额，应确认为处置当期投资收益。若长期股权投资在处置前计提了相应资产减值准备，也应按处置比例结转相应长期股权投资减值准备。此外，采用权益法核算时所确认的其他综合收益及其他权益变动部分，应按照全部或部分处置长期股权投资分别不同情况予以处理，具体如下：

（1）投资方全部处置权益法核算的长期股权投资时，原按权益法核算所确认的其他综合收益应当在终止采用权益法核算时采用与被投资单位直接处置相关资产或负债相同的基础进行会计处理，因被投资方除净损益、其他综合收益和利润分配以外的其他所有者权益变动而确认的所有者权益，应当在处置时全部转入当期投资收益。

（2）投资方部分处置权益法核算的长期股权投资，处置后的剩余股权仍采用权益法核算的，原按权益法核算确认的其他综合收益及其他所有者权益，应按上述（1）所说渠道按比例结转。

（3）投资方部分处置权益法核算的长期股权投资，处置后的剩余股权改按金融工具确认和计量准则进行会计处理的，原采用权益法核算确认的相关其他综合收益，采用与被投资单位直接处置相关资产或负债相同的基础进行会计处理，因被投资方除净损益、其他综合收益和利润分配以外的其他所有者权益变动而确认的所有者权益，应当在终止采用权益法核算时全部转入当期损益。

【例5-10】华扬股份有限公司2021年10月以1 000万元获得乙公司40%的股权，获得股权后对乙公司具有重大影响。华扬股份有限公司对该股权投资采用权益法核算。2023年7月1日，华扬股份有限公司将其持有的乙公司股权中的20%按照1 050万元的价格出售给非关联的第三方，对剩余20%的股权仍采用权益法核算。华扬股份有限公司自2021年10月取得乙公司股权至2023年7月1日期间，确认的损益调整为500万元、其他综合收益为300万元（为按比例享有的乙公司的其他债权投资公允价值变动），享有乙公司除净损益、其他综合收益和利润分配以外的其他所有者权益变动为200万元。假定不考虑相关税费等其他因素的影响。

分析：华扬股份有限公司处置乙公司股权时，长期股权投资的账面价值为2 000万元，其中初始成本为1 000万元、持有期间按照权益法调整增加的损益调整为500万元、其他综合收益为300万元，其他权益变动为200万元。故处置损益为50万元（1 050−2 000×50%）。由于华扬股份有限公司处置乙公司股权后，剩余股权仍采用权益法核算，因此相关的其他综合收益和其他所有者权益应按比例结转。华扬股份有限公司有关会计处理如下：

（1）2023年7月1日，处置长期股权投资并确认处置损益。

借：银行存款　10 500 000

　贷：长期股权投资——乙公司（投资成本）　5 000 000

　　　　　　　　——乙公司（损益调整）　2 500 000

　　　　　　　　——乙公司（其他综合收益）　1 500 000

　　　　　　　　——乙公司（其他权益变动）　1 000 000

　　　投资收益　500 000

（2）2023年7月1日，按比例结转其他综合收益和其他权益变动。

借：其他综合收益　1 500 000

　　资本公积——其他资本公积　1 000 000

　贷：投资收益　2 500 000

【例5-11】接【例5-10】资料。假定2023年7月1日，华扬股份有限公司将其持有的乙公司35%的股权以1 837.5万元的价格出售给非关联的第三方，剩余5%的股权作为其他权益工具投资核算，其当日的公允价值为262.5万元。其他条件不变。

分析：由于华扬股份有限公司处置乙公司股权后，剩余部分改按金融工具确认和计量准则进行会计处理，因此相关的其他综合收益和其他权益变动应全部结转。华扬股份有限公司有关会计处理如下：

（1）2023年7月1日，处置长期股权投资并确认处置损益，并将剩余股权转为其他权益工具投资。

①借：银行存款　18 375 000

　　贷：长期股权投资——乙公司（投资成本）　8 750 000

　　　　　　　　　——乙公司（损益调整）　4 375 000

　　　　　　　　　——乙公司（其他综合收益）　2 625 000

　　　　　　　　　——乙公司（其他权益变动）　1 750 000

　　　　投资收益　875 000

②借：其他权益工具投资——乙公司（成本）　2 625 000

　　贷：长期股权投资——乙公司（投资成本）　1 250 000

　　　　　　　　　——乙公司（损益调整）　625 000

　　　　　　　　　——乙公司（其他综合收益）　375 000

　　　　　　　　　——乙公司（其他权益变动）　250 000

　　　　投资收益　125 000

（2）2023年7月1日，将其他综合收益和其他权益变动全部转入当期投资收益。

借：其他综合收益　3 000 000

　　资本公积——其他资本公积　2 000 000

　贷：投资收益　5 000 000

【例5-12】2016年3月，华扬股份有限公司以3 800万元获得BY公司60%的股权，能够对其实施控制，华扬股份有限公司将其划分为长期股权投资并采用成本法核算。2022年年底，华扬股份有限公司对该项股权投资计提了减值准备500万元。2023年6月8日，华扬股份有限公司以3 500万元将持有的BY公司的股权全部转让，并已收到款项存入银行。假定不考虑相关税费。

分析：应确认处置损益=3 500-（3 800-500）=200（万元），相关会计处理如下：

借：银行存款 35 000 000

　　长期股权投资减值准备——BY公司 5 000 000

　贷：长期股权投资——BY公司 38 000 000

　　　投资收益 2 000 000

企业在子公司、合营企业、联营企业中拥有的权益信息，应按照《CAS 41——在其他主体中权益的披露》的要求进行披露，以有助于财务报告使用者评估企业在其他主体中权益的性质和相关风险，以及该权益对企业财务状况、经营成果和现金流量的影响。企业应当披露对其他主体实施控制、共同控制或重大影响的重大判断和假设，以及这些判断和假设变更的情况。

【课程思政】

企业的权益性投资，是将资金使用权让渡给被投资方使用而获得被投资方相应股权的一种投资。但企业拥有被投资方股权的目的并不完全相同：有的是为了拥有控制权而与其建立紧密的协作关系；有的是为了共同控制成立合营企业，既合作又发挥各自特长，同时有助于分散风险；有的是为了通过参股或其他手段达到对被投资方的重大影响；有的则是比较纯粹的金融性投资，获取资本增值收益及股利收益。

有研究认为权益性投资属于广义金融投资范畴，我们认为判断一项权益性投资是否属于金融投资，应看其是助力于投资方主业发展或打造其上下游商业生态，还是为了直接获取资本增值及股利收益，或者上述诸多目的中占主流的是何者。因此，我们既不能一概而论，也不能简单依据会计处理方法的不同判定，认为其他权益工具投资是金融投资，而长期股权投资为非金融投资，还应该根据长期股权投资的具体投向及投资目的，是否真正有助于投资方实业（主业）的做大做强。“十三五”以来，我国政府一直强调要防范经济过度“金融化”，有效促进金融资源“脱虚向实”，促进国民经济健康发展。财务会计作为提供国民经济检测的主要信息源，财会从业者应结合企业权益性投资的实际情况，准确做出判断和区分，为企业管理层及国家宏观经济决策提供有用信息。

【与国际会计准则的比较及主要差异】

国际会计准则中没有单独设置长期股权投资准则，与之相关的内容散见于《IAS 27——合并财务报表和单独财务报表》《IAS 28——联营中的投资》《IFRS 11——合营安排》，我国于2014年将上述准则中相关内容进行整合，对原《CAS 2——长期股权投资》进行了修订，同时亦制定了《CAS 40——合营安排》，这样既符合中国会计实务多年来的习惯，也有助于更好地理解和掌握准则相关内容。CAS 2在基本内容上实现了与国际会计准则体系的趋同，主要存在以下差异：

1. 权益法下股权投资差额的处理。国际会计准则规定对于投资成本大于投资者享有的在联营或合营企业中可辨认净资产公允价值份额之间的差额应确认为商誉，并按照商誉的规定进行会计处理。而我国企业会计准则对此不确认为商誉，也不调整长期股权投资的初始成本。

2. 权益法的终止条件。国际会计准则规定，当投资方对联营企业失去重大影响时或由于联营企业在严格且长期限制条件下经营，从而严重削弱了向投资方转移资金的能力时，应停止采用权益法核算。我国企业会计准则规定，当投资方处置部分股权等丧失了对被投资方共同控制或重大影响时，处置部分应按处置要求进行会计处理，处置后剩余股权应改按CAS 22进行会计处理。相比较而言，我国会计准则对终止采用权益法的条件比较明确，而国际会计准则需要更多职业判断。

【与我国小企业会计准则的比较及主要差异】

小企业会计准则规范的长期股权投资与CAS 2相比存在以下差异：

1. 内容不同。小企业会计准则中的长期股权投资是指小企业准备长期持有的权益性投资，既不像CAS 2那样分为控制、共同控制、重大影响三类，也没有将准备长期持有的“三无”权益性投资（即达不到控制、共同控制、重大影响）作为金融资产核算。故其内容相对来说更广泛但更为简单。

2. 初始计量简单。小企业会计准则对长期股权投资的初始计量不涉及控股合并方式取得的长期股权投资，以支付对价的公允价值作为初始成本；也不考虑支付对价公允价值与获得被投资方净资产公允价值份额之差额。

3. 后续计量不同。小企业会计准则中仅允许采用成本法进行后续计量，而不采用权益法进行后续计量。

4. 期末计量和核销不同。小企业会计准则对长期股权投资在期末一般不进行减值测试和计提减值准备，只是当有确凿证据表明长期股权投资无法收回或实际发生损失时，将其损失直接计入营业外支出并核销长期股权投资账面余额。

【重点与难点】

（一）重点

1. 长期股权投资与其他金融资产相比的特性。

2. 长期股权投资的成本法与权益法的核算要点。

3. 长期股权投资处置的核算。

（二）难点

1. 长期股权投资权益法核算下初始成本的确认及损益调整的确认依据。

2. 长期股权投资因增持或减持而导致其成本法与权益法之间相互转换的核算。

3. 长期股权投资因增持或减持而导致其与其他权益工具投资之间相互转换的核算。

【课后练习】

（一）单项选择题

1. 甲公司于2022年1月1日通过增发400万股（每股面值1元）本公司普通股为对价取得对乙公司35%的股权。按照增发前一定时期的平均股价计算，该400万股股票的公允价值为660万元，为增发该部分普通股，甲公司支付了30万元的佣金和10万元的手续费。取得乙公司该部分股权后，甲公司能够对乙公司施加重大影响。不考虑其他因素，甲公司取得长期股权投资的初始投资成本为（　　）万元。

A.660　　B.690　　C.700　　D.440

2.甲公司2022年1月1日以3 000万元的价格购入乙公司30%的股份，另支付相关费用15万元。购入时乙公司可辨认净资产的公允价值为11 000万元（假定乙公司各项可辨认资产、负债的公允价值与账面价值相等）。乙公司2022年实现净利润600万元。甲公司取得该项投资后对乙公司具有重大影响。假定不考虑其他因素，该投资对甲公司2022年度利润总额的影响为（ ）万元。

A.165　　B.180　　C.465　　D.480

3.2022年1月2日，甲公司以货币资金取得乙公司30%的股权，初始投资成本为2 000万元，投资时乙公司各项可辨认资产、负债的公允价值与其账面价值相同，可辨认净资产公允价值及账面价值的总额均为7 000万元。甲公司取得投资后即派人参与乙公司生产经营决策，但无法对乙公司实施控制。乙公司2022年实现净利润500万元。假定不考虑所得税因素，该项投资对甲公司2022年度损益的影响金额为（ ）万元。

A.50　　B.100　　C.50　　D.250

4.A公司以2 200万元取得B公司30%的股权，取得投资时被投资单位可辨认净资产的公允价值为8 000万元。如A公司能够对B公司施加重大影响，则A公司计入长期股权投资的金额为（ ）万元。

A.2 200　　B.2 400　　C.8 000　　D.5 800

5.A公司2020年年初按投资份额出资180万元对B公司进行长期股权投资，占B公司股权比例的40%。当年B公司亏损100万元；2021年B公司亏损400万元；2022年B公司实现净利润30万元。2022年A公司计入投资收益的金额为（ ）万元。

A.12　　B.10　　C.8　　D.0

6.非企业合并，且以支付现金取得的长期股权投资，应当按照（ ）作为初始投资成本。

A.实际支付的购买价款

B.被投资企业所有者权益账面价值的份额

C.被投资企业所有者权益公允价值的份额

D.被投资企业所有者权益

7.关于长期股权投资的成本法和权益法核算，下列说法中正确的是（ ）。

A.两种方法适用条件相同

B.被投资企业发生净损益时的处理方法相同

C.计提减值准备的条件相同

D.确认的投资收益金额相同

8.采用权益法核算长期股权投资时，被投资单位发生亏损，投资企业按应分担的份额（ ）。

A.减少长期股权投资账面价值　　B.冲减应收股息

C.冲减资本公积　　D.计入营业外支出

（二）多项选择题

1.长期股权投资采用成本法核算时，下列各项不会引起长期股权投资账面价值变动的有（ ）。

A.本单位追加投资

B. 本单位减少投资

C. 被投资企业实现净利润

D. 被投资企业宣告发放现金股利

2. 下列各项条件中可确认投资企业对被投资单位具有重大影响的有（　　）。

A. 在被投资单位的董事会或类似的权力机构中派有代表并实质参与被投资单位财务或经营决策

B. 向被投资单位派出管理人员参与被投资单位的政策制定

C. 投资企业和其他方对被投资单位实施共同控制

D. 直接持有被投资单位20%或20%以上至50%的表决权资本

3. 企业采用权益法核算时，下列事项中，将引起长期股权投资账面价值发生增减变动的有（　　）。

A. 长期股权投资的初始投资成本小于投资时应享有被投资单位可辨认净资产公允价值的份额

B. 计提长期股权投资减值准备

C. 被投资单位资本公积发生变化

D. 获得分派的股票股利

4. 采用权益法核算时，下列各项中，不会引起长期股权投资账面价值发生变动的有（　　）。

A. 收到被投资单位分派的股票股利

B. 被投资单位实现净利润

C. 被投资单位以资本公积转增股本

D. 计提长期股权投资减值准备

5. 下列各项中，有关交易费用会计处理的表述正确的有（　　）。

A. 取得其他债权投资支付的交易费用应计入初始投资成本

B. 取得交易性金融资产支付的交易费用应计入投资收益

C. 取得其他权益工具投资支付的交易费用应计入初始投资成本

D. 取得长期股权投资支付的交易费用应计入投资收益

（三）判断题

1. 对于被投资单位发放的股票股利，投资单位不进行账务处理，但应在备查登记簿中登记。（　　）

2. 投资企业无论采用成本法还是权益法核算长期股权投资，均要在被投资单位宣告分派利润或现金股利时，按照应享有的部分确认当期投资收益。（　　）

3. 企业无论以何种方式取得长期股权投资，实际支付的价款或对价中包含的已宣告但尚未领取的现金股利或利润，应作为取得的长期股权投资的成本。（　　）

4. 以发行权益性证券取得的长期股权投资，应当按照被投资单位可辨认净资产的公允价值的份额作为初始投资成本。（　　）

5. 以支付现金取得的长期股权投资，应当按照实际支付的购买价款作为初始投资成本。初始投资成本包括与取得长期股权投资直接相关的费用、税金及其他必要支出。（　　）

6. 长期股权投资采用权益法核算，如果被投资单位提取法定盈余公积，投资企业应按

投资持股比例和被投资单位提取的数额两者之积调减“损益调整”明细账金额。（ ）

7. 权益法下，长期股权投资的初始投资成本大于投资方应享有被投资方可辨认净资产公允价值的份额，投资企业应调整初始投资成本。（ ）

8. 长期股权投资减值损失一经确认，在以后会计期间不得转回。（ ）

（四）业务处理题

1.2021年6月20日，甲公司以1 500万元（含已宣告但尚未发放的现金股利100万元）从非关联方购入乙公司80%的股权。甲公司取得该部分股权后，有权主导乙公司的相关活动并获得可变回报。2021年6月30日，甲公司收到支付价款中的股利100万元；2021年12月31日，乙公司实现净利润100万元；2022年4月30日，乙公司宣告分派现金股利，甲公司按照其持有比例确定可分回20万元。

要求：

（1）分析甲公司应采用什么方法对该长期股权投资进行后续计量。

（2）为甲公司做出投资及与后续计量相关的会计处理。

2.2021年1月1日，甲公司以1 600万元购入乙公司30%的股份，另支付相关费用8万元，采用权益法核算。取得投资时，乙公司所有者权益的账面价值为5 000万元（与可辨认净资产的公允价值相同）。乙公司2021年度实现净利润300万元，持有以公允价值计量的金融资产而增加的其他综合收益100万元。2022年3月20日，乙公司宣告分配现金股利80万元。假定2022年乙公司发生亏损130万元。

要求：（假定不考虑相关税费和其他因素）

（1）为甲公司做出投资各时点的相关会计分录。

（2）计算甲公司该长期股权投资2021年底、2022年底的账面余额分别为多少？

（五）简答与思考题

1. 比较长期股权投资后续计量方法之成本法与权益法的异同。思考为何对合营企业、联营企业的长期股权投资采用权益法，而对子公司的长期股权投资却要求采用成本法核算。

2. 长期股权投资在什么情况下要转为其他权益工具投资或反之？其核算有何不同？对企业财务状况和经营成果有何影响？

3. 对长期股权投资计提资产减值准备后是否允许再转回？为什么？

4. 就长期股权投资的本质特性而言，其属于金融性资产还是非金融性资产？为什么？

参考答案

【知识结构图】

第六章　固定资产

【学习目标】

通过本章的学习，应理解固定资产的基本概念、特征与分类，熟练掌握固定资产的确认与初始计量方法以及固定资产折旧的各种计算方法，同时应掌握固定资产后续支出、固定资产处置等相关业务的会计处理。

【引导案例】

固定资产的初始成本为何需考虑弃置费用？

中国广核电力股份有限公司（简称中广核电力）是中国广核集团旗下子公司，是由10多家联属公司组成的清洁能源企业，于2014年3月25日注册成立。2014年12月，公司在中国香港联交所上市，股票简称“中广核电力（01816.HK）”，成为全球首家单一经营核能发电业务的上市公司。2019年8月，公司在深圳证券交易所中小板挂牌上市，股票简称“中国广核（003816.SZ）”，成为中国首家实现同时在A股和H股上市的核电企业。

中广核电力及其子公司（以下简称中广核电力集团）的主营业务是核电设施的建设及运营。根据我国相关法律法规，中广核电力集团对核电设施的退役负有相关义务。中广核电力集团按核电设施预计的退役支出经折现后的金额作为核电设施退役费准备金，构成固定资产初始成本的组成部分。核电设施退役费准备金（即弃置费用）是指核电机组内反应堆服役期满时，为保证工作人员、公众与周边生态环境不受剩余放射性物质及其他潜在风险的危害，使核反应堆系统安全、永久性地退出服役的过程中预计将发生的费用。核电设施退役费准备金按最佳估计数进行预计，并按其折现后的金额计入固定资产的初始成本。

中广核电力集团在估计核电设施退役费准备金时，参考国际权威机构发布的核电设施退役费用估算方法与模型，并按中广核电力集团的实际情况，根据管理层确定的预计退役时点、未来退役支出金额（包括估计关闭核电站时将发生的拆除成本、劳务成本以及放射性废物处置费等）和折现率折算确定。2020年12月31日，中广核电力集团合并财务报表中列报的核电设施退役费准备金近人民币46.02亿元，较年初44.16亿元，增加了近1.86亿元，确实是个不小的数字。公司对核电设施退役费准备金采取与核电设施一致的方法计提折旧。

由于核电设施退役费准备金的账面价值对财务报表的重要性，且估计未来退役支出金额涉及重大判断和估计，因此核电设施退役费准备金的计量还成为会计师事务所对其审计的关键审计事项。

分析提示

思考：

(1) 固定资产的初始成本考虑弃置费用（核电设施退役费准备金等）有何意义？

(2) 对于类似于核电等特定行业企业固定资产弃置费用如何进行会计处理？

(3) 固定资产预计弃置费用的会计处理会对财务报告产生怎样的影响？

第一节 固定资产概述

一、固定资产的概念和特点

(一) 固定资产的概念

固定资产是指同时具有以下特征的有形资产：①为生产产品、提供劳务、出租或经营管理而持有。②使用寿命超过一个会计年度。其中，使用寿命是指企业使用固定资产的预计期间，或者该固定资产所能生产产品或提供劳务的数量。

(二) 固定资产的特点

从固定资产的定义可以看出，固定资产具有如下特点：

(1) 企业持有固定资产的主要目的不是出售，而是用于生产经营活动。企业取得固定资产是为生产产品、提供劳务、出租或经营管理服务的。只要企业购置的任何资产的目的是出售，就应将其列入流动资产。

(2) 可供企业长期使用。固定资产使用年限超过1年或长于1年的一个经营周期。企业为购置固定资产而发生的支出属于资本性支出，而非收益性支出，应将其资本化，在固定资产的使用过程中，再以计提折旧的方式转作营业成本或费用。

(3) 固定资产必须是有形资产。该特征将固定资产与无形资产区别开来。有些无形资产可能同时符合固定资产的其他特征，如无形资产是为生产产品、提供劳务而持有的，使用寿命超过一个会计年度的资产，但是，由于其没有实物形态，所以不属于固定资产。

有生命的动物和植物属于生物资产，应当按照生物资产准则的有关规定进行会计处理。本书不涉及生物资产的相关内容。

(4) 固定资产在使用过程中逐渐转移其价值。固定资产的服务能力随着在生产经营过程中的不断使用而逐渐丧失。企业应在固定资产的有效使用年限内通过计提折旧来实现对其价值的补偿，满足固定资产更新的要求。

二、固定资产的分类

企业对固定资产进行分类，有利于加强对固定资产的有效管理。

(一) 按经济用途分类

固定资产按经济用途分类，可分为经营性固定资产和非经营性固定资产。

(1) 经营性固定资产，是指直接服务于企业生产、经营过程的各种固定资产，如生产经营用的房屋、建筑物、机器、设备、器具、工具等。

(2) 非经营性固定资产，是指不直接服务于企业生产、经营过程的各种固定资产，如职工宿舍、食堂、浴室、理发室等使用的房屋、建筑物、设备和器具等。

(二) 按使用情况分类

固定资产按使用情况分类，可以分为使用中固定资产、未使用固定资产、不需用固定资产三种。

(1) 使用中固定资产，是指正在使用中的经营性固定资产和非经营性固定资产。由于季节性经营或大修理等原因，暂停使用的固定资产仍属于企业使用中固定资产；企业以经营租赁方式出租给其他单位使用的固定资产和内部替换使用的固定资产，也属于使用中固定资产；企业的房屋及建筑物无论是否实际使用，都应作为使用中固定资产。

(2) 未使用固定资产，是指已完工或已购建的尚未交付使用的新增固定资产以及因进行改建、扩建等原因暂停使用的固定资产，如企业购建的尚待安装的固定资产、经营任务变更停止使用的固定资产以及主要的备用设备等。

(3) 不需用固定资产，是指企业多余或不适用的固定资产，如企业因转产而待调配处理的专用设备、模具、工具等。

在会计实务中，企业为了更好地满足固定资产管理和核算的需要，往往将几种分类标准结合起来，采用综合的标准对固定资产进行分类，如综合考虑固定资产的经济用途、使用情况等，可将固定资产分为经营性固定资产、非经营性固定资产、经营租出固定资产、未使用固定资产、不需用固定资产等。

第二节　固定资产的确认和初始计量

一、固定资产的确认条件

一项资产如要作为固定资产加以确认，首先需要符合固定资产的定义，其次要符合固定资产的确认条件，即与该固定资产有关的经济利益很可能流入企业，同时，该固定资产的成本能够可靠地计量。

1.与该固定资产有关的经济利益很可能流入企业

企业在确认固定资产时，需要判断与该项固定资产有关的经济利益是否很可能流入企业。在实务中，主要是通过判断与该固定资产所有权相关的风险和报酬是否转移到了企业来确定。

通常情况下，取得固定资产所有权是判断与固定资产所有权有关的风险和报酬是否转移到企业的一个重要标志。凡是所有权已属于企业的固定资产，无论其是否在企业，均可作为企业的固定资产；反之，如果没有取得所有权，即使存放在企业，也不能作为企业的固定资产，如短期低价租用固定资产等。但是，如果长期租入固定资产，企业对其拥有了实质上的控制权，则可以将其作为企业资产记入“使用权资产”账户进行核算。

2.该固定资产的成本能够可靠地计量

成本能够可靠地计量是资产确认的一个基本条件。要确认固定资产，企业取得该固定资产所发生的支出就必须能够可靠地计量。企业在确定固定资产成本时，有时需要根据所获得的最新资料，对固定资产的成本进行合理的估计。如果企业能够合理地估计出固定资产的成本，则视同固定资产的成本能够可靠地计量。

二、固定资产的初始计量

根据现行准则的规定，企业资产应当按照取得时的实际成本进行初始计量。固定资产的初始成本，是指企业购建某项固定资产达到预定可使用状态前所发生的一切合理、必要的支出。这些支出包括直接发生的价款、相关税费（不包括允许抵扣的增值税进项税额）、运杂费、包装费和安装成本等，也包括间接发生的，如应承担的借款利息、外币借款折算差额以及应分摊的其他间接费用等。故固定资产的初始成本，也称历史成本，即原始价值或原价、原值。

企业取得固定资产的方式一般包括购买、自行建造等。取得方式不同，其实际成本的构成内容也各不相同。

（一）外购固定资产

企业外购固定资产的成本，包括购买价款、相关税费、使固定资产达到预定可使用状态前所发生的可归属于该项资产的运输费、装卸费、安装费和专业人员服务费等。

外购固定资产是否达到预定可使用状态，需要根据具体情况进行分析判断。如果购入不需安装的固定资产，购入后即可发挥作用，则购入后即可达到预定可使用状态，直接记入“固定资产”账户。如果购入需安装的固定资产，只有在安装调试后达到设计要求或合同规定的标准，才能达到预定可使用状态，则在安装完毕，达到预定可使用状态前需通过“在建工程”账户核算。

在实际工作中，企业可能以一笔款项购入多项没有单独标价的固定资产。此时，应当按照各项固定资产的公允价值比例对总成本进行分配，分别确定各项固定资产的成本。如果以一笔款项购入的多项资产中除固定资产外还包括其他资产，也应按类似的方法予以处理。

企业购买固定资产通常在正常信用条件内付款，但也会发生超过正常信用条件购买固定资产的经济业务，如采用分期付款方式购买资产，且在合同中规定的付款期限比较长，超过了正常信用条件（通常在3年以上）。在这种情况下，该项购货合同实质上具有融资性质，购入固定资产的成本不能以各期付款额之和确定，而应以各期付款额之和的现值确定。固定资产购买价款的现值，应当按照各期支付的价款选择恰当的折现率进行折现后的金额加以确定。

【例6-1】华扬股份有限公司于2022年4月10日从甲公司购入一套不需安装的设备，发票上注明设备价款5 000 000元、增值税650 000元；另发生运费2 000元，增值税为180元。以上款项均以银行存款支付。账务处理如下：

借：固定资产	5 002 000	
应交税费——应交增值税（进项税额）	650 180	
贷：银行存款		5 652 180

【例6-2】华扬股份有限公司于2022年4月18日从乙公司购入一套需安装的设备，发票上注明设备价款6 000 000元、增值税780 000元；另发生运费3 000元，增值税为270元；安装薪酬为2 000元。以上款项均以银行存款支付。账务处理如下：

（1）设备运抵企业，等待安装：

借：工程物资	6 003 000	
应交税费——应交增值税（进项税额）	780 270	
贷：银行存款		6 783 270

（2）设备投入安装，支付安装费：

借：在建工程	6 005 000	

贷：工程物资 6 003 000

应付职工薪酬 2 000

（3）设备安装完毕，达到预定可使用状态：

借：固定资产 6 005 000

贷：在建工程 6 005 000

【例6-3】2022年5月1日，华扬股份有限公司购入一幢商业大楼作为生产车间并交付使用，取得的增值税专用发票上注明的价款为100 000 000元，增值税税额为13 000 000元，款项以银行存款支付。该公司为增值税一般纳税人。该公司应编制如下会计分录：

2022年5月1日，购入固定资产时：

借：固定资产 100 000 000

应交税费——应交增值税（进项税额） 13 000 000

贷：银行存款 113 000 000

（二）自行建造固定资产

自行建造的固定资产的成本由建造该项资产达到预定可使用状态前所发生的必要支出构成，包括工程用物资成本、人工成本、缴纳的相关税费、应予资本化的借款费用以及应分摊的间接费用等。企业为建造固定资产通过出让方式取得土地使用权而支付的土地出让金不计入在建工程成本，应确认为无形资产（土地使用权）。企业自行建造固定资产包括自营建造和出包建造两种方式。

1.自营方式建造固定资产

企业以自营方式建造固定资产，是指企业自行组织工程物资采购、自行组织施工人员从事工程施工完成固定资产建造，其成本应当按照实际发生的材料、人工、机械施工费等计量。

企业为建造固定资产准备的各种物资，包括工程用材料、尚未安装的设备以及为生产准备的工器具等，通过"工程物资"账户进行核算。工程物资应当按照实际支付的买价、运输费、保险费及相关税费作为实际成本，并按照各种专项物资的种类进行明细核算。工程完工后，剩余的工程物资转为本企业存货的，按其实际成本或计划成本进行结转。盘盈、盘亏、报废、毁损的工程物资，减去残料价值以及保险公司、过失人等的赔款后的差额，计入当期损益。

建造固定资产领用工程物资、原材料或库存商品，应按其实际成本转入所建工程项目成本。自营方式建造固定资产应负担的职工薪酬，辅助生产部门为之提供的水、电、修理、运输等劳务，以及其他必要支出等也应计入所建工程项目的成本。

所建造的固定资产已达到预定可使用状态，但尚未办理竣工结算的，应当自达到预定可使用状态之日起，根据工程预算、造价或者工程实际成本等，按暂估价值转入固定资产，并按有关计提固定资产折旧的规定，计提固定资产折旧。待办理竣工结算手续后再调整原来的暂估价值，但不需要调整原已计提的折旧额。

【例6-4】华扬股份有限公司自行建造一套设备，为工程购置物资5 650 000元，其中价款5 000 000元，增值税650 000元，物资已入库。工程建设领用工程物资5 000 000元，领用库存原材料60 000元，均不含税。为工程建造人员发放工资80 000元，为工程而专门借款发生的利息为20 000元，工程完工后交付使用。根据上述资料，应进行如下会计处理：

（1）购入工程物资。

借：工程物资 5 000 000

应交税费——应交增值税（进项税额） 650 000

贷：银行存款 5 650 000

（2）领用工程物资及库存原材料。

借：在建工程——××设备 5 060 000

贷：工程物资 5 000 000

原材料 60 000

（3）支付工程人员工资。

借：在建工程——××设备 80 000

贷：应付职工薪酬 80 000

（4）结转为工程借款而发生的利息。

借：在建工程——××设备 20 000

贷：长期借款——应计利息 20 000

（注：长期借款如是到期还本付息的，应记入“长期借款——应计利息”账户；如是分期付息的，则记入“应付利息”账户）

（5）工程完工，结转工程成本。

设备制造成本=5 060 000+80 000+20 000=5 160 000（元）

借：固定资产——××设备 5 160 000

贷：在建工程——××设备 5 160 000

高危行业企业按照国家的规定应提取安全生产费，将其计入相关产品的成本或当期损益，同时记入“专项储备”账户。企业使用提取的安全生产费时，属于费用性支出的（如直接支付安全生产检查费等），直接冲减专项储备；企业使用提取的安全生产费购置形成固定资产的，应当通过“在建工程”账户归集所发生的支出，待安全生产项目完工达到预定可使用状态时确认固定资产，同时按照形成固定资产的成本冲减专项储备，并确认相同金额的累计折旧。该固定资产在以后期间不再计提折旧。

【例6-5】甲公司是一家煤矿企业，依据开采的原煤产量按月提取安全生产费，提取标准为每吨10元，假定每月原煤产量为50 000吨。2022年2月1日，经有关部门批准，该企业购入一批需要安装的用于改造和完善矿井运输的安全防护设备，价款为1 000 000元，增值税进项税额为130 000元，安装过程中支付人工费200 000元，2月20日安装完成。2月28日，甲公司另支付安全生产检查费100 000元。假定2022年1月31日甲公司“专项储备——安全生产费”账户余额为30 000 000元。不考虑其他相关税费，甲公司的账务处理如下：

（1）企业按月提取安全生产费。

借：生产成本 500 000

贷：专项储备——安全生产费 500 000

（2）购置安全防护设备。

借：在建工程——××设备 1 000 000

应交税费——应交增值税（进项税额） 130 000

贷：银行存款 1 130 000

借：在建工程——××设备 200 000

贷：应付职工薪酬 200 000

借：应付职工薪酬 200 000

贷：银行存款 200 000

借：固定资产——××设备 1 200 000

贷：在建工程——××设备 1 200 000

借：专项储备——安全生产费 1 200 000

贷：累计折旧 1 200 000

（3）支付安全生产检查费。

借：专项储备——安全生产费 100 000

贷：银行存款 100 000

2.出包方式建造固定资产

在出包方式下，企业通过招标方式将工程项目发包给建造承包商，由建造承包商（即施工企业）组织工程项目施工。企业要与建造承包商签订建造合同，企业是建造合同的甲方，负责筹集资金和组织管理工程建设，通常称为建设单位；建造承包商是建造合同的乙方，负责建筑安装工程施工任务。

企业以出包方式建造固定资产，其成本由建造该项固定资产达到预定可使用状态前所发生的必要支出构成，包括发生的建筑工程支出、安装工程支出，以及需分摊计入各固定资产价值的待摊支出。建筑工程支出、安装工程支出，如人工费、材料费、机械使用费等由建造承包商核算。对于发包企业而言，建筑工程支出、安装工程支出是构成在建工程成本的重要内容，发包企业按照合同规定的结算方式和工程进度定期与建造承包商办理工程价款结算，结算的工程价款计入在建工程成本。待摊支出，是指在建设期间发生的，不能直接计入某项固定资产价值，而应由所建造固定资产共同负担的相关费用，包括为建造工程发生的管理费，可行性研究费，临时设施费，公证费，监理费，应负担的税金，符合资本化条件的借款费用，建设期间发生的工程物资盘亏、报废及毁损净损失以及负荷联合试车费等。企业为建造固定资产通过出让方式取得土地使用权而支付的土地出让金不计入在建工程成本，应确认为无形资产（土地使用权）。

【例6-6】华扬股份有限公司采用出包方式建造仓库，根据出包合同预付工程款8 000 000元。工程完工后结算，需要补付工程价款1 000 000元。根据上述资料，应进行如下会计处理：

（1）预付工程款：

借：在建工程——××仓库 8 000 000

贷：银行存款 8 000 000

（2）补付工程款：

借：在建工程——××仓库 1 000 000

贷：银行存款 1 000 000

（3）工程完工后交付使用：

借：固定资产——××仓库 9 000 000

贷：在建工程——××仓库 9 000 000

（三）以其他方式取得的固定资产

（1）租入固定资产。

租赁是指在一定期间内，出租人将资产使用权转让给承租人以获取对价的合同。租入固定资产即指企业从其他单位租入的，在租赁期内不拥有所有权但拥有使用权的固定资产。对于短期或价值低的租入固定资产，会计处理较为简单，只需将支付或应付的租金按一定方法计入当期损益；对于长期或价值高的租赁，租入固定资产需通过“使用权资产”等账户核算，其具体账务处理详见《高级财务会计》相关内容。

（2）接受固定资产投资的企业，在办理了固定资产移交手续之后，应按投资合同或协议约定的价值加上应支付的相关税费作为固定资产的入账价值，借记“固定资产”等账户，贷记“实收资本”等账户，但合同或协议约定的价值不公允的除外。

（3）非货币性资产交换、债务重组等方式取得的固定资产的成本，分别参见本书第九章和第十一章的相关内容。

（四）存在弃置费用的固定资产

对特殊行业的特定固定资产进行初始计量时，还应当考虑弃置费用。弃置费用通常是指根据国家法律和行政法规、国际公约等的规定，企业承担的环境保护和生态恢复等义务所确定的支出，如油气资产、核电站核设施等的弃置和恢复环境义务。对此，企业应当将弃置费用的现值计入相关固定资产的成本，同时确认相应的预计负债。在固定资产的使用寿命内，按照预计负债的摊余成本和实际利率计算确定的利息费用，应当在发生时计入财务费用。由于技术进步、法律要求或市场环境变化等原因，特定固定资产履行弃置义务可能会发生支出金额、预计弃置时点、折现率等的变动，从而引起原确认的预计负债的变动。此时，应按照以下原则调整该固定资产的成本：

（1）对于预计负债的减少，以该固定资产账面价值为限扣减固定资产成本。如果预计负债的减少额超过该固定资产的账面价值，超出部分确认为当期损益。

（2）对于预计负债的增加，增加该固定资产的成本。

按照上述原则调整的固定资产，在资产剩余使用年限内计提折旧。一旦该固定资产的使用寿命结束，预计负债的所有后续变动应在发生时确认为损益。

【例6-7】华扬股份有限公司经国家批准于2022年1月1日建造完成核电站核反应堆并交付使用，建造成本为2 500 000万元。预计使用寿命为40年。根据法律的规定，该核反应堆将会对生态环境产生一定的影响，企业应在该项设施使用期满后将其拆除，并对造成的污染进行整治，预计将发生弃置费用250 000万元。假定适用的折现率为10%。

核反应堆属于特殊行业的特定固定资产，确定其成本时应考虑弃置费用。其账务处理为：

（1）2022年1月1日：

弃置费用的现值=250 000×（P/F，10%，40）=250 000×0.0221=5 525（万元）

固定资产的成本=2 500 000+5 525=2 505 525（万元）

借：固定资产 25 055 250 000

　贷：在建工程 25 000 000 000

　　预计负债 55 250 000

（2）计算第1年应负担的利息费用=5 525×10%=552.5（万元）

借：财务费用　　5 525 000

　贷：预计负债　　5 525 000

以后年度，企业应当按照实际利率法计算确定每年的财务费用，账务处理略。

一般工商企业的固定资产发生的报废清理费用不属于弃置费用，应当在发生时作为固定资产处置损益处理。

对固定资产预计弃置费用的确认与计量，不仅影响相关固定资产入账价值的确定以及后续折旧费用的核算，同时有利于增强企业的环保责任。所以，我们有必要依据有关法律、法规，计量与记录有关环境污染与防治的成本费用。

第三节　固定资产的后续计量

一、固定资产折旧

（一）影响固定资产折旧的因素

固定资产折旧，是指在固定资产使用寿命内，按照确定的方法进行系统分摊的应计折旧额。其中，应计折旧额是指应当计提折旧的固定资产的原价扣除其预计净残值后的金额；已计提减值准备的固定资产，还应当扣除已计提的固定资产减值准备累计金额。因此，影响固定资产折旧的因素主要有：

（1）折旧基数。一般为固定资产的原始成本，即固定资产原价或称原值。

（2）预计净残值。预计净残值是指假定固定资产预计使用寿命已满并处于使用寿命终了时的预期状态，企业目前从该项资产处置中获得的扣除预计处置费用后的金额。预计净残值预期能够在固定资产使用寿命终了后收回，因此计算折旧时应将其扣除。

（3）预计使用寿命。企业在确定固定资产使用寿命时，应当考虑该资产的预计生产能力或实物产量，该资产的有形损耗、无形损耗以及有关资产使用的法律规定或类似规定的限制等。

（4）固定资产减值准备。固定资产计提减值准备后，应当按照该固定资产的账面价值以及剩余使用寿命重新计算确定折旧率和折旧额。

（5）折旧方法。折旧方法的选用将直接影响应计折旧额在固定资产各使用年限之间的分配结果，从而影响各年的利润总额和应交所得税。

企业应当根据固定资产的性质和使用情况，合理确定固定资产的使用寿命和预计净残值。固定资产的使用寿命、预计净残值和折旧方法一经确定，不得随意变更。

（二）固定资产折旧范围

《企业会计准则第4号——固定资产》规定，企业应对所有的固定资产计提折旧。但是，已提足折旧仍继续使用的固定资产和单独估价入账的土地除外。

提足折旧，是指已经提足该项固定资产的应计折旧额。固定资产提足折旧后，不论能否继续使用，均不再计提折旧。提前报废的固定资产也不再补提折旧。

已达到预定可使用状态但尚未办理竣工结算的固定资产，应当按照估计价值确定其成本，并计提折旧；待办理竣工结算后再按实际成本调整原来的暂估价值，但不需要调整原已计提的折旧额。

处于更新改造过程停止使用的固定资产，应将其账面价值转入在建工程，不再计提折旧。更新改造项目达到预定可使用状态转为固定资产后，再按照重新确定的入账价值、使用寿命、预计净残值和折旧方法计提折旧。

（三）固定资产折旧方法

企业应当根据与固定资产有关的经济利益的预期实现方式，合理选择折旧方法。固定资产折旧方法包括年限平均法、工作量法、双倍余额递减法和年数总和法等。双倍余额递减法和年数总和法属于加速折旧法。加速折旧法，又称递减折旧法，其特点是在固定资产有效使用年限的前期多计提折旧，后期少计提折旧，从而相对加快折旧速度，以使固定资产成本在有效使用年限内加快得到补偿。企业选用不同的固定资产折旧方法，将影响固定资产使用寿命期间内不同时期的折旧费用，因此，固定资产的折旧方法一经确定，不得随意变更。

1.年限平均法

年限平均法，也称直线法，是指将固定资产的应计折旧额均衡地分摊于固定资产使用年限内的一种方法。在这种方法下，固定资产使用年限内各期的折旧金额相等。其计算公式如下：

年折旧率=（1-预计净残值率）÷固定资产预计使用年限

月折旧率=年折旧率÷12

月折旧额=固定资产原值×月折旧率

【例6-8】华扬股份有限公司拥有一台原价为1 200 000元的生产设备，预计使用年限为20年，预计净残值率为4%。根据上述资料，应进行如下会计处理：

年折旧率=（1-4%）÷20=4.8%

月折旧率=4.8%÷12=0.4%

月折旧额=1 200 000×0.4%=4 800（元）

采用年限平均法计提固定资产折旧虽然比较简单，但也存在一些局限性，例如没有考虑固定资产在使用前后各期维修费的不等及各期产生的经济利益相异等情况。

2.工作量法

工作量法是根据固定资产的实际工作量计提固定资产折旧的一种方法。它和年限平均法同属直线法。采用这种方法，各期折旧额的大小随各期工作量的变动成正比例变动。其计算公式如下：

单位工作量折旧额=［固定资产原值×（1-预计净残值率）］÷预计总工作量×100%

某项固定资产月折旧额=单位工作量折旧额×当月实际完成的工作量

采用工作量法，不同的固定资产按不同的工作量计算折旧。一般情况下，机器设备应按工作小时计算折旧，运输设备按行驶里程计算折旧，大型建筑施工机械按工作台班计算折旧。

【例6-9】华扬股份有限公司拥有一辆货运卡车，账面原值400 000元，预计总行驶里程1 000 000千米，预计净残值率为4%，当月行驶5 000千米。根据上述资料，应进行如下会计处理：

本月计提折旧额如下：

每千米折旧额=［400 000×（1-4%）］÷1 000 000=0.384（元）

本月折旧额=5 000×0.384=1 920（元）

采用工作量法，能使所提的折旧额与资产的使用程度成正比例关系，使资产的使用效益与相应的成本较为合理地匹配起来。但工作量法不考虑固定资产无形损耗对折旧额的影响，而且资产在预计使用年限中究竟能完成多少工作量也很难测定。

工作量法适合于使用不均衡的大型专业设备、运输设备等。

3.双倍余额递减法

双倍余额递减法是在不考虑固定资产残值的情况下，根据每期期初固定资产账面余额和双倍的年限平均法折旧率计算固定资产折旧金额的方法。双倍余额递减法的计算公式为：

年折旧率=2÷预计使用年限×100%

年折旧额=固定资产账面余额×年折旧率

月折旧额=年折旧额÷12

在我国会计实务中，采用双倍余额递减法计提固定资产折旧时，应当在固定资产使用年限到期前两年以内，将固定资产账面余额扣除预计净残值后的余额平均摊销。

【例6-10】华扬股份有限公司拥有一台设备，账面原值为500 000元，预计使用5年，预计净残值为20 000元。按双倍余额递减法计提折旧，折旧计算表见表6-1。

表6-1 **折旧计算表（双倍余额递减法）** 金额单位：元

年份	期初账面净值	年折旧率	折旧额	累计折旧额	期末账面净值
1	500 000	40%	200 000	200 000	300 000
2	300 000	40%	120 000	320 000	180 000
3	180 000	40%	72 000	392 000	108 000
4			44 000	436 000	64 000
5			44 000	480 000	20 000

注：年折旧率=2÷5×100%=40%。

4.年数总和法

年数总和法是以固定资产的原值减去预计净残值后的净额乘以一个逐年递减的分数计算每年的折旧额的一种折旧计提方法。这个分数的分子代表固定资产尚可使用的年份，分母代表使用年数的逐年数字合计。其计算公式如下：

年折旧率=尚可使用年限÷预计使用年限的逐年数字合计

年折旧额=（固定资产原值-预计净残值）×年折旧率

【例6-11】接【例6-10】资料，采用年数总和法计提折旧，折旧计算表见表6-2。

表6-2 **折旧计算表（年数总和法）** 金额单位：元

年份	原值-净残值	尚可使用年限（年）	折旧率	折旧额	累计折旧额
1	500 000-20 000	5	5÷15	160 000	160 000
2	500 000-20 000	4	4÷15	128 000	288 000
3	500 000-20 000	3	3÷15	96 000	384 000
4	500 000-20 000	2	2÷15	64 000	448 000
5	500 000-20 000	1	1÷15	32 000	480 000

（四）计提折旧的会计处理

企业应设置“累计折旧”账户，用来核算固定资产折旧的提取情况。企业按月计提的固定资产折旧费用，应根据用途分别计入相关资产的成本或当期费用，并按固定资产的使用部门进行分配，借记“制造费用”“管理费用”“销售费用”“其他业务成本”等账户，贷记“累计折旧”账户。

在会计实务中，企业每月计提的固定资产折旧是通过编制“固定资产折旧计算汇总表”进行的。其计算公式为：

$$\text{本月计提的固定资产折旧额}=\text{上月计提的固定资产折旧额}+\text{上月增加的固定资产应计提的折旧额}-\text{上月减少的固定资产应计提的折旧额}$$

【例6-12】2022年6月30日，华扬股份有限公司会计部门编制的固定资产折旧计算汇总表见表6-3。

表6-3 固定资产折旧计算汇总表 单位：元

使用部门	上月折旧额	上月增加固定资产		上月减少固定资产		本月折旧额	分配费用
		原价	折旧额	原价	折旧额		
甲生产车间	226 800	150 000	3 500			230 300	制造费用
厂部管理部门	168 000	400 000	2 400			170 400	管理费用
专设销售机构	32 400			360 000	1 080	31 320	销售费用
合 计	427 200	550 000	5 900	360 000	1 080	432 020	

会计处理如下：

借：制造费用——甲生产车间	230 300	
管理费用	170 400	
销售费用	31 320	
贷：累计折旧		432 020

（五）固定资产使用寿命、预计净残值和折旧方法的复核

《企业会计准则第4号——固定资产》规定，企业至少应当于每年年度终了，对固定资产的使用寿命、预计净残值和折旧方法进行复核。

在固定资产使用过程中，其所处的经济环境、技术环境以及其他环境有可能对固定资产使用寿命和预计净残值产生较大影响。例如，固定资产使用强度比正常情况大大加强，致使固定资产使用寿命大大缩短；替代该项固定资产的新产品的出现致使其实际使用寿命缩短，预计净残值减少等。此时，如果不对固定资产使用寿命和预计净残值进行调整，必然不能准确反映其实际情况，也不能真实反映其为企业提供经济利益的期间及每期实际的资产消耗。因此，企业至少应当于每年年度终了，对固定资产使用寿命和预计净残值进行复核。如有确凿证据表明：固定资产使用寿命预计数与原先估计数有差异的，应当调整固定资产使用寿命；固定资产净残值预计数与原先估计数有差异的，应当调整预计净残值。

在固定资产使用过程中，与其有关的经济利益预期实现方式也可能发生重大变化，在这种情况下，企业也应相应改变固定资产折旧方法。例如，某采掘企业各期产量相对稳定，原来采用年限平均法计提固定资产折旧。年度复核中发现，由于该企业使用了先进技

术，产量大幅增加，可采储量逐年减少，该项固定资产给企业带来经济利益的预期实现方式已发生重大改变，需要将年限平均法改为产量法。

固定资产使用寿命、预计净残值和折旧方法的改变按照会计估计变更的有关规定进行处理。需要特别注意的是，企业应当根据与固定资产有关的经济利益的预期实现方式等实际情况合理确定固定资产使用寿命、预计净残值和折旧方法，除非有确凿证据表明经济利益的预期实现方式发生了重大变化，或者取得了新的信息、积累了更多的经验，能够更准确地反映企业的财务状况和经营成果，否则不得随意变更。

二、固定资产的后续支出

固定资产的后续支出，是指固定资产使用过程中发生的更新改造支出、修理费用等。企业的固定资产在投入使用后，为了适应新技术发展的需要，或者为维护或提高固定资产的使用效能，往往需要对现有固定资产进行维护、改建、扩建或者改良。

后续支出的处理原则为：符合固定资产确认条件的，应当作为资本化支出，计入固定资产成本，同时将被替换部分的账面价值扣除；不符合固定资产确认条件的，应当作为收益性支出，计入当期损益。

（一）资本化的后续支出

固定资产发生可资本化的后续支出时，企业一般应将该固定资产的原价、已计提的累计折旧和减值准备转销，将其账面价值转入在建工程，并停止计提折旧。发生的可资本化的后续支出，通过“在建工程”账户核算。在固定资产发生的后续支出完工并达到预定可使用状态时，再从在建工程转为固定资产，并按重新确定的使用寿命、预计净残值和折旧方法计提折旧。

【例6-13】华扬股份有限公司有关固定资产更新改造的资料如下：

（1）2019年12月31日，该公司自行建成了一条生产线，建造成本为1 200 000元；采用年限平均法计提折旧；预计净残值率为4%，预计使用寿命为5年。

（2）2022年1月1日，由于生产的产品适销对路，现有生产线的生产能力已难以满足公司生产发展的需要，但若新建生产线则建设周期过长。公司决定对现有生产线进行改扩建，以提高其生产能力。假定该生产线未发生减值。

（3）2022年1月1日至3月31日，经过3个月的改扩建，完成了对这条生产线的改扩建工程，共发生支出500 000元，全部以银行存款支付。

（4）该生产线改扩建工程达到预定可使用状态后，大大提高了生产能力，预计将其使用寿命延长3年，即为8年。假定改扩建后生产线的预计净残值为改扩建后固定资产账面价值的4%；折旧方法仍为年限平均法。

（5）为简化计算过程，整个过程不考虑其他相关税费；公司按年度计提固定资产折旧。

分析：在本例中，生产线改扩建后，生产能力将大大提高，能够为企业带来更多的经济利益，改扩建的支出金额也能可靠计量，因此该后续支出符合固定资产的确认条件，应计入固定资产成本。有关账务处理如下：

（1）2020年1月1日至2021年12月31日两年间，即固定资产后续支出发生前：

该条生产线的应计折旧额=1 200 000×（1−4%）=1 152 000（元）

年折旧额=1 152 000÷5=230 400（元）

这两年计提固定资产折旧的会计分录为：

借：制造费用 230 400

贷：累计折旧 230 400

（2）2022年1月1日，固定资产的账面价值=1 200 000-230 400×2=739 200（元）。

固定资产转入改扩建：

借：在建工程 739 200

累计折旧 460 800

贷：固定资产 1 200 000

（3）2022年1月1日至3月31日，发生改扩建工程支出：

借：在建工程 500 000

贷：银行存款 500 000

（4）2022年3月31日，生产线改扩建工程达到预定可使用状态，固定资产的入账价值=739 200+500 000=1 239 200（元）。

借：固定资产 1 239 200

贷：在建工程 1 239 200

（5）2022年3月31日，转为固定资产后，按重新确定的使用寿命、预计净残值和折旧方法计提折旧：

应计折旧额=1 239 200×（1-4%）=1 189 632（元）

年折旧额=1 189 632÷（8-2）=198 272（元）

2022年应计提的折旧额=198 272×9/12=148 704（元）

借：制造费用 148 704

贷：累计折旧 148 704

企业发生的某些固定资产后续支出可能涉及替换原固定资产的某组成部分，当发生的后续支出符合固定资产确认条件时，应将其计入固定资产成本，同时将被替换部分的账面价值扣除。这样可以避免将替换部分的成本和被替换部分的成本同时计入固定资产成本，导致固定资产成本被高估。企业对固定资产进行定期检查发生的大修理费用，有确凿证据表明符合固定资产确认条件的部分，可以计入固定资产成本；不符合固定资产确认条件的，应当费用化，计入当期损益。固定资产在定期大修理间隔期间，照提折旧。

（二）费用化的后续支出

一般情况下，固定资产投入使用之后，由于固定资产磨损、各组成部分耐用程度不同，可能导致固定资产的局部损坏，为了维护固定资产的正常运转和使用，充分发挥其使用效能，企业会对固定资产进行必要的维护。

固定资产的日常维护支出通常不满足固定资产的确认条件，应在发生时直接计入当期损益。企业生产车间和行政管理部门等发生的固定资产修理费用等后续支出，计入管理费用；企业专设销售机构发生的与专设销售机构相关的固定资产修理费用等后续支出，计入销售费用；固定资产更新改造支出不满足固定资产确认条件的，也应在发生时直接计入当期损益。

【例6-14】2022年1月3日，华扬股份有限公司对现有的一台生产用机器设备进行日常维护，维护过程中领用本企业原材料一批，价值为80 000元，应支付维护人员的工资为30 000元；不考虑其他相关税费。

分析：在本例中，对机器设备的维护仅仅是为了维持固定资产的正常使用而发生的，不产生未来的经济利益，因此应在其发生时确认为费用。华扬股份有限公司的账务处理为：

借：管理费用	110 000	
贷：原材料		80 000
应付职工薪酬		30 000

三、固定资产的期末计价

企业应该在期末或至少在每年年度终了，对固定资产逐项进行检查，如果由于市价持续下跌，或技术陈旧、损坏、长期闲置等原因导致其可收回金额低于账面价值，应当将可收回金额低于其账面价值的差额作为固定资产减值准备。固定资产减值准备应按单项资产计提。

已计提减值准备的固定资产，应当按照该固定资产的账面价值以及尚可使用年限重新计算确定折旧率和折旧额。因固定资产减值准备的调整而调整固定资产折旧额时，对此前已计提的累计折旧不作调整。

企业发生固定资产减值时，借记“资产减值损失”账户，贷记“固定资产减值准备”账户；如果有迹象表明以前期间据以计提固定资产减值准备的各种因素发生变化，使得固定资产的可收回金额大于其账面价值，前期已计提的减值准备也不应当转回，即固定资产减值准备一经确认，在以后会计期间不得转回。

【例6-15】2022年12月31日，华扬股份有限公司拥有的一台账面原价300 000元、已提折旧125 000元的设备，存在可能发生减值的迹象，其预计可收回金额为115 000元。根据上述资料，应进行如下会计处理：

借：资产减值损失——计提的固定资产减值准备	60 000	
贷：固定资产减值准备		60 000

【例6-16】华扬股份有限公司2017年12月购买了一台不需要安装的设备，价值为1 050 000元，该设备预计净残值为50 000元，预计使用年限为10年，采用直线法提取折旧。

（1）2020年12月31日，公司进行检查时发现，该设备有可能发生减值，现时的销售净价为500 000元，未来7年内持续使用以及使用寿命结束时处置的现金净流量现值合计为540 000元。

（2）2022年12月31日，公司在检查时发现，以前期间据以计提固定资产减值准备的因素发生变化，对公司产生有利的影响，目前市场上该类设备的销售净价为500 000元，未来5年内持续使用以及使用寿命结束时处置的现金净流量现值合计为550 000元。

（3）为方便处理，假设整个过程中不考虑相关税费，且该设备一直采用直线法计提折旧，预计净残值和预计使用年限没有变化。

根据该例进行分析如下：

（1）该设备2018年1月1日至2020年12月31日，公司每年计提的折旧额为：

（1 050 000−50 000）÷10＝100 000（元）

（2）2020年12月31日，在不考虑计提减值准备的情况下，计算确定的固定资产账面净值为：1 050 000−3×100 000＝750 000（元），但2020年12月31日该设备的销售净价为500 000元，预期从该资产的持续使用和使用寿命结束时处置中形成的现金净流量现值合计为540 000元，所以可收回金额为540 000元，因此华扬股份有限公司应计提的固定资产减值准备为：750 000−540 000=210 000（元）。

（3）2021年、2022年两年间，华扬股份有限公司每年计提固定资产折旧以固定资产新的账面价值为依据，每年折旧为：

（原价 − 累计折旧 − 固定资产减值准备 − 预计净残值）÷ 剩余使用年限 ＝（1 050 000−300 000−210 000−50 000）÷7 =70 000（元）

或

可收回金额÷剩余使用年限 ＝（540 000−50 000）÷7＝70 000（元）

（4）2022年12月31日，公司在检查时发现，以前期间据以计提固定资产减值准备的因素发生变化，对公司产生有利的影响，目前市场上该类设备的销售净价为500 000元，未来5年内持续使用以及使用寿命结束时处置的现金净流量现值合计为550 000元，所以可收回金额为550 000元，显然超过了该固定资产账面价值400 000元（540 000−70 000×2），但根据资产减值准则的规定，已提取的固定资产减值准备不再转回，所以不做账务处理，仍按账面价值计提折旧。

会计分录如下：

（1）2017年12月，取得固定资产时：

借：固定资产 1 050 000
　　应交税费——应交增值税（进项税额） 136 500
　贷：银行存款 1 186 500

（2）2018年至2020年间，分别计提固定资产折旧：

借：制造费用 100 000
　贷：累计折旧 100 000

（3）2020年12月31日，计提固定资产减值准备：

借：资产减值损失——计提的固定资产减值准备 210 000
　贷：固定资产减值准备 210 000

（4）2021年及以后各年度，计提固定资产折旧：

借：制造费用 70 000
　贷：累计折旧 70 000

第四节 固定资产的处置与清查

一、固定资产终止确认的条件

固定资产满足下列条件之一的，应当予以终止确认：

（一）该固定资产处于处置状态

固定资产处置包括固定资产的出售、转让、报废或毁损、对外投资、非货币性资产交换、债务重组等。处于处置状态的固定资产不再用于生产产品、提供劳务、出租或经营管理，因此不再符合固定资产的定义，应予终止确认。

（二）该固定资产预期通过使用或处置不能产生经济利益

固定资产的确认条件之一是“与该固定资产有关的经济利益很可能流入企业”，如果一项固定资产预期通过使用或处置不能产生经济利益，那么它就不再符合固定资产的定义和确认条件，应予终止确认。

二、固定资产处置的会计处理

企业出售、转让、报废固定资产或发生固定资产毁损，应当将处置收入扣除账面价值和相关税费后的金额计入当期损益。固定资产处置一般通过“固定资产清理”账户进行核算。

企业因出售、转让、报废或毁损、对外投资、非货币性资产交换、债务重组等处置固定资产的，其会计处理一般经过以下几个步骤：

第一，将固定资产转入清理。将固定资产转入清理时，按固定资产账面价值，借记“固定资产清理”账户，按已计提的累计折旧，借记“累计折旧”账户，按已计提的减值准备，借记“固定资产减值准备”账户，按固定资产账面余额，贷记“固定资产”账户。

第二，发生清理费用。固定资产清理过程中发生的有关费用以及应支付的相关税费，借记“固定资产清理”账户，贷记“银行存款”“应交税费”等账户。

第三，出售收入和残料等的处理。企业收回出售固定资产的价款、残料价值和变价收入等，应冲减清理支出。按实际收到的出售价款以及残料变价收入等，借记“银行存款”“原材料”等账户，贷记“固定资产清理”等账户。

第四，保险等赔偿的处理。企业计算或收到的应由保险公司或过失人赔偿的损失，应冲减清理支出，借记“其他应收款”“银行存款”等账户，贷记“固定资产清理”账户。

第五，清理净损益的处理。清理净损益依据固定资产处置的原因不同，分别适用不同的处理方法。

因出售、转让等原因产生的固定资产处置利得或损失，计入资产处置损益。固定资产清理完成后的净损失，借记“资产处置损益”账户，贷记“固定资产清理”账户；固定资产清理完成后的净收益，借记“固定资产清理”账户，贷记“资产处置损益”账户。

因已丧失使用功能或因自然灾害发生毁损等原因而报废清理产生的利得或损失，计入营业外收支。其中，属于生产经营期间正常报废清理产生的处理损失，借记“营业外支出——处置非流动资产损失”账户，贷记“固定资产清理”账户；属于由于自然灾害等非正常原因造成的损失，借记“营业外支出——非常损失”账户，贷记“固定资产清理”账户；固定资产清理完成后的净收益，借记“固定资产清理”账户，贷记“营业外收入”科目。

（一）固定资产出售

企业对多余、闲置或不再需用的固定资产，可以对外出售，以收回资金，避免资源浪费。

【例6-17】2022年5月，华扬股份有限公司出售一台2020年5月购买的设备，原价为500 000元，已提折旧80 000元。用银行存款支付清理费用2 000元，售价为450 000元，适用的增值税税率为13%。按税法的规定，企业出售使用过的固定资产，按适用的税率征收增值税。根据上述资料，应进行如下会计处理：

（1）注销设备原价和累计折旧：

借：固定资产清理　420 000

　　累计折旧　80 000

　贷：固定资产　500 000

（2）支付清理费用：

借：固定资产清理　2 000

　贷：银行存款　2 000

（3）收到出售价款：

借：银行存款　508 500

　贷：固定资产清理　450 000

　　　应交税费——应交增值税（销项税额）　58 500

（4）结转清理净收益：

借：固定资产清理　28 000

　贷：资产处置损益　28 000

【例6-18】2022年6月，华扬股份有限公司出售自建的一幢厂房，原价为12 000 000元，已提折旧2 000 000元。用银行存款支付清理费用80 000元，出售的含税款共计15 260 000元，公司选择一般计税方法计税，适用的增值税税率为9%。根据上述资料，应进行如下会计处理：

（1）将厂房转入清理：

借：固定资产清理　10 000 000

　　累计折旧　2 000 000

　贷：固定资产　12 000 000

（2）支付清理费用：

借：固定资产清理　80 000

　贷：银行存款　80 000

（3）收到出售价款：

借：银行存款　15 260 000

　贷：固定资产清理　14 000 000

　　　应交税费——应交增值税（销项税额）　1 260 000

（4）结转清理净收益：

借：固定资产清理　3 920 000

　贷：资产处置损益　3 920 000

（二）固定资产报废、毁损

【例6-19】华扬股份有限公司拥有一台设备，因性能不良经批准提前报废。该设备原价为2 000 000元，累计已计提折旧1 800 000元、减值准备25 000元。在清理过程中，以银行存款支付清理费用4 000元，收到残料变卖净收入50 000元，适用的增值税税率为13%。有关账务处理如下：

（1）将固定资产转入清理：

借：固定资产清理 175 000

　　累计折旧 1 800 000

　　固定资产减值准备 25 000

　贷：固定资产 2 000 000

（2）发生清理费用：

借：固定资产清理 4 000

　贷：银行存款 4 000

（3）收到残料变价收入：

借：银行存款 56 500

　贷：固定资产清理 50 000

　　　应交税费——应交增值税（销项税额） 6 500

（4）结转固定资产清理净损失：

借：营业外支出——处置非流动资产损失 129 000

　贷：固定资产清理 129 000

【例6-20】华扬股份有限公司因遭受台风袭击毁损一座仓库，该仓库原价8 000 000元，已计提折旧2 000 000元，未计提减值准备。其残料估计价值为100 000元，残料已办理入库。发生清理费用并取得增值税专用发票，注明的运输费为20 000元，增值税税额为1 800元，以银行存款支付。经保险公司核定应赔偿损失为3 000 000元，增值税税额为0，款项已存入银行。假定不考虑其他相关税费。该公司应编制如下会计分录：

（1）将毁损的仓库转入清理时：

借：固定资产清理 6 000 000

　　累计折旧 2 000 000

　贷：固定资产 8 000 000

（2）残料入库时：

借：原材料 100 000

　贷：固定资产清理 100 000

（3）支付清理费用时：

借：固定资产清理 20 000

　　应交税费——应交增值税（进项税额） 1 800

　贷：银行存款 21 800

（4）确定并收到保险公司理赔款项时：

借：其他应收款 3 000 000

　贷：固定资产清理 3 000 000

借：银行存款 3 000 000

　贷：其他应收款 3 000 000

（5）结转毁损固定资产发生的损失时：

借：营业外支出——非常损失 2 920 000

贷：固定资产清理 2 920 000

在本例中，固定资产清理完毕时，“固定资产清理”账户为借方余额2 920 000元，由于属于自然灾害等非正常原因造成的净损失，因此应结转至“营业外支出——非常损失”账户的借方。

三、固定资产的清查

固定资产是一种价值较高、使用期限较长的有形资产，因此，对于管理规范的企业而言，盘盈、盘亏的固定资产较为少见。企业应当健全制度，加强管理，定期或者至少于每年年末对固定资产进行清查盘点，以保证固定资产核算的真实性和完整性。如果在清查中发现固定资产损溢，应及时查明原因，在期末结账前处理完毕。

（一）固定资产盘盈的会计处理

企业在财产清查中盘盈的固定资产，作为前期重大差错处理，在按管理权限报经批准处理前，应通过“以前年度损益调整”账户核算。盘盈的固定资产，应按重置成本确定其入账价值，借记“固定资产”账户，贷记“以前年度损益调整”账户。

【例6-21】华扬股份有限公司在财产清查中发现以前购入的一台设备尚未入账，其重置成本为50 000元（假定与计税基础相同），该公司按净利润的10%提取法定盈余公积，不考虑其他相关税费。该公司应编制如下会计分录：

（1）盘盈固定资产时：

借：固定资产 50 000

贷：以前年度损益调整 50 000

（2）结转为留存收益时：

借：以前年度损益调整 50 000

贷：盈余公积——法定盈余公积 5 000

利润分配——未分配利润 45 000

（二）固定资产盘亏的会计处理

固定资产盘亏造成的损失，应当计入当期损益。企业在财产清查中盘亏的固定资产，按盘亏固定资产的账面价值，借记“待处理财产损溢——待处理固定资产损溢”账户，按已计提的累计折旧，借记“累计折旧”账户，按已计提的减值准备，借记“固定资产减值准备”账户，按固定资产原价，贷记“固定资产”账户。按管理权限报经批准后处理时，按可收回的保险赔偿或过失人赔偿，借记“其他应收款”账户，按应计入营业外支出的金额，借记“营业外支出——盘亏损失”账户，贷记“待处理财产损溢——待处理固定资产损溢”账户。

根据现行增值税制度的规定，购进货物及不动产发生由于管理不善导致的非正常损失的，其负担的进项税额不得抵扣，其中购进货物包括被确认为固定资产的货物。但是，如果盘亏的是固定资产，应按其账面净值（即固定资产原价－已计提折旧）乘以适用税率计算不可以抵扣的进项税额，借记“待处理财产损溢”账户，贷记“应交税费——应交增值税（进项税额转出）”账户。

【例6-22】华扬股份有限公司年末对固定资产进行清查时，发现丢失一台设备。该设备原价为60 000元，已计提折旧15 000元。经查，该设备丢失的原因在于保管员看守不当。经批准，由保管员赔偿5 000元。有关账务处理如下：

（1）发现设备丢失时：

借：待处理财产损溢——待处理固定资产损溢 50 850

累计折旧 15 000

贷：固定资产 60 000

应交税费——应交增值税（进项税额转出） 5 850

（2）报经批准后：

借：其他应收款——××保管员 5 000

营业外支出——盘亏损失 45 850

贷：待处理财产损溢——待处理固定资产损溢 50 850

本章“固定资产”内容在资产负债表中分别以“固定资产”“在建工程”等项目列示。其中，“固定资产”项目根据“固定资产”账户的期末余额，减去“累计折旧”和“固定资产减值准备”账户期末余额后的金额，以及“固定资产清理”账户的期末余额计算填列；“在建工程”项目根据“在建工程”账户的期末余额，减去“在建工程减值准备”账户的期末余额后的金额填列。

【课程思政】

本章对固定资产预计弃置费用的确认与计量，一方面，直接关系到相关固定资产入账价值的确定以及后续折旧费用的计提；另一方面，有利于进一步增强企业的环保意识和责任。随着社会文明的不断进步，我们的环境保护意识也进一步增强，在会计核算方面有必要依据有关法律、法规，计量与记录环境污染、环境防治、环境开发的成本费用。环境保护有利于建设节约型社会，实现可持续发展，有利于增强投资吸引力和经济竞争力，实现转型跨越。维护生态平衡，保护环境是关系到人类生存、社会发展的根本性问题。

【与国际会计准则的比较及主要差异】

1. 取得固定资产的计量方法方面存在差异。如接受投资的固定资产，我国企业会计准则规定企业应根据投资各方确认的价值作为计量依据，当然双方作价不公允的除外。而国际会计准则则直接规定以公允价值作为计量依据。

2. 关于减值准备是否能转回方面存在差异。国际会计准则 IAS36 规定，在符合条件的情况下允许转回已确认的减值损失，并给出了如何判断资产减值损失不再存在或已减少的标准以及怎样转回的详细规定。而我国企业会计准则明确规定，固定资产、无形资产及其他长期资产的减值准备，一经确认不得转回。

【与我国小企业会计准则的比较及主要差异】

1. 资产计量属性不同。《企业会计准则》中有历史成本及现值等五种计量属性，分期付款购买固定资产具有融资性质的，其成本按照购买价的现值为基础确定。而《小企业会计准则》则规定，小企业只能采用历史成本计量资产，不考虑融资费用。

2. 自行建造固定资产的核算不同。首先，建造过程中使用的物资核算科目不同。

《企业会计准则》通过“工程物资”科目核算；《小企业会计准则》通过“原材料”科目核算。其次，停止资本化的时点不同。《企业会计准则》以“达到预定可使用状态”为时点停止资本化，而《小企业会计准则》是以“竣工结算”为时点停止资本化的，如此规定减少了会计人员的职业判断，同时与税法规定相一致。

3. 固定资产后续支出的核算不同。《企业会计准则》对固定资产修理费用等后续支出，符合资本化条件的计入固定资产成本，强调“是否符合资本化条件”，并没有数额的限定；不符合资本化条件的，计入当期损益（管理费用等）。而《小企业会计准则》的规定与《企业所得税法实施条例》一致，即“修理支出达到取得固定资产时计税基础的50%以上；修理后固定资产的使用年限延长2年以上”，则该支出在发生时，予以资本化，记入“长期待摊费用”账户；不符合上述两项规定的固定资产后续支出则应作为收益性支出，在发生时根据固定资产的受益对象计入相关资产成本（制造费用）或当期损益（管理费用等）。

4. 固定资产期末计量不同。《小企业会计准则》中没有明确要求计提减值准备，《企业会计准则》规定，若固定资产可收回金额低于账面价值，则应计提资产减值准备。

5. 固定资产盘盈的处理不同。在《小企业会计准则》下，固定资产的盘盈通过“待处理财产损溢”账户过渡，盘盈净收益记入“营业外收入”账户。而《企业会计准则》规定，固定资产盘盈应作为前期重大会计差错处理，应通过“以前年度损益调整”账户核算，并调整期初留存收益，这可在一定程度上控制人为调整利润的可能性，也更加符合经济实质。

【重点与难点】

（一）重点

1. 固定资产的确认与初始计量。
2. 固定资产折旧的范围、折旧方法及会计处理。
3. 固定资产后续支出的会计处理。
4. 固定资产的期末计价。
5. 固定资产处置的会计处理。

（二）难点

1. 固定资产后续支出的不同性质及会计处理。
2. 固定资产计提资产减值准备后折旧额的重新确定。
3. 固定资产处置的会计处理。

【课后练习】

（一）单项选择题

1. 某企业购入一台需要安装的设备，取得的增值税专用发票上注明的设备买价为50 000元，增值税税额为6 500元，支付的运输费为1 500元（不含税），设备安装时领用材料价值1 000元（不含税），购进该批材料的增值税为130元，设备安装时支付有关人员工资2 000元。则该固定资产的成本为（　　）元。

A.54 500　　C.56 500　　B.62 500　　D.61 000

2.某企业购进设备一台，该设备的入账价值为100万元，预计净残值为5.60万元，预计使用年限为5年，在采用双倍余额递减法计提折旧的情况下，该设备第三年应提折旧额为（　　）万元。

A.24　　B.14.40　　C.20　　D.8

3.下列固定资产中，应提折旧的是（　　）。

A.未提足折旧提前报废的房屋　　B.闲置的房屋

C.已提足折旧继续使用的房屋　　D.临时租赁租入的房屋

4.某企业2022年6月28日自行建造的一条生产线投入使用，该生产线建造成本为370万元，预计使用年限为5年，预计净残值为10万元。在采用年数总和法计提折旧的情况下，2022年该生产线应计提的折旧额为（　　）万元。

A.120　　B.70　　C.60　　D.74

5.某项固定资产的账面原价为80 000元，预计使用年限为5年，预计净残值为5 000元，按年数总和法计提折旧。若该项固定资产在使用的第3年末，因技术陈旧等原因首次计提减值准备，金额为其账面价值的10%，则该项固定资产在第3年末的净额为（　　）元。

A.14 400　　B.15 000　　C.16 000　　D.18 000

6.购入需要安装的固定资产的增值税进项税额计入（　　）。

A.固定资产　　B.营业外支出　　C.在建工程　　D.应交税费

7.对固定资产的处置，如为非常损失造成的报废或毁损，应将其净损失计入当期（　　）。

A.营业外支出　　B.在建工程　　C.管理费用　　D.固定资产

8.企业一次购入多项没有单独标价的固定资产，各项固定资产的原价应按（　　）。

A.各项固定资产的重置完全价值确定

B.各项固定资产公允价值的比例进行分配后确定

C.各项同类固定资产的历史成本确定

D.各项同类固定资产的净值确定

9.和平均年限法相比，采用年数总和法对固定资产计提折旧将使（　　）。

A.计提折旧的初期，企业利润减少，固定资产净值减少

B.计提折旧的初期，企业利润减少，固定资产原值减少

C.计提折旧的后期，企业利润减少，固定资产净值减少

D.计提折旧的后期，企业利润减少，固定资产原值减少

10.企业接受投资者投入的固定资产，应该按照（　　）作为入账价值。

A.接受投资时该无形资产的公允价值

B.投资合同或协议约定的价值（但合同或协议约定的价值不公允的除外）

C.投资各方确认的价值

D.投资方该无形资产的账面价值

（二）多项选择题

1.购入生产设备作为固定资产，其入账价值包括（　　）。

A.买价　　B.支付的增值税　　C.途中保险费　　D.进口关税等

2.关于固定资产，下列说法中正确的有（　　）。

A.购置的不需要经过安装即可使用的固定资产，按实际支付的买价、包装费、运输

费、缴纳的有关税费等，作为入账价值

B. 自行建造的固定资产，按建造该项资产达到预定可使用状态前所发生的必要支出，作为入账价值

C. 投资者投入的固定资产，按投资方原账面价值作为入账价值

D. 如果有迹象表明以前期间据以计提固定资产减值的各种因素发生变化，使得固定资产的可收回金额大于其账面价值，则以前期间已计提的减值损失应当转回，但转回的金额不应超过原已计提的固定资产减值准备

3. 下列固定资产中应计提折旧的有（　　）。

A. 季节性停用的机器设备

B. 大修理停用的机器设备

C. 未使用的机器设备

D. 按规定单独估价作为固定资产入账的土地

4.“固定资产清理”账户的贷方登记的项目有（　　）。

A. 转入清理的固定资产的净值　　B. 变价收入

C. 结转的清理净收益　　D. 结转的清理净损失

5. 下列不能在“固定资产”账户核算的有（　　）。

A. 已购入正在安装的设备　　B. 短期租入的设备

C. 购入的不需安装的设备　　D. 短期租出的设备

（三）判断题

1. 企业会计应当根据税法的规定计提折旧的方法，合理选择固定资产折旧方法。（　　）

2. 与固定资产有关的后续支出，符合准则规定的固定资产的确认条件的，应当计入固定资产成本；不符合准则规定的固定资产的确认条件的，应当在发生时计入当期损益。（　　）

3. 企业接受其他单位的固定资产投资时，“固定资产”账户入账金额应考虑投资方原账面价值。（　　）

4. 企业应当根据固定资产的性质和使用情况，合理确定固定资产的使用寿命和预计净残值。固定资产的使用寿命、预计净残值一经确定，不得变更。（　　）

5. 按双倍余额递减法计提的折旧额在任何时期都大于按平均年限法计提的折旧额。（　　）

6. 对于购建固定资产发生的利息支出，在交付使用前发生的，应予资本化，将其计入固定资产的建造成本；在交付使用后发生的，则应作为当期费用处理。（　　）

7. 固定资产出售、报废、由于各种不可抗力而造成的毁损，均应通过“固定资产清理”账户核算，计算出处置固定资产的净损益后，直接计入本年利润。（　　）

8. 工作量法计提折旧的特点是每年提取的折旧额相等。（　　）

9. 企业在计提固定资产折旧时，当月增加的固定资产当月不提折旧，当月减少的固定资产当月照提折旧。（　　）

10. 企业的固定资产应当在期末按照账面价值与可收回金额孰低计量，对可收回金额低于账面价值的差额，应当计提固定资产减值准备。（　　）

（四）业务处理题

1. 华扬股份有限公司于2022年5月10日向甲公司购入一台不需安装的设备，发票上注明设备价款30 000元、增值税3 900元；另发生运费2 000元，增值税为180元；款项均

以银行存款支付。

要求：编制上述与购入设备有关的会计分录。

2. 华扬股份有限公司于2022年4月18日向乙公司购入一台需安装的设备，发票上注明设备价款40 000元、增值税5 200元；另发生运费1 000元，增值税为90元；安装费用为2 000元；款项均以银行存款支付。5月18日安装完毕交付生产车间使用。

要求：编制上述与购入设备有关的会计分录。

3. 华扬股份有限公司一台原价为1 200 000元的车间用生产设备，预计使用年限为20年，预计净残值率为4%。

要求：根据上述资料，使用年限平均法计算该固定资产月折旧额，并编制按月提取折旧的会计分录。

4. 华扬股份有限公司一辆销售机构货运卡车账面原值为400 000元，预计总行驶里程为1 000 000千米，预计净残值率为4%，当月行驶5 000千米。

要求：根据上述资料，使用工作量法计算该固定资产月折旧额，并编制按月提取折旧的会计分录。

5. 华扬股份有限公司有一台行政管理用办公设备，账面原值为500 000元，预计使用5年，预计净残值为20 000元。

要求：分别按双倍余额递减法和年数总和法计提年折旧额，并分别编制第一年按月提取折旧的会计分录。

6. 2022年10月10日，华扬股份有限公司某生产设备原值为485万元，累计已提折旧95万元，现因遭受自然灾害发生严重毁损，公司决定进行处置，取得残料变价收入10万元，保险公司赔偿款30万元，发生清理费用5万元；款项均以银行存款收付，不考虑其他相关税费。

要求：计算2022年10月10日处置该设备实现的净损益并编制处置该设备的会计分录。

（五）简答与思考题

1. 什么是折旧？影响固定资产折旧的因素有哪些？

2. 固定资产折旧范围如何界定？

3. 加速折旧法相对于年限平均法对企业有何优势？

4. 固定资产的后续支出如何进行会计处理？

5. 如何计提固定资产减值准备？

6. 固定资产的出售、报废、毁损的会计处理有何异同？

参考答案

【知识结构图】

第七章 无形资产

【学习目标】

通过本章的学习，应明确无形资产的基本概念、基本特征，了解无形资产的分类以及无形资产的确认与计量问题方面的有关规定，熟练掌握无形资产业务的会计处理方法，包括企业从各种不同的来源渠道取得各种无形资产及摊销、出售无形资产的会计处理等。

【引导案例】

王老吉商标之争

“王老吉”品牌起源于清文宗咸丰年间（1851年），王泽邦将解暑之用的药方制成凉茶，称为“王老吉”，防病保健。之后，因配方合乎药理，价钱公道，远近闻名。“王老吉”凉茶畅销广东、广西、湖南、湖北、江西、上海等地。后来，“王老吉”第三代传人于中国香港设店，又在中国澳门开设分店，并将王老吉“杭线葫芦”的商标注册。“杭线葫芦”成为第一个注册的华商商标。1956年，国家实行工商业社会主义改造，王老吉凉茶归入国有企业——广州羊城药厂，隶属广药集团。

1995年，作为王老吉商标的持有者，广药集团将红罐王老吉的生产销售权租给了加多宝公司，而广药集团自己则生产绿色利乐包装的王老吉凉茶，也就是绿盒王老吉。1997年，广药集团又与加多宝的母公司中国香港鸿道集团签订了商标许可使用合同。2000年，双方第二次签署合同，约定鸿道集团对“王老吉”商标的租赁期限至2010年5月2日到期。

2001年至2003年期间双方签订协议，广药集团允许鸿道集团将“红罐王老吉”的生产经营权延续到2020年，每年收取商标使用费约500万元。2004年，广药集团下属企业王老吉药业推出了绿盒王老吉。2011年11月，广药集团开始将王老吉的其他品类授权给其他企业。对此，加多宝公司发表声明，双方的矛盾开始公开化，并在2011年年底诉诸中国国际经济贸易仲裁委员会。

2012年5月10日晚间，广药集团在中国香港联合交易所发布公告称，根据中国国际经济贸易仲裁委员会2012年5月9日的裁决书，鸿道（集团）有限公司停止使用“王老吉”商标，2012年5月15日，广药集团赢得“王老吉”商标。2012年7月16日，王老吉商标争夺战终审判决公布，这场价值1 080亿元的“王老吉”商标合同争议案在历时380多日后最终以广药集团赢得“王老吉”商标告终。

思考：

（1）什么是商标及商标权，企业拥有的商标权是否都应作为无形资产入账？

（2）商标权等知识产权的保护对企业、民族有何作用？在当前社会经济背景下如何保护知识产权？

分析提示

第一节 无形资产概述

一、无形资产的定义与特征

无形资产是指企业拥有或者控制的没有实物形态的可辨认非货币性资产。无形资产具有以下特征：

(一) 无形资产是由企业拥有或者控制并能为其带来未来经济利益的资源

预计能为企业带来未来经济利益，是作为一项资产的本质特征，无形资产也不例外。通常情况下，企业拥有或者控制的无形资产应当拥有其所有权并且能够为企业带来未来经济利益。但在某些情况下并不需要企业拥有其所有权，如果企业有权获得某项无形资产产生的经济利益，同时能约束其他人获得这些经济利益，则说明企业控制了该无形资产，或者说控制了该无形资产产生的经济利益，具体表现为企业拥有该无形资产的法定所有权或者使用权，并受法律的保护。比如，企业自行研制的技术通过申请依法取得专利权后，就在一定期限内拥有了该专利技术的法定所有权；又比如企业与其他企业签订合约转让商标权，由于合约的签订，商标使用权转让方的相关权利受到了法律的保护。

(二) 无形资产不具有实物形态

无形资产通常表现为某种权利、某项技术或是某种获取超额利润的综合能力。它们不具有实物形态，看不见、摸不着，比如，土地使用权、非专利技术等。无形资产为企业带来经济利益的方式与固定资产不同，固定资产是通过实物价值的磨损和转移来为企业带来未来经济利益的，而无形资产在很大程度上是通过自身所具有的技术等优势为企业带来未来经济利益的。不具有实物形态是无形资产区别于其他资产的特征之一。

需要指出的是，某些无形资产的存在有赖于实物载体。比如，计算机软件需要存储在介质中。但这并不改变无形资产本身不具有实物形态的特性。在确定一项包含无形和有形要素的资产是属于固定资产，还是属于无形资产时，需要通过判断来加以确定，通常以哪个要素更重要作为判断的依据。例如，计算机控制的机械工具没有特定计算机软件就不能运行时，则说明该软件是构成相关硬件不可缺少的组成部分，该软件应作为固定资产核算；如果计算机软件不是相关硬件不可缺少的组成部分，则该软件应作为无形资产核算。无论是否存在实物载体，只要将一项资产归类为无形资产，则不具有实物形态仍然是无形资产的特征之一。

(三) 无形资产具有可辨认性

要作为无形资产进行核算，该资产必须是能够区别于其他资产可单独辨认的，如企业持有的专利权、非专利技术、商标权、土地使用权、特许权等。从可辨认性的角度考虑，商誉是与企业整体价值联系在一起的，无形资产的定义要求无形资产是可辨认的，以便与商誉清楚地区分开来。企业合并中取得的商誉代表了购买方为从不能单独辨认并独立确认的资产中获得预期未来经济利益而付出的代价。这些未来经济利益可能产生于取得的可辨认资产之间的协同作用，也可能产生于购买者在企业合并中准备支付的，但不符合在财务报表上确认条件的资产。从计量上讲，商誉是企业合并成本大于合并中取得的各项可辨认资产、负债公允价值份额的差额，代表的是企业未来现金流量大于每一单项资产产生未来现金流量的合计金额，其存在无法与企业自身区分开来，由于不具有可辨认性，虽然商誉也是没有实物形态的非货币性资产，但不构成无形资产。符合以下条件之一的，则认为其具有可辨认性：

1. 能够从企业中分离或者划分出来，并能单独用于出售或转让等，而不需要同时处置在同一获利活动中的其他资产，则说明无形资产可以辨认。某些情况下无形资产可能需要与有关的合同一起用于出售、转让等，这种情况下也视为可辨认无形资产。

2. 产生于合同性权利或其他法定权利，无论这些权利是否可以从企业或其他权利和义务中转移或者分离。如一方通过与另一方签订特许权使用合同而获得的特许使用权，通过法律程序申请获得的商标权、专利权等。

如果企业有权获得一项无形资产产生的未来经济利益，并能约束其他方获取这些利益，则表明企业控制了该项无形资产。对于会产生经济利益的技术知识，若其受到版权、贸易协议约束（如果允许）等法定权利或雇员保密法定责任的保护，那么说明该企业控制了相关利益。

客户关系、人力资源等，由于企业无法控制其带来的未来经济利益，不符合无形资产的定义，不应将其确认为无形资产。

内部产生的品牌、报刊名、刊头、客户名单和实质上类似项目的支出不能与整个业务开发成本区分开来。因此，这类项目也不应确认为无形资产。

（四）无形资产属于非货币性资产

非货币性资产，是指企业持有的货币资金和将以固定或可确定的金额收取的资产以外的其他资产。无形资产由于没有发达的交易市场，一般不容易转化成现金，在持有过程中为企业带来未来经济利益的情况不确定，不属于以固定或可确定的金额收取的资产，属于非货币性资产。货币性资产主要有库存现金、银行存款、应收账款、应收票据和短期有价证券等。它们的共同特点是直接表现为固定的货币数额，或在将来收到一定货币数额的权利。应收款项等资产也没有实物形态，其与无形资产的区别在于无形资产属于非货币性资产，而应收款项等资产则不属于非货币性资产。另外，虽然固定资产也属于非货币性资产，但其为企业带来经济利益的方式与无形资产不同，固定资产是通过实物价值的磨损和转移来为企业带来未来经济利益的，而无形资产在很大程度上是通过某些权利、技术等优势为企业带来未来经济利益的。

二、无形资产的内容

无形资产通常包括专利权、非专利技术、商标权、著作权、特许权、土地使用权等。

（一）专利权

专利权，是指国家专利主管机关依法授予发明创造专利申请人，对其发明创造在法定期限内所享有的专有权利，包括发明专利权、实用新型专利权和外观设计专利权。发明，是指对产品、方法或者其改进所提出的新的技术方案。实用新型，是指对产品的形状、构造或者其结合所提出的适于实用的新的技术方案。外观设计，是指对产品的形状、图案或者其结合以及色彩与形状、图案的结合所作出的富有美感并适于工业应用的新设计。发明专利权的期限为20年，实用新型专利权和外观设计专利权的期限为10年，均自申请日起计算。

（二）非专利技术

非专利技术是指不为外界所知、在生产经营活动中已采用了的、不享有法律保护的、可以带来经济效益的各种技术和诀窍。非专利技术一般包括工业专有技术、商业贸易专有技术、管理专有技术等。工业专有技术，指在生产上已经采用，仅限少数人知道，不享有专利权或发明权的生产、装配、修理、工艺或加工方法的技术知识，可以用蓝图、配方、技术记录、操作方法的说明等具体资料表现出来，也可以通过卖方派出技术人员进行指导，或接受买方人员进行技术实习等手段实现；商业贸易专有技术，指具有保密性质的市场情报、原材料价格情报以及用户、竞争对象的有关知识；管理专有技术，指生产组织的经营方式、管理方法、培训职工方法等保密知识。非专利技术并不是《专利法》的保护对象，非专利技术用自我保密的方式来维持其独占性，具有经济性、机密性和动态性等特点。

（三）商标权

商标是用来辨认特定的商品或劳务的标记。商标权指专门在某类指定的商品或产品上使用特定的名称或图案的权利。经商标局核准注册的商标为注册商标，包括商品商标、服务商标、集体商标和证明商标；商标注册人享有商标专用权，受法律保护。注册商标的有效期为10年，自核准注册之日起计算。注册商标有效期满，需要继续使用的，应当在期满前6个月内申请续展注册；在此期间未能提出申请的，可以给予6个月的宽展期，宽展期满仍未提出申请的，注销其注册商标。每次续展注册的有效期为10年。

（四）著作权

著作权又称版权，指作者对其创作的文学、科学和艺术作品依法享有的某些特殊权利。著作权包括作品署名权、发表权、修改权和保护作品完整权，还包括复制权、发行权、出租权、展览权、表演权、放映权、广播权、信息网络传播权、摄制权、改编权、翻译权、汇编权以及应当由著作权人享有的其他权利。著作权属于作者。

（五）特许权

特许权，又称经营特许权、专营权，指企业在某一地区经营或销售某种特定商品的权利或是一家企业接受另一家企业使用其商标、商号、技术秘密等的权利。特许权通常有两种形式：一种是由政府机构授权，准许企业使用或在一定地区享有经营某种业务的特权，如水、电、邮电通信等专营权，烟草专卖权等；另一种是企业间依照签订的合同，有限期或无限期地使用另一家企业的某些权利，如连锁店分店使用总店的名称等。

（六）土地使用权

土地使用权，指国家准许某企业在一定期间内对国有土地享有开发、利用、经营的权利。根据我国土地管理法的规定，我国土地实行公有制，任何单位和个人不得侵占、买卖或者以其他形式非法转让。企业取得土地使用权的方式大致有行政划拨取得、外购取得（例如以缴纳土地出让金方式取得）及投资者投资取得几种。通常情况下，作为投资性房地产或者作为固定资产核算的土地，按照投资性房地产或者固定资产准则核算；以缴纳土地出让金等方式外购的土地使用权，以及以投资者投入等方式取得的土地使用权，作为无形资产核算。

三、无形资产的分类

（一）无形资产按其取得来源，可分为外部取得的无形资产和内部开发的无形资产

外部取得的无形资产根据其取得的方式不同又可分为购入的无形资产、投资转入的无形资产、接受捐赠取得的无形资产、债务重组取得的无形资产等。

内部开发的无形资产是指企业自行开发、设计、研制成功的科研成果或专有技术经申请或注册获得专有权利形成的无形资产，如专利权、商标权等。

将无形资产分为外部取得的无形资产和内部开发的无形资产，便于对不同来源取得的无形资产进行计价。不同来源取得的无形资产的成本构成内容不同、核算的依据不同，应分别确定其成本并入账。

（二）无形资产按有无使用期限，可分为有限期无形资产和无限期无形资产

有限期无形资产的有效期由法律或契约所规定，在有效使用期限内受法律的保护，它们的取得成本要在其有效期限内摊销。期限届满时，如果不能请求展期或企业未请求展期的，其经济价值将随之消逝，如专利权、特许权、商标权、著作权、土地使用权等。

无限期无形资产是指法律或合同没有规定使用期限的无形资产，这些无形资产使用期限的长短取决于科技发展的快慢和技术保密工作的好坏以及企业自身对其维护程度如何等因素，只要其还有使用价值，企业就可以继续使用下去，直到其丧失经济价值为止，如非专利技术等。

将无形资产分为有限期无形资产和无限期无形资产，便于正确进行无形资产的摊销。对于有限期无形资产按其有效期限采用一定的方法进行摊销；而对于无限期无形资产，或使用寿命不确定的无形资产，企业会计准则规定不应摊销，但需定期进行减值测试。

第二节　无形资产的确认和初始计量

一、无形资产的确认条件

无形资产应当在符合定义的前提下，同时满足以下两个确认条件时，才能予以确认。

（一）与该资产有关的经济利益很可能流入企业

作为无形资产确认的项目，必须具备产生的经济利益很可能流入企业的条件。通常情况下，无形资产产生的未来经济利益可能包括在销售商品、提供劳务的收入中，或者企业使用该项无形资产而减少或节约的成本中，或体现在获得的其他利益中。例如，生产加工企业在生产工序中使用了某种知识产权，使其降低了未来生产成本，而不是增加未来收入。在实务中，要确定无形资产创造的经济利益是否很可能流入企业，需要进行职业判断。在进行这种判断时，需要对无形资产在预计使用寿命内可能存在的各种经济因素作出合理估计，并且应当有明确的证据支持，比如，企业是否有足够的人力资源、高素质的管理队伍、相关的硬件设备、相关的原材料等来配合无形资产为企业创造经济利益。同时，更为重要的是关注一些外界因素的影响，比如是否存在相关的新技术、新产品冲击、与无形资产相关的技术或据其生产的产品的市场等。在进行判断时，企业的管理层应对无形资产的预计使用寿命内存在的各种因素作出最稳健的估计。

（二）该无形资产的成本能够可靠地计量

成本能够可靠地计量是资产确认的一个基本条件。对于无形资产来说，这个条件相对更为重要。比如，企业内部产生的品牌、报刊名等，因其成本无法可靠计量，不作为无形资产确认。又比如，一些高新科技企业的科技人才与企业签订了服务合同，且合同规定其在一定期限内不能为其他企业提供服务，在这种情况下，虽然这些科技人才的知识在规定的期限内预期能够为企业创造经济利益，但由于这些科技人才的知识难以辨认，且形成这些知识所发生的支出难以计量，因而不能作为企业的无形资产确认。

二、无形资产的初始计量

无形资产在取得时通常是按实际成本计量的，即以取得无形资产并使之达到预定用途而发生的全部支出，作为无形资产的成本。对于不同来源取得的无形资产，其初始成本构成也不尽相同。

（一）外购的无形资产成本

外购的无形资产，其成本包括购买价款、相关税费以及直接归属于使该项资产达到预定用途所发生的其他支出。其中，直接归属于使该项资产达到预定用途所发生的其他支出包括使无形资产达到预定用途所发生的专业服务费用、测试无形资产是否能够正常发挥作用的费用等。下列各项不应包括在无形资产的初始成本中：（1）为引入新产品进行宣传发生的广告费、管理费用及其他间接费用。（2）无形资产已经达到预定用途以后发生的费用。例如，在形成预定经济规模之前发生的初始运作损失，以及在无形资产达到预定用途之前发生的其他经营活动的支出，如果该经营活动并非无形资产达到预定用途必不可少的，则有关经营活动的损益应于发生时计入当期损益，而不构成无形资产的成本。

外购的无形资产，应按其取得成本进行初始计量；如果购入的无形资产超过正常信用条件延期支付价款，实质上具有融资性质的，应按所取得无形资产购买价款的现值计量其成本，现值与应付价款之间的差额作为未确认融资费用，在付款期间内按照实际利率法确认为利息费用。

外购的无形资产，如果取得法律规定的可抵扣增值税专用发票，其支付的增值税可以抵扣，如未取得法律规定的可抵扣增值税专用发票，其支付的增值税则不可以抵扣，应计入无形资产的成本。

【例7-1】华扬股份有限公司因某项生产活动需要甲公司已获得的一项专利技术，如果使用了该项专利技术，公司预计其生产能力比原先提高22%，销售利润率增长16%。为此，华扬股份有限公司从甲公司购入这项专利技术。按照协议的约定以现金支付，实际支付的价款为350万元，并支付有关专业服务费用7万元，款项已通过银行转账支付，取得的增值税专用发票载明进项税额为214 200元。

分析：（1）华扬股份有限公司购入的该项专利技术符合无形资产的定义，即华扬股份有限公司能够拥有或者控制的该项专利技术符合可辨认的条件，同时是不具有实物形态的非货币性资产。（2）华扬股份有限公司购入的该项专利技术符合无形资产的确认条件。首先，公司的某项生产活动需要甲公司已获得的专利技术，华扬股份有限公司使用了该项专利技术，预计公司的生产能力比原先提高22%，销售利润率增长16%，即经济利益很可能流入；其次，华扬股份有限公司购买该项专利技术的成本为350万元，另外支付了有关专业服务费用7万元，即成本能够可靠计量。由此，符合无形资产的确认条件。

无形资产的初始计量成本=350+7=357（万元）

华扬股份有限公司的账务处理如下：

借：无形资产——专利权　　3 570 000

　　应交税费——应交增值税（进项税额）　　214 200

　贷：银行存款　　3 784 200

（二）投资者投入的无形资产成本

投资者投入的无形资产，应当按照投资合同或协议约定的价值确定其取得成本。如果投资合同或协议的约定价值不公允，应按无形资产的公允价值作为其初始成本入账。

【例7-2】因丙公司创立的商标已有较好的声誉，华扬股份有限公司预计使用丙公司商标后可使其未来利润增长25%。为此，华扬股份有限公司与丙公司协议商定，丙公司以其商标权投资于华扬股份有限公司，双方协议价格（等于公允价值）为400万元，增值税税额为24万元，协议约定由投资方支付税款，并提供增值税专用发票，不考虑其他税费。

分析：该商标权的初始计量，应当以取得时的成本为基础。本例中，投资协议约定的价值与公允价值相符，故取得时的成本即为投资协议约定的价格，即400万元。

华扬股份有限公司接受丙公司作为投资的商标权的成本=400万元

华扬股份有限公司的账务处理如下：

借：无形资产——商标权　　4 000 000

　　应交税费——应交增值税（进项税额）　　240 000

　贷：股本　　4 240 000

（三）通过政府补助取得的无形资产成本

政府补助是指企业从政府无偿取得的货币性资产或非货币性资产。通过政府补助取得的无形资产，应当按照公允价值计量其初始入账成本；公允价值不能可靠取得的，按照名义金额计量。通过政府补助取得无形资产时，一方面，按其公允价值增加无形资产，另一方面，要作为递延收益，记入“递延收益”账户的贷方。“递延收益”账户主要核算企业确认的应在以后期间计入当期损益的政府补助。企业由于政府补助形成的无形资产而确认的递延收益应在无形资产的使用寿命内分配计入各期损益。与企业日常活动相关的政府补助，应当按照经济业务实质，计入其他收益；与企业日常活动无关的政府补助，应当计入营业外收入。

【例7-3】华扬股份有限公司收到政府行政划拨的土地使用权。根据有关凭证，其公允价值为13 000 000元。

华扬股份有限公司的账务处理如下：

借：无形资产——土地使用权　　13 000 000

　贷：递延收益　　13 000 000

（四）土地使用权的成本

企业取得的土地使用权，通常应当按照取得时所支付的价款及相关税费确认为无形资产。土地使用权用于自行开发建造厂房等地上建筑物时，土地使用权的账面价值不与地上建筑物合并计算其成本，而仍作为无形资产进行核算，土地使用权与地上建筑物分别进行摊销和提取折旧。但下列情况除外：

1. 房地产开发企业取得的土地使用权用于建造对外出售的房屋建筑物，相关的土地使用权应当计入所建造的房屋建筑物成本。

2. 企业外购的房屋建筑物，实际支付的价款中包括土地以及建筑物价值的，则应当对支付的价款按照合理的方法（如公允价值比例）在土地和地上建筑物之间进行分配；如果确实无法在地上建筑物与土地使用权之间进行合理分配，应当全部作为固定资产，按照固定资产确认和计量的规定进行处理。

企业改变土地使用权的用途，如将其用于出租或增值目的时，应将其转为投资性房地产（见第八章）。

第三节　内部研究开发支出的确认和计量

研究与开发活动发生的支出，除了要遵循无形资产确认和初始计量的一般要求外，还需要满足其他特定的条件，才能够确定为一项无形资产。首先，为评价内部产生的无形资产是否满足确认标准，企业应当将资产的形成过程分为研究阶段与开发阶段两部分；其次，对于开发阶段中发生的费用，在符合一定条件的情况下，才可确认为一项无形资产。在实务工作中，具体划分研究阶段与开发阶段，以及是否符合资本化条件，应当根据企业的实际情况以及相关信息予以判断。

一、研究阶段与开发阶段的划分

对于企业自行进行的研究开发项目，应当区分研究阶段与开发阶段两个部分分别进行核算。

（一）研究阶段

研究阶段，是指为获取新的技术和知识等进行的有计划的调查。有关研究阶段活动的例子包括：意在获取知识而进行的活动；研究成果或其他知识的应用研究、评价和最终选择；材料、设备、产品、工序、系统或服务替代品的研究；新的或经改进的材料、设备、产品、工序、系统或服务的可能替代品的配制、设计、评价和最终选择等。

研究阶段的特点在于：

1. 计划性。研究阶段是建立在有计划的调查基础上的，即研发项目已经董事会或者相关管理层的批准，并着手收集相关资料、进行市场调查等。例如，某药品公司为研究开发某药品，经董事会或者相关管理层的批准，有计划地收集相关资料并进行市场调查，比较市场中相关药品的药性、效用等活动，属于研究阶段的活动。

2. 探索性。研究阶段基本上是探索性的，为进一步的开发活动进行资料及相关方面的准备，在这一阶段不会形成阶段性成果。

从研究阶段活动的特点看，其研究是否能在未来形成成果，即通过开发后是否会形成无形资产均具有很大的不确定性，企业也无法证明其能够带来未来经济利益的无形资产的存在，因此，研究阶段的有关支出在发生时应当予以费用化计入当期损益。

（二）开发阶段

开发是指在进行商业性生产或使用前，将研究成果或其他知识应用于某项计划或设计，以生产出新的或具有实质性改进的材料、装置、产品等的活动。有关开发阶段活动的例子包括：生产前或使用前的原型和模型的设计、建造和测试；含新技术的工具、夹具、模具和冲模的设计；不具有商业性生产经济规模的试生产设施的设计、建造和运营；新的或经改造的材料、设备、产品、工序、系统或服务所选定的替代品的设计、建造和测试等。

开发阶段的特点在于：

1. 具有针对性。开发阶段是建立在研究阶段基础上的，因而，对项目的开发具有针对性。

2. 形成成果的可能性较大。进入开发阶段的研发项目往往形成成果的可能性较大。

由于开发阶段相对于研究阶段更进一步，因此，进入开发阶段，则在很大程度上形成一项新产品或新技术的基本条件已经具备，此时如果企业能够证明满足无形资产的定义及相关确认条件，所发生的开发支出可以资本化，则确认为无形资产。

（三）研究阶段与开发阶段的不同点

1. 目标不同。一般地，研究阶段的目标不具体、不具有针对性；而开发阶段多是针对具体目标、产品、工艺等进行的相关活动。

2. 对象不同。研究阶段的活动成本一般很难具体化到特定项目上；而开发阶段的活动成本往往形成对象化的成果。

3. 风险不同。研究阶段的成功概率很难判断，成功率一般很低，风险比较大；而开发阶段的成功率较高，风险相对较小。

4. 结果不同。研究阶段的结果多是研究报告等基础性成果；而开发阶段的结果则多是具体的新技术、新产品等。

二、开发阶段有关支出资本化的条件

在开发阶段，判断可以将有关支出资本化计入无形资产成本的条件包括：

1. 完成该无形资产以使其能够使用或出售在技术上具有可行性。企业在判断是否满足该条件时，应以目前阶段的成果为基础，说明在此基础上进一步进行开发所需的技术条件等已经具备，基本上不存在技术上的障碍或其他不确定性，企业在判断时，应提供相关的证据和材料。

2. 具有完成该无形资产并使用或出售的意图。开发某项产品或专利技术产品等的意图是使用或是出售，通常由管理层关于该项研发活动的目的或者意图所决定，即研发项目形成成果以后，是为出售，还是为自己使用并从使用中获得经济利益，应当以管理层的意图而定。因此，企业的管理层应能够说明其持有拟开发无形资产的目的，并具有完成该项无形资产开发并使其能够使用或出售的可能性。

3. 无形资产产生经济利益的方式，包括能够证明运用该无形资产生产的产品存在市场或无形资产自身存在市场，无形资产将在内部使用的，应当证明其有用性。作为无形资产确认，其基本条件是能够为企业带来未来经济利益。就其能够为企业带来未来经济利益的方式来讲，如果有关的无形资产在形成以后，主要是用于形成新产品或新工艺的，企业应对运用该无形资产生产的产品市场情况进行估计，应能够证明所生产的产品存在市场，并能够带来经济利益的流入；如果有关的无形资产开发以后主要是用于对外出售的，则企业应能够证明市场上存在对该类无形资产的需求，开发以后存在外在的市场可以将其出售并带来经济利益的流入；如果无形资产开发以后，不是用于生产产品，也不是用于对外出售，而是在企业内部使用，则企业应能够证明在企业内部使用时对企业的有用性。

4. 有足够的技术、财务资源和其他资源支持，以完成该无形资产的开发，并有能力使用或出售该无形资产。这一条件主要包括：(1) 为完成该项无形资产开发具有技术上的可靠性。开发无形资产并使其形成成果在技术上的可靠性，是继续开发活动的关键，因此，必须有确凿证据证明企业继续开发该项无形资产有足够的技术支持和技术能力。(2) 财务资源和其他资源支持。财务和其他资源支持是能够完成该项无形资产开发的经济基础，因此，企业必须能够证明为完成该项无形资产的开发拥有所需的财务和其他资源。(3) 能够证明企业在开发过程中所需的技术、财务和其他资源，以及企业获得这些资源的相关计划等。如在企业自有资金不足以提供支持的情况下，存在外部其他方面的资金支持，如银行等金融机构愿意为该无形资产的开发提供所需资金的声明等，并有能力使用或出售该无形资产。

5. 归属于该无形资产开发阶段的支出能够可靠地计量。企业对开发活动发生的支出应单独核算，如发生的开发人员的工资、材料费等，在企业同时从事多项开发活动的情况下，所发生的支出同时用于支持多项开发活动的，应按照一定的标准在各项开发活动之间进行分配，无法明确分配的，应予费用化计入当期损益，不计入开发活动的成本。

三、内部研发的无形资产的计量

内部研发活动形成的无形资产的成本，由可直接归属于该资产的创造、生产并使该资产能够以管理层预定的方式运作的所有必要支出组成。可直接归属成本包括：开发该无形资产时耗费的材料、劳务成本、注册费，在开发该无形资产的过程中使用的其他专利权和特许权的摊销，以及按照借款费用的处理原则可资本化的利息支出。在开发无形资产过程中发生的除上述可直接归属于无形资产开发活动的费用外，其他销售费用、管理费用等间接费用，无形资产达到预定用途前发生的可辨认的无效和初始运作损失，以及为运行该无形资产发生的培训支出等不构成无形资产的开发成本。

值得说明的是，内部研发无形资产的成本仅包括在满足资本化条件的时点至无形资产达到预定用途前发生的支出总和，对于同一项无形资产在开发过程中达到资本化条件之前已经费用化计入当期损益的支出不再进行调整。

四、内部研究开发费用的会计处理

(一) 基本原则

企业内部研究和开发无形资产，其在研究阶段的支出全部费用化，计入当期损益（管理费用）；开发阶段的支出符合条件的资本化，不符合资本化条件的计入当期损益（管理费用）。如果确实无法区分研究阶段的支出和开发阶段的支出，应将其所发生的研发支出全部费用化，计入当期损益。

(二) 具体账务处理方法

1. 企业自行开发无形资产发生的研发支出，不满足资本化条件的，借记“研发支出——费用化支出”账户，满足资本化条件的，借记“研发支出——资本化支出”账户，贷记“原材料”“银行存款”“应付职工薪酬”等账户。

2. 企业以其他方式取得的正在进行中的研究开发项目，应按确定的金额，借记“研发支出——资本化支出”账户，贷记“银行存款”等账户。以后发生的研发支出，应当比照上述第1条原则进行处理。

3. 研究开发项目达到预定用途形成无形资产的，应按“研发支出——资本化支出”账户的余额，借记“无形资产”账户，贷记“研发支出——资本化支出”账户。

【例7-4】2022年1月1日，华扬股份有限公司经董事会批准研发某项新产品专利技术，该公司董事会认为，研发该项目具有可靠的技术和财务等资源的支持，并且一旦研发成功将降低该公司生产产品的成本。该公司在研究开发过程中发生材料费3 000万元，人工工资600万元，以及其他费用2 000万元，总计5 600万元，其中，符合资本化条件的支出为4 000万元。2022年12月31日，该专利技术已经达到预定用途。

分析：首先，华扬股份有限公司经董事会批准研发某项新产品专利技术，并认为完成该项新技术无论从技术上还是财务上都能够得到可靠的资源支持，并且一旦研发成功将降低公司的生产成本，因此，符合条件的开发费用可以资本化。其次，华扬股份有限公司在开发该项新技术时，累计发生5 600万元的研究与开发支出，其中符合资本化条件的研发支出为4 000万元，其符合“归属于该无形资产开发阶段的支出能够可靠地计量”的条件。

华扬股份有限公司的账务处理如下：

（1）发生研发支出：

借：研发支出——费用化支出	16 000 000	
——资本化支出	40 000 000	
贷：原材料		30 000 000
应付职工薪酬		6 000 000
银行存款		20 000 000

（2）2022年12月31日，该专利技术已经达到预定用途：

借：管理费用	16 000 000	
无形资产	40 000 000	
贷：研发支出——费用化支出		16 000 000
——资本化支出		40 000 000

第四节　无形资产的后续计量

一、无形资产后续计量的原则

无形资产初始确认和计量后，在其后使用该项无形资产期间内应以成本减去累计摊销额和累计减值损失后的余额计量。要确定无形资产在使用过程中的累计摊销额，基础是估计其使用寿命，而使用寿命有限的无形资产才需要在估计使用寿命内采用系统合理的方法进行摊销，对于使用寿命不确定的无形资产则不需要摊销。

（一）估计无形资产的使用寿命

企业应当于取得无形资产时分析判断其使用寿命。无形资产的使用寿命如为有限的，应当估计该使用寿命的年限或者构成使用寿命的产量等类似计量单位数量；无法预见无形资产为企业带来未来经济利益期限的，应当视为使用寿命不确定的无形资产。

估计无形资产使用寿命应考虑的主要因素包括：

（1）该资产通常的产品寿命周期，以及可获得的类似资产使用寿命的信息；

（2）技术、工艺等方面的现实情况及对未来发展的估计；

（3）该资产在该行业运用的稳定性和生产的产品或服务的市场需求情况；

（4）现在或潜在的竞争者预期采取的行动；

（5）为维持该资产产生未来经济利益的能力所需要的维护支出，以及企业预计支付有关支出的能力；

（6）对该资产的控制期限，以及对该资产使用的法律或类似限制，如特许使用期间、租赁期间等；

（7）与企业持有的其他资产使用寿命的关联性等。

例如，企业以支付土地出让金的方式取得一块土地50年的使用权，如果企业准备持续持有，在50年期间内没有出售计划，则该项土地使用权预期为企业带来未来经济利益的期限为50年。

（二）无形资产使用寿命的确定

某些无形资产的取得源自合同性权利或其他法定权利，其使用寿命不应超过合同性权利或其他法定权利的期限。但如果企业使用资产的预期期限短于合同性权利或其他法定权利规定的期限，则应当按照企业预期使用的期限确定其使用寿命。例如，企业取得一项专利技术，法律保护期间为20年，企业预计运用该专利生产的产品在未来15年内会为企业带来经济利益。就该项专利技术，第三方向企业承诺在5年内以其取得之日公允价值的60%购买该专利技术，从企业管理层目前的持有计划来看，准备在5年内将其出售给第三方。为此，该项专利权的实际使用寿命为5年。

如果合同性权利或其他法定权利能够在到期时因续约等延续，则仅当有证据表明企业续约不需要付出重大成本时，续约期才能够包括在使用寿命的估计中。在下列情况下，一般说明企业无须付出重大成本，即可延续合同性权利或其他法定权利：有证据表明合同性权利或法定权利将被重新延续，如果在延续之前需要第三方同意，则还需有第三方将会同意的证据；有证据表明为获得重新延续所必需的所有条件将被满足，以及企业为延续持有无形资产付出的成本相对于预期从重新延续中流入企业的未来经济利益相比不具有重要性。如果企业为延续无形资产持有期间而付出的成本与预期从重新延续中流入企业的未来经济利益相比具有重要性，则从本质上来看，企业获得的是一项新的无形资产。

没有明确的合同或法律规定无形资产的使用寿命的，企业应当综合各方面情况，例如企业经过努力，聘请相关专家进行论证、与同行业的情况进行比较以及参考企业的历史经验等，来确定无形资产为企业带来未来经济利益的期限。如果经过这些努力，仍确实无法合理确定无形资产为企业带来经济利益的期限的，才能将该无形资产作为使用寿命不确定的无形资产。例如，企业取得了一项在过去几年市场份额领先的畅销产品的商标。该商标按照法律的规定还有5年的使用寿命，但是在保护期届满时，企业可每10年即以较低的手续费申请延期，同时有证据表明企业有能力申请延期。此外，有关的调查表明，根据产品生命周期、市场竞争等方面的情况综合判断，该品牌将在不确定的期间内为企业产生现金流量。综合各方面情况，该商标可视为使用寿命不确定的无形资产。又如，企业通过公开拍卖取得一项出租车运营许可，按照所在地的规定，以现有出租车运营许可为限，不再授予新的运营许可，而且在旧的出租车报废以后，有关的运营许可可用于新的出租车。企业估计在有限的未来将持续经营出租车行业。对于该运营许可，其为企业带来未来经济利益的期限从目前情况看，无法可靠估计，因此，应视其为使用寿命不确定的无形资产。

（三）无形资产使用寿命的复核

企业至少应当于每年年度终了，对无形资产的使用寿命及摊销方法进行复核，如果有证据表明无形资产的使用寿命及摊销方法不同于以前的估计，如由于合同的续约或无形资产应用条件的改善，延长了无形资产的使用寿命则对于使用寿命有限的无形资产，应改变其摊销年限及摊销方法并按照会计估计变更进行处理。例如，企业使用的某项非专利技术，原预计使用寿命为5年，使用至第2年年末时，该企业计划再使用2年即不再使用，为此，企业应当在第2年年末，变更该项无形资产的使用寿命，并作为会计估计变更进行处理。又如，某项无形资产计提了减值准备，这可能表明企业原估计的摊销期限需要作出变更。

对于使用寿命不确定的无形资产，如果有证据表明其使用寿命是有限的，则应视为会计估计变更，应当估计其使用寿命并按照使用寿命有限的无形资产的处理原则进行处理。

二、无形资产的摊销

（一）使用寿命有限的无形资产的摊销

使用寿命有限的无形资产，应在其预计的使用寿命内采用系统合理的方法对应摊销金额进行摊销。应摊销金额，是指无形资产的成本扣除残值后的金额。已计提减值准备的无形资产，还应扣除已计提的无形资产减值准备累计金额。使用寿命有限的无形资产，其残值一般应当视为零。

1.摊销期和摊销方法

无形资产的摊销期自其可供使用（即其达到预定用途）时起至终止确认时止。即无形资产摊销的起始和停止日期为：当月增加的无形资产，当月开始摊销；当月减少的无形资产，当月不再摊销。无形资产摊销期限应根据法定期限、合同期限或有效使用期限较短者确定。

在无形资产的使用寿命内系统地分摊其应摊销金额，存在多种方法。这些方法包括直线法、产量法等。企业选择的无形资产摊销方法，应当能够反映与该项无形资产有关的经济利益的预期实现方式，并一致地运用于不同会计期间。例如，受技术陈旧因素影响较大的专利权和专有技术等无形资产，可采用类似于固定资产加速折旧的方法进行摊销；有特定产量限制的特许经营权或专利权，应采用产量法进行摊销；无法可靠确定其预期实现方式的，应当采用直线法进行摊销。

无形资产的摊销一般应计入当期损益，但如果某项无形资产是专门用于生产某种产品或者其他资产的，其所包含的经济利益是通过转入所生产的产品或其他资产中实现的，则无形资产的摊销费用应当计入相关资产的成本。例如，某项专门用于生产过程中的专利技术，其摊销费用应构成所生产产品成本的一部分，计入制造该产品的制造费用。

2.残值的确定

无形资产的残值，意味着在其经济寿命结束之前企业预计将会处置该无形资产，并且从该处置中取得利益。估计无形资产的残值应以资产处置时的可收回金额为基础，此时的可收回金额是指在预计出售日，出售一项使用寿命已满且处于类似使用状况下的同类无形资产预计的处置价格（扣除相关税费）。残值确定以后，在持有无形资产的期间，至少应于每年年末进行复核，预计残值金额与原估计金额不同的，应按照会计估计变更进行处理。如果无形资产的残值重新估计以后高于其账面价值，则无形资产不再摊销，直至残值降至低于账面价值时再恢复摊销。

除下列情况外，无形资产的残值一般为零：

（1）有第三方承诺在无形资产使用寿命结束时购买该项无形资产；

（2）可以根据活跃市场得到无形资产的预计残值信息，并且该市场在该项无形资产使用寿命结束时可能存在。

3.使用寿命有限的无形资产摊销的账务处理

使用寿命有限的无形资产应当在其使用寿命内，采用合理的摊销方法进行摊销。摊销时，应当考虑该项无形资产所服务的对象，并以此为基础将其摊销价值计入相关资产的成本或者当期损益。如果某项无形资产是专门用于生产某类产品或其他资产的，则无形资产的摊销费用应当计入相关资产的成本，即计入该产品的“制造费用”，其他自用的一般无形资产的摊销费用应当计入“管理费用”。

【例7-5】2021年1月1日，华扬股份有限公司从外单位购得一项专利权，价款4 000万元，款项已支付，估计该项专利权的使用寿命为10年，该项专利权用于产品生产；同时，购入一项商标权，价款2 400万元，款项已支付，估计该商标权的使用寿命为15年。假定这两项无形资产的净残值均为零，并按直线法摊销，不考虑增值税等相关税费。

分析：本例中，华扬股份有限公司外购的专利权的估计使用寿命为10年，表明该项无形资产是使用寿命有限的无形资产，且该项无形资产用于产品生产，因此，应当将其摊销金额计入相关产品的制造成本。华扬股份有限公司外购的商标权的估计使用寿命为15年，表明该项无形资产同样也是使用寿命有限的无形资产，而商标权的摊销金额通常直接计入当期管理费用。

华扬股份有限公司的账务处理如下：

（1）取得无形资产时：

借：无形资产——专利权	40 000 000	
——商标权	24 000 000	
贷：银行存款		64 000 000

（2）按年摊销时：

借：制造费用——专利权	4 000 000	
管理费用——商标权	1 600 000	
贷：累计摊销		5 600 000

如果华扬股份有限公司2022年12月31日根据科学技术发展的趋势判断，2021年购入的该项专利权在4年后将被淘汰，不能再为企业带来经济利益，决定对其再使用4年后不再使用，为此华扬股份有限公司应当在2022年12月31日据此变更该项专利权的估计使用

寿命，并按会计估计变更进行处理。

2022年12月31日该项无形资产累计摊销金额为800万元（400×2），2023年该项无形资产的摊销金额为800万元（（4 000−800）÷4）。

华扬股份有限公司2023年对该项专利权按年摊销的账务处理如下：

借：制造费用——专利权　　8 000 000

　贷：累计摊销　　8 000 000

（二）使用寿命不确定的无形资产的处理

根据可获得的相关信息判断，如果无法合理估计某项无形资产的使用寿命，应将其作为使用寿命不确定的无形资产进行核算。对于使用寿命不确定的无形资产，在持有期间内不需要摊销，但应当在每个会计期间进行减值测试。其减值测试的方法按照资产减值的原则进行，如经减值测试表明已发生减值，则需要计提相应的减值准备，其相关的账务处理为：借记“资产减值损失”账户，贷记“无形资产减值准备”账户。

【例7-6】2022年1月1日，华扬股份有限公司购入一项市场领先的畅销产品的非专利技术，其成本为5 000万元，有关调查表明，根据产品生命周期、市场竞争等方面情况综合判断，该技术将在不确定的期间内为企业带来现金流量。

分析：根据上述情况，该技术可视为使用寿命不确定的无形资产，在持有期间内不需要进行摊销。

华扬股份有限公司2022年购入非专利技术时的账务处理如下：

借：无形资产——非专利技术　　50 000 000

　贷：银行存款　　50 000 000

2022年年底及以后年度，该无形资产无须摊销。

三、无形资产的期末计价

根据《企业会计准则第8号——资产减值》的规定，企业应当定期或者至少于每年年度终了，对无形资产逐项进行检查，判断资产是否存在可能发生减值的迹象。如果由于市价持续下跌或技术替代等原因导致无形资产可收回金额低于其账面价值，应当将资产的账面价值减记至可收回金额，减记的金额确认为资产减值损失，计入当期损益，同时计提相应的资产减值准备。

（一）无形资产减值准备的产生

无形资产减值，是指无形资产预计可收回金额低于其账面价值所发生减损的价值。可收回金额应当根据资产的公允价值减去处置费用后的净额与资产预计未来现金流量的现值两者之间的较高者确定。处置费用包括与资产处置有关的法律费用、相关税费等。

当企业发现以下一种或数种情况时，应对无形资产的可收回金额进行估计，并将无形资产的账面价值超过可收回金额的部分确认为减值准备：

（1）某项无形资产已被其他新技术所取代，使其为企业创造经济利益的能力受到重大影响；

（2）某项无形资产的市价在当期大幅度下跌，在剩余摊销年限内预期不会恢复；

（3）某项无形资产已超过法律保护期限，但仍然具有部分使用价值；

（4）其他足以表明该无形资产的账面价值已超过可收回金额的情形。

经检查确认，当企业某项无形资产已经丧失使用价值和转让价值，或超过法律保护期限，并且已不能为企业带来经济利益时，应按无形资产报废处理，直接将该无形资产的账面价值全部转入当期损益。

资产减值损失确认后，减值资产的摊销费用应当在未来期间做相应调整，以使该资产在剩余使用寿命内，系统地分摊调整后的资产账面价值（扣除预计净残值）。资产减值损失一经确认，在以后会计期间不得转回。

（二）无形资产减值准备的会计处理

期末，企业所持有的无形资产的账面价值高于其可收回金额的，应按其差额计提无形资产减值准备。无形资产的减值准备应按无形资产分项确定，计提时，借记“资产减值损失”账户，贷记“无形资产减值准备”账户。

【例7-7】2020年1月1日，华扬股份有限公司外购一项专利权，实际支付的价款为360万元。根据相关法律，专利权的使用寿命为10年，已使用1年。华扬股份有限公司估计专利权预计使用年限为6年。

2021年12月31日，由于与专利权相关的经济因素发生不利变化，致使专利权发生价值减损。公司估计其可收回金额为130万元。

2022年12月31日，公司发现，导致专利权在2021年发生减值损失的不利经济因素已全部消失，且此时估计专利权的可收回金额为180万元。假定不考虑增值税及其他相关税费的影响。

分析：2020年1月1日，公司估计专利权的预计使用年限为6年，没有超过相关法律对专利权规定的有效年限。企业会计准则规定，专利权的成本应自2020年1月起于6年内摊销。考虑到减值损失的情况，在摊销期间，专利权的价值变化如下：

2020年1月1日购入（不考虑相关税费）：

借：无形资产　　3 600 000

　贷：银行存款　　3 600 000

2020年摊销：

借：管理费用（3 600 000÷6）　　600 000

　贷：累计摊销　　600 000

2021年摊销：

借：管理费用　　600 000

　贷：累计摊销　　600 000

2021年计提的减值准备=（360-60-60）-130=110（万元）

借：资产减值损失——计提的无形资产减值准备　　1 100 000

　贷：无形资产减值准备　　1 100 000

2022年摊销：

2022年摊销额 =（360-60-60-110）÷4 = 32.5（万元）

借：管理费用　　325 000

　贷：累计摊销　　325 000

2022年12月31日发现，导致专利权在2021年发生减值损失的不利经济因素已全部消失，且此时估计专利权的可收回金额为180万元，但根据现行准则的规定，已计提的减值准备不能转回，因而不需要做会计处理。

需要特别注意的是，无形资产减值和无形资产摊销存在区别：无形资产减值意味着其为企业创造经济效益的能力已经下降；而无形资产摊销则意味着由于使用而需要分期得到补偿的无形资产的实有价值。无形资产发生减值直接影响无形资产以后各期的摊销额。在实务中具体的操作方法为：如果企业在年末对无形资产提取减值准备，则在下年应重新估计无形资产的尚可使用年限，同时按本年年末无形资产的账面价值计算以后各期的摊销额。

第五节　无形资产的出租与处置

无形资产的出租是指企业将所拥有的无形资产的使用权让渡给他人，并收取租金，但本企业仍拥有其所有权。无形资产的处置，主要是指无形资产出售、对外捐赠，或者是当无形资产无法再为企业带来未来经济利益时，应予终止确认并转销。

一、无形资产的出租

企业将所拥有的无形资产的使用权让渡给他人，并收取租金，属于与企业日常活动相关的其他经营活动取得的收入，在满足收入确认条件的情况下，应确认相关的收入及成本，并通过其他业务收支账户进行核算。让渡无形资产使用权而取得的租金收入，借记“银行存款”等账户，贷记“其他业务收入”等账户；摊销出租无形资产的成本并发生与转让有关的各种费用支出时，借记“其他业务成本”账户，贷记“累计摊销”等账户。

【例7-8】2022年1月1日，华扬股份有限公司将一项专利技术出租给B企业使用，该专利技术的账面余额为400万元，摊销期限为10年，出租合同规定，承租方每销售1件用该专利生产的产品，必须付给出租方80万元专利技术使用费。假定承租方当年销售该产品10件，适用的增值税税率为6%，不考虑其他税费，应缴纳的增值税为48万元。华扬股份有限公司的账务处理如下：

（1）取得该项专利技术使用费时：

借：银行存款	8 480 000	
贷：其他业务收入		8 000 000
应交税费——应交增值税（销项税额）		480 000

（2）按年对该项专利技术进行摊销：

借：其他业务成本	400 000	
贷：累计摊销		400 000

二、无形资产的出售

企业出售某项无形资产，表明企业放弃无形资产的所有权，应将所取得的价款与该无形资产账面价值的差额作为资产处置损益，与固定资产出售处置性质相同，计入当期损益。

出售无形资产时，应按实际收到的金额，借记“银行存款”等账户，按已计提的累计摊销，借记“累计摊销”账户，原已计提减值准备的，借记“无形资产减值准备”账户，按应支付的相关税费，贷记“应交税费”等账户，按其账面余额，贷记“无形资产”账户，按其差额，贷记或借记“资产处置损益”账户。

【例7-9】2022年1月1日，华扬股份有限公司拥有的某项专利技术，成本为2 000万元，已摊销金额为1 000万元，已计提的减值准备为40万元。该公司于2022年1月1日将该项专利技术出售给C公司，取得出售收入1 200万元，适用的增值税税率为6%，不考虑其他税费，应缴纳的增值税为72万元。

华扬股份有限公司的账务处理为：

借：银行存款　　12 720 000
　　累计摊销　　10 000 000
　　无形资产减值准备　　400 000
　贷：无形资产——专利权　　20 000 000
　　　应交税费——应交增值税（销项税额）　　720 000
　　　资产处置损益　　2 400 000

如果该公司转让该项专利技术取得的收入为900万元，应缴纳的增值税等相关税费为54万元。

则华扬股份有限公司的账务处理为：

借：银行存款　　9 540 000
　　累计摊销　　10 000 000
　　无形资产减值准备　　400 000
　　资产处置损益　　600 000
　贷：无形资产——专利权　　20 000 000
　　　应交税费——应交增值税（销项税额）　　540 000

三、无形资产的报废

如果无形资产预期不能为企业带来未来经济利益，例如，该无形资产已被其他新技术所替代或超过法律保护期限，不能再为企业带来经济利益，则其不再符合无形资产的定义，应将其报废并予以转销，其账面价值转入当期损益。转销时，应按已计提的累计摊销，借记“累计摊销”账户；按其账面余额，贷记“无形资产”账户；按其差额，借记“营业外支出——处置非流动资产损失”账户。已计提减值准备的，还应同时结转减值准备。

【例7-10】华扬股份有限公司拥有某项专利权，根据市场调查，用其生产的产品已没有市场，决定将其转销。转销时，该项专利权的账面余额为500万元，摊销期限为10年，采用直线法进行摊销，已累计摊销250万元，假定该项专利权的残值为零，已累计计提的减值准备为150万元，假定不考虑其他相关因素。

则华扬股份有限公司的账务处理如下：

借：累计摊销　　2 500 000
　　无形资产减值准备　　1 500 000
　　营业外支出——处置非流动资产损失　　1 000 000
　贷：无形资产——专利权　　5 000 000

本章“无形资产”内容在资产负债表中分别以“无形资产”“开发支出”等项目列示。其中，“无形资产”项目应根据“无形资产”账户的期末余额，减去“累计摊销”和

“无形资产减值准备”账户期末余额后的金额填列；“开发支出”项目，反映企业开发无形资产过程中能够资本化形成无形资产成本的支出部分，本项目应根据“研发支出”账户中所属的“资本化支出”明细账户的期末余额填列；“研发支出”账户中“费用化支出”明细账户的余额于期末转入“管理费用——研发费用”账户，在“利润表”内“研发费用”项目列示。

【课程思政】

商标权、专利权等作为知识产权的一部分，做好保护工作对企业、民族有着十分重要的作用。因此，需要加大知识产权保护宣传力度，提升公众保护意识；同时进一步完善与知识产权相关的法律法规，及时修改或取缔不适宜的相关法律，全方位、多角度地对知识产权的保护工作提供法律支持，坚持依法治国，执法为民。

此外，在学习无形资产研发支出如何核算的同时，引导学生明确科技创新与企业、国家长远发展的关系，培养大学生的创新意识和创新精神。

【与国际会计准则的比较及主要差异】

在资产减值的转回方面存在差异。在资产减值能否转回的问题上，国际准则IAS 36规定可以转回。但为了避免人为利用减值准备转回以调节利润，我国《CAS 8——资产减值》第十七条明确规定了“资产减值损失一经确认，在以后会计期间不得转回”。但需要注意的是我国企业会计准则中规定资产减值损失不得转回的范围仅限于该准则适用的资产范围，主要是固定资产、无形资产和对子公司、联营公司及合营公司的长期股权投资等长期资产。

【与我国小企业会计准则的比较及主要差异】

1. 无形资产减值的处理不同。在《企业会计准则》中，企业应当定期或者至少于每年年度终了，对无形资产逐项进行检查，判断资产是否存在可能发生减值的迹象。如果由于市价持续下跌或技术替代等原因导致无形资产可收回金额低于其账面价值，应当将资产的账面价值减记至可收回金额，减记的金额确认为资产减值损失，计入当期损益，同时计提相应的资产减值准备。而《小企业会计准则》则规定，小企业只能采用历史成本计量资产，不要求计提无形资产减值准备。

2. 摊销方法不同。在《企业会计准则》中，对使用寿命有限的无形资产进行摊销，企业选择的摊销方法应当能够反映与该项无形资产有关的经济利益的预期实现方式；对使用寿命不确定的无形资产不进行摊销，只需每期进行减值测试。在《小企业会计准则》中，全部采用直线法摊销，对使用寿命不确定的无形资产按不低于10年的时间进行摊销。

3. 无形资产出售的会计处理不同。在《企业会计准则》中，无形资产出售净损益记入“资产处置损益”账户，而在《小企业会计准则》中，无形资产出售净损益记入“营业外收入”“营业外支出”账户。

【重点与难点】

（一）重点

1. 不同来源取得的无形资产初始成本的确定。

2. 内部研发活动形成的无形资产的确认与计量。

3. 无形资产的摊销及处置的会计处理。

4. 无形资产减值准备的计提。

（二）难点

1. 内部研发活动形成的无形资产的确认与计量。

2. 无形资产处置的会计处理。

3. 计提减值准备后无形资产摊销额的重新确定。

【课后练习】

（一）单项选择题

1.下列项目中，在确认无形资产时无须考虑的是（　　）。

A. 符合无形资产的定义

B. 无形资产的成本能够可靠地计量

C. 与该无形资产相关的预计未来经济利益很可能流入企业

D. 无形资产的使用寿命必须是有期限的

2.关于无形资产，正确的表述是（　　）。

A. 没有实物形态的资产都是无形资产

B. 无形资产不能用于企业的管理

C. 未来的经济利益具有高度的不确定性

D. 有些无形资产是不可辨认的

3.下列无形资产项目，使用寿命不确定的是（　　）。

A. 专利权　　B.商标权　　C.非专利技术　　D.土地使用权

4.企业通过政府补助取得的无形资产在账务处理时，应贷记的会计账户是（　　）。

A. “资本公积”　　B. “递延收益”　　C. “盈余公积”　　D. “营业外收入”

5.决定无形资产摊销方法的因素是（　　）。

A.无形资产使用寿命的长短　　B.无形资产是否有残值

C.企业实现未来经济利益的方式　　D.无形资产的取得方式

6.在会计期末，股份有限公司所持有的无形资产的账面价值高于其可收回金额的差额，应当记入（　　）账户。

A. “管理费用”　　B. “资产减值损失”

C. “其他业务成本”　　D. “营业外支出”

7.企业摊销自用的、使用寿命确定的无形资产时，借记“管理费用”等账户，贷记（　　）账户。

A. “无形资产”　　B. “累计摊销”

C. “累计折旧”　　D. “无形资产减值准备”

8.“无形资产”账户的期末借方余额，反映企业无形资产的（ ）。

A.成本 B.摊余价值 C.账面价值 D.可收回金额

9.企业购入或支付土地出让金取得的土地使用权，在其上面已经开发或建造自用项目的，通常作为（ ）核算。

A.固定资产 B.在建工程 C.无形资产 D.长期待摊费用

10.企业在研发阶段发生的无形资产支出应先记入（ ）账户。

A.“无形资产” B.“管理费用” C.“研发支出” D.“累计摊销”

（二）多项选择题

1.下列表述中，能够表现无形资产特征要求的有（ ）。

A.没有实物形态 B.企业可以长期受益

C.既可以用于生产，也可以用于管理 D.未来经济利益具有高度不确定性

2.出售无形资产的净损失不应计入（ ）。

A.管理费用 B.资产处置损益 C.其他业务成本 D.营业外支出

3.投资者投入无形资产的成本，应当按照（ ）确定，但该金额不公允的除外。

A.投资合同约定的价值 B.公允价值

C.投资方无形资产的账面价值 D.协议约定的价值

4.外购无形资产的成本，包括（ ）。

A.购买价款

B.进口关税

C.其他相关税费

D.直接归属于使该项资产达到预定用途所发生的其他支出

5.下列有关无形资产的会计处理中，不正确的有（ ）。

A.转让无形资产使用权所取得的收入应计入资产处置损益

B.使用寿命不确定的无形资产，不应摊销

C.转让无形资产所有权所发生的支出应计入其他业务成本

D.购入但尚未投入使用的、使用寿命确定的无形资产的价值不应进行摊销

（三）判断题

1.无形资产既包括可辨认的，也包括不可辨认的。（ ）

2.无形资产有的有期限，有的没有期限。（ ）

3.无实物形态的资产就是无形资产。（ ）

4.在我国，研究与开发费用应在成功申请专利以后，转入无形资产的价值。（ ）

5.无形资产都应进行摊销，以正确确定企业损益。（ ）

6.我国无形资产的摊销方法选择取决于其使用寿命的长短。（ ）

7.计提无形资产减值准备不影响无形资产的摊销。（ ）

8.研发支出都应资本化计入无形资产的价值。（ ）

9.无形资产研究阶段的支出直接计入管理费用。（ ）

10.如果无形资产不能为企业带来经济利益，应该将无形资产的账面价值全部转入当期营业外支出。（ ）

（四）业务处理题

1.华扬股份有限公司向A公司购买专利技术，如果使用了该项专利技术，华扬股份有限公司预计其生产能力比原先提高25%，销售利润率增长18%。按照协议约定以银行存款转账支付，并取得增值税专用发票，价款为200万元，增值税税额为12万元。

要求：作出购买专利技术的会计处理。

2.华扬股份有限公司从2022年3月1日开始自行研究开发一项用于新产品生产的专利技术，在研究开发过程中发生材料费40 000 000元，人工工资6 000 000元，以及用银行存款支付的其他费用4 000 000元，总计50 000 000元，其中，符合资本化条件的支出为36 000 000元，2022年12月31日，该专利技术已经达到预定用途。假定形成无形资产的专利技术采用直线法按10年摊销，不考虑相关税费。

要求：编制华扬股份有限公司2022年自行研究开发无形资产及每月摊销的会计分录。

3.2019年1月1日，华扬股份有限公司外购A无形资产，实际支付的价款为100万元。该无形资产自可供使用时起至不再作为无形资产确认时止的年限为5年。2020年12月31日，由于与A无形资产相关的经济因素发生不利变化，致使A无形资产发生价值减损。华扬股份有限公司估计其可收回金额为18万元。2022年12月31日，华扬股份有限公司发现，导致A无形资产在2020年发生减值损失的不利经济因素全部消失，且此时估计A无形资产的可收回金额为22万元。假定不考虑所得税及其他相关税费的影响。

要求：编制从无形资产购入到无形资产使用期满相关业务的会计分录。

4.华扬股份有限公司2020年1月1日从B企业购入一项专利的所有权，以银行存款支付买价和增值税共计106万元。该专利自可供使用时起至不再作为无形资产确认时止的年限为10年，假定华扬股份有限公司于年末一次计提全年无形资产摊销额。2022年1月1日，华扬股份有限公司将上项专利权出售给C企业，取得收入90万元（不含税）存入银行，该项收入适用的增值税税率为6%（不考虑其他税费）。

要求：

（1）编制华扬股份有限公司购入专利权的会计分录；

（2）计算该项专利权的年摊销额并编制有关会计分录；

（3）编制与该项专利权转让有关的会计分录并计算转让该项专利权的净损益。

（五）简答与思考题

参考答案

1. 内部研发活动形成的无形资产如何进行会计处理？

2. 是否所有无形资产都需要摊销？无形资产摊销应如何进行会计处理？

3. 无形资产的处置如何进行会计处理？

4. 无形资产如何进行期末计价？

【知识结构图】

第八章　投资性房地产

【学习目标】

通过本章的学习，了解投资性房地产相对于自用房地产及作为存货的房地产的特征；了解投资性房地产的不同后续计量模式及使用；掌握投资性房地产的不同后续计量模式及其转换的核算；掌握投资性房地产与非投资性房地产之间相互转换的核算；掌握投资性房地产处置的核算。

【引导案例】

投资性房地产两种后续计量模式孰更合理？

皇庭国际（股票代码000056）与中国国贸（股票代码600007）是商业模式极为相近的一南一北两家公司，分别于20世纪90年代在深交所、上交所上市。两家公司拥有的投资性房地产的绝对规模与相对规模也较为接近（见表8-1、表8-2）。

表8-1　**皇庭国际2017—2021年投资性房地产规模及比重**　金额单位：万元

年份	投资性房地产账面价值	资产总额	投资性房地产占比
2017	857 633	1 416 968	60.53%
2018	948 407	1 325 485	71.55%
2019	948 407	1 245 696	76.13%
2020	935 813	1 175 676	79.60%
2021	853 027	1 092 603	78.07%

表8-2　**中国国贸2017—2021年投资性房地产规模及比重**　金额单位：万元

年份	投资性房地产账面价值	资产总额	投资性房地产占比
2017	747 252	1 166 602	64.05%
2018	741 490	1 109 273	66.84%
2019	750 544	1 180 242	63.59%
2020	722 160	1 209 012	59.73%
2021	692 421	1 272 592	54.41%

皇庭国际立足粤港澳大湾区，面向全国一二线城市及核心地段布局商业不动产项目，公司通过自持、整租、委托管理等多种方式，为购物中心、商用办公写字楼、酒店管理、公寓等多个商业不动产领域提供综合服务。其年报披露显示，投资性房地产采用公允价值

后续计量模式，公允价值根据第三方评估结果确定（见表8–3）。

表8–3 **皇庭国际2021年年末投资性房地产主要项目及其公允价值（FV）** 金额单位：万元

项目及建筑面积（m^2）	期末入账FV[注]	期末评估价	期初FV	FV变动幅度
深圳市罗湖区松园南九巷6栋804（86.70）	446	446	510	–12.55%
广州市解放北路大北新街22号5楼（104.48）	427	447	427	4.68%
皇庭国商购物广场（80 608.64）	691 781	691 781	764 765	–9.54%
重庆公寓（9 048.93）	10 379	10 379	11 556	–10.19%
重庆皇庭珠宝城（78 003.25）	71 102	71 102	79 218	–10.25%
成都皇庭国际中心（52 970.48）	78 892	76 405	78 892	–3.15%
合计（220 822.48）	853 027	850 560	935 368	—

［注］该公司会计政策规定，每年末公允价值由第三方评估确定，评估结果与年初相比变动幅度小于±5%的不调整，超过该幅度的则按评估结果调整账面价值。

中国国贸的主体建筑群位于北京中央商务区核心地段，公司主要从事写字楼、商城、公寓等投资性物业的出租和管理及酒店经营等。其年报披露显示，投资性房地产包括以出租为目的的房屋建筑物及其改良、装修，土地使用权、不可分割的机器设备、电子设备以及正在建造或开发过程中将来用于出租的建筑物。公司采用成本模式对所有投资性房地产进行后续计量，按各自预计使用寿命及净残值率进行折旧和摊销（见表8–4）。

表8–4 **中国国贸投资性房地产折旧（摊销）年限及净残值率**

项目	预计使用寿命	预计净残值率
房屋及建筑物	31～48年	10%
土地使用权	36～42年	—
房屋及建筑物改良	15年	10%
房屋及建筑物装修	2～10年	—
机器设备	15年	10%
电子设备	5年	—

（资料来源：作者根据网上公开资料改编而成）

思考：

（1）结合中国国贸、皇庭国际两家公司的商业模式，分析与投资性房地产相关的收入业务类型（主营还是附营）？

（2）分析皇庭国际、中国国贸投资性房地产采用后续计量模式的合理性及对公司会计信息质量的影响。

分析提示

第一节 投资性房地产概述

一、投资性房地产的定义与内容

(一) 投资性房地产的定义

房地产是指房屋和土地及其权属的总称。由于我国土地归国家或集体所有，故任何单位或个人都只能取得土地使用权而不能取得土地所有权。因此，房地产中的土地是指土地使用权，房屋是指房屋等建筑物及构筑物。

房地产按其持有目的、用途的不同，可以分为投资性房地产和非投资性房地产两大类。

投资性房地产，是指企业为赚取租金或资本增值，或者两者兼有而持有的房地产。由于其与企业自用的房地产和作为存货的房地产在用途、状态、目的等方面存在区别，因此，作为投资性房地产确认和核算的房地产必须能够单独计量和出售。

(二) 投资性房地产的内容

投资性房地产主要包括已出租的土地使用权、持有并准备增值后转让的土地使用权和已出租的建筑物。

1.已出租的土地使用权

已出租的土地使用权，是指企业以有偿转让等方式取得后以经营租赁方式出租的土地使用权。企业计划用于出租但尚未出租的土地使用权，不属于此类。对于以经营租赁方式租入的土地使用权再转租给其他单位的，不能确认为投资性房地产。

2.持有并准备增值后转让的土地使用权

持有并准备增值后转让的土地使用权，是指企业以有偿转让等方式取得并准备增值后转让的土地使用权，很可能给企业带来资本增值收益。

我国对土地用途实行严格管理制度，严禁任何单位和个人闲置和荒芜耕地。我国《土地管理法》明确指出所有单位和个人依法取得的土地使用权，若未在规定时间内使用，超过一年的应交纳闲置费，连续两年未使用的应由县级以上人民政府依法无偿收回或交由原农村集体经济组织恢复耕种。因此，严格说来，在我国实践中几乎不可能存在、也不允许存在“持有并准备增值后转让的土地使用权”的情形。简而言之，我国不允许囤积、投机、炒作土地使用权，即按照国家有关规定认定的闲置土地，不属于持有并准备增值后转让的土地使用权。只有连同房屋等建筑物一起的土地使用权才可能属于此类。

3.已出租的建筑物

已出租的建筑物，是指企业拥有产权并以经营租赁方式出租的房屋等建筑物，包括自行建造或开发活动完成后用于出租的建筑物。

企业在判断和确认已出租的建筑物是否属于投资性房地产时，应当把握以下要点：

(1) 用于出租的建筑物是指企业拥有产权或实际控制权的建筑物。

(2) 已出租的建筑物是企业已经与其他方签订了租赁协议，约定以经营租赁方式出租的建筑物。一般应自租赁协议规定的租赁期开始之日起，已出租的建筑物方可作为投资性房地产核算和管理。若为打算出租但尚未签订租约的建筑物，不得作为投资性房地产核算和管理。

(3) 企业将建筑物出租，按租赁协议向承租人提供的相关辅助服务在整个协议中不重大的，应当将该建筑物确认为投资性房地产。例如，企业将其办公楼出租，同时向承租人提供维护、保安等日常辅助服务，企业应当将其确认为投资性房地产。若“向承租人提供的相关辅助服务在整个协议中重大”，则出租人出租建筑物的主要目的显然并不是赚取租金，在这种情况下，应将该建筑物确认为固定资产而不是投资性房地产。例如，企业拥有并自行经营的酒店，其中少部分客房出租给某公司常年使用，则其经营目的主要是通过提供客房服务赚取服务收入，不属于投资性房地产。若企业将其拥有的旅馆饭店大部分或全部出租，且出租部分能够单独计量和出售，则可将出租部分确认为投资性房地产。

（三）非投资性房地产的内容

与投资性房地产相对应的房地产，即为非投资性房地产。具体包括以下内容：

1.自用房地产

自用房地产，即企业为生产产品、提供劳务或者经营管理而持有的房地产，包括自用建筑物（作为固定资产核算和管理）和自用土地使用权（通常作为无形资产核算和管理）。

2.作为存货的房地产

作为存货的房地产，通常指房地产开发企业在正常经营过程中销售或为销售而正处于建造或开发过程中的房地产。

如果某项房地产部分用于赚取租金或资本增值，部分自用（即用于生产产品、提供劳务或经营管理），则当两者能够单独计量和出售时，前者应当确认为投资性房地产；否则，只能确认为固定资产或无形资产。

二、投资性房地产的性质和特征

投资性房地产究竟属于经营性资产还是投资性资产？其给企业带来经济利益的性质属于经营性还是投资性？探讨这些问题既需要将其与非投资性房地产相对照，也需要结合企业持有投资性房地产给其带来盈利的模式进行思考。本书作者认为投资性房地产兼具以下双重特性：

1.具有投资属性

就其持有目的之一是为增值后转让来看，投资性房地产显然具有投资的属性。企业对外投资按照标的物物理属性的不同，可以分为金融类资产投资和实物类资产投资。本书第四章的金融资产及第五章的长期股权投资即属于金融类资产投资，投资性房地产则属于实物类资产投资。

由于投资性房地产在用途、目的等方面有别于自用房地产和作为存货的房地产，将其单独作为一类资产予以核算和反映，有助于更加清晰地反映企业所持有房地产的构成情况和企业的商业模式。

2.具有经营属性

投资性房地产获取收益的方式主要是出租建筑物或土地使用权以取得租金收入，这实质上是属于一种让渡资产使用权的行为。按照现行企业会计准则的规定，让渡资产使用权取得的收入是不同性质企业的经营业务收入来源之一。有的企业将投资性房地产业务作为主营业务，如引导案例中的皇庭国际、中国国贸，还有大家比较熟悉的红星美凯龙、海宁皮城等；更多企业则是兼营投资性房地产业务。

无论是主营还是兼营投资性房地产业务，其大多还具有通过投资性房地产抵御通胀风险的目的。

三、投资性房地产的后续计量模式

从上述分析可知，投资性房地产是兼具投资性与经营性的非流动资产。因此，投资性房地产的后续计量模式也不同于一般经营性非流动资产，有成本模式和公允价值模式两种。

我国投资性房地产会计准则（CAS3）规定，企业通常应当采用成本模式进行后续计量，若有确凿证据表明投资性房地产的公允价值能够持续可靠取得，可采用公允价值模式进行后续计量。但是，同一家企业只能采用一种模式对其所有投资性房地产进行后续计量，不得同时采用两种计量模式，即不得对一部分投资性房地产采用成本模式计量，而对另一部分投资性房地产采用公允价值模式计量。企业对投资性房地产的后续计量模式一经确定，不得随意变更。

第二节　投资性房地产的确认和初始计量

一、投资性房地产的确认和初始计量

（一）投资性房地产的确认

投资性房地产只有在符合定义，并同时满足下列条件时，才能予以确认：

（1）与该投资性房地产有关的经济利益很可能流入企业；

（2）该投资性房地产的成本能够可靠地计量。

企业应设置“投资性房地产”账户，并按投资性房地产的内容及项目名称设置明细账户进行核算。采用成本模式进行后续计量的，还应设置“投资性房地产累计折旧”“投资性房地产累计摊销”“投资性房地产减值准备”账户；若采用公允价值模式进行后续计量，则应在“投资性房地产”账户下设置“成本”“公允价值变动”等明细账户。

（二）投资性房地产的初始计量

投资性房地产无论采用哪一种后续计量模式，取得时均应当按照取得时的实际成本进行计量。投资性房地产的实际成本一般包括取得成本及使其达到预定可使用状态前所实际发生的各项必要的、合理的支出，如购买价款、土地开发费、建筑安装成本、可以予以资本化的借款费用等。

投资性房地产取得方式有外购、自行建造或从非投资性房地产转换而来。投资性房地产取得方式不同，其实际成本的具体构成内容也会有所不同。

二、外购投资性房地产的确认和初始计量

企业外购的房地产，只有在购入的同时开始对外出租（即已签订租约并实际开始获得现金流或获得收取现金流的权利时，下同），才能作为投资性房地产加以确认。

企业外购投资性房地产时，应当按照取得时的实际成本进行初始计量。取得时的实际成本，包括购买价款、相关税费和可以直接归属于该资产的其他支出。

采用成本模式进行后续计量的，企业应当在购入投资性房地产时，借记“投资性房地产”账户，贷记“银行存款”等账户；采用公允价值模式进行后续计量的，企业应当在购入投资性房地产时，借记“投资性房地产——成本”账户，贷记“银行存款”等账户。

三、自行建造投资性房地产的确认和初始计量

企业自行建造的房地产，只有在自行建造活动完成（即达到预定可使用状态）的同时开始对外出租，才能将自行建造的房地产确认为投资性房地产。

自行建造的投资性房地产，其成本由建造该项资产达到预定可使用状态前发生的必要支出构成，包括土地开发费、建筑成本、安装成本、应予以资本化的借款费用、支付的其他费用和分摊的间接费用等。

采用成本模式进行后续计量的，在完工时，应按照确定的自行建造投资性房地产的成本，借记"投资性房地产"账户，贷记"在建工程"或"开发产品"账户。采用公允价值模式进行后续计量的，在完工时，应按照确定的自行建造投资性房地产的成本，借记"投资性房地产——成本"账户，贷记"在建工程"或"开发产品"账户。

【例8-1】2023年2月，华扬股份有限公司以900万元购入一块使用期限为50年的土地，并在这块土地上自行建造两栋厂房。2023年12月底，华扬股份有限公司预计厂房即将完工，与乙公司签订了租赁合同，将其中的一栋厂房租赁给乙公司使用。租赁合同约定，该厂房于完工时起租。自租赁开始日，华扬股份有限公司将对外租赁的房地产作为投资性房地产核算和管理。2023年12月31日，两栋厂房同时完工。至2023年12月31日，土地使用权已摊销16.5万元（900÷50×11/12）。两栋厂房的实际造价均为1 200万元，能够单独出售。假设两栋厂房分别占用这块土地的一半面积，并且以占用的土地面积作为土地使用权划分依据。假设华扬股份有限公司采用成本模式对投资性房地产进行后续计量。

分析：由于华扬股份有限公司在购入的土地上建造两栋厂房，其中一栋厂房用于出租，并将其作为投资性房地产核算和管理，故也应将土地使用权中对应部分同时转换为投资性房地产。

华扬股份有限公司的相关会计处理如下：

（1）两栋厂房同时完工，分别作为固定资产和投资性房地产入账。

借：固定资产——厂房	12 000 000	
投资性房地产——厂房	12 000 000	
贷：在建工程——厂房		24 000 000

（2）将土地使用权及累计摊销的1/2转为投资性房地产及其摊销。

借：投资性房地产——已出租的土地使用权	4 500 000	
累计摊销	82 500	
贷：无形资产——土地使用权		4 500 000
投资性房地产累计摊销		82 500

四、非投资性房地产转换为投资性房地产的确认和初始计量

非投资性房地产转换为投资性房地产，就是指本来是自用或作为存货的房地产，因其用途发生改变而对房地产进行的重新分类。如企业外购或自行建造的房地产，自用一段时间后再改为出租的，则外购或自行建造完工时应将其确认为固定资产或无形资产，自租赁期开始日，才能从固定资产或无形资产转换为投资性房地产。这部分内容在本章第四节讲解。

以非货币性资产交换、债务重组等其他方式取得的投资性房地产的确认和计量，按照相关会计准则的规定确定。

第三节 投资性房地产的后续计量及后续支出

一、投资性房地产的后续计量模式

投资性房地产的后续计量主要解决其在资产负债表日的列报基础问题。投资性房地产的后续计量有成本模式和公允价值模式两种。企业通常应当采用成本模式计量，在满足特定条件时也可以采用公允价值模式计量。但是，同一企业只能采用一种模式对所有投资性房地产进行后续计量，不得同时采用两种计量模式。

（一）成本模式

采用成本模式时，投资性房地产应类似于固定资产、无形资产，按期（月）计提折旧或摊销。若其存在减值迹象，应按规定进行减值测试，并计提相应的减值准备。相应地，应设置“投资性房地产累计折旧（摊销）”“投资性房地产减值准备”等账户。具体会计处理如下：

1. 按期（月）计提折旧或进行摊销时，借记“主营业务成本”“其他业务成本”等账户，贷记“投资性房地产累计折旧”（针对房屋等建筑物）或“投资性房地产累计摊销”（针对土地使用权）账户。

2. 取得租金收入时，借记“银行存款”等账户，贷记“主营业务收入”“其他业务收入”等账户。

3. 投资性房地产存在减值迹象的，应进行减值测试。若其账面价值大于可收回金额，应按其差额计提减值准备，借记“资产减值损失”账户，贷记“投资性房地产减值准备”账户。已经计提减值准备的投资性房地产，其减值损失在以后会计期间不得转回。

【例 8-2】华扬股份有限公司将外购的一栋写字楼出租给W公司使用，将其确认为投资性房地产并采用成本模式进行后续计量。这栋办公楼的入账成本为7 200万元，按照年限平均法计提折旧，预计使用寿命为30年，预计净残值率为1%。租赁合同约定，W公司每月等额支付给华扬股份有限公司租金40万元。假定不考虑相关税费。该租赁业务不属于华扬股份有限公司的主要经营业务。

华扬股份有限公司的相关会计处理如下：

（1）购入投资性房地产。

借：投资性房地产——写字楼	72 000 000	
贷：银行存款		72 000 000

（2）每月计提折旧。

每月计提的折旧=［7 200×（1-1%）÷30］÷12=19.8（万元）

借：其他业务成本——出租写字楼折旧	198 000	
贷：投资性房地产累计折旧		198 000

（3）每月确认租金收入。

借：银行存款（或其他应收款）	400 000	
贷：其他业务收入——出租写字楼租金收入		400 000

（二）公允价值模式

只有存在确凿证据表明投资性房地产的公允价值能够持续可靠取得的，企业才可以采用公允价值模式对投资性房地产进行后续计量。可以采用，并不意味着必须采用，而是指可以选择。允许企业对投资性房地产采用公允价值计量是鉴于其投资属性的考量。但其毕竟不同于金融资产，因此，企业采用公允价值模式对投资性房地产进行后续计量，应当同时满足以下两个条件：（1）投资性房地产所在地有活跃的房地产交易市场；（2）企业能够从活跃的房地产交易市场上取得同类或类似房地产的市场价格及其他相关信息，从而对投资性房地产的公允价值作出合理的估计。

对于建筑物而言，同类或类似的房地产，是指所处地理位置和地理环境相同、性质相同、结构类型相同或相近、新旧程度相同或相近、可使用状况相同或相近的建筑物；对于土地使用权而言，同类或类似的房地产，是指同一位置区域、所处地理环境相同或相近、可使用状况相同或相近的土地。

投资性房地产的公允价值是市场参与者在计量日的有序交易中，出售该房地产所能收到的金额。确定投资性房地产的公允价值时，应当参照活跃市场上同类或类似房地产的现行市场价格（市场公开报价）；无法取得同类或类似房地产现行市场价格的，应当参照活跃市场上同类或类似房地产的最近交易价格，并考虑交易情况、交易日期、所在区域等因素，从而对投资性房地产的公允价值作出合理的估计，也可以基于预计未来获得的租金收益和相关现金流量予以计量。

同一企业一旦选择采用公允价值模式，就应当对其持有的所有投资性房地产均采用公允价值模式进行后续计量。

采用公允价值模式进行后续计量的投资性房地产，应当遵循以下会计处理的相关规定：

1. 不计提折旧或摊销，以期末公允价值为基础调整其账面价值，同时将公允价值与原账面价值之间的差额计入当期损益（公允价值变动损益）。资产负债表日，若投资性房地产的公允价值高于或低于原账面价值，按其差额借记或贷记“投资性房地产——公允价值变动”账户，贷记或借记“公允价值变动损益”账户。

2. 取得租金收入时，与成本模式下相同，借记“银行存款”等账户，贷记“主营业务收入”“其他业务收入”等账户。

3. 期末，无须考虑计提资产减值准备。

【例8-3】2023年9月，华扬股份有限公司与LB公司签订租赁协议，约定将华扬股份有限公司新建造完工的一栋写字楼租赁给LB公司使用，租赁期为10年，完工日即为起租日。2023年11月1日，该写字楼完工并开始出租。写字楼的工程造价为5 000万元，当日公允价值与工程造价相同。每年租金360万元，按年预付。华扬股份有限公司按月确认租金收入。该租赁业务不属于华扬股份有限公司的主要经营业务。

该写字楼所在区域有活跃的房地产交易市场，而且能够从房地产交易市场上取得同类房地产的市场报价，华扬股份有限公司决定采用公允价值模式对该项出租的房地产进行后续计量。

2023年12月31日，华扬股份有限公司在确定该投资性房地产的公允价值时，选取了与该处房地产所处地区相近、结构及用途相同的房地产，参照公司所在地房地产交易市场上的平均销售价格，结合周边市场信息和自有房地产的特点，确定该写字楼的公允价值为5 500万元。

华扬股份有限公司的相关会计处理如下：

（1）2023年11月1日，华扬股份有限公司将完工的写字楼出租并确认为投资性房地产。

借：投资性房地产——写字楼（成本） 50 000 000

贷：在建工程——写字楼 50 000 000

（2）2023年11月1日，预收一年的租金。

借：银行存款 3 600 000

贷：合同负债——LB公司预付租房款 3 600 000

（3）按月确认租金收入（11月份、12月份均编制如下会计分录）。

借：合同负债——LB公司预付租房款（3 600 000÷12） 300 000

贷：其他业务收入——写字楼租金收入 300 000

（4）2023年12月31日，按照新公允价值调整其账面价值，并确认公允价值变动损益。

借：投资性房地产——写字楼（公允价值变动） 5 000 000

贷：公允价值变动损益——投资性房地产公允价值变动 5 000 000

为便于同学们掌握，将投资性房地产成本模式与公允价值模式后续计量涉及的核算环节进行比较，具体见表8-5。

表8-5 **投资性房地产两种后续计量模式的比较**

比较内容	成本模式	公允价值模式
1.折旧/摊销	借：主营业务成本/其他业务成本等 贷：投资性房地产累计折旧/ 投资性房地产累计摊销	不折旧、不摊销
2.确认公允价值变动	不确认	借：投资性房地产——公允价值变动 贷：公允价值变动损益 （若公允价值下降则编制相反的会计分录）
3.确认租金收入	借：银行存款等 贷：主营业务收入/其他业务收入	借：银行存款等 贷：主营业务收入/其他业务收入
4.计提减值	借：资产减值损失 贷：投资性房地产减值准备	不计提

二、投资性房地产后续计量模式的变更

为保证会计信息的可比性，企业对投资性房地产的计量模式一经确定，不得随意变更。企业对于不具备采用公允价值模式计量条件的投资性房地产只能采用成本模式计量。但随着该投资性房地产所在地房地产市场的成熟，公允价值能够持续可靠取得，即具备了采用公允价值模式计量条件，此时企业对投资性房地产的后续计量可以从成本模式转为公允价值模式。但已采用公允价值模式计量的投资性房地产，不得再转为成本模式计量（如

图8-1所示）。

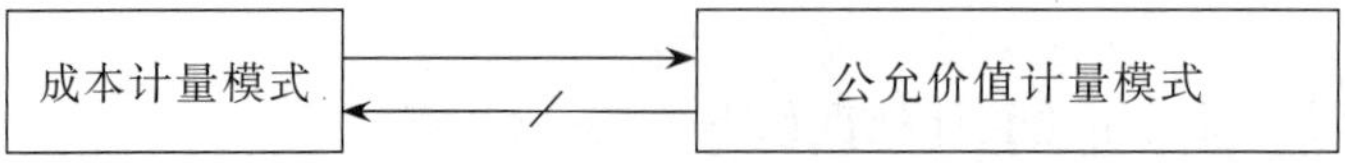

图8-1 投资性房地产后续计量模式的转换

由成本模式转换为公允价值模式的，应当作为会计政策变更处理，将计量模式变更时公允价值与账面价值的差额，调整期初留存收益。企业变更投资性房地产计量模式时，应当按照计量模式变更日投资性房地产的公允价值，借记“投资性房地产——成本”账户，按照已计提的折旧或摊销，借记“投资性房地产累计折旧（摊销）”账户，原已计提减值准备的，借记“投资性房地产减值准备”账户，按其原账面余额，贷记“投资性房地产”账户，变更日公允价值与其账面价值之间的差额，贷记或借记“利润分配——未分配利润”“盈余公积”等账户。

【例8-4】华扬股份有限公司的投资性房地产原采用成本模式进行后续计量。由于华扬股份有限公司投资性房地产所在地的房地产市场现已趋于成熟，房地产的公允价值能够持续可靠地取得，现满足采用公允价值模式计量的条件，华扬股份有限公司决定自2023年1月1日起，对其所拥有的投资性房地产改按公允价值模式进行后续计量。华扬股份有限公司作为投资性房地产核算的资产为A写字楼，其原始成本为3 000万元，已累计计提折旧400万元。2023年1月1日，该写字楼的公允价值为3 600万元。华扬股份有限公司按净利润的10%提取盈余公积。

分析：华扬股份有限公司的投资性房地产计量模式转换日的公允价值3 600万元高于其账面价值2 600万元（3 000-400）的部分应调整增加期初留存收益，其中，调增盈余公积100万元（1 000×10%），调增未分配利润900万元（1 000×90%）。相关会计处理如下：

借：投资性房地产——A写字楼（成本）	36 000 000	
投资性房地产累计折旧	4 000 000	
贷：投资性房地产——A写字楼		30 000 000
盈余公积		1 000 000
利润分配——未分配利润		9 000 000

三、投资性房地产的后续支出

投资性房地产的后续支出，是指已确认为投资性房地产的项目在持有期间所发生的与该投资性房地产直接相关的各种支出，如改扩建支出、装修装潢支出、日常维修支出等。

投资性房地产的后续支出，按照类似于固定资产、无形资产后续支出处理的原则进行处理，即按其功效和性能可以分为两大类：资本性支出和收益性支出。

投资性房地产的后续支出，若满足投资性房地产确认条件，应作为资本性支出，即计入投资性房地产的成本。如企业为了提高投资性房地产的使用效能或延长其使用寿命，往往需要对投资性房地产进行改建、扩建而使其更加坚固耐用，或者通过装修装潢而改善其服务效能，则应将这类后续支出予以资本化，增加投资性房地产的成本。

投资性房地产的后续支出，若不满足投资性房地产确认条件，应作为收益性支出，即计入当期损益。如企业对投资性房地产进行日常维护所发生的支出，由于该类支出一般仅是维护或恢复投资性房地产原有使用效能的，故此类支出应于发生时直接计入当期损益。

第四节 投资性房地产的相互转换与处置

一、房地产的转换形式

房地产的转换是指房地产用途发生变更。企业不得随意对自用或作为存货的房地产进行重新分类，只有当有确凿证据表明房地产用途发生改变，满足下列条件之一的，才应当将投资性房地产转换为其他资产或者将其他资产转换为投资性房地产（转换形式如图8-2所示）。

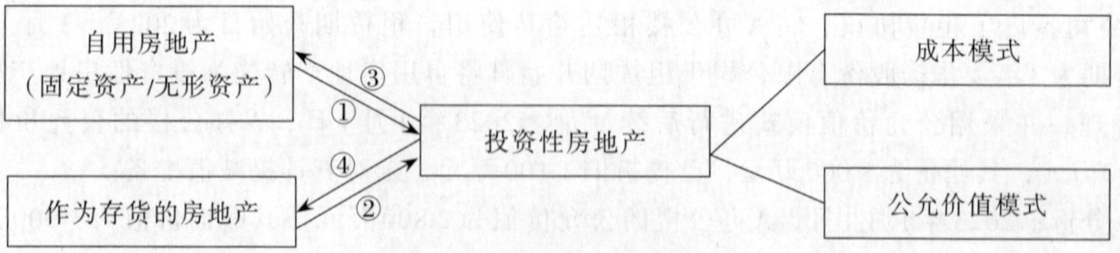

图8-2 房地产的转换形式

（1）自用建筑物及（或）土地使用权停止自用，改为出租，即企业将原本用于生产产品、提供劳务或者经营管理的房地产改用于出租，固定资产及（或）无形资产相应地转换为投资性房地产（如图8-2中的情形①）。

（2）作为存货的房地产，改为出租，通常指房地产开发企业将其持有的开发产品以经营租赁方式出租，相应地由存货转换为投资性房地产（如图8-2中的情形②）。

（3）投资性房地产开始自用，即将投资性房地产转换为自用房地产，相应地，由投资性房地产转换为固定资产、无形资产（如图8-2中的情形③）。

（4）房地产开发企业将用于出租的房地产收回后重新开发用于对外销售，即将投资性房地产转换为存货（如图8-2中的情形④）。

二、非投资性房地产与成本模式投资性房地产之间的转换

非投资性房地产与投资性房地产之间的转换主要是指自用房地产或作为存货的房地产与投资性房地产之间的转换。投资性房地产有成本和公允价值两种计量模式，我们首先分析非投资性房地产与成本模式投资性房地产之间的转换。由于自用房地产与作为存货的房地产均以成本模式计量，也就是说，上述项目之间的转换，其计量模式和计量基础并没有发生改变，仅仅是会计科目之间的转换。故转换期间，既不会影响企业资产总额，也不会影响企业损益。这类业务的会计处理比较简单，不再举例说明。

三、非投资性房地产与公允价值模式投资性房地产之间的转换

非投资性房地产与公允价值模式投资性房地产之间的转换，属于计量基础不同项目之间的转换。计量基础不同的项目之间的转换，会计处理相对来说比较复杂。具体分析如下：

（一）非投资性房地产转换为公允价值模式投资性房地产

企业应将转换日非投资性房地产公允价值作为投资性房地产的入账成本，同时终止确认非投资性房地产。转换日的公允价值（FV）与账面价值（BV）之间的差额，按照以下

原则处理：若FV < BV，应当将其差额计入当期损益，即记入“公允价值变动损益”账户的借方，确认为当期损失；若FV > BV，应当将其差额计入所有者权益，即记入“其他综合收益”账户的贷方。待该项投资性房地产处置时，将相应的其他综合收益转入当期损益。简而言之，若为损失应当期确认，若为利得则先计入所有者权益，待处置时再转入当期损益。

【例8-5】2022年8月，华扬股份有限公司新建的办公楼落成，准备启用，并将处于商业繁华地段的A办公楼出租以赚取租金收入，公司董事会已经形成书面决议。2022年12月底，华扬股份有限公司完成了搬迁工作，原办公楼停止自用。华扬股份有限公司与MT公司签订了租赁协议，将A办公楼租赁给其使用，租赁期开始日为2023年1月1日，租赁期为3年。华扬股份有限公司于租赁期开始日将自用房地产转换为投资性房地产核算和管理，并采用公允价值模式进行后续计量。2023年1月1日，A办公楼的公允价值为2 800万元，其原价为3 000万元，已提折旧1 100万元，未对其计提减值准备。

分析：2023年1月1日，A办公楼的公允价值为2 800万元，其账面价值为1 900万元（3 000-1 100），故应将其差额900万元计入其他综合收益。华扬股份有限公司的相关会计处理如下：

借：投资性房地产——A办公楼（成本）	28 000 000	
累计折旧	11 000 000	
贷：固定资产——A办公楼		30 000 000
其他综合收益		9 000 000

若该例中，2023年1月1日该办公楼的公允价值为1 800万元，则应将其差额100万元（1 900-1 800）计入当期损益（公允价值变动损益）。则会计处理如下：

借：投资性房地产——A办公楼（成本）	18 000 000	
累计折旧	11 000 000	
公允价值变动损益	1 000 000	
贷：固定资产——A办公楼		30 000 000

【例8-6】甲公司是一家房地产开发公司，2023年4月15日，甲公司董事会形成决议，决定将其刚开发完工的一栋商务楼对外出租，将其作为投资性房地产核算和管理，并采用公允价值模式计量。甲公司与乙公司签订了租赁协议，租赁期开始日为2023年5月1日，租赁期为5年。2023年5月1日，该商务楼的账面价值为3 000万元，未提减值准备，公允价值为3 500万元。

2023年5月1日，甲公司的会计处理如下：

借：投资性房地产——商务楼（成本）	35 000 000	
贷：开发产品		30 000 000
其他综合收益		5 000 000

（二）公允价值模式投资性房地产转换为非投资性房地产

企业将采用公允价值模式计量的投资性房地产转换为自用房地产或存货（一般对于房地产开发企业才有这种可能）时，应当以其转换日的公允价值作为自用房地产或存货的入账价值，并注销其原账面记录，同时，将转换日的公允价值与其原账面价值（也就是最近一期期末的公允价值）之间的差额计入当期损益（公允价值变动损益）。由于最近一期期末与转换日之间间隔不久，前后公允价值之间相差不会太大，故将差额计入当期损益一般不会对本期损益造成太大影响。

【例8-7】2022年11月30日，华扬股份有限公司董事会决议将租赁期满的B写字楼收回作为本公司行政管理大楼。2023年1月1日，该写字楼正式开始自用，相应地，由投资性房地产转换为自用房地产，当日公允价值为6 000万元。该房地产在转换前作为投资性房地产核算和管理，并采用公允价值模式计量。其账面价值为5 800万元，其中，成本为5 000万元，公允价值变动增值为800万元。

2023年1月1日，华扬股份有限公司的相关会计处理如下：

借：固定资产——B写字楼	60 000 000	
贷：投资性房地产——B写字楼（成本）		50 000 000
——B写字楼（公允价值变动）		8 000 000
公允价值变动损益		2 000 000

四、投资性房地产的处置

投资性房地产的处置是指投资性房地产的出售、报废和毁损，也包括对外投资、非货币性资产交换、债务重组等原因转出投资性房地产的情形。当投资性房地产被处置时，应当终止确认该项投资性房地产。

企业出售、转让、报废投资性房地产或者发生投资性房地产毁损时，应当将处置收入扣除其账面价值和相关税费后的金额计入当期损益。其中，处置收入包括出售价款、残料变价收入、保险及过失人赔款等。相关税费主要包括处置投资性房地产时发生的整理、拆卸、搬运等清理费用，以及出售不动产应交的税费。

至于处置损益应通过什么会计科目予以核算和反映，目前理论界和实务界尚缺乏较为一致的做法，现行企业会计准则讲解中使用较多的是“其他业务收入”“其他业务成本”。本章作者认为，应结合投资性房地产处置的原因及投资性房地产在该企业的盈利模式而定。也就是说，若是报废、毁损等原因的处置，应比照固定资产、无形资产的处置进行，将其净损益作为资产处置损益；若非报废、毁损等原因的处置，应结合该投资性房地产业务是该企业的主营业务还是兼营业务而定。为避免引起初学者混淆，下文例题仍按照我国企业会计准则讲解进行。

（一）成本模式投资性房地产的处置

处置采用成本模式计量的投资性房地产时，应当按实际收到的金额，借记“银行存款”等账户，贷记“其他业务收入”账户；同时，按该项投资性房地产的账面价值，借记“其他业务成本”账户，同时，终止确认该投资性房地产，即注销其账面记录，按照已计提折旧或摊销，借记“投资性房地产累计折旧（摊销）”账户，已计提减值准备的，借记“投资性房地产减值准备”账户，按其账面余额，贷记“投资性房地产”账户。所发生的相关税费，应借记“其他业务成本”账户，贷记“银行存款”“应交税费”等账户。

【例8-8】2022年12月15日，华扬股份有限公司将其出租的一栋写字楼确认为投资性房地产，并采用成本模式计量。租赁期届满后，华扬股份有限公司将该栋写字楼出售给TW公司，售价为3 000万元，TW公司已用银行存款付清。出售时，该栋写字楼的账面价值为2 000万元，其中，原始价值为2 800万元，已提折旧800万元，不考虑相关税费。

华扬股份有限公司的相关会计处理如下：

(1) 借：银行存款　30 000 000
　　贷：其他业务收入　30 000 000

(2) 借：其他业务成本　20 000 000
　　　　投资性房地产累计折旧　8 000 000
　　贷：投资性房地产——写字楼　28 000 000

（二）公允价值模式投资性房地产的处置

处置采用公允价值模式计量的投资性房地产时，应当按实际收到的金额，借记“银行存款”等账户，贷记“其他业务收入”账户；按该项投资性房地产的账面价值，借记“其他业务成本”账户，同时，终止确认该投资性房地产，即注销其账面记录，贷记“投资性房地产——成本”账户，贷记或借记“投资性房地产——公允价值变动”账户。同时，结转投资性房地产累计公允价值变动损益，记入“其他业务收入”账户的借方或贷方。若存在原非投资性房地产转换为公允价值模式计量的投资性房地产时计入其他综合收益的金额，也一并结转记入“其他业务收入”账户的贷方。

【例8-9】2019年1月1日，华扬股份有限公司将原自用的一栋处于商业繁华区的商务楼出租给XH公司使用，租赁期为5年，华扬股份有限公司将其确认为以公允价值模式计量的投资性房地产。当时的公允价值为7 600万元，账面原价为5 800万元，已提折旧500万元。华扬股份有限公司董事会决定于2023年12月31日租约到期时将该栋商务楼以8 800万元出售给XH公司，已收到XH公司的购房款。出售时，该商务楼的账面价值为8 600万元，其中成本为7 600万元，累计公允价值变动为1 000万元。假定不考虑相关税费。

华扬股份有限公司的相关会计处理如下：

(1) 2019年1月1日，将自用商务楼转换为采用公允价值模式计量的投资性房地产。

借：投资性房地产——商务楼（成本）　76 000 000
　　累计折旧　5 000 000
　贷：固定资产——商务楼　58 000 000
　　　其他综合收益　23 000 000

(2) 2019年1月1日至2023年12月31日每年年末确认公允价值变动，共确认公允价值变动损益1 000万元。

借：投资性房地产——商务楼（公允价值变动）　10 000 000
　贷：公允价值变动损益　10 000 000

(3) 2023年12月31日，出售该商务楼，并已办妥过户手续。

①取得购房款：

借：银行存款　88 000 000
　贷：其他业务收入　88 000 000

②终止确认该房地产：

借：其他业务成本　86 000 000
　贷：投资性房地产——商务楼（成本）　76 000 000
　　　　　　　　　——商务楼（公允价值变动）　10 000 000

③同时结转原确认的公允价值变动损益[①]和其他综合收益：

借：公允价值变动损益 10 000 000

贷：其他业务收入 10 000 000

借：其他综合收益 23 000 000

贷：其他业务收入 23 000 000

分析：华扬股份有限公司从2019年1月1日起至2023年12月31日，就该项商务楼取得的收益一共为3 500万元，简单地，可以用处置日公允价值8 800万元，减去其转换为投资性房地产前的账面价值5 300万元（5 800-500）得出。在处置时，通过“其他业务收入”与“其他业务成本”也可分析计算得出同样的结果。“其他业务收入”账户贷方余额12 100万元（8 800+1 000+2 300），“其他业务成本”账户借方余额8 600万元，两者差额即为收益3 500万元（12 100-8 600）。

若公允价值变动损益不予结转，则在2023年应确认与投资性房地产处置相关的收益为2 500万元，其中，200万元为处置价款8 800万元减去处置时投资性房地产的账面价值8 600万元，2 300万元为原计入其他综合收益的结转。另外1 000万元公允价值变动损益已分别于2019—2023年计入各年损益。本章作者认为这种做法更能客观地反映经济业务的实质。

【课程思政】

投资性房地产是我国的“新生”事物，我国于2006年发布的与国际会计准则实质趋同的《企业会计准则》首次引入该项目，在此之前，我国企业并不单独确认建筑物、土地使用权的出租业务，而是将其作为固定资产、无形资产出租业务处理。

国际会计准则之所以将投资性房地产与固定资产、无形资产分开，最主要是基于对其“类金融”的投资性功能的重视和认可，故允许企业对其采取类似于金融资产那样的双重后续计量模式。但这也给会计处理及会计信息质量带来了挑战，因为，投资性房地产毕竟不同于金融资产，后者一般具有活跃的市场、买卖便捷、交易成本低，公允价值较易获得，而投资性房地产由于其所处地理位置的独特性、唯一性及其整体的不易分割性，所以其公允价值大多由评估机构评估确定，这既增加了企业获取公允价值的成本，也增加了企业管理层基于公允价值进行会计处理的自由裁量权空间。

尽管我国企业会计准则对投资性房地产采用公允价值后续计量模式有较为严格的限制性条件，但在现实中对上述条件的判断往往由企业自身确定，譬如引导案例中的皇庭国际不仅是根据评估机构评估结果确定公允价值，还自行规定年末年初相比变动幅度在5%以内的不调整其账面价值，这些都与财务会计基于经济业务实际发生进行会计处理的基本要求相违背，必定会对会计信息质量产生不利影响，因此，我国企业会计准则在国际趋同的道路上需要扬弃地吸收，具体到CAS3，有必要结合近些年来实施过程中遇到的具体问题进行反思和进一步完善。

【与国际会计准则的比较及主要差异】

国际会计准则《IAS 40——投资性房地产》与我国企业会计准则《CAS 3——投资性

① 对于公允价值变动损益是否要结转的讨论和说明，参见本书第四章第二节脚注①。

房地产》的差异主要表现在以下方面：

1. 内容不完全相同。IAS 40指出投资性房地产包括以下内容：（1）为长期资本增值而持有的土地。（2）尚未确定未来用途的土地。（3）主体拥有并准备出租的建筑物。（4）为将来作为投资性房地产而正在建造或开发过程中的房地产。由于我国土地归国家或集体所有，任何单位只具有使用权，且在按规定用途取得使用权以后必须在规定时间内（最多不能超过2年）开发或使用，不得闲置，因此在我国事实上不存在（1）（2）情形和内容，但取得土地使用权后可能随同建筑物出租而转为投资性房地产。对于（4），CAS3规定只有在完工并完成出租的情况下，方可算作投资性房地产。由此可见，我国投资性房地产的内容远比国际会计准则窄。

2. 后续计量模式及选择。IAS 40要求所有主体可以选用公允价值或成本作为后续计量模式，且没有规定两种方法的优先顺序；允许同一家企业对无法持续可靠获得公允价值的某项投资性房地产采用成本模式进行后续计量并在附注中披露其公允价值，而对其他投资性房地产采用公允价值后续计量模式。CAS 3规定投资性房地产采用公允价值后续计量模式需具备严格的条件，且同一企业不能同时采用上述两种后续计量模式。简而言之，对公允价值与成本两种后续计量模式，IAS 40优先并鼓励采用前者且可兼用，CAS 3则严格控制采用前者且不可兼用。

3. 不同后续计量模式转换。IAS 40没有严格限制两种后续计量模式之间的相互转换，只是指出公允价值模式转换为成本模式几乎不可能导致所提供的信息更为相关。CAS 3规定成本后续计量模式可以随着条件的完备转为公允价值后续计量模式，反之，则严格禁止。

【与小企业会计准则的比较及主要差异】

我国《小企业会计准则》没有涉及投资性房地产相关内容，其相关业务在固定资产、无形资产中核算和规范。

【重点与难点】

（一）重点

1. 投资性房地产相对于非投资性房地产的特征。

2. 投资性房地产两种后续计量模式的使用条件及会计处理。

3. 投资性房地产与非投资性房地产之间相互转换的会计处理。

4. 投资性房地产处置与固定资产、无形资产处置的不同会计处理。

（二）难点

1. 成本计量模式转换为公允价值计量模式作为会计政策变更的会计处理。

2. 公允价值后续计量模式投资性房地产与非投资性房地产之间相互转换的会计处理。

【课后练习】

（一）单项选择题

1.2022年12月31日，某企业将自用建筑物转为投资性房地产对外出租，采用成本模式计量，转换日，该建筑物账面价值为2 100万元，尚可使用25年，预计净残值为100万元，采用年限平均法计提折旧。按照租赁合同，每年收取租金100万元，不考虑其他因素，该项出租业务对该企业2022年营业利润的影响金额为（　　）万元。

A.80　　B.100　　C.16　　D.20

2.2020年2月15日，A公司将一栋自用办公楼对外出租，年租金为360万元。当日，办公楼成本为3 200万元，已计提折旧2 100万元，未计提减值准备，公允价值为2 400万元。A公司采用公允价值模式对投资性房地产进行后续计量。该办公楼2020年12月31日的公允价值为2 600万元，2021年12月31日的公允价值为2 640万元。2022年3月1日，A公司收回租赁期届满的办公楼并对外出售，取得价款2 800万元。不考虑其他因素，A公司2022年度因出售该办公楼而确认的损益金额是（　　）万元。

A.160　　B.400　　C.1 460　　D.1 700

3.投资性房地产的后续计量从成本模式转为公允价值模式的，转换日投资性房地产的公允价值高于其账面价值的差额会对下列财务报表项目产生影响的是（　　）。

A.资本公积　　B.营业外收入　　C.未分配利润　　D.投资收益

4.关于投资性房地产后续计量模式的转换，下列说法中正确的是（　　）。

A.成本模式转换为公允价值模式的，应当作为会计估计变更

B.已采用公允价值模式计量的投资性房地产，不得从公允价值模式转换为成本模式

C.已采用成本模式计量的投资性房地产，不得从成本模式转换为公允价值模式

D.企业对投资性房地产的计量模式可以随意变更

5.存货转换为采用公允价值模式计量的投资性房地产，投资性房地产应当按照转换日的公允价值计量。转换日的公允价值小于原账面价值时，其差额计入（　　）。

A.营业外支出　　B.公允价值变动损益

C.投资收益　　D.其他业务收入

6.下列有关投资性房地产的会计处理中，说法不正确的是（　　）。

A.采用成本模式计量的土地使用权，期末应当计提土地使用权当期的摊销额

B.采用公允价值模式计量的投资性房地产转换为成本模式的，应当作为会计政策变更

C.采用公允价值模式计量的投资房地产，不计提折旧或进行摊销，应当以资产负债表日投资性房地产的公允价值为基础调整其账面价值

D.存货转换为采用公允价值模式计量的投资性房地产，应当按照该项投资性房地产转换日的公允价值计量

7.长江公司为房地产开发公司，于2022年1月1日将一幢商品房对外出租并采用公允价值模式计量，租期为3年，每年12月31日收取租金100万元，出租时，该幢商品房的成本为2 000万元，公允价值为2 200万元，2022年12月31日，该幢商品房的公允价值为2 150万元。长江公司2022年应确认的公允价值变动损益金额为（　　）万元。

A.损失50　　B.收益50　　C.损失150　　D.损失100

8.某企业采用成本模式对投资性房地产进行后续计量。2022年9月20日，该企业将达到预定可使用状态的自行建造的办公楼对外出租，该办公楼的建造成本为5 200万元，预计使用年限为25年，预计净残值为200万元。在采用年限平均法计提折旧的情况下，2022年该办公楼应计提的折旧额为（　　）万元。

A.50 B.0 C.200 D.100

（二）多项选择题

1.下列各项，关于投资性房地产会计处理的表述正确的有（ ）。

A.采用公允价值模式计量的可以变更为成本模式计量

B.采用成本模式计量的不需要计提减值准备

C.采用公允价值模式计量的不计提折旧

D.采用公允价值模式计量的不需要计提减值准备

2.下列各项，应作为投资性房地产核算的有（ ）。

A.已出租的土地使用权

B.以经营租赁方式租入再转租的建筑物

C.持有并准备增值后转让的土地使用权

D.出租给本企业职工居住的自建宿舍楼

3.下列各项关于土地使用权会计处理的表述中，正确的有（ ）。

A.为建造固定资产购入的土地使用权，应确认为无形资产

B.房地产开发企业为开发商品房购入的土地使用权，应确认为存货

C.用于出租的土地使用权及其地上建筑物，应一并确认为投资性房地产

D.土地使用权在地上建筑物达到预定可使用状态时，应与地上建筑物一并确认为投资性房地产

4.下列事项中，影响企业当期利润总额的有（ ）。

A.将自用房地产转换为以公允价值模式计量的投资性房地产，转换日其公允价值高于账面价值

B.采用公允价值模式计量的投资性房地产期末公允价值低于账面价值

C.采用成本模式计量的投资性房地产期末可收回金额高于账面价值

D.采用成本模式计量的投资性房地产期末可收回金额低于账面价值

5.采用公允价值模式进行后续计量的投资性房地产，应当同时满足（ ）条件。

A.投资性房地产所在地有活跃的房地产交易市场

B.企业能够从活跃的房地产交易市场上取得同类或类似房地产的市场价格及其他相关信息，从而对投资性房地产的公允价值作出合理的估计

C.所有的投资性房地产都有活跃的房地产交易市场

D.企业能够取得交易价格的信息

（三）判断题

1.制造业企业采用成本模式计量的投资性房地产，计提的投资性房地产折旧额应确认为其他业务成本。（ ）

2.同一企业只能采用一种模式对所有投资性房地产进行后续计量。（ ）

3.采用成本模式进行后续计量的投资性房地产，其后续计量原则与固定资产或无形资产相同。（ ）

4.采用公允价值模式进行后续计量的投资性房地产，不计提折旧或进行摊销，但发生减值损失时应计提减值准备。（ ）

5.企业自行建造的房地产在达到预定可使用状态时开始自用，之后又改为出租，应当

在该房地产达到预定可使用状态时确认为投资性房地产。 ( )

（四）业务处理题

1.2019年12月16日，A公司与B公司签订了一项租赁协议，将一栋经营管理用写字楼出租给B公司，租赁期为3年，租赁期开始日为2020年1月1日，年租金为240万元，于每年年初收取。相关资料如下：

（1）2019年12月31日，A公司停止自用该写字楼，准备将其出租给B公司，拟采用成本模式进行后续计量，预计尚可使用46年，预计净残值为20万元，采用年限平均法计提折旧，不存在减值迹象。该写字楼于2019年12月31日达到预定可使用状态时的账面原价为1 970万元，预计使用年限为50年，预计净残值为20万元，采用年限平均法计提折旧。

（2）2020年1月1日，预收当年租金240万元，款项已收存银行。A公司按月将租金收入确认为其他业务收入，并结转相关成本。

（3）2021年12月31日，A公司考虑到所在城市存在活跃的房地产市场，并且能够合理估计该写字楼的公允价值，为提供更相关的会计信息，将投资性房地产的后续计量从成本模式转换为公允价值模式，当日，该写字楼的公允价值为2 000万元。

（4）2022年12月31日，该写字楼的公允价值为2 150万元。

（5）2023年1月4日，租赁合同到期，A公司为解决资金周转困难，将该写字楼出售给C公司，价款为2 100万元，款项已收存银行。A公司按净利润的10%提法定盈余公积，不考虑其他因素。

要求：

（1）编制A公司2019年12月31日将该写字楼转换为投资性房地产的会计分录。

（2）编制A公司2020年1月1日收取租金、1月31日确认租金收入和结转相关成本的会计分录。

（3）编制A公司2021年12月31日将该投资性房地产的后续计量由成本模式转换为公允价值模式的相关会计分录。

（4）编制A公司2022年12月31日确认公允价值变动损益的相关会计分录。

（5）编制A公司2023年1月4日处置该投资性房地产的相关会计分录。

2.A公司2018年至2023年发生以下交易或事项：

2018年12月31日，购入一栋办公楼，实际取得成本为6 000万元。该办公楼预计使用年限为20年，预计净残值为零，采用年限平均法计提折旧。因公司迁址，2021年6月30日，A公司与B公司签订租赁协议。该协议约定：A公司将上述办公楼采用经营租赁方式出租给B公司，租赁期开始日为协议签订日，租期2年，年租金300万元，每半年支付一次。租赁协议签订日该办公楼的公允价值为5 600万元。

A公司对投资性房地产采用公允价值模式进行后续计量。2021年12月31日，该办公楼的公允价值为4 400万元；2022年12月31日，该办公楼的公允价值为4 200万元；2023年6月30日，租赁期满，A公司将投资性房地产收回后直接对外出售，售价为4 000万元。

假定不考虑相关税费。

要求：

（1）确定投资性房地产转换日。

（2）计算该办公楼2021年应计提的折旧额。

（3）编制租赁期开始日的会计分录。

（4）编制2021年取得租金收入的会计分录。

（5）计算上述交易或事项对A公司2021年度营业利润的影响金额。

（6）编制2023年6月30日出售投资性房地产的会计分录。

（五）简答与思考题

1. 什么是投资性房地产？其相比于非投资性房地产有何特点？

2. 投资性房地产有哪些后续计量模式？企业应如何选择投资性房地产的后续计量模式？

3. 哪些商业模式的企业会拥有比较多的投资性房地产？若采取不同后续计量模式核算投资性房地产，对企业财务状况和经营成果有何影响？

参考答案

【知识结构图】

第九章　非货币性资产交换

【学习目标】

本章主要阐述非货币性资产交换中换入资产入账价值的确定及换出资产相关损益的确认等内容。通过本章的学习，要求学生了解对商业实质的判断；熟悉非货币性资产交换的认定；掌握公允价值计量下取得非货币性资产入账价值的确定和损益的计算以及账面价值计量下取得非货币性资产入账价值的确定。

【引导案例】

资产置换一定是有商业实质的非货币性资产交换吗？

根据成都市政府关于成都市火车北站扩能改造配套枢纽工程的总体规划，四川富临运业集团股份有限公司（证券简称：富临运业，证券代码：002357）所属城北客运中心和五块石客运站被纳入了此次扩能改造工程，该两旧站搬迁后将与成都市火车北站统一改造、建设成都市火车北站综合客运枢纽。

项目立项以来，富临运业立足于企业利益最大化的基本原则，与成都市政府及相关部门进行了多轮谈判、沟通，最终达成一致意见并形成合约。公司与交易对方就公司所属两旧站以及规划设计的新车站采用成本法进行评估，并以该两项评估价值为依据，进行资产置换、差额互补。公司董事会于2019年2月1日发布资产置换公告，公告中声明该资产置换不构成关联方交易，不构成《上市公司重大资产重组管理办法》规定的重大资产重组情形；两旧站不存在质押或其他第三人权利，也不存在被查封、冻结等司法措施。

交易标的的基本情况见表9-1和表9-2。

表9-1　　　　**拟置出资产基本情况**

资产名称	地址	土地使用证面积（m^2）	地面建筑物建筑面积（m^2）	评估价值（万元）
城北客运中心	成都市金牛区二环路北二段91号	19 348.91	11 684.18	23 313.0504
五块石客运站	成都市成华区火车北站北路157号	23 479.05	7 316.82	27 761.5789
合计				51 074.6293

表9-2　　　　**拟置入资产基本情况**

资产名称	建筑面积（m^2）	评估价值（万元）
新车站长途客运站1—2楼（含夹层）	54 150.30	54 388.5613

根据上述评估结果，富临运业需支付补价3 313.9320万元，按一次性付款优惠20%计算，实际需支付补价2 651.1456万元。同时，由于两旧站搬迁新建，富临运业可获得房屋装修补偿、政策性补偿、政策性补助、政策性补贴、提前搬迁奖励及其他补偿共计2 651.6075万元。资产置换与搬迁补偿结束后，富临运业可获得4 619元。

思考：

（1）本案例中的资产置换属于非货币性资产交换吗？

（2）如果属于，该非货币性资产交换具有商业实质吗？富临运业应该以公允价值还是以账面价值为基础进行计量？

（3）上述两种不同的计量方式分别会给公司带来怎样的影响？

（资料来源：作者根据网上公开资料改编而成）

分析提示

第一节　非货币性资产交换的认定

一、非货币性资产交换的概念

非货币性资产交换，是指企业主要以固定资产、无形资产、投资性房地产和长期股权投资等非货币性资产进行的交换①。该交换不涉及或只涉及少量的货币性资产（即补价）。其中，货币性资产是指企业持有的货币资金和将以固定或可确定金额收取的资产；非货币性资产是指货币性资产以外的资产，该类资产在将来为企业带来的经济利益不固定或不可确定。

本章所说的非货币性资产交换，仅包括企业之间主要以非货币性资产形式进行的互惠转让，即企业取得一项非货币性资产，必须以付出自己拥有的非货币性资产作为代价。企业与所有者或所有者以外方面的非货币性资产非互惠转让，如以非货币性资产作为股利发放给股东，或政府无偿提供非货币性资产给企业等，或在企业合并、债务重组中取得的非货币性资产，或企业以发行股票形式取得的非货币性资产等，均不属于本章所讲的非货币性资产交换的范围。

二、非货币性资产交换的认定

非货币性资产交换的交易对象主要是非货币性资产，交易中一般不涉及货币性资产或只涉及少量货币性资产，即补价。通常以补价占整个资产交换金额的比例低于25%作为参考。若补价占整个资产交换金额的比例低于25%，则属于非货币性资产交换；若补价占整个资产交换金额的比例等于或高于25%，应视为货币性资产交换，适用其他相关准则。整个资产交换金额，即在整个非货币性资产交换中最大的公允价值。

非货币性资产交换的认定条件可以用下面的公式表示：

收到补价的企业：收到的补价÷换出资产公允价值<25%

支付补价的企业：支付的补价÷（支付的补价+换出资产公允价值）<25%

---

① 下列情形不适用非货币性资产交换准则：企业以存货换取客户的非货币性资产及非货币性资产交换中涉及企业合并或CAS 22规范的金融资产等，其分别适用其他相关准则，具体说明见《CAS 7——非货币性资产交换》。

第二节 非货币性资产交换的确认和计量

一、非货币性资产交换的确认和计量原则

（一）确认

企业应当分别按照下列原则对非货币性资产交换中的换入资产进行确认，对换出资产终止确认：

1. 对于换入资产，企业应当在换入资产符合资产定义并满足资产确认条件时予以确认。

2. 对于换出资产，企业应当在换出资产满足资产终止确认条件时终止确认。

3. 换入资产的确认时点与换出资产的终止确认时点存在不一致的，企业在资产负债表日应当按照下列原则进行处理：（1）换入资产满足资产确认条件，换出资产尚未满足终止确认条件的，在确认换入资产的同时将交付换出资产的义务确认为一项负债。（2）换入资产尚未满足资产确认条件，换出资产满足终止确认条件的，在终止确认换出资产的同时将取得换入资产的权利确认为一项资产。

（二）计量原则

在非货币性资产交换的情况下，不论是一项资产换入一项资产、一项资产换入多项资产、多项资产换入一项资产，还是多项资产换入多项资产，换入资产的成本都有两种计量基础，即公允价值和账面价值。

1. 以公允价值计量的情形

非货币性资产交换同时满足下列条件的，应当以换出资产的公允价值为基础进行处理，除非有确凿证据表明换入资产的公允价值更加可靠：（1）该项交换具有商业实质；（2）换入资产或换出资产的公允价值能够可靠地计量。

资产公允价值能够可靠计量通常是指资产存在活跃市场，但这并不是资产公允价值能够可靠计量的唯一要求或标准。

存在以下三种情形之一的，可以视为公允价值能够可靠计量：（1）换入资产或换出资产存在活跃市场。（2）换入资产或换出资产不存在活跃市场，但同类或类似资产存在活跃市场。（3）换入资产或换出资产不存在同类或类似资产的可比市场交易，采用估值技术确定的公允价值满足一定的条件①。

该种情形是将非货币性资产交换视同销售，即换出资产相当于销售资产，从而换入的资产以换出资产的公允价值为基础进行计量。

2. 以账面价值计量的情形

未同时满足准则规定的两个条件的非货币性资产交换，应当以换出资产的账面价值和应支付的相关税费作为换入资产的成本。在这种情况下，无论是否支付补价，均不确认损益。

---

① 一定的条件是指采用估值技术确定的公允价值估计数的变动区间很小或在公允价值估计数变动区间内，且各种用于确定公允价值估计数的概率能够合理确定。

二、商业实质的判断

认定某项非货币性资产交换具有商业实质，必须满足下列条件之一：

1.换入资产的未来现金流量在风险、时间分布或金额方面与换出资产显著不同。主要包括但不限于以下几种情形：

（1）未来现金流量的风险、金额相同，时间分布不同。此种情形是指换入资产和换出资产产生的未来现金流量总额相同，获得这些现金流量的风险相同，但现金流量流入企业的时间不同。

（2）未来现金流量的时间分布、金额相同，风险不同。此种情形是指换入资产和换出资产产生的未来现金流量时间和金额相同，但企业获得现金流量的风险或不确定程度存在明显差异。

（3）未来现金流量的风险、时间分布相同，金额不同。此种情形是指换入资产和换出资产产生的未来现金流量总额相同，预计为企业带来现金流量的时间跨度相同，风险也相同，但各年产生的现金流量金额存在明显差异。

2.使用换入资产所产生的预计未来现金流量现值与继续使用换出资产不同，且其差额与换入资产和换出资产的公允价值相比是重大的。

资产的预计未来现金流量现值，应当按照资产在持续使用过程和最终处置时预计产生的税后未来现金流量（因为交易双方适用的所得税税率可能不同），根据企业自身而不是市场参与者对资产特定风险的评价，选择恰当的折现率对其折现后加以确定。强调企业自身，是由于考虑到换入资产的性质和换入企业经营活动的特征，换入资产与换入企业其他现有资产相结合，可能比换出资产产生更大的作用，即换入资产与换出资产对换入企业的使用价值明显不同，使换入资产的预计未来现金流量现值与换出资产相比产生明显差异，表明该两项资产的交换具有商业实质。

例如，某企业以一项专利权换入另一家企业拥有的长期股权投资，假定从市场参与者的角度看，该项专利权与该项长期股权投资的公允价值相同，同时假定两项资产未来现金流量的风险、时间分布和金额也相同，但是对于换入企业而言，换入该项长期股权投资使该企业与被投资方的投资关系由重大影响变为控制，另一家企业换入的专利权能够解决生产中的技术难题，两家企业换入资产的预计未来现金流量现值与换出资产相比均有明显差异，可以判断两项资产的交换具有商业实质。

需要注意的是：在确定非货币性资产交换是否具有商业实质时，企业应当关注交易各方之间是否存在关联方关系。关联方关系的存在可能导致发生的非货币性资产交换不具有商业实质。

关联方的非货币性资产交换，一般情况下是不具有商业实质的。不具有商业实质的非货币性资产交换需要以换出资产的账面价值为基础进行计量，不确认损益。但是也有企业可能出于自身的一些考虑，通过关联方之间没有商业实质的非货币性资产交换，以换出资产的公允价值为基础进行计量，确认损益从而来达到一定的目的。这种做法不符合企业会计准则的规范要求，需要在学习及将来工作中特别留意。不断培养和增强诚信服务、德法兼修的会计职业素养，是我们的必修课。

三、非货币性资产交换的会计处理

（一）以公允价值计量的非货币性资产交换的会计处理

非货币性资产交换同时满足交换具有商业实质且换入资产或换出资产的公允价值能够可靠计量的，应当以换出资产的公允价值为基础计量，但有确凿证据表明换入资产的公允价值更加可靠的除外。

1.换入资产入账价值的确定

（1）不涉及补价

换入资产成本=换出资产公允价值+支付的相关税费

有确凿证据表明换入资产的公允价值更加可靠的，以各项换入资产的公允价值和应支付的相关税费作为各项换入资产的初始计量金额，换出资产的公允价值与其账面价值之间的差额计入当期损益。

（2）涉及补价

换入资产成本=换出资产公允价值+支付的相关税费+支付补价的公允价值（-收到补价的公允价值）

2.换出资产公允价值与其账面价值的差额的会计处理

对于换出资产，企业应当在终止确认时，将换出资产的公允价值与换出资产账面价值之间的差额计入当期损益。涉及补价、同时换入或换出多项资产的，应当按照下列规定进行处理：

（1）支付补价的，换入资产的公允价值减去支付的补价，与换出资产账面价值之间的差额计入当期损益；收到补价的，换入资产的公允价值加上收到的补价，与换出资产账面价值之间的差额计入当期损益。

（2）对于同时换入多项资产的，按照换入的金融资产以外的各项换入资产公允价值的相对比例，将换出资产公允价值总额（涉及补价的，加上支付补价的公允价值或减去收到补价的公允价值）扣除换入金融资产公允价值后的净额进行分摊，以分摊至各项换入资产的金额，加上应支付的相关税费，作为各项换入资产的成本进行初始计量。对于同时换出的多项资产，将各项换出资产的公允价值与其账面价值之间的差额，在各项换出资产终止确认时计入当期损益。

（3）有确凿证据表明换入资产的公允价值更加可靠的，按照各项换出资产的公允价值的相对比例，将换入资产的公允价值总额（涉及补价的，减去支付补价的公允价值或加上收到补价的公允价值）分摊至各项换出资产，分摊至各项换出资产的金额与各项换出资产账面价值之间的差额，在各项换出资产终止确认时计入当期损益。

换出资产应当分别不同情况处理：

（1）企业以存货换取客户的非货币性资产的，适用《CAS 14——收入》。按其公允价值确认收入，同时结转相应的成本。

（2）换出资产为固定资产、无形资产的，换出资产公允价值与其账面价值的差额，记入“资产处置损益”账户。

（3）换出资产为长期股权投资、其他债权投资[①]的，换出资产公允价值与其账面价值

---

① 换出资产为其他债权投资、其他权益工具投资的，适用《CAS 22——金融工具确认和计量》和《CAS 23——金融资产转移》。

的差额，计入投资收益，并将长期股权投资和其他债权投资持有期间形成的“其他综合收益”“资本公积”转入“投资收益”账户。

（4）换出资产为其他权益工具投资的，换出资产公允价值与其账面价值的差额，计入留存收益，并将其他权益工具投资持有期间形成的“其他综合收益”转入留存收益。

3.相关税费的处理

（1）与换出资产有关的相关税费与出售资产相关税费的会计处理相同，如换出固定资产支付的相关税费记入“固定资产清理”等账户。

（2）与换入资产有关的相关税费与购入资产相关税费的会计处理相同，如换入资产的运费和保险费计入换入资产的成本等。

【例9-1】2022年5月1日，华扬股份有限公司以2020年购入的生产经营用设备交换甲公司生产的一批钢材，华扬股份有限公司换入的钢材将作为原材料用于生产，甲公司换入的设备用于生产钢材。华扬股份有限公司设备的账面原价为3 000 000元，在交换日的累计折旧为1 050 000元，公允价值为2 808 000元，华扬股份有限公司此前没有为该设备计提资产减值准备。此外，华扬股份有限公司以银行存款支付清理费3 000元。甲公司钢材的账面价值为2 400 000元，在交换日的市场价格为2 808 000元，计税价格等于市场价格，甲公司此前也没有为该批钢材计提存货跌价准备。

华扬股份有限公司、甲公司均为增值税一般纳税人，适用的增值税税率均为13%。假设华扬股份有限公司和甲公司在整个交易过程中没有发生除增值税以外的其他税费，华扬股份有限公司和甲公司均开具了增值税专用发票。

华扬股份有限公司的账务处理如下：

换入钢材的增值税进项税额=2 808 000×13%=365 040（元）

换出设备的增值税销项税额=2 808 000×13%=365 040（元）

（1）借：固定资产清理	1 950 000	
累计折旧	1 050 000	
贷：固定资产——××设备		3 000 000
（2）借：固定资产清理	3 000	
贷：银行存款		3 000
（3）借：固定资产清理	365 040	
贷：应交税费——应交增值税（销项税额）		365 040
（4）借：原材料——钢材	2 808 000	
应交税费——应交增值税（进项税额）	365 040	
贷：固定资产清理		3 173 040
（5）借：固定资产清理	855 000	
贷：资产处置损益		855 000

其中，资产处置损益的金额为换出设备的公允价值2 808 000元与其账面价值1 950 000元（3 000 000−1 050 000）的差额并扣除清理费用3 000元后的余额，即855 000元。

甲公司的账务处理如下：

换出钢材的增值税销项税额=2 808 000×13%=365 040（元）

换入设备的增值税进项税额=2 808 000×13%=365 040（元）

（1）借：固定资产——××设备　2 808 000
　　应交税费——应交增值税（进项税额）　365 040
　贷：主营业务收入——钢材　2 808 000
　　应交税费——应交增值税（销项税额）　365 040

（2）借：主营业务成本——钢材　2 400 000
　贷：库存商品——钢材　2 400 000

（二）以账面价值计量的非货币性资产交换的会计处理

未同时满足准则规定的两个条件的非货币性资产交换，即：（1）该项交换具有商业实质；（2）换入资产或换出资产的公允价值能够可靠地计量。对于换入资产，企业应当以换出资产的账面价值和应支付的相关税费作为换入资产的成本进行初始计量；对于换出资产，终止确认时不确认损益。相关规定如下：

1.不涉及补价

换入资产成本=换出资产账面价值+支付的应计入换入资产成本的相关税费

【提示】在计算增值税时要以资产的公允价值作为其计税基础。

2.涉及补价

（1）支付补价：

支付补价的，应当以换出资产的账面价值，加上支付的补价和应支付的相关税费，作为换入资产的成本，不确认损益。

换入资产成本=换出资产账面价值+支付的应计入换入资产成本的相关税费+支付的补价

（2）收到补价：

收到补价的，应当以换出资产的账面价值，减去收到的补价并加上应支付的相关税费，作为换入资产的成本，不确认损益。

换入资产成本=换出资产账面价值+支付的应计入换入资产成本的相关税费-收到的补价

对于同时换入多项资产的，应当按照各项换入资产的原账面价值或公允价值的相对比例或其他合理的比例，将换出资产的账面价值总额（涉及补价的，加上支付补价的账面价值或减去收到补价的公允价值）分摊至各项换入资产，加上应支付的相关税费，分别作为各项换入资产的成本进行初始计量。对于同时换出多项资产的，各项换出资产终止确认时均不确认损益。

【例9-2】华扬股份有限公司以其持有的对丙公司的长期股权投资交换甲公司拥有的商标权。在交换日华扬股份有限公司持有的长期股权投资账面余额为2 500 000元，已计提长期股权投资减值准备700 000元，该长期股权投资在市场上没有公开报价，公允价值也不能可靠计量；甲公司商标权的账面原价为2 100 000元，累计已摊销金额为300 000元，其公允价值也不能可靠计量，甲公司没有为该项商标权计提减值准备，税务机关核定甲公司为交换该商标权需要缴纳增值税108 000元。甲公司将换入的对丙公司的投资仍作为长期股权投资，并采用成本法核算。甲公司尚未缴纳增值税，假设除增值税以外，整个交易过程中没有发生其他相关税费。

分析：本例中，该项资产交换没有涉及收付货币性资产，因此属于非货币性资产交换。本例属于以长期股权投资交换无形资产。由于换出资产和换入资产的公允价值都无法可靠计量，因此，华扬股份有限公司、甲公司换入资产的成本均应当按照换出资产的账面价值确定，不确认损益。华扬股份有限公司的账务处理如下：

借：无形资产——商标权　1 692 000

　应交税费——应交增值税（进项税额）　108 000

　长期股权投资减值准备——丙公司　700 000

　贷：长期股权投资——丙公司　2 500 000

甲公司的账务处理如下：

借：长期股权投资——丙公司　1 908 000

　累计摊销　300 000

　贷：无形资产——商标权　2 100 000

　　应交税费——应交增值税（销项税额）　108 000

（三）涉及多项非货币性资产交换的会计处理

1.非货币性资产交换具有商业实质，且换入资产和换出资产的公允价值能够可靠计量

非货币性资产交换具有商业实质，且换入资产和换出资产的公允价值能够可靠计量的，换入资产的总成本应当按照换出资产的公允价值总额为基础确定。各项换入资产的成本应当按照换入各项资产的公允价值占换入资产公允价值总额的比例，对换入资产的成本总额进行分配，确定各项换入资产的成本。

每项换入资产成本=该项资产的公允价值÷换入资产公允价值总额×换入资产的成本总额

2.非货币性资产交换不具有商业实质，或者虽具有商业实质但换入资产或换出资产的公允价值不能可靠计量

对于换入资产，企业应当以换出资产的账面价值和应支付的相关税费作为换入资产的成本进行初始计量；对于换出资产，终止确认时不确认损益。涉及补价、同时换入或换出多项资产的，应当按照下列规定进行处理：

（1）支付补价的，应当以换出资产的账面价值，加上支付的补价和应支付的相关税费，作为换入资产的成本，不确认损益。

收到补价的，应当以换出资产的账面价值，减去收到的补价并加上应支付的相关税费，作为换入资产的成本，不确认损益。

（2）对于同时换入多项资产的，应当按照各项换入资产的原账面价值或公允价值的相对比例或其他合理的比例，将换出资产的账面价值总额分摊至各项换入资产，加上应支付的相关税费，分别作为各项换入资产的成本进行初始计量。

对于同时换出多项资产的，各项换出资产终止确认时均不确认损益。

每项换入资产成本=该项资产的原账面价值÷换入资产原账面价值总额×换入资产的成本总额

【课程思政】

同学们需要把握非货币性资产交换的计量原则，了解不同计量基础所适用的情形。企业对于没有商业实质的非货币性资产交换，采用以换出资产的公允价值为基础进行计量，确认损益从而调节当期利润，以达到一定的目的，这种做法是不符合企业会计准则规范要求的。平时学习及将来工作时需要特别留意这些及类似的情形，不断培养和增强自身的诚信服务、德法兼修的会计职业素养。

【与国际会计准则的比较及主要差异】

非货币性资产交换在我国企业会计准则体系中是以专门的准则CAS 7进行规范的，而国际财务报告准则下的相关规范，则分散在固定资产、无形资产、投资性房地产等具体准则中。但国际国内准则对此类业务规范的基本原则是一致的，我国CAS 7实现了与国际财务报告准则的实质性趋同。

【重点与难点】

（一）重点

1. 非货币性资产的概念及认定。

2. 商业实质的判定。

3. 非货币性资产交换的会计处理。

（二）难点

1. 涉及补价情况下非货币性资产交换损益的确认。

2. 以公允价值计量的非货币性资产交换的会计处理。

【课后练习】

（一）单项选择题

1. 华扬股份有限公司发生的下列非关联方交易中，属于非货币性资产交换的是（　　）。

A. 以公允价值为270万元的固定资产换入乙公司账面价值为320万元的无形资产，并支付补价75万元

B. 以账面价值为280万元的固定资产换入丙公司公允价值为200万元的一项专利权，并收到补价80万元

C. 以公允价值为320万元的长期股权投资换入丁公司账面价值为460万元的短期股票投资，并支付补价160万元

D. 以账面价值为420万元的债权投资换入戊公司公允价值为390万元的一台设备，并收到补价30万元

2. 企业对于具有商业实质、且换入资产或换出资产的公允价值能够可靠计量的非货币性资产交换，在换出库存商品且其公允价值不含增值税的情况下，下列会计处理中，正确的是（　　）。

A. 按库存商品的公允价值确认营业收入

B. 按库存商品的公允价值确认主营业务收入

C. 按库存商品公允价值高于账面价值的差额确认营业外收入

D. 按库存商品公允价值低于账面价值的差额确认资产减值损失

3. 下列各项中，属于货币性资产的是（　　）。

A. 无形资产　　B. 股权投资　　C. 应收账款　　D. 其他债权投资

4. 以下交易形式中，属于非货币性资产交换的是（　　）。

A. 以应收票据与固定资产交换　　B. 以固定资产与无形资产交换

C. 以债权投资与股权投资交换　　D. 以无形资产与债权投资交换

5.在非货币性资产交换具有商业实质且公允价值能够可靠计量时，下列说法不正确的是（　　）。

A.非货币性资产交换不能确认损益

B.换出资产为固定资产、无形资产的，换出资产公允价值与其账面价值的差额，计入资产处置损益

C.换出资产为长期股权投资的，换出资产公允价值与其账面价值的差额，计入投资损益

D.收到补价方，应当以换出资产的公允价值减去补价（或换入资产的公允价值）加上应支付的相关税费，作为换入资产的成本

6.在确定涉及补价的交易是不是非货币性资产交换时，收到补价的企业，应当按照收到的补价占（　　）的比例低于25%确定。

A.换出资产公允价值　　B.换出资产公允价值加补价

C.换入资产公允价值减补价　　D.换出资产公允价值减补价

7.2022年6月1日，华扬股份有限公司以一台设备与乙公司交换一批库存商品，设备的原价为300万元，累计折旧为100万元，固定资产减值准备为20万元，公允价值为260万元，乙公司库存商品的账面价值为160万元，公允价值（计税价格）为200万元，适用的增值税税率为13%；收到对方支付的补价67.8万元，假定不考虑增值税以外的其他相关税费，该项交易具有商业实质。华扬股份有限公司在该项交易中应确认的收益为（　　）万元。

A.16　　B.40　　C.80　　D.50

8.确定一项资产是货币性资产还是非货币性资产的主要依据是（　　）。

A.变现速度的快慢与否

B.是否可以给企业带来经济利益

C.是否具有流动性

D.将为企业带来的经济利益是不是固定或可确定的

9.华扬股份有限公司以其持有的一项长期股权投资换取乙企业的一项无形资产，该项交易不涉及补价。假定该项交易具有商业实质。华扬股份有限公司该项长期股权投资的账面价值为120万元，公允价值为150万元。乙企业该项无形资产的账面价值为100万元，公允价值为150万元。假定不考虑相关税费，华扬股份有限公司换入的该项无形资产的入账价值为（　　）万元。

A.100　　B.15　　C.120　　D.30

10.华扬股份有限公司以公允价值为250万元的固定资产换入乙公司账面价值为230万元的长期股权投资，另从乙公司收取现金30万元。华扬股份有限公司换出固定资产的账面原价为300万元，已计提折旧20万元，已计提减值准备10万元。假定不考虑相关税费，该交易不具有商业实质。则华扬股份有限公司换入长期股权投资的成本为（　　）万元。

A.220　　B.240　　C.250　　D.245

（二）多项选择题

1.华扬股份有限公司发生的下列交易中，不属于非货币性资产交换的有（　　）。

A.以公允价值为390万元的固定资产换入乙公司账面价值为480万元的无形资产，并

支付补价120万元

B. 以账面价值为420万元的固定资产换入丙公司公允价值为300万元的一项专利权，并收到补价120万元

C. 以公允价值为320万元的长期股权投资换入丁公司账面价值为460万元的短期股票投资，并支付补价140万元

D. 以账面价值为630万元的债权投资换入戊公司公允价值为585万元的一台设备，并收到补价45万元

2. 下列各项交易中，属于非货币性资产交换的有（ ）。

A. 以固定资产换入长期股权投资　　B. 以债权投资换入无形资产

C. 以银行本票购买固定资产　　D. 以长期股权投资换入土地使用权

3. 企业发生的交易中，如果涉及补价，判断该项交易属于非货币性资产交换的标准有（ ）。

A. 支付的补价占换入资产公允价值的比例小于25%

B. 支付的补价占换出资产公允价值的比例小于25%

C. 收到的补价占换入资产公允价值的比例小于25%

D. 收到的补价占换出资产公允价值的比例小于25%

4. 依据CAS 7的规定，下列有关非货币性资产交换的表述中，正确的有（ ）。

A. 关联方关系的存在可能导致发生的非货币性资产交换不具有商业实质

B. 非货币性资产交换的交易对象主要是非货币性资产，交易中一般不涉及货币性资产或只涉及少量货币性资产

C. 非货币性资产交换具有商业实质的，换出资产的公允价值与其账面价值之间的差额计入当期损益

D. 非货币性资产交换不具有商业实质的，应以换出资产的账面价值和应支付的相关税费为基础确定换入资产的成本，不确认损益

5. 在非货币性资产交换中，以公允价值和应支付的相关税费作为换入资产的成本的，应同时满足下列条件中的（ ）。

A. 该项交换具有商业实质

B. 换入资产或换出资产的公允价值能够可靠地计量

C. 换入资产的公允价值大于换出资产的公允价值

D. 换入资产的公允价值小于换出资产的公允价值

（三）判断题

1. 不具有商业实质或者公允价值不能可靠计量的非货币性资产交换，应当以换出资产的账面价值和应支付的相关税费作为换入资产的成本，不论是否支付补价，均不确认损益。（ ）

2. 在非货币性资产交换中，如果换出资产的公允价值小于其账面价值，按照谨慎性要求采用公允价值作为换入资产入账价值的基础。（ ）

3. 非货币性资产交换具有商业实质且公允价值能够可靠计量的，应按公允价值计量换入资产成本，换出资产公允价值大于其账面价值的差额，应计入营业外收入。（ ）

4. 换入资产的未来现金流量在风险、时间和金额方面与换出资产显著不同，表明非货

币性资产交换具有商业实质。（ ）

5. 具有商业实质且换入或换出资产的公允价值能够可靠计量的非货币性资产交换，换出资产账面价值与其公允价值之间的差额，计入当期损益。（ ）

6. 在确定非货币性资产交换交易是否具有商业实质时，如果存在关联方关系，一般不影响商业实质的判断。（ ）

7. 在以公允价值计量的情况下，不论是否涉及补价，只要换出资产的公允价值与其账面价值不相同，就一定会涉及损益的确认。（ ）

8. 债权投资和应收账款都属于货币性资产。（ ）

9. 非货币性资产交换是指交易双方以非货币性资产进行的交换，不涉及货币性资产。（ ）

10. 非货币性资产交换一般不涉及或只涉及少量货币性资产，即涉及少量的补价。在涉及少量补价的情况下，以补价占整个资产交换金额的比例低于25%（不含25%）作为参考。（ ）

（四）业务处理题

1.2022年5月1日，华扬股份有限公司以2020年购入的生产经营用设备交换乙公司生产的一批钢材，华扬股份有限公司换入的钢材将作为原材料用于生产，乙公司换入的设备用于生产钢材。华扬股份有限公司设备的账面原价为1 500 000元，在交换日的累计折旧为525 000元，公允价值为1 404 000元，华扬股份有限公司此前没有为该设备计提资产减值准备。此外，华扬股份有限公司以银行存款支付清理费1 500元。乙公司钢材的账面价值为1 200 000元，在交换日的市场价格为1 404 000元，计税价格等于市场价格，乙公司此前也没有为该批钢材计提存货跌价准备。

华扬股份有限公司、乙公司均为增值税一般纳税人，适用的增值税税率均为13%。假设华扬股份有限公司和乙公司在整个交易过程中没有发生除增值税以外的其他税费，华扬股份有限公司和乙公司均开具了增值税专用发票。假定该交易具有商业实质。

要求：编制华扬股份有限公司和乙公司的会计分录。

2. 华扬股份有限公司以其拥有的一幢自用写字楼与乙公司持有的对丙公司的长期股权投资进行交换。在交换日，该幢写字楼的账面原价为6 000 000元，已提折旧1 200 000元，未计提减值准备，在交换日的不含税公允价值为6 192 661元，税务机关核定华扬股份有限公司因交换写字楼需要缴纳增值税557 339元；乙公司持有的对丙公司的长期股权投资的账面价值为4 500 000元，没有计提减值准备，在交换日的公允价值为6 000 000元，乙公司支付750 000元给华扬股份有限公司。乙公司换入写字楼后用于经营出租目的，并拟采用成本计量模式。华扬股份有限公司换入的对丙公司的投资仍然作为长期股权投资，并采用权益法核算。华扬股份有限公司转让写字楼的增值税557 339元尚未支付，假定除增值税外，该项交易过程中不涉及其他相关税费。假定该交易具有商业实质。

要求：编制华扬股份有限公司和乙公司的会计分录。

3. 华扬股份有限公司以其持有的对丙公司的长期股权投资交换乙公司拥有的商标权。在交换日，华扬股份有限公司持有的长期股权投资账面余额为5 000 000元，已计提的长期股权投资减值准备余额为1 400 000元，该长期股权投资在市场上没有公开报价，公允价值也不能可靠计量；乙公司商标权的账面原价为4 200 000元，累计已摊销金额为

600 000元，其公允价值也不能可靠计量，乙公司没有为该项商标权计提减值准备，税务机关核定乙公司为交换该商标权需要缴纳增值税216 000元。乙公司将换入的对丙公司的投资仍作为长期股权投资，并采用成本法核算。乙公司尚未缴纳增值税，假设除增值税以外，整个交易过程中没有发生其他相关税费。

要求：编制华扬股份有限公司和乙公司的会计分录。

（五）简答与思考题

1. 根据CAS 7，如何认定非货币性资产交换？

2. 非货币性资产交换确认和计量的一般原则。

3. 在公允价值计量的情形下，如何确定非货币性资产交换换入资产的入账价值？

4. 在公允价值计量的情形下，如何处理换出资产公允价值与其账面价值的差额？

5. 什么是商业实质？非货币性资产交换为何需要结合商业实质的判断以决定是否采用公允价值计量？

参考答案

【知识结构图】

第十章　流动负债

【学习目标】

本章主要介绍流动负债的相关内容。通过本章的学习，要求学生了解职工薪酬的范围；短期薪酬的确认和计量原则；掌握短期借款、应付及预收款项、应付职工薪酬、应交税费等流动负债的会计处理。

【引导案例】

业绩奖励计划“信口开河”给公司带来了什么？

昆吾九鼎投资控股股份有限公司（简称九鼎投资）前员工尤某完成融资业绩23亿元，按公司相关奖励政策可获得业绩奖金4 240万元，但公司一直拖欠未给予支付。尤某于2018年1月向深圳市福田区劳动争议仲裁委员会申请劳动仲裁后遭公司辞退。2018年4月30日仲裁裁决要求公司支付尤某业绩奖金人民币400万元，公司根据仲裁决议于当期计提预计负债400万元。但双方对仲裁结果均不认可，分别向法院提起诉讼。2020年12月18日法院作出了民事判决：公司无须支付尤某融资业绩奖金。一审判决后尤某不服，于2021年1月1日向法院上诉。法院对此案进行了公开审理，并于2021年11月29日作出了民事裁定：撤销原法院（2020）的民事判决书并要求重审。截至2022年8月20日，本次诉讼仍处于发回重审阶段，尚未开庭。

由于尤某劳动纠纷诉讼事项，2020年12月公司向法院申请以公司一处31套房地产为公司提供担保，予以置换公司银行基本账户于2019年1月15日被冻结的资金4 240万元（注：为尤某在该案下提供担保申请财产保全事项）。截至2021年3月公司银行基本账户4 240万元解除冻结，公司31套房地产资产被法院查封。

时至2022年8月，历时近5年的劳动纠纷仍未尘埃落定。尽管法院还没有最终判决，但从公司2018年对这起合同纠纷计提预计负债400万元而不是作为或有事项的做法，说明公司自我承认其的确存在违背合同的行为。倘若公司当时按公司奖励政策及时予以兑现员工业绩奖金，也就没有后面一系列对公司不利的种种负面影响了。

分析提示

思考：

（1）公司相关会计处理是否存在问题？为什么？

（2）若公司在前员工尤某符合业绩奖励政策时就予以奖金确认和支付，会计上该如何处理？合同纠纷前后两种不同的会计处理，对公司经营成果的影响有何差异？

（3）公司应如何防范此类违约风险？

（资料来源：作者根据案例公司公开资料改编而成）

第一节 负债概述

负债是指企业过去的交易或者事项形成的预期会导致经济利益流出企业的现时义务。现时义务是指企业在现行条件下已承担的义务。未来发生的交易或者事项形成的义务，不属于现时义务，不应当确认为负债。

一、负债的特征

负债具有以下基本特征：

1.负债的清偿预期会导致经济利益流出企业

负债通常是在未来某一时日通过交付资产（包括现金和其他资产）或提供劳务来清偿。例如，企业赊购一批材料，材料已验收入库，但尚未付款，该笔业务所形成的应付账款应确认为企业的负债，需要在未来某一时日通过交付现金或银行存款来清偿。有时，企业可以通过承诺新的负债或转化为所有者权益来了结一项现有的负债，但最终一般都会导致企业经济利益的流出。

2.负债是由过去的交易或事项形成的现时义务

也就是说，导致负债的交易或事项必须已经发生，例如，购置货物或使用劳务会产生应付账款（已经预付或是在交货时支付的款项除外），接受银行贷款则会产生偿还贷款的义务。只有源于已经发生的交易或事项，会计上才有可能确认为负债。现时义务是指企业在现行条件下已承担的义务。对于企业正在筹划的未来交易或事项，如企业的业务计划等，并不构成企业的负债。

3.负债是由过去的交易或者事项形成的

负债是由过去的交易或者事项所形成。换句话说，只有过去发生的交易或者事项才能形成负债，企业未来可能发生的经营亏损或未来将签订的购货合同等均不构成负债。

二、负债的确认条件

企业要确认负债，除了要符合负债的定义之外，还应当同时满足以下两个条件：

1.与该义务有关的经济利益很可能流出企业

由于经济业务存在不确定性，导致企业在履行经济业务时流出的经济利益有时需要估计，特别是由于推定义务而产生的负债。比如，企业因销售产品而承担的产品质量保证义务所发生的支出金额就存在很大的不确定性。如果有证据表明，与现时义务有关的经济利益很可能流出企业，就应当确认负债。反之，企业对于预期流出经济利益可能性较小或不复存在的现时义务，不应确认为一项负债。

2.未来流出经济利益的金额能够可靠地估计

企业要确认负债，必须能够可靠地计量负债的金额，即能够可靠地计量未来经济利益流出的金额。企业因法定义务而预期发生的经济利益流出金额，通常可以根据法律或合同的规定予以确定。比如，企业应交税费的金额可以根据相关税法的规定计算确定。而企业因推定义务产生的未来经济利益的流出金额，则往往需要根据合理的估计才能确定履行相关义务所需支出的金额。如果未来期间较长，还需要考虑货币时间价值的影响。

三、负债的分类

负债按其流动性不同，分为流动负债和非流动负债。

流动负债是指预计在一个正常营业周期中清偿，或者主要为交易目的而持有，或者自资产负债表日起一年内（含一年）到期应予以清偿，或者企业无权自主地将清偿推迟至资产负债表日后一年以上的负债。流动负债主要包括短期借款、应付票据、应付账款、合同负债、应付职工薪酬、应交税费、应付利息、应付股利、其他应付款等。

非流动负债是指除流动负债以外的负债，非流动负债主要是企业为筹集长期资产购建所需资金而发生的负债，主要包括长期借款、应付债券、长期应付款、预计负债等。

第二节　短期借款

一、短期借款概述

短期借款是指企业向银行或其他金融机构等借入的期限在一年以下（含一年）的各种借款，通常是为了满足正常生产经营的需要。无论借入款项的来源如何，企业均需要向债权人按期偿还借款的本金及利息。在会计核算上，企业要及时、如实地反映短期借款的借入、利息的发生和本金及利息的偿还情况。

二、短期借款的账务处理

企业应通过“短期借款”账户，核算短期借款的取得及偿还情况。该账户贷方登记取得借款的本金数额，借方登记偿还借款的本金数额，期末余额在贷方，表示尚未偿还的短期借款。本账户可按借款种类、贷款人和币种进行明细核算。

企业从银行或其他金融机构取得短期借款时，借记“银行存款”账户，贷记“短期借款”账户。

在实际工作中，银行一般于每季度末收取短期借款利息，为此，企业的短期借款利息一般采用月末预提的方式进行核算。短期借款利息属于筹资费用，应记入“财务费用”账户。企业应当在资产负债表日按照计算确定的短期借款利息费用，借记“财务费用”账户，贷记“应付利息”账户；实际支付利息时，根据已预提的利息，借记“应付利息”账户，根据应计利息，借记“财务费用”账户，根据应付利息总额，贷记“银行存款”账户。

企业短期借款到期偿还本金时，借记“短期借款”账户，贷记“银行存款”账户。

【例10-1】华扬股份有限公司于2023年1月1日向银行借入一笔生产经营用短期借款，共计120 000元，期限为9个月，年利率为6%。根据与银行签署的借款协议，该项借款的本金到期后一次归还；利息分月预提，按季支付。华扬股份有限公司的有关会计处理如下：

（1）1月1日借入短期借款时：

借：银行存款	120 000
贷：短期借款	120 000

(2) 1月末，计提1月份应计利息时：

本月应计提的利息金额=120 000×6%÷12=600（元）

本例中，短期借款利息600元属于企业的筹资费用，应记入“财务费用”账户。

借：财务费用　　600

　贷：应付利息　　600

2月末计提2月份利息费用的处理与1月份相同。

(3) 3月末支付第一季度银行借款利息时：

借：财务费用　　600

　　应付利息　　1 200

　贷：银行存款　　1 800

本例中，1月至2月已经计提的利息为1 200元，应借记“应付利息”账户，3月份应当计提的利息为600元，应借记“财务费用”账户；实际支付利息1 800元，贷记“银行存款”账户。

第二、三季度的会计处理同上。

(4) 10月1日偿还银行借款本金时：

借：短期借款　　120 000

　贷：银行存款　　120 000

如果上述借款期限是8个月，则到期日为9月1日，8月末之前的会计处理与上述相同。9月1日偿还银行借款本金，同时支付7月和8月已提未付利息：

借：短期借款　　120 000

　　应付利息　　1 200

　贷：银行存款　　121 200

提示：如果企业的短期借款利息是按月支付的，或者利息是在借款到期时连同本金一起偿还但数额不大的，可以不采用预提的方法，而在实际支付或收到银行的计息通知时，直接计入当期损益，借记“财务费用”账户，贷记“银行存款”“库存现金”账户。

“短期借款”账户的期末余额应当在资产负债表流动负债中“短期借款”项目下单独列报。

第三节　应付及预收款项

一、应付票据

应付票据是指企业购买材料、商品和接受劳务供应等而开出并承兑的商业汇票，包括商业承兑汇票和银行承兑汇票。企业应当设置“应付票据备查簿”，详细登记商业汇票的种类、号数、出票日期、到期日、票面余额、交易合同号、收款人姓名或单位名称、付款日期和金额等资料。应付票据到期结清时，应当在备查簿内予以注销。

企业应通过“应付票据”账户，核算应付票据的发生、偿付等情况。该账户贷方登记开出、承兑汇票的面值及带息票据的预提利息，借方登记支付票据的金额，月末余额在贷方，表示企业尚未到期的商业汇票的账面价值。

我国商业汇票的付款期限最长不超过6个月，因此，企业应将应付票据作为流动负债管理和核算。同时，由于应付票据的偿付时间较短，在会计实务中，一般均按照开出、承兑的应付票据的面值入账。

企业因购买材料、商品和接受劳务供应等而开出并承兑的商业汇票，应当按其票面金额作为应付票据的入账金额，借记“材料采购”（“在途物资”）、“原材料”、“库存商品”、“应付账款”、“应交税费——应交增值税（进项税额）”等账户，贷记“应付票据”账户。

企业支付的银行承兑汇票手续费应当计入当期财务费用，借记“财务费用”账户，贷记“银行存款”账户。

【例10-2】华扬股份有限公司于2023年5月6日开出一张面值为56 500元、期限5个月的不带息商业汇票，用以采购一批材料。增值税专用发票上注明的材料价款为50 000元，增值税税额为6 500元。华扬股份有限公司的有关会计分录如下：

借：材料采购（或在途物资） 50 000
　　应交税费——应交增值税（进项税额） 6 500
　贷：应付票据 56 500

【例10-3】承【例10-2】，假设上例中的商业汇票为银行承兑汇票，华扬股份有限公司已交纳承兑手续费28.25元。有关会计分录如下：

借：财务费用 28.25
　贷：银行存款 28.25

应付票据到期支付票款时，应按账面余额予以结转，借记“应付票据”账户，贷记“银行存款”账户。

【例10-4】承【例10-2】，2023年10月6日，华扬股份有限公司于5月6日开出的商业汇票到期。华扬股份有限公司通知其开户银行以银行存款支付票款。有关会计分录如下：

借：应付票据 56 500
　贷：银行存款 56 500

应付商业承兑汇票到期，如企业无力支付票款，应将应付票据的账面余额转作应付账款，借记“应付票据”账户，贷记“应付账款”账户；应付银行承兑汇票到期，如企业无力支付票款，应将应付票据的账面余额转作短期借款，借记“应付票据”账户，贷记“短期借款”账户。

【例10-5】承【例10-2】，假设上述商业汇票为银行承兑汇票，该汇票到期时，华扬股份有限公司无力支付票款。华扬股份有限公司的有关会计分录如下：

借：应付票据 56 500
　贷：短期借款 56 500

二、应付账款

应付账款是指企业因购买材料、商品或接受劳务供应等经营活动应支付给供应单位的款项。应付账款，一般应在与所购买物资所有权相关的主要风险和报酬已经转移，或者所购买的劳务已经接受时确认。

在实务工作中，为了使所购入物资的金额、品种、数量和质量等与合同规定的条款相符，避免因验收时发现所购物资存在数量或质量问题而对入账的物资或应付账款金额进行改动，在物资和发票账单同时到达的情况下，一般在所购物资验收入库后，再根据发票账单登记入账，确认应付账款。在所购物资已经验收入库，但是发票账单未能同时到达的情况下，企业应付供应单位的债务已经成立，在会计期末，为了反映企业的负债情况，需要将所购物资和相关的应付账款暂估入账，待下月初用红字予以冲回。

企业应通过“应付账款”账户，核算应付账款的发生、偿还、转销等情况。该账户贷方登记企业购买材料、商品和接受劳务等而发生的应付账款，借方登记偿还的应付账款，或开出商业汇票抵付应付账款的款项，或已冲销的无法支付的应付账款，余额一般在贷方，表示企业尚未支付的应付账款余额。本账户一般应按照债权人设置明细账户进行明细核算。

1.发生应付账款

企业购入材料、商品或接受劳务所发生的应付账款，应按应付金额入账。购入材料、商品等验收入库，但货款尚未支付，根据有关凭证（发票账单、随货同行发票）上记载的实际价款或暂估价值，借记“材料采购”“在途物资”“原材料”“库存商品”等账户，按可抵扣的增值税税额，借记“应交税费——应交增值税（进项税额）”账户，按应付的价款，贷记“应付账款”账户。企业接受供应单位提供劳务而发生的应付未付款项，根据供应单位的发票账单，借记“生产成本”“管理费用”等账户，贷记“应付账款”账户。

附有现金折扣的情况下，应按照应付账款总额入账。若在折扣期限内付款而获得现金折扣，则应冲减财务费用。

【例10-6】华扬股份有限公司于2023年5月10日从A公司购入一批材料并已验收入库。增值税专用发票上列明，该批材料的价款为100万元，增值税为13万元。按照购货协议的规定，A公司开出的现金折扣条件为“2/10，1/20，N/30”（假定计算现金折扣时不考虑增值税）。华扬股份有限公司的有关会计分录如下：

借：原材料	1 000 000	
应交税费——应交增值税（进项税额）	130 000	
贷：应付账款——A公司		1 130 000

本例中，华扬股份有限公司对A公司的应付账款附有现金折扣，应按照扣除现金折扣前的应付账款总额1 130 000元记入“应付账款”账户。

【例10-7】2023年5月30日，根据供电部门的通知，华扬股份有限公司本月应支付电费48 000元，其中生产车间电费32 000元，企业行政管理部门电费16 000元，款项尚未支付。华扬股份有限公司的有关会计分录如下：

借：制造费用	32 000	
管理费用	16 000	
贷：应付账款——××电力公司		48 000

2.偿还应付账款

企业偿还应付账款或开出商业汇票抵付应付账款时，借记“应付账款”账户，贷记“银行存款”“应付票据”等账户。

【例10-8】承【例10-6】，华扬股份有限公司于2023年5月19日支付货款，则华扬股份有限公司应享有的现金折扣为20 000元（1 000 000×2%），实际支付价款为1 110 000元。华扬股份有限公司的有关会计分录如下：

借：应付账款——A公司　　1 130 000
　　贷：银行存款　　1 110 000
　　　　财务费用　　20 000

假定华扬股份有限公司于2023年5月29日支付货款，则华扬股份有限公司应享有的现金折扣为10 000元（1 000 000×1%），实际支付价款为1 120 000元。华扬股份有限公司的有关会计分录如下：

借：应付账款——A公司　　1 130 000
　　贷：银行存款　　1 120 000
　　　　财务费用　　10 000

假定华扬股份有限公司于2023年6月8日支付货款，则华扬股份有限公司不能享有现金折扣，华扬股份有限公司的有关会计分录如下：

借：应付账款——A公司　　1 130 000
　　贷：银行存款　　1 130 000

【例10-9】承【例10-7】，华扬股份有限公司于2023年5月31日支付本月电费48 000元，增值税进项税额4 320元。华扬股份有限公司的有关会计分录如下：

借：应付账款——××电力公司　　48 000
　　应交税费——应交增值税（进项税额）　　4 320
　　贷：银行存款　　52 320

3.转销应付账款

企业转销确实无法支付的应付账款（比如因债权人撤销等原因而产生无法支付的应付账款）时，应按其账面余额计入营业外收入，借记"应付账款"账户，贷记"营业外收入"账户。

【例10-10】2023年5月31日，华扬股份有限公司确定一笔应付账款4 000元为无法支付的款项，应予转销。华扬股份有限公司的有关会计分录如下：

借：应付账款　　4 000
　　贷：营业外收入　　4 000

"应付账款"账户所属明细账户的期末贷方余额在资产负债表中的流动负债"应付账款"项目下列报；"应付账款"账户所属明细账户期末若有借方余额，应在流动资产中"预付款项"项目下列报。

三、预收账款与合同负债

（一）预收账款

预收账款是指企业除适用收入准则的因转让商品收到预收款之外的向客户预收的订金或部分货款。与应付账款不同，预收账款所形成的负债不是以货币偿付，而是以货物或劳务偿付。企业应通过"预收账款"账户，核算预收账款的取得、偿付等情况。

此外，在预收账款的核算中值得注意的是，企业预收账款情况不多的，也可不设置"预收账款"账户，将预收的款项直接记入"应收账款"账户的贷方。在编制资产负债表时，"预收账款"账户所属明细账户的期末贷方余额列报在流动负债中"预收款项"项目下；"预收账款"账户所属明细账户期末若有借方余额，应在流动资产中"应收账款"项目下列报。

（二）合同负债

合同负债，是指企业按照合同已收或应收客户对价而应向客户转让商品或提供劳务的义务。企业在向客户转让商品之前，如果客户已经支付合同对价或企业已经取得无条件收取合同对价的权利，则企业应当在客户实际支付款项与到期应支付款项孰早的时点，将该已收或应收的款项列示为合同负债。

需要说明的是“合同负债”和“预收账款”的概念有相通之处，但“预收账款”并不强调与客户之间的合同已成立，在合同成立前已收到的对价不能称为合同负债，但可以作为“预收账款”。合同负债的偿付一般与收入的确认紧密相连，有关合同负债的具体会计处理详见第十三章。

合同负债应当在资产负债表中单独列示，并按流动性分别列示为“合同负债”或“其他非流动负债”。

四、金融负债

金融负债是金融工具的一部分，是企业承担的一种合同义务，履行该义务会导致企业向其他方交付现金或者其他金融资产，或者在潜在不利条件下与其他方交换金融资产或金融负债。企业的很多负债项目都属于金融负债，如企业在购买材料过程中形成的应付账款、企业发行债券形成的应付债券等。但也有部分负债项目不属于金融负债，如企业预收的商品或劳务价款、企业对客户提供的产品质量保证等，这些负债形成的现时义务不是通过支付现金或其他金融资产来清偿的，而是通过销售产品或者提供劳务等方式来履行的。

合同负债和金融负债都是企业承担的合同义务，但合同负债是企业应向客户转让商品或服务的义务，而金融负债的履行一般会导致企业向其他方交付现金或其他金融资产。

第四节 应付职工薪酬

一、职工薪酬的含义及内容

职工薪酬，是指企业为获得职工提供的服务或解除劳动关系而给予的各种形式的报酬或补偿。企业提供给职工配偶、子女、受赡养人、已故员工遗属及其他受益人等的福利，也属于职工薪酬。职工薪酬主要包括短期薪酬、离职后福利、辞退福利和其他长期职工福利。

（一）职工的范围

职工薪酬中所指职工是广义的职工概念，其具体范围包括：

（1）与企业订立劳动合同的所有人员，含全职、兼职和临时职工；

（2）虽未与企业订立劳动合同但由企业正式任命的人员，如股份有限公司的董事和监事；

（3）在企业的计划和控制下，未与企业订立劳动合同或未由其正式任命，但向企业所提供服务与职工所提供服务类似的人员，也属于职工的范畴，包括通过企业与劳务中介公司签订用工合同而向企业提供服务的人员。

（二）职工薪酬的内容

1.短期薪酬

短期薪酬是指企业在职工提供相关服务的年度报告期间结束后十二个月内需要全部予以支付的职工薪酬，因解除与职工的劳动关系给予的补偿除外（因解除与职工的劳动关系给予的补偿属于辞退福利的范畴）。短期薪酬主要包括：

（1）职工工资、奖金、津贴和补贴：是指按照构成工资总额的计时工资、计件工资、支付给职工的超额劳动报酬等、为了补偿职工特殊或额外的劳动消耗和因其他特殊原因支付给职工的津贴，以及为了保证职工工资水平不受物价变动影响支付给职工的物价补贴等。企业的短期奖金计划属于短期薪酬，长期奖金计划属于其他长期职工福利。

（2）职工福利费：是指企业为职工提供的除职工工资、奖金、津贴和补贴、职工教育经费、社会保险费及住房公积金等以外的福利待遇支出，包括发放给职工或为职工支付的以下各项现金补贴和非货币性集体福利：一是为职工卫生保健、生活等发放或支付的各项现金补贴和非货币性福利，包括职工因公去外地的就医费用、职工疗养费用、防暑降温费等；二是企业尚未分离的内设集体福利部门所发生的设备、设施和人员费用；三是发放给在职职工的生活困难补助以及按规定发生的其他职工福利支出，如丧葬补助费、抚恤费、职工异地安家费、独生子女费等。

（3）医疗保险费、工伤保险费和生育保险费等社会保险费：是指企业按照国家规定的基准和比例计算，向社会保险经办机构缴纳的医疗保险费、工伤保险费和生育保险费等。

（4）住房公积金：是指企业按照国家规定的基准和比例计算，向住房公积金管理机构缴存的住房公积金。

（5）工会经费和职工教育经费：是指企业为了改善职工文化生活、为职工学习先进技术和提高文化水平和业务素质，用于开展工会活动和职工教育及职业技能培训等的相关支出。

（6）短期带薪缺勤：是指企业支付工资或提供补偿的职工缺勤，包括年休假、病假、短期伤残、婚假、产假、丧假、探亲假等。

（7）短期利润分享计划：是指因职工提供服务而与职工达成的基于利润或其他经营成果提供薪酬的协议。

（8）非货币性福利：是指企业以自己的产品或外购商品发放给职工作为福利。企业将自己拥有或租入资产提供给职工无偿使用的也属于非货币性福利。

（9）其他短期薪酬：是指除上述薪酬以外的其他为获得职工提供的服务而给予的短期薪酬。

2.离职后福利

离职后福利是指企业为获得职工提供的服务而在职工退休或与企业解除劳动关系后提供的各种形式的报酬和福利，属于短期薪酬和辞退福利的除外。离职后福利包括退休福利（如养老金和一次性的退休支付）以及其他离职后福利（如离职后人寿保险和离职后医疗保障）。企业将离职后的福利计划按照企业承担的义务和风险情况分类为设定提存计划和设定受益计划。

3.辞退福利

辞退福利是指企业在职工劳动合同到期之前解除与职工的劳动关系，或者为鼓励职工自愿接受裁减而给予职工的补偿。辞退福利主要包括：

（1）在职工劳动合同尚未到期前，不论职工本人是否愿意，企业决定解除与职工的劳动关系而给予的补偿。

（2）在职工劳动合同尚未到期前，为鼓励职工自愿接受裁减而给予的补偿，职工有权利选择继续在职或接受补偿离职。

4.其他长期职工福利

其他长期职工福利是指除短期薪酬、离职后福利、辞退福利之外的所有的职工薪酬，包括长期带薪缺勤、长期残疾福利、长期利润分享计划等。

二、短期薪酬的确认与计量

企业应当通过“应付职工薪酬”账户，核算应付职工薪酬的提取、结算、使用等情况。该账户贷方登记已分配计入有关成本费用项目的职工薪酬的数额，借方登记实际发放职工薪酬的数额；该账户的期末贷方余额，反映企业应付未付的职工薪酬。“应付职工薪酬”账户应当按照“工资、奖金、津贴和补贴”“职工福利”“社会保险费”“住房公积金”“工会经费”“职工教育经费”“累积带薪缺勤”“非货币性福利”“设定提存计划”“利润分享计划”等应付职工薪酬项目设置明细账户，进行明细核算。

1.货币性短期职工薪酬

货币性短期职工薪酬，包括企业以货币形式支付给职工或为职工支付的工资、职工福利、各种社会保险、住房公积金、工会经费以及职工教育经费等。货币性短期职工薪酬应当按照国家及地方的有关规定确定的计提基础和计提比例进行计量。国家及地方没有规定计提基础和计提比例的，企业应当自行规定或参考历史经验数据和实际情况，合理预计当期应付职工薪酬的金额。

（1）工资奖金、津贴和补贴及国家规定计提标准的职工薪酬。

①确认。企业应当在职工为其提供服务的会计期间，根据职工提供服务的受益对象，将应确认的职工薪酬（包括货币性薪酬和非货币性福利）计入相关资产成本或当期损益，同时确认为应付职工薪酬。具体分别以下情况进行处理：生产部门人员的职工薪酬借记“生产成本”“制造费用”“劳务成本”等账户，贷记“应付职工薪酬”账户；管理部门人员的职工薪酬，借记“管理费用”账户，贷记“应付职工薪酬”账户；销售人员的职工薪酬，借记“销售费用”账户，贷记“应付职工薪酬”账户；应由在建工程、研发支出负担的职工薪酬，借记“在建工程”“研发支出”账户，贷记“应付职工薪酬”账户。

【例10-11】2023年5月，华扬股份有限公司当月应发工资936万元，其中：生产部门直接生产人员工资600万元；生产部门管理人员工资120万元；公司管理部门人员工资216万元。根据所在地政府的规定，公司分别按照职工工资总额的10%和8%计提医疗保险费和住房公积金，缴纳给当地社会保险经办机构和住房公积金管理机构。公司分别按照职工工资总额的2%和8%计提工会经费和职工教育经费。

假定不考虑所得税影响。

应计入生产成本的职工薪酬金额=600+600×（10%+8%+2%+8%）=768（万元）

应计入制造费用的职工薪酬金额=120+120×（10%+8%+2%+8%）=153.6（万元）

应计入管理费用的职工薪酬金额=216+216×（10%+8%+2%+8%）=276.48（万元）

公司应根据上述业务，进行如下账务处理：

借：生产成本	7 680 000	
制造费用	1 536 000	
管理费用	2 764 800	
贷：应付职工薪酬——工资		9 360 000
——医疗保险费		936 000
——住房公积金		748 800
——工会经费		187 200
——职工教育经费		748 800

企业在计量应付职工薪酬时，对于国家规定了计提基础和计提比例的医疗保险费、工伤保险费、生育保险费等社会保险费和住房公积金，以及按规定提取的工会经费和职工教育经费，应当在职工为其提供服务的会计期间，按照规定的计提基础和计提比例计算确定相应的职工薪酬金额，并确认相关负债，按照受益对象计入当期损益或相关资产成本。例如，医疗保险费、工伤保险费、生育保险费和住房公积金，企业应当按照国务院、所在地政府或企业年金计划规定的标准，计量应付职工薪酬义务和应相应计入成本费用的薪酬金额；工会经费和职工教育经费，企业应当分别按照职工工资总额2%和8%的计提标准，计量应付职工薪酬（工会经费、职工教育经费）义务和应相应计入成本费用的薪酬金额。

②支付。企业在实际支付货币性短期薪酬时，借记“应付职工薪酬——工资”账户，贷记“银行存款”等账户；企业从应付职工薪酬中扣还各种款项（代垫的家属药费、个人所得税等）时，借记“应付职工薪酬”账户，贷记“其他应收款”“应交税费——应交个人所得税”等账户。

【例10-12】华扬股份有限公司根据“工资结算汇总表”结算本月应付职工工资总额936万元，其中代扣代交的个人所得税为28.08万元，代扣代交的由职工个人负担的各种社会保险费和住房公积金为7.92万元，实发工资为900万元。华扬股份有限公司有关会计处理如下：

借：应付职工薪酬——工资	9 360 000	
贷：银行存款		9 000 000
应交税费——应交个人所得税		280 800
其他应收款		79 200

（2）职工福利费。

企业应当在实际发生职工福利费时根据实际发生额计入当期损益或相关资产成本。

【例10-13】华扬股份有限公司下设一个职工食堂，每月根据在岗职工数量及岗位分布情况、相关历史经验数据等计算需要补贴食堂的金额，从而确定企业每期因职工食堂而需要承担的福利费金额。2023年5月，企业在岗职工共计2 000名，其中管理部门职工400名，生产车间职工1 600名，企业的历史经验数据表明，对于每名职工，企业每月需补贴食堂180元。华扬股份有限公司的有关会计分录如下：

借：生产成本　　288 000
　　管理费用　　72 000
　贷：应付职工薪酬——职工福利　　360 000

（3）短期带薪缺勤。

带薪缺勤分为累积带薪缺勤和非累积带薪缺勤两类。

①累积带薪缺勤是指带薪权利可以结转至下期的带薪缺勤，本期尚未用完的带薪缺勤权利可以在未来期间使用。

企业应当在职工提供服务从而增加了其未来享有的带薪缺勤权利时，确认与累积带薪缺勤相关的职工薪酬，并以累积未行使权利而增加的预期支付金额计量。

【例10-14】华扬股份有限公司共有2 000名职工，从2022年1月1日起，该公司实行累积带薪缺勤制度。该制度规定，每名职工每年可享受5个工作日带薪年休假，未使用的年休假只能向后结转一个日历年度，超过1年未使用的权利作废，不能在职工离开公司时获得现金支付；职工休年休假以后进先出为基础，即首先从当年可享受的权利中扣除，再从上年结转的带薪年休假余额中扣除。

2022年12月31日，每名职工当年平均未使用的带薪年休假为2天。根据过去的经验并预期该经验将继续适用，华扬股份有限公司预计2023年有1 900名职工将享受不超过5天的带薪年休假，剩余100名职工每人将平均享受6天半年休假，假定这100名职工全部为总部各部门经理，该公司平均每名职工每个工作日工资为300元。

分析：华扬股份有限公司在2022年12月31日应当预计由于职工累积未使用的带薪年休假权利而导致预期将支付的工资负债，即相当于150天（100×1.5）的年休假工资45 000元（150×300），并进行如下账务处理：

借：管理费用　　45 000
　贷：应付职工薪酬——累积带薪缺勤　　45 000

②非累积带薪缺勤是指带薪权利不能结转至下期的带薪缺勤，本期尚未用完的带薪缺勤权利将予以取消，并且职工离开企业时也无权获得现金支付。我国企业职工休婚假、产假、丧假、探亲假、病假期间的工资通常属于非累积带薪缺勤。通常情况下，与非累积带薪缺勤相关的职工薪酬已经包括在企业每期向职工发放的工资等薪酬中，因此，不必额外进行相应的账务处理。

（4）短期利润分享计划。

短期利润分享计划，是指因职工提供服务而与职工达成的基于利润或其他经营成果提供薪酬的协议。长期利润分享计划属于其他长期职工福利。

利润分享计划同时满足下列条件的，企业应当确认相关的应付职工薪酬：①企业因过去事项导致现在具有支付职工薪酬的法定义务或推定义务；②因利润分享计划产生的应付职工薪酬义务金额能够可靠估计。

属于下列三种情形之一的，视为义务金额能够可靠估计：①在财务报告批准报出之前企业已确定应支付的薪酬金额；②该短期利润分享计划的正式条款中包括确定薪酬金额的方式；③过去的惯例为企业确定推定义务金额提供了明显证据。

【例10-15】华扬股份有限公司有一项利润分享计划，要求该公司将其至2022年12月31日止的会计年度的税前利润的指定比例支付给在2022年7月1日至2023年6月30日为华扬股份有限公司提供服务的职工。该奖金于2023年6月30日支付。2022年度的税前利润为1 200万元。如果华扬股份有限公司在2022年7月1日至2023年6月30日期间没有职工离职，则当年的利润分享计划支付总额为税前利润的3%。华扬股份有限公司估计职工离职将使支付额降低至税前利润的2.5%（其中，直接参加生产的职工享有1%，总部管理人员享有1.5%），不考虑个人所得税的影响。

分析：尽管支付额是按照2022年度的税前利润的3%计量的，但是业绩却是基于职工在2022年7月1日至2023年6月30日期间提供的服务。

因此，华扬股份有限公司在2022年12月31日应按照税前利润的50%（半年）的2.5%确认负债和成本及费用，金额为150 000元（12 000 000×50%×2.5%）。余下的利润分享计划金额，连同针对估计金额与实际支付金额之间的差额作出的调整额，在2023年予以确认。

2022年12月31日的账务处理如下：

借：生产成本　　60 000

　　管理费用　　90 000

　贷：应付职工薪酬——短期利润分享计划　　150 000

2023年6月30日，华扬股份有限公司的职工离职使其支付的利润分享计划金额为2022年度税前利润的2.7%（直接参加生产的职工享有1.1%，总部管理人员享有1.6%），在2023年确认余下的利润分享计划金额，连同针对估计金额与实际支付金额之间的差额作出的调整额合计为174 000元（12 000 000×2.7%-150 000）。其中，计入生产成本的利润分享计划金额为72 000元（12 000 000×1.1%-60 000）；计入管理费用的利润分享计划金额为102 000元（12 000 000×1.6%-90 000）。

2023年6月30日的账务处理如下：

借：生产成本　　72 000

　　管理费用　　102 000

　贷：应付职工薪酬——短期利润分享计划　　174 000

2.非货币性职工薪酬

企业以其自产产品作为非货币性福利发放给职工的，应当根据受益对象，按照该产品的公允价值和相关税费，计入相关资产成本或当期损益，同时确认应付职工薪酬，借记“管理费用”“生产成本”“制造费用”等账户，贷记“应付职工薪酬——非货币性福利”账户。将自产产品实际发放时，借记“应付职工薪酬——非货币性福利”账户，贷记“主营业务收入”“应交税费——应交增值税（销项税额）”等账户，同时借记“主营业务成本”账户，贷记“库存商品”账户。

将企业拥有的房屋等资产无偿提供给职工使用的，应当根据受益对象，将该住房每期应计提的折旧计入相关资产成本或当期损益，同时确认应付职工薪酬，借记“管理费用”“生产成本”“制造费用”等账户，贷记“应付职工薪酬——非货币性福利”账户，并且同时借记“应付职工薪酬——非货币性福利”账户，贷记“累计折旧”账户。

租赁住房等资产供职工无偿使用的，应当根据受益对象，将每期应付的租金计入相关资产成本或当期损益，并确认应付职工薪酬，借记“管理费用”“生产成本”“制造费用”等账户，贷记“应付职工薪酬——非货币性福利”账户，同时借记“应付职工薪酬——非货币性福利”账户，贷记“其他应付款”“银行存款”等账户。

【例10-16】华扬股份有限公司为一家生产笔记本电脑的企业，共有职工2 000名，2022年12月，公司以其生产的成本为5 000元的高级笔记本电脑和外购的每部不含税价格为1 000元的手机作为春节福利发放给公司每名职工。该型号笔记本电脑的售价为每台7 000元，华扬股份有限公司适用的增值税税率为13%，已开具增值税专用发票；华扬股份有限公司以银行存款支付了购买手机的价款和增值税进项税额，已取得增值税专用发票，适用的增值税税率为13%。假定2 000名职工中1 700名为直接参加生产的职工，300名为总部管理人员。

分析：企业以自己生产的产品作为福利发放给职工，应计入成本费用的职工薪酬金额以公允价值计量，并计入主营业务收入，产品按照成本结转，并计算增值税销项税额。以外购的商品作为福利发放给职工，应当将应计的增值税进项税额计入成本费用。

笔记本电脑的售价总额=7 000×1 700+7 000×300=11 900 000+2 100 000=14 000 000（元）

笔记本电脑的增值税销项税额=1 700×7 000×13%+300×7 000×13%=1 547 000+273 000
=1 820 000（元）

（1）华扬股份有限公司决定发放笔记本电脑时，应进行如下账务处理：

借：生产成本 13 447 000
　　管理费用 2 373 000
　贷：应付职工薪酬——非货币性福利 15 820 000

（2）实际发放笔记本电脑时，应进行如下账务处理：

借：应付职工薪酬——非货币性福利 15 820 000
　贷：主营业务收入 14 000 000
　　　应交税费——应交增值税（销项税额） 1 820 000
借：主营业务成本 10 000 000
　贷：库存商品 10 000 000

手机的售价总额=1 700×1 000+300×1 000=1 700 000+300 000=2 000 000（元）

手机的增值税进项税额=1 700×1 000×13%+300×1 000×13%=221 000+39 000=260 000（元）

（3）华扬股份有限公司决定发放手机时的账务处理：

借：生产成本 1 921 000
　　管理费用 339 000
　贷：应付职工薪酬——非货币性福利 2 260 000

（4）购买手机时的账务处理：

借：库存商品 2 260 000
　贷：银行存款 2 260 000

（5）实际发放手机时的账务处理：

借：应付职工薪酬——非货币性福利 2 260 000
　贷：库存商品 2 260 000

【例10-17】2022年10月，华扬股份有限公司为总部各部门经理级别以上职工提供汽车免费使用，同时为副总裁级别以上高级管理人员每人租赁一套住房。华扬股份有限公司总部共有部门经理级别以上职工20名，公司为每人提供一辆帕萨特轿车免费使用，假定每辆帕萨特轿车每月计提折旧1 500元。该公司共有副总裁级别以上高级管理人员5名，公司为每人租赁一套面积为150平方米带有家具和电器的公寓，月租金为每套8 000元。华扬股份有限公司的有关会计处理如下：

借：管理费用	70 000	
贷：应付职工薪酬——非货币性福利		70 000
借：应付职工薪酬——非货币性福利	30 000	
贷：累计折旧		30 000
借：应付职工薪酬——非货币性福利	40 000	
贷：银行存款		40 000

三、离职后福利的确认与计量

离职后福利，是指企业为获得职工提供的服务而在职工退休或与企业解除劳动关系后，提供的各种形式的报酬和福利，短期薪酬和辞退福利除外。

离职后福利计划，是指企业与职工就离职后福利达成的协议或者企业为向职工提供离职后福利制定的规章或办法等。企业应当将离职后福利计划分为设定提存计划和设定受益计划两种类型。

1.设定提存计划

设定提存计划，是指向独立的基金缴存固定费用后，企业不再承担进一步支付义务的离职后福利计划，如现有养老保险等大多采取这种方式。企业应在资产负债表日确认为换取职工在会计期间内为企业提供的服务而应付给设定提存计划的提存金，并作为一项费用计入当期损益或相关资产成本，借记“管理费用”等账户，贷记“应付职工薪酬”账户；同时，借记“应付职工薪酬”账户，贷记“银行存款”账户。

2.设定受益计划

设定受益计划是指除设定提存计划以外的离职后福利计划。企业应当采用预期累计福利单位法和适当的精算假设，确认和计量设定受益计划所产生的义务。

在设定提存计划下，风险实质上要由职工来承担。在设定受益计划下，风险实质上由企业来承担。

四、辞退福利的确认与计量

辞退福利，是指企业在职工劳动合同到期之前解除与职工的劳动关系，或者为鼓励职工自愿接受裁员而给予职工的补偿。辞退福利还包括当公司控制权发生变动时，对辞退的管理层人员进行补偿的情况。

企业向职工提供辞退福利的，应当在以下两者孰早日确认辞退福利产生的职工薪酬负债，并计入当期损益：①企业不能单方面撤回解除劳动关系计划或裁减建议所提供的辞退福利时；②企业确认与涉及支付辞退福利的重组相关的成本或费用时。

值得注意的是，职工虽然没有与企业解除劳动合同，但未来不再为企业提供服务，不能为企业带来经济利益，企业承诺提供实质上具有辞退福利性质的经济补偿的，即发生“内退”的情况，在其正式退休日期之前应比照辞退福利处理，在其正式退休日期之后，应按离职后福利处理。

由于被辞退的职工不再为企业带来未来经济利益，因此，对于所有辞退福利，均应当于辞退计划满足负债确认条件的当期一次性计入费用（12个月内支付），不计入资产成本，借记“管理费用”账户，贷记“应付职工薪酬”账户。

五、其他长期职工福利的确认与计量

其他长期职工福利，指除短期薪酬、离职后福利和辞退福利以外的其他所有职工福利。其他长期职工福利包括以下各项（假设预计在职工提供相关服务的年度报告期期末以后12个月内不会全部结算）：长期带薪缺勤，如其他长期服务福利、长期残疾福利、长期利润分享计划和长期奖金计划，以及递延酬劳等。

企业向职工提供的其他长期职工福利，符合设定提存计划条件的，应当按照设定提存计划的有关规定进行会计处理；符合设定受益计划条件的，应当按照设定受益计划的有关规定，确认和计量其他长期职工福利净负债或净资产。

需要说明的是，在资产负债表中，应当分析应付职工薪酬的流动性，在负债项目中分别列报。“应付职工薪酬”账户的期末余额中将在一年或一个营业周期之内支付的短期薪酬、离职后福利、辞退福利等，应当在流动负债中“应付职工薪酬”项目下单独列报；“应付职工薪酬”账户的期末余额中将在一年或一个营业周期之上支付的长期带薪缺勤、长期辞退福利等职工薪酬项目应当在非流动负债中“其他非流动负债”项目下列报。

第五节 应交税费

企业根据税法的规定应缴纳的各种税费包括：增值税、消费税、城市维护建设税、教育费附加、资源税、企业所得税、土地增值税、房产税、车船税、城镇土地使用税、矿产资源补偿费、印花税、耕地占用税、契税、关税、环境保护税等。

企业通常通过“应交税费”账户，总括反映各种税费的缴纳情况，并按照应交税费项目进行明细核算。该账户贷方登记应缴纳的各种税费等，借方登记实际缴纳的税费；期末余额一般在贷方，反映企业尚未缴纳的税费，期末余额如在借方，反映企业多交或尚未抵扣的税费。

但印花税、耕地占用税、契税和车辆购置税等不需要预计应交数的税金，不通过“应交税费”账户核算。

一、应交增值税

（一）增值税概述

增值税是以商品（含应税劳务、应税行为）在流转过程中产生的增值额作为计税依据而征收的一种流转税。按照纳税人的经营规模及会计核算的健全程度，增值税纳税人分为一般纳税人和小规模纳税人。年应税销售额超过财政部和国家税务总局规定标准的纳税人为一般纳税人，未超过规定标准的纳税人为小规模纳税人。

1.一般纳税人

一般纳税人采用一般计税方法计算当期增值税应纳税额，即先按当期销售额和适用的税率计算出销项税额，然后以该销项税额对当期购进项目支付的税额（即进项税额）进行

抵扣。其计算公式如下：

当期应纳税额=当期销项税额-当期进项税额

当期销项税额=不含税销售额×增值税税率

当期销项税额小于当期进项税额，不足抵扣时，其不足部分可以结转至下期继续抵扣。

目前一般纳税人增值税税率一般主要有13%、9%和6%三档。销售货物、劳务、有形动产租赁服务或者进口货物的适用税率为13%；交通运输服务、邮政服务、建筑服务、基础电信服务的适用税率为9%；增值电信服务、生活服务、现代服务、金融服务的适用税率为6%；与销售不动产相关的（包括转让土地使用权和不动产租赁）服务的适用税率为9%；销售无形资产（除转让土地使用权外）的适用税率为6%。

2.小规模纳税人

小规模纳税人销售货物、提供应税劳务和应税行为，实行按照销售额和征收率计算应纳税额的简易办法，即购进货物、接受应税劳务和应税行为支付的增值税，一律不予抵扣，直接计入有关货物和劳务的成本。销售货物、提供应税劳务和应税行为时，按照不含税的销售额和规定的增值税征收率计算应缴纳的增值税，不得开具增值税专用发票。应纳税额的计算公式为：

不含税销售额=含税销售额÷（1+征收率）

应纳税额=不含税销售额×征收率

小规模纳税人的增值税征收率一般为3%；应税行为中按照简易计税方法计税的销售不动产、不动产经营租赁服务的征收率为5%。

（二）一般纳税人的账务处理

一般纳税人为了核算企业应交增值税的发生、抵扣、缴纳、退税及转出等情况，应在“应交税费”账户下设置“应交增值税”“未交增值税”“预交增值税”“简易计税”等二级明细账户，并在“应交增值税”二级明细账内设置“进项税额”“转出未交增值税”“已交税金”“销项税额”“出口退税”“进项税额转出”“转出多交增值税”等专栏。

1.取得资产、接受应税劳务或应税行为

（1）一般纳税人购进货物或接受应税劳务或服务、取得无形资产或者不动产等。根据增值税专用发票上记载的应计入采购成本或应计入加工、修理修配等物资成本的金额，借记“材料采购”“在途物资”“原材料”“库存商品”“生产成本”“制造费用”“委托加工物资”“固定资产”“无形资产”“管理费用”等账户，根据增值税专用发票上注明的可抵扣的增值税税额，借记“应交税费——应交增值税（进项税额）”账户，按照应付或实际支付的总额，贷记“应付账款”“应付票据”“银行存款”等账户。购入货物发生退货的，编制相反的会计分录。

【例10-18】华扬股份有限公司购入原材料一批，增值税专用发票上注明的货款为80 000元，增值税税额为10 400元。另外，华扬股份有限公司应负担的运输费为2 000元，增值税为180元，货款及税费已用银行汇票支付。材料已收到并验收入库（采用实际成本法进行核算）。华扬股份有限公司的有关会计分录如下：

借：原材料	82 000	
应交税费——应交增值税（进项税额）	10 580	
贷：其他货币资金——银行汇票存款		92 580

（2）一般纳税人购进免税农产品。除取得增值税专用发票或海关增值税专用缴款书外，一般情况下企业购进免税农产品取得不了增值税专用发票，但其仍可按照农产品收购发票或者销售发票注明的农产品买价和9%（或10%）的税率计算进项税额予以抵扣，借记“应交税费——应交增值税（进项税额）”账户，按买价扣除按规定计算的进项税额后的差额，借记“材料采购”“在途物资”“原材料”“库存商品”等账户，按照应付或实际支付的价款，贷记“应付账款”“应付票据”“银行存款”等账户。

【例10-19】华扬股份有限公司购入免税农产品一批，价款为100 000元，货物已经到达（采用实际成本法进行核算），货款已用银行存款支付。华扬股份有限公司的有关会计分录如下：

借：原材料	91 000	
应交税费——应交增值税（进项税额）	9 000	
贷：银行存款		100 000

（3）按现行增值税制度的规定，纳税人取得不动产或者不动产在建工程的进项税额在购入当期全额抵扣。

【例10-20】华扬股份有限公司2023年4月从房地产开发企业购入不动产作为办公楼，总价4 000万元，增值税税率9%，款项已经支付。华扬股份有限公司的有关会计分录如下：

借：固定资产	40 000 000	
应交税费——应交增值税（进项税额）	3 600 000	
贷：银行存款		43 600 000

2.进项税额转出

企业已单独确认进项税额的购进货物、加工修理修配劳务或者服务、无形资产或者不动产发生非常损失（不含自然灾害造成的），以及将购进货物改变用途（如用于简易计税项目、免征增值税项目、集体福利和个人消费等），其进项税额应通过“应交税费——应交增值税（进项税额转出）”账户转入有关账户，借记“待处理财产损溢”“应付职工薪酬”等账户，贷记“应交税费——应交增值税（进项税额转出）”账户。

【例10-21】华扬股份有限公司的一批库存材料因管理不善发生毁损，有关增值税专用发票确认的成本为30 000元，增值税税额为3 900元。查明原因并经过批准应由过失人赔偿损失10 000元，其余部分为净损失。华扬股份有限公司的有关会计分录如下：

①借：待处理财产损溢——待处理流动资产损溢	33 900	
贷：原材料		30 000
应交税费——应交增值税（进项税额转出）		3 900
②借：其他应收款	10 000	
管理费用	23 900	
贷：待处理财产损溢——待处理流动资产损溢		33 900

【例10-22】华扬股份有限公司所属的职工医院维修领用原材料50 000元，其购入时支付的增值税为6 500元。华扬股份有限公司的有关会计分录如下：

借：应付职工薪酬——职工福利	56 500	

贷：原材料 50 000

应交税费——应交增值税（进项税额转出） 6 500

3.销售物资或者提供应税劳务、发生应税行为

企业销售货物、提供加工修理修配劳务、销售服务、无形资产或者不动产，按照营业收入和应收取的增值税税额，借记“应收账款”“应收票据”“银行存款”等账户，按增值税专用发票上注明的增值税税额，贷记“应交税费——应交增值税（销项税额）”账户，按照实现的营业收入，贷记“主营业务收入”“其他业务收入”等账户。发生销售退回的，应根据税务机关开具的红字增值税专用发票编制相反的会计分录。

【例10-23】华扬股份有限公司销售产品一批，价款500 000元，按规定应收取增值税65 000元，提货单和增值税专用发票已交给买方，款项尚未收到。华扬股份有限公司的有关会计分录如下：

借：应收账款 565 000

贷：主营业务收入 500 000

应交税费——应交增值税（销项税额） 65 000

【例10-24】华扬股份有限公司为外单位代加工电脑桌400个，每个收取加工费100元，适用的增值税税率为13%，加工完成，款项已收到并存入银行。华扬股份有限公司的有关会计分录如下：

借：银行存款 45 200

贷：主营业务收入 40 000

应交税费——应交增值税（销项税额） 5 200

4.视同销售行为

按照增值税暂行条例的有关规定，视同销售需要计算缴纳增值税的事项主要包括企业将自产或委托加工的货物用于集体福利或个人消费；将自产、委托加工或购买的货物作为投资、分配给股东或投资者、无偿赠送他人等。在这些情况下，企业应当借记“长期股权投资”“应付职工薪酬”“营业外支出”等账户，贷记“应交税费——应交增值税（销项税额）”账户等。

注：企业发生非货币性资产交换，以及将自产的货物、劳务用于偿债、赞助、集资、广告、样品、职工福利以及利润分配，一般应当确认收入并结转成本；而将自产的货物、劳务用于捐赠、管理部门、非生产性机构等一般按成本结转而不需要确认收入，但要按计税价格缴纳相关流转税。

值得注意的是，视同销售业务在会计处理上不一定都确认销售收入，而税法上的“视同销售”则表示企业在进行会计处理时无论其是否确认销售收入，都要缴纳增值税。即企业无论是否确认销售收入，都应确认增值税销项税额。

【例10-25】华扬股份有限公司购入甲材料用于生产乙产品，成本100 000元，市价120 000元；生产出的乙产品的成本为200 000元，售价为300 000元。该企业适用的增值税税率为13%。假设除了甲材料的已经抵扣的增值税进项税额外，乙产品没有其他的增值税进项税额，不考虑其他因素。假设华扬股份有限公司分别将甲材料和乙产品用于以下几种情况。有关会计分录如下：

（1）将乙产品用于职工集体福利（假设用于集体福利时，受益对象全部是管理部门职工）

①借：应付职工薪酬 339 000
贷：主营业务收入 300 000
应交税费——应交增值税（销项税额） 39 000
②借：主营业务成本 200 000
贷：库存商品 200 000
③借：管理费用 339 000
贷：应付职工薪酬 339 000
（2）将购进材料直接投资
①借：长期股权投资 135 600
贷：其他业务收入 120 000
应交税费——应交增值税（销项税额）（120 000×13%） 15 600
②借：其他业务成本 100 000
贷：原材料 100 000
（3）将购进材料直接对外捐赠
借：营业外支出 115 600
贷：原材料 100 000
应交税费——应交增值税（销项税额）（120 000×13%） 15 600
（4）将乙产品用于投资
①借：长期股权投资 339 000
贷：主营业务收入 300 000
应交税费——应交增值税（销项税额） 39 000
②借：主营业务成本 200 000
贷：库存商品 200 000
（5）将乙产品用于捐赠
借：营业外支出 239 000
贷：库存商品 200 000
应交税费——应交增值税（销项税额）（300 000×13%） 39 000
（6）将乙产品用于发放股利
①借：应付股利 339 000
贷：主营业务收入 300 000
应交税费——应交增值税（销项税额） 39 000
②借：主营业务成本 200 000
贷：库存商品 200 000
（7）将甲材料用于发放股利
①借：应付股利 135 600
贷：其他业务收入 120 000
应交税费——应交增值税（销项税额）（120 000×13%） 15 600
②借：其他业务成本 100 000
贷：原材料 100 000

企业出口产品按规定退税的，按应收的出口退税额，借记“其他应收款”账户，贷记“应交税费——应交增值税（出口退税）”账户。

5.缴纳增值税

企业缴纳当月应交的增值税时，借记“应交税费——应交增值税（已交税金）”账户，贷记“银行存款”账户；企业缴纳以前期间未交的增值税时，借记“应交税费——未交增值税”账户，贷记“银行存款”账户。对于当月应交未交的增值税，借记“应交税费——应交增值税（转出未交增值税）”账户，贷记“应交税费——未交增值税”账户；对于当月多交的增值税，借记“应交税费——未交增值税”账户，贷记“应交税费——应交增值税（转出多交增值税）”账户。

【例10-26】华扬股份有限公司以银行存款缴纳本月增值税300 000元。相关会计分录如下：

借：应交税费——应交增值税（已交税金） 300 000

　贷：银行存款 300 000

（三）小规模纳税企业的核算

小规模纳税企业应当按照不含税销售额和规定的增值税征收率计算缴纳增值税，销售货物或提供应税劳务时只能开具普通发票，不能开具增值税专用发票。小规模纳税企业不享有进项税额的抵扣权，其购进货物或接受应税劳务支付的增值税直接计入有关货物或劳务的成本。因此，小规模纳税企业只需在“应交税费”账户下设置“应交增值税”明细账户，不需要在“应交增值税”明细账户中设置专栏，“应交税费——应交增值税”账户的贷方登记应缴纳的增值税，借方登记已缴纳的增值税；期末贷方余额为尚未缴纳的增值税，借方余额为多缴纳的增值税。

小规模纳税企业购进货物和接受应税劳务时支付的增值税，直接计入有关货物和劳务的成本，借记“材料采购”“在途物资”“原材料”等账户，贷记“银行存款”等账户。

【例10-27】某小规模纳税企业购入材料一批，取得的增值税专用发票上注明的货款为20 000元，增值税为2 600元，款项以银行存款支付，材料已验收入库（该企业按实际成本法计价核算）。该企业的有关会计分录如下：

借：原材料 22 600

　贷：银行存款 22 600

【例10-28】某小规模纳税企业销售产品一批，所开出的普通发票中注明的货款（含税）为41 200元，增值税征收率为3%，款项已存入银行。该企业的有关会计分录如下：

不含税销售额=含税销售额÷（1+征收率）=41 200÷（1+3%）=40 000（元）

应纳增值税=不含税销售额×征收率=40 000×3%=1 200（元）

借：银行存款 41 200

　贷：主营业务收入 40 000

　　应交税费——应交增值税 1 200

【例10-29】承【例10-28】，该小规模纳税企业月末以银行存款上交增值税1 200元。有关会计处理如下：

借：应交税费——应交增值税 1 200

　贷：银行存款 1 200

二、应交消费税

消费税是指在我国境内生产、委托加工和进口应税消费品的单位和个人，按其流转额缴纳的一种税。消费税有从价定率、从量定额和复合计征三种征收方法。采取从价定率方法征收的消费税，以不含增值税的销售额为税基，按照税法规定的税率计算确定。企业的销售收入包含增值税的应将其换算为不含增值税的销售额。采取从量定额计征的消费税，应根据税法确定的企业应税消费品的数量和单位应税消费品应缴纳的消费税计算确定。企业应在"应交税费"账户下设置"应交消费税"明细账户，核算应交消费税的发生、缴纳情况。该账户的贷方登记应缴纳的消费税，借方登记已缴纳的消费税。期末贷方余额为尚未缴纳的消费税，借方余额为多缴纳的消费税。

1.销售应税消费品

企业销售应税消费品应缴纳消费税时，借记"税金及附加"账户，贷记"应交税费——应交消费税"账户。

【例10-30】华扬股份有限公司为增值税一般纳税人。2023年8月销售一批应税消费品，产品成本为200 000元，产品售价为300 000元，适用的增值税税率为13%，适用的消费税税率为10%。该批产品已经发出，款项尚未收到。华扬股份有限公司有关的会计分录如下：

①借：应收账款	339 000	
贷：主营业务收入		300 000
应交税费——应交增值税（销项税额）		39 000
②借：税金及附加	30 000	
贷：应交税费——应交消费税		30 000
③借：主营业务成本	200 000	
贷：库存商品		200 000

2.自产自销应税消费品

企业将生产的应税消费品用于在建工程等非生产性机构时，按应缴纳的消费税，借记"在建工程"等账户，贷记"应交税费——应交消费税"账户。

【例10-31】华扬股份有限公司为增值税一般纳税人。2023年6月将自产的一批应税消费品用于一项工程。该批产品的成本为60 000元，售价为80 000元，该产品适用的消费税税率为20%。工程项目领用自产产品应视同销售，按售价计算消费税。

应交消费税=80 000×20%=16 000（元）

华扬股份有限公司的有关会计分录如下：

借：在建工程	76 000	
贷：库存商品		60 000
应交税费——应交消费税		16 000

【例10-32】华扬股份有限公司下设的职工食堂享受企业提供的补贴，本月领用自产产品一批，该产品的账面价值为40 000元，市场价格为60 000元（不含增值税），适用的消费税税率为10%，增值税税率为13%。华扬股份有限公司的有关会计分录如下：

①借：管理费用	67 800	

贷：应付职工薪酬——非货币性福利　67 800

②借：应付职工薪酬——非货币性福利　67 800

贷：主营业务收入　60 000

应交税费——应交增值税（销项税额）　7 800

③借：主营业务成本　40 000

贷：库存商品　40 000

④借：税金及附加　6 000

贷：应交税费——应交消费税　6 000

3.委托加工应税消费品

企业如有应交消费税的委托加工物资，一般应由受托方代收代交税款，受托方按照应交税款金额，借记“应收账款”“银行存款”等账户，贷记“应交税费——应交消费税”账户。受托加工或翻新改制金银首饰按照规定由受托方缴纳消费税。

委托加工物资收回后，直接用于销售的，应将受托方代收代交的消费税计入委托加工物资的成本，借记“委托加工物资”等账户，贷记“应付账款”“银行存款”等账户；委托加工物资收回后用于连续生产应税消费品的，按规定准予抵扣的消费税，应按已由受托方代收代交的消费税金额，借记“应交税费——应交消费税”账户，贷记“应付账款”“银行存款”等账户。

【例10-33】华扬股份有限公司委托乙企业代为加工一批应交消费税A材料（非金银首饰）。华扬股份有限公司发出的B材料的成本为1 000 000元，加工费为200 000元，应支付的增值税为26 000元，由乙企业代收代交的消费税为80 000元。A材料已经加工完成，由华扬股份有限公司收回并验收入库，加工费尚未支付。华扬股份有限公司采用实际成本法进行原材料的核算。

（1）如果华扬股份有限公司将收回的委托加工物资用于继续生产应税消费品，其有关会计分录如下：

①借：委托加工物资——A材料　1 000 000

贷：原材料——B材料　1 000 000

②借：委托加工物资——A材料　200 000

应交税费——应交消费税　80 000

——应交增值税（进项税额）　26 000

贷：应付账款——乙企业　306 000

③借：原材料——A材料　1 200 000

贷：委托加工物资——A材料　1 200 000

（2）如果华扬股份有限公司将收回的委托加工物资直接用于对外销售，华扬股份有限公司的有关会计分录如下：

①借：委托加工物资——A材料　1 000 000

贷：原材料——B材料　1 000 000

②借：委托加工物资——A材料　280 000

应交税费——应交增值税（进项税额）　26 000

贷：应付账款——乙企业　306 000

③借：原材料——A材料 1 280 000

贷：委托加工物资——A材 1 280 000

4.进口应税消费品

企业进口应税物资在进口环节应交的消费税，由海关代征，于报关进口时纳税。因而，企业应当将进口应税消费品的消费税计入该项物资的成本，借记“在途物资”“材料采购”“库存商品”“固定资产”等账户，贷记“银行存款”“应付账款”账户。

【例10-34】华扬股份有限公司从国外进口一批需要缴纳消费税的商品，商品价值为2 000 000元，进口环节需要缴纳的关税为200 000元，增值税税率为13%，消费税税率为20%，采购的商品已经验收入库，货款尚未支付，相关税款已经用银行存款支付。

分析：

消费税=（关税完税价格+关税）÷（1-消费税税率）×消费税税率

=（2 000 000+200 000）÷（1-20%）×20%=550 000（元）

商品入账成本=商品进口价+关税+消费税

=2 000 000+200 000+550 000=2 750 000（元）

增值税进项税额=商品入账成本×增值税税率

=2 750 000×13%=357 500（元）

华扬股份有限公司的有关会计分录如下：

借：库存商品 2 750 000

应交税费——应交增值税（进项税额） 357 500

贷：应付账款 2 000 000

银行存款 1 107 500

三、其他应交税费

其他应交税费是指除上述应交税费以外的应交税费，包括应交资源税、应交城市维护建设税、应交土地增值税、应交企业所得税、应交房产税、应交城镇土地使用税、应交车船税、应交教育费附加、应交矿产资源补偿费、应交个人所得税等。企业应当在“应交税费”账户下设置相应的明细账户进行核算，贷方登记应缴纳的有关税费，借方登记已缴纳的有关税费，期末贷方余额表示尚未缴纳的有关税费。企业所得税将在第十三章讲解。

1.应交资源税

资源税是对在我国境内开采矿产品或者生产盐的单位和个人征收的税。资源税按照应税产品的课税数量和规定的单位税额计算。将开采或生产的应税产品对外销售的，以销售数量为课税数量；将开采或生产的应税产品自用的，以自用数量为课税数量。

对外销售应税产品应缴纳的资源税应记入“税金及附加”账户，借记“税金及附加”账户，贷记“应交税费——应交资源税”账户；自产自用应税产品应缴纳的资源税应记入“生产成本”“制造费用”等账户，借记“生产成本”“制造费用”等账户，贷记“应交税费——应交资源税”账户。

2.应交城市维护建设税、教育费附加

城市维护建设税是以增值税、消费税为计税依据征收的一种税。其纳税人为缴纳增值税、消费税的单位和个人，税率因纳税人所在地不同分别为7%、5%、1%。公式为：应纳税额=（实际缴纳的增值税税额+实际缴纳的消费税税额）×适用税率。企业在应交城市维护建设税时，借记“税金及附加”等账户，贷记“应交税费——应交城市维护建设税”账户。企业实际缴纳城市维护建设税时，借记“应交税费——应交城市维护建设税”账户，贷记“银行存款”账户。

教育费附加是为了发展地方教育事业、扩大地方教育经费资金来源而向企业征收的附加费用，企业按应交流转税的一定比例计算缴纳。公式为：应交教育费附加=（实际缴纳的增值税税额+实际缴纳的消费税税额）×3%。企业按规定计算应交的教育费附加时，借记“税金及附加”等账户，贷记“应交税费——应交教育费附加”账户。企业实际缴纳教育费附加时，借记“应交税费——应交教育费附加”账户，贷记“银行存款”账户。

【例10-35】华扬股份有限公司本期实际应上交增值税450 000元、消费税350 000元。该企业适用的城市维护建设税税率为7%，教育费附加征收率为3%。华扬股份有限公司的有关会计处理如下：

（1）计提应交的城市维护建设税和教育费附加时：

借：税金及附加	80 000	
贷：应交税费——应交城市维护建设税（（450 000+350 000）×7%）		56 000
——应交教育费附加（（450 000+350 000）×3%）		24 000

（2）用银行存款上交城市维护建设税和教育费附加时：

借：应交税费——应交城市维护建设税	56 000	
——应交教育费附加	24 000	
贷：银行存款		80 000

3.应交土地增值税

土地增值税是对有偿转让国有土地使用权及地上建筑物和其他附着物，取得增值收入的单位和个人征收的一种税。土地增值税按照转让房地产所取得的增值额和规定的税率计算征收。这里的增值额是指转让房地产取得的收入减除规定扣除项目金额后的余额。企业转让房地产取得的收入，包括货币收入、实物收入和其他收入。计算土地增值额的主要扣除项目有：（1）取得土地使用权所支付的金额；（2）开发土地的成本、费用；（3）新建房屋及配套设施的成本、费用，或者旧房及建筑物的评估价格；（4）与转让房地产有关的税金。

在会计处理时，企业应缴纳的土地增值税通过“应交税费——应交土地增值税”账户核算。兼营房地产业务的企业，应由当期收入负担的土地增值税，借记“税金及附加”账户，贷记“应交税费——应交土地增值税”账户。转让的国有土地使用权与其地上建筑物及其他附着物一并在“固定资产”或“在建工程”账户核算的，转让时应缴纳的土地增值税，借记“固定资产清理”“在建工程”账户，贷记“应交税费——应交土地增值税”账户。企业在项目全部竣工结算前转让房地产取得的收入，按税法的规定预交的土地增值税，借记“应交税费——应交土地增值税”账户，贷记“银行存款”等账户；待该项房地产销售收入实现时，再按上述销售业务的会计处理方法进行处理。该项目全部竣工、办理结算后进行清算，收到退回的多交的土地增值税时，借记“银行存款”等账户，贷记“应交税费——应交土地增值税”账户，补交土地增值税时编制相反的会计分录。

【例10-36】华扬股份有限公司对外转让办公楼，根据税法的规定计算的应交土地增值税为20 000元，下月初用银行存款缴纳上述税款。会计分录如下：

（1）计算应缴纳的土地增值税时：

借：固定资产清理 20 000

　贷：应交税费——应交土地增值税 20 000

（2）企业用银行存款缴纳应交土地增值税：

借：应交税费——应交土地增值税 20 000

　贷：银行存款 20 000

【例10-37】华扬股份有限公司以300 000元的不含税价对外转让作为无形资产入账的土地使用权，账面原价1 000 000元，已计提摊销500 000元，已计提减值准备300 000元，根据税法计算的土地增值税为30 000元，增值税销项税额为27 000元。会计分录如下：

借：银行存款 327 000

　累计摊销 500 000

　无形资产减值准备 300 000

　贷：应交税费——应交增值税（销项税额） 27 000

　　　　　　——应交土地增值税 30 000

　　无形资产 1 000 000

　　资产处置损益 70 000

【例10-38】华扬股份有限公司兼营房地产业务，本月应缴纳土地增值税1 000 000元。会计分录如下：

借：税金及附加 1 000 000

　贷：应交税费——应交土地增值税 1 000 000

4.应交房产税、城镇土地使用税、车船税和矿产资源补偿费

房产税是国家对城市、县城、建制镇和工矿区（不包括农村）内的房产征收的由产权所有人缴纳的一种税。房产税以房产原值一次减除10%至30%后的余额或以租金收入为计税依据计算缴纳。没有房产原值作为依据的，由房产所在地税务机关参考同类房产核定；房产出租的，以房产租金收入为房产税的计税依据。

城镇土地使用税是国家为了合理利用城镇土地，调节土地级差收入，提高土地使用效益，加强土地管理而开征的一种税，以纳税人实际占用的土地面积为计税依据，依照规定税额计算征收。

车船税由拥有并且使用车船的单位和个人缴纳。车船税按照适用税额计算缴纳。

矿产资源补偿费是对在我国领域和管辖海域开采矿产资源而征收的费用。矿产资源补偿费按照矿产品销售收入的一定比例计算缴纳。

企业应交的房产税、城镇土地使用税、车船税、矿产资源补偿费，记入"税金及附加"账户的借方，贷记"应交税费——应交房产税（或应交城镇土地使用税、应交车船税、应交矿产资源补偿费）"账户。

5.应交印花税

印花税是对书立、领受购销合同等凭证的行为征收的一种税，实行由纳税人根据规定自行计算应纳税额，购买并一次贴足印花税票的缴纳方法。所以，在一般情况下，企业需

要预先购买印花税票，待发生应税行为时，再根据凭证的性质和规定的比例税率或者按件计算应纳税额，将已购买的印花税票粘贴在应纳税凭证上，并在每枚税票的骑缝处盖戳注销或者划销，办理完税手续。企业缴纳的印花税，不会发生应付未付税款的情况，不需要预计应纳税额，同时也不存在与税务机关结算或清算的问题。因此，企业缴纳的印花税不需要通过“应交税费”账户核算，而是于购买印花税票时，直接借记“税金及附加”账户，贷记“银行存款”账户。

6.应交耕地占用税

耕地占用税是国家为了利用土地资源，加强土地管理，保护农用耕地而征收的一种税。耕地占用税以实际占用的耕地面积计税，按照规定税额一次性征收。企业缴纳的耕地占用税，不需要通过“应交税费”账户核算。企业按规定计算缴纳耕地占用税时，借记“在建工程”账户，贷记“银行存款”账户。

7.应交个人所得税

企业职工按规定应缴纳的个人所得税通常由单位代扣代交。企业按规定计算代扣代交的职工个人所得税时，借记“应付职工薪酬”账户，贷记“应交税费——应交个人所得税”账户；企业代交个人所得税时，借记“应交税费——应交个人所得税”账户，贷记“银行存款”等账户。

“应交税费”总账账户的期末贷方余额在资产负债表流动负债中“应交税费”项目下单独列报，若是借方余额，则应以“-”号列示。

【课程思政】

正如本章引导案例所言，员工是企业宝贵的财富，企业应知法、守法，维护员工权益，制定科学合理的薪酬激励机制。企业信守承诺、尊重并维护员工利益、依法合规经营，是其应有之义，也是践行社会主义核心价值观和履行企业社会责任的体现。同时，企业严格按企业会计准则及时进行会计处理和信息披露，也彰显了其对利益相关者的尊重和保护。

【与国际会计准则的比较及主要差异】

本章涉及的内容与相应的国际会计准则比较，存在的差异主要体现在职工薪酬准则方面。下面就谈谈《CAS 9——职工薪酬》与《IAS 19——雇员福利》存在的主要差异。

CAS 9将离职后福利区分为设定提存计划和设定受益计划，这与IAS 19对离职后福利的区分是一致的，但是CAS 9在现有相关法律法规的框架下，对基本养老保险和补充养老保险等类似于IAS 19中设定提存计划的内容做了规范，而对设定受益计划的相关会计处理只给出了框架性的规定，并未作出详细解释，也没有进一步给出会计处理的具体指导意见。这是充分考虑到当时我国的精算体系还没有完全建立，缺乏具有较强专业知识的精算师，实行设定受益计划存在一定困难的实际情况，而设定提存计划计算简单、透明度高，易于贯彻执行。

对于辞退福利的确认，CAS 9和IAS 19的规定是一致的，但CAS 9针对我国特殊国情，专门补充了关于企业实施的职工内部退休计划的相关会计处理，这部分内退职工自停止服务到正常退休日已不能为企业带来经济利益，此时企业承诺提供实质上具有辞退福利性质的经济补偿，应当比照辞退福利处理。

以上差异表明，我国企业会计准则与国际会计准则持续趋同，但并不是完全等同，而是在充分考虑我国特殊政治、经济、文化等因素的基础上综合制定的，这也是制度自信、文化自信的体现。

【重点与难点】

（一）重点

1. 应付账款、应付票据及应付职工薪酬的核算。

2. 应交增值税的核算。

3. 应交消费税的核算。

（二）难点

1. 非货币性职工薪酬的相关账务处理。

2. 应交增值税的核算。

【课后练习】

（一）单项选择题

1. 下列项目中，不属于职工薪酬的是（　　）。

A. 职工工资　　B. 职工福利费

C. 医疗保险费　　D. 职工出差报销的火车票

2. 下列职工薪酬中，不应当根据职工提供服务的受益对象计入成本费用的是（　　）。

A. 因解除与职工的劳动关系给予的补偿

B. 构成工资总额的各组成部分

C. 工会经费和职工教育经费

D. 医疗保险费、养老保险费、失业保险费、工伤保险费和生育保险费等社会保险费

3. 应由生产产品、提供劳务负担的职工薪酬，应当（　　）。

A. 计入管理费用　　B. 计入存货成本或劳务成本

C. 确认为当期费用　　D. 计入销售费用

4. 企业在无形资产研究阶段发生的职工薪酬，应当（　　）。

A. 计入当期损益　　B. 计入在建工程成本

C. 计入无形资产成本　　D. 计入固定资产成本

5. 企业因解除与职工的劳动关系给予职工补偿而发生的职工薪酬，应借记的会计账户是（　　）。

A. “管理费用”　　B. “财务费用”

C. “营业外支出”　　D. “销售费用”

6. 下列税费与企业损益无关的是（　　）。

A. 城市维护建设税　　B. 教育费附加

C. 一般纳税企业的增值税销项税额　　D. 企业所得税

7. 委托加工应纳消费税物资（非金银首饰）收回后用于连续生产应税消费品，其中由受托方代扣代缴的消费税，应记入（　　）账户。

A.“管理费用” B.“委托加工物资”

C.“税金及附加” D.“应交税费——应交消费税”

8.企业的应付账款确实无法支付的，经确认后转作（ ）。

A.营业外收入 B.补贴收入 C.其他业务收入 D.资本公积

9.华扬股份有限公司因暴雨毁损库存材料一批，该批库存材料实际成本为20 000元，收回残料价值800元，保险公司赔偿20 800元。该公司购入材料适用的增值税税率为13%，该批毁损材料造成的非常损失净额是（ ）元。

A.-2 400 B.8 800 C.-2 600 D.1 000

10.企业预收账款的核算，应视具体情况而定。如果企业预收账款比较多，可以设置“预收账款”账户；而预收账款情况不多的企业，也可以将预收的款项直接记入（ ）账户的贷方，不设“预收账款”账户。

A.“应收账款” B.“预付账款” C.“其他应收款” D.“应付账款”

11.华扬股份有限公司为增值税一般纳税人，适用的增值税税率为13%。今年8月公司董事会决定将本公司生产的1 000件产品作为福利发放给公司管理人员。该批产品的单件成本为0.6万元，市场销售价格为每件1万元（不含增值税）。不考虑其他相关税费，公司在当年因该项业务应计入管理费用的金额为（ ）万元。

A.600 B.730 C.1 000 D.1 130

12.下列各项中，应通过“其他应付款”账户核算的是（ ）。

A.应付现金股利 B.应交教育费附加

C.应付租入包装物租金 D.应付管理人员工资

13.华扬股份有限公司于2022年年初制订和实施了一项短期利润分享计划，拟对公司管理层进行激励。该计划规定，公司全年的净利润指标为2 000万元，如果在公司管理层的努力下净利润超过2 000万元，公司管理层可以超过2 000万元净利润部分的10%作为额外报酬。假定至2022年12月31日，华扬股份有限公司2022年全年实际净利润为2 500万元。假定不考虑离职等其他因素，华扬股份有限公司2022年12月31日因该项短期利润分享计划应计入管理费用的金额为（ ）万元。

A.250 B.50 C.200 D.0

14.华扬股份有限公司本期应交房产税3万元，应交城镇土地使用税2万元，应交印花税1万元，因扩建占地应交耕地占用税10万元，则本期影响“应交税费”账户的金额是（ ）万元。

A.5 B.6 C.15 D.16

（二）多项选择题

1.下列项目中，属于职工薪酬的有（ ）。

A.职工工资、奖金、津贴和补贴 B.住房公积金

C.工会经费和职工教育经费 D.因解除与职工的劳动关系给予的补偿

2.下列税费中，应记入“税金及附加”账户的有（ ）。

A.房产税 B.车船税 C.耕地占用税 D.城镇土地使用税

3.下列属于企业以后用货币偿付，而不是用商品或劳务偿付的流动负债有（ ）。

A.预收账款 B.应付职工薪酬 C.应交税费 D.应付票据

4.下列各项交易或事项，应通过“其他应付款”账户核算的有（ ）。

A.客户存入的保证金 B.应付股东的股利

C.应付租入包装物的租金 D.预收购货单位的货款

5.“应付职工薪酬”账户的借方对应账户可能有（ ）。

A.“其他业务成本” B.“生产成本”

C.“主营业务收入” D.“销售费用”

6.下列项目在会计处理时形成一项流动负债的有（ ）。

A.计提的短期借款利息

B.股东会决议分派的股票股利

C.股东会决议分派的现金股利

D.以公允价值计量且其变动计入当期损益的金融负债

7.职工薪酬中所指的职工包括（ ）。

A.临时职工 B.董事会成员 C.监事会成员 D.兼职职工

8.下列各项中，引起“应付票据”金额发生增减变动的有（ ）。

A.开出商业承兑汇票购买原材料

B.转销已到期无力支付票款的商业承兑汇票

C.转销已到期无力支付票款的银行承兑汇票

D.支付银行承兑汇票手续费

（三）判断题

1.职工薪酬，是指企业为获得职工提供的服务而给予的各种形式的报酬以及其他相关支出。（ ）

2.工会经费和职工教育经费不属于职工薪酬的范围，不通过“应付职工薪酬”科目核算。（ ）

3.因解除与职工的劳动关系给予的补偿，应当根据职工提供服务的受益对象分别计入成本费用。（ ）

4.企业生产工人的医疗保险费、养老保险费、失业保险费、工伤保险费和生育保险费等社会保险费应计入当期管理费用。（ ）

5.职工薪酬中的非货币性福利应当根据职工提供服务的受益对象分别计入成本费用。（ ）

6.一般纳税企业购入货物支付的增值税，均应先通过“应交税费”科目进行核算，然后将购入货物不能抵扣的增值税进项税额从“应交税费”科目中转出。（ ）

7.企业自产或委托加工的货物用于非应税项目，由于不是销售，所以不必计算缴纳增值税。（ ）

8.企业用应税消费品对外投资或用于在建工程等方面，按规定缴纳的消费税，应计入“长期股权投资”或“在建工程”科目。（ ）

9.短期借款利息在预提或实际支付时均应通过“短期借款”科目核算。（ ）

10.企业董事会或类似机构通过的利润分配方案中拟分配现金股利或利润不做账务处理。（ ）

（四）业务处理题

1.某公司为一家电器生产企业，共有职工200名，2022年8月，公司以其生产的成本为10 000元的液晶彩电和外购的电暖气作为福利发放给公司每名职工。该型号液晶彩电的售价为每台14 000元，公司适用的增值税税率为13%；公司购买的电暖气也开具了增值税专用发票，增值税税率为13%。假定200名职工中170名为直接参加生产的职工，30名为总部管理人员。

要求：编制该公司上述与职工薪酬有关业务的会计分录。

2.某公司为总部部门经理级别以上职工每人提供一辆桑塔纳汽车免费使用，该公司总部共有部门经理级别以上职工20名，假定每辆桑塔纳汽车每月计提折旧1 000元；该公司还为其5名副总裁级别以上高级管理人员每人租赁一套公寓免费使用，月租金为每套8 000元（假定上述人员发生的费用无法认定受益对象）。

要求：编制该公司上述与职工薪酬有关业务的会计分录。

3.某企业2022年1月1日向银行借入120 000元，期限为9个月，年利率为8%，该借款到期后按期如数归还，利息分月预提，按季支付。

要求：编制借入款项、按月预提利息、按季支付利息和到期归还本金的会计分录。

4.华扬股份有限公司2022年发生下列业务：

（1）5月15日购进材料一批，该批材料的买价为150 000元，增值税为19 500元。材料已验收入库，同日开出一张面值为169 500元，期限为2个月，年利率为12%的带息票据。7月15日票据到期，以银行存款支付票据的面值和利息。

（2）6月30日购进材料，发票未到，估计价款为100 000元，原材料已验收入库，货款未付。

（3）7月12日购进材料，价款为200 000元，税款为26 000元。材料已验收入库，货款未付。企业在7月20日支付这笔材料款。

（4）根据合同预收货款100 000元存入银行。

要求：根据上述业务编制会计分录。

5.华扬股份有限公司为增值税一般纳税人，增值税税率为13%，消费税税率为10%，库存材料按实际成本法核算，销售收入（或计税价格）均不含应向购买者收取的增值税税额。

该公司2022年8月发生如下经济业务：

（1）工程领用本公司生产的应交消费税产品，该产品成本为500万元，计税价格为700万元。

（2）以生产的应交消费税产品与B公司换取原材料。换出产品的成本为160万元，销售价款总额为300万元。产品已发出，换来的原材料已验收入库。双方均已开出增值税专用发票。假设换来的原材料的购买价款总额、增值税税额与换出的应交消费税产品的销售价款总额、增值税税额相同。

（3）收回委托加工的原材料并验收入库。该委托加工的原材料系上月发出，发出原材料的实际成本为195万元。本月以银行存款支付受托加工企业代扣代交的消费税5万元，加工费用50万元。收回委托加工的原材料用于本公司生产应交消费税的产品。

要求：根据上述资料，编制华扬股份有限公司有关经济业务的会计分录。

（五）简答与思考题

1. 什么是流动负债？具体有哪些项目？

2. 应付职工薪酬包括哪些内容？

3. 非货币性福利如何核算？

4. 一般纳税企业应交增值税的核算内容有哪些？

5. 什么是消费税？其征收方法有哪些？

参考答案

【知识结构图】

第十一章　非流动负债

【学习目标】

本章重点介绍长期借款、应付债券、预计负债的核算。通过本章的学习，要求学生了解非流动负债所包含的内容；熟悉或有负债、债务重组、借款费用等相关概念；掌握长期借款、应付债券、预计负债、长期应付款、借款费用、债务重组等相关业务的会计处理。

【引导案例】

债务重组何以让公司“转危为安”？

广州市浪奇实业股份有限公司（股票代码：000523）2020年12月31日，总资产为33.99亿元，负债高达66.51亿元，净资产为-32.52亿元，已严重资不抵债。其中流动负债为52.73亿元，大量债务到期，无力偿还债务，已被实施退市风险警示，股票简称被冠以“*ST”，存在严重的退市危机。债权人申请对该公司实施重整，该公司进入破产重整程序。在破产重整过程中，该公司根据2021年11月9日的重整计划，部分资金由重整投资人（非控股股东）出资认购该公司由资本公积转增股本的部分股份数，对于每个债权人债权金额在10万元以上的普通债权采用以股抵债的方式清偿，每100元将获得15.13股公司股份（不足1股的按1股计算），即按以股抵债价格6.61元/股进行清偿。清偿债务股份数量乘以转股当天的收盘价的金额，计入资本公积；清偿债务股份数量乘以清偿价格6.61元与转股当天收盘价格之差的金额，计入投资收益（注：企业发生破产重整，其非控股股东因执行人民法院批准的破产重整计划，通过让渡所持有的该企业部分股份向企业债权人偿债的，应将非控股股东所让渡股份按照其在让渡之日的公允价值计入资本公积，减少所豁免债务的账面价值，并将让渡股份公允价值与被豁免的债务账面价值之间的差额计入当期损益）。2021年12月23日，该公司的重整计划执行完毕。最终，公司共确认债务重组收益232 392.23万元，增加资本公积182 086.18万元、股本98 488.70万元，同时减少短期借款、长期借款等债务合计511 016.67万元（不包含需现金偿还部分）。此外，重整过程中列支重组中介费用、安置职工支出、违约赔偿支出及诉讼支出等相关费用，破产重整增加2021年净利润约15.29亿元，增加净资产43.15亿元，而公司2021年度净利润总计为14.34亿元，净资产为11.22亿元。破产重整使公司扭亏为盈，成功“摘帽”。

思考：

（1）该公司债务重组收益确认时点以及相关会计处理是否符合会计准则相关规定？

（2）为什么债务重组损益必须在报表附注中披露？

分析提示

（资料来源：作者根据网上公开资料改编而成）

第一节 长期借款

一、长期借款概述

长期借款是指企业向银行或其他金融机构借入的期限在一年以上（不含一年）的各种借款，一般用于固定资产的购建、改扩建工程、大修理工程，目的是保持企业的长期经营能力等。由于长期借款的使用关系到企业的生产经营规模和效益，企业除了要遵守有关的贷款规定、编制借款计划并要有不同形式的担保外，还应监督借款的使用、按期支付长期借款的利息以及按规定的期限归还借款本金等。因此，长期借款会计处理的基本要求是反映和监督企业长期借款的借入、借款利息的结算和借款本息的归还情况，促使企业遵守信贷纪律、提高信用等级，同时要确保长期借款发挥效益。

二、长期借款的核算

企业应当设置“长期借款”账户，来核算长期借款的取得和归还，以及利息确认等业务，并设置“本金”和“利息调整”两个明细账户，分别核算长期借款的本金和因实际利率与合同利率不同产生的利息调整额。

1.取得长期借款的会计核算

企业借入长期借款时，按照实际收到的金额，借记“银行存款”账户；按照取得长期借款的本金，贷记“长期借款——本金”账户；两者如果有差额，借记或贷记“长期借款——利息调整”账户。

2.长期借款利息的会计核算

企业应当在资产负债表日确认长期借款当期的利息费用，按照长期借款的摊余成本和实际利率计算确定的利息费用，将符合资本化条件的部分，借记“在建工程”等账户，不符合资本化条件的部分，借记“财务费用”账户；按照借款本金和合同利率计算确定的应支付的利息，贷记“应付利息”账户；按照两者的差额，借记或贷记“长期借款——利息调整”账户。企业在付息日实际支付利息时，按照本期应支付的利息金额，借记“应付利息”账户，贷记“银行存款”账户。

3.归还长期借款的会计核算

企业到期归还长期借款，按归还的长期借款本金，借记“长期借款——本金”账户，贷记“银行存款”账户。

【例11-1】华扬股份有限公司为建造一幢厂房，于2022年1月1日向工商银行借入期限为2年的长期专门借款1 500 000元，款项已存入银行。借款利率按市场利率确定为6%，每年付息一次，期满后一次还清本金。2022年年初，该企业以银行存款支付工程价款共计900 000元，2023年年初，又以银行存款支付工程价款600 000元。该厂房于2023年8月31日完工，达到预定可使用状态。假定不考虑闲置的专门借款资金存款的利息收入或者投资收益。

华扬股份有限公司的有关账务处理如下：

（1）2022年1月1日，取得借款时：

借：银行存款	1 500 000	
贷：长期借款——工商银行（本金）		1 500 000

（2）2022年年初，支付工程价款时：

借：在建工程——××厂房 900 000

贷：银行存款 900 000

（3）2022年12月31日，计算2022年应计入工程成本的利息费用时：

借款利息=1 500 000×6%=90 000（元）

借：在建工程——××厂房 90 000

贷：应付利息——工商银行 90 000

（4）2022年12月31日，支付借款利息时：

借：应付利息——工商银行 90 000

贷：银行存款 90 000

（5）2023年年初，支付工程价款时：

借：在建工程——××厂房 600 000

贷：银行存款 600 000

（6）2023年8月31日，工程达到预定可使用状态时：

该期间应计入工程成本的利息=（1 500 000×6%÷12）×8=60 000（元）

借：在建工程——××厂房 60 000

贷：应付利息——工商银行 60 000

同时：

借：固定资产——××厂房 1 650 000

贷：在建工程——××厂房 1 650 000

（7）2023年12月31日，计算2023年9—12月的利息费用时：

应计入财务费用的利息=（1 500 000×6%÷12）×4=30 000（元）

借：财务费用——××借款 30 000

贷：应付利息——工商银行 30 000

（8）2023年12月31日，支付利息时：

借：应付利息——工商银行 90 000

贷：银行存款 90 000

（9）2024年1月1日，到期还本时：

借：长期借款——工商银行（本金） 1 500 000

贷：银行存款 1 500 000

注：资产负债表日，“长期借款”账户的期末余额需要根据流动性进行分析，在一年或一个营业周期以上到期偿还的部分在资产负债表非流动负债中“长期借款”项目下单独列报；在一年或一个营业周期之内到期偿还的部分在资产负债表流动负债中“一年内到期的非流动负债”项目下列报。

第二节 应付债券

一、应付债券概述

债券是企业为筹集资金而发行的一种书面凭证。企业发行的一年期以上的债券，构成了企业的非流动负债。

企业债券的发行方式有三种，即面值发行、溢价发行、折价发行。假设不考虑其他条件，债券的票面利率高于市场利率时，可按超过债券票面价值的价格发行，称为溢价发行，溢价是企业以后各期多付利息而事先得到的补偿；如果债券的票面利率低于市场利率，可按低于债券票面价值的价格发行，称为折价发行，折价是企业以后各期少付利息而预先付出的代价；如果债券的票面利率与市场利率相同，可按票面价值的价格发行，即面值发行。溢价或折价实际上是发行债券的企业在债券存续期内对利息费用的一种调整。

二、应付债券的核算

1.债券发行的会计核算

企业无论是按面值发行，还是溢价发行或折价发行，均按债券面值记入“应付债券”账户的“面值”明细账户，实际收到的款项与面值的差额，记入“利息调整”明细账户。企业发行债券时，按实际收到的款项，借记“银行存款”“库存现金”等账户，按债券票面价值，贷记“应付债券——面值”账户，按实际收到的款项与票面价值之间的差额，贷记或借记“应付债券——利息调整”账户。

2.债券利息的会计核算

企业发行的债券通常分为到期一次还本付息和分期付息、到期还本两种。对于分期付息、到期还本的债券，企业应于资产负债表日按应付债券的摊余成本和实际利率计算确定的债券利息费用，借记“在建工程”“制造费用”“财务费用”“研发支出”等账户，按票面利率计算确定的应付未付利息，贷记“应付利息”账户，按其差额，借记或贷记“应付债券——利息调整”账户。

对于到期一次还本付息的债券，企业应于资产负债表日按应付债券的摊余成本和实际利率计算确定的债券利息费用，借记“在建工程”“制造费用”“财务费用”“研发支出”等账户，按票面利率计算确定的应付未付利息，贷记“应付债券——应计利息”账户，按其差额，借记或贷记“应付债券——利息调整”账户。

3.债券偿还的会计核算

采用到期一次还本付息方式的，企业应于债券到期支付债券本息时，借记“应付债券——面值”“应付债券——应计利息”账户，贷记“银行存款”账户。采用分期付息、到期还本方式的，在每期支付利息时，借记“应付利息”账户，贷记“银行存款”账户；债券到期偿还本金并支付最后一期利息时，借记“应付债券——面值”“在建工程”“财务费用”“制造费用”等账户，贷记“银行存款”账户，按其差额，借记或贷记“应付债券——利息调整”账户。

【例11-2】2019年1月1日，华扬股份有限公司经批准发行5年期分期付息、到期还本的公司债券30 000 000元，债券利息在每年12月31日支付，票面利率为年利率6%，假定债券发行时的市场利率为5%，所筹集的资金用于生产经营。债券已发行完毕，款项收入银行存款户。假定不考虑相关税费。

【注】对于债券发行价格的确定，如果是分期付息、到期还本债券，其发行价格应该等于面值乘以按市场利率计算的复利现值系数加上每期利息乘以按市场利率计算的年金现值系数；如果是到期一次还本付息债券，其发行价格应该等于面值和利息总额之和乘以按

市场利率计算的复利现值系数。具体内容在“财务管理”课程讲述。

华扬股份有限公司该批债券的实际发行价格 =30 000 000×（P/F，5%，5）+30 000 000×6%×（P/A，5%，5）

=30 000 000×0.7835+30 000 000×6%×4.3295=31 298 100（元）

根据上述资料，华扬股份有限公司采用实际利率和摊余成本计算确定的利息费用见表11-1。

表11-1 **华扬股份有限公司债券利息调整的摊销** 单位：元

日　期	应付利息 （a）	实际利息费用 （b）=期初（d）×5%	已偿还的本金 （c）=（a）-（b）	摊余成本余额 （d）=期初（d）-（c）
2019年1月1日				31 298 100
2019年12月31日	1 800 000	1 564 905	235 095	31 063 005
2020年12月31日	1 800 000	1 553 150.25	246 849.75	30 816 155.25
2021年12月31日	1 800 000	1 540 807.76	259 192.24	30 556 963.01
2022年12月31日	1 800 000	1 527 848.15	272 151.85	30 284 811.16
2023年12月31日	1 800 000	1 515 188.84*	284 811.16	30 000 000
合计	9 000 000	7 701 900	1 298 100	

注：*尾数调整，30 000 000+1 800 000-30 284 811.16=1 515 188.84（元）。

根据表11-1的资料，华扬股份有限公司的账务处理如下：

（1）2019年1月1日，发行债券时：

借：银行存款　31 298 100

　贷：应付债券——面值　30 000 000

　　　　　　——利息调整　1 298 100

（2）2019年12月31日，计算利息费用时：

借：财务费用　1 564 905

　　应付债券——利息调整　235 095

　贷：应付利息　1 800 000

（3）2019年12月31日，支付利息时：

借：应付利息　1 800 000

　贷：银行存款　1 800 000

2020年、2021年、2022年确认利息费用的会计分录与2019年相同，利息调整的金额与利息费用参照表11-1的对应金额。

（4）2023年12月31日，归还债券本金及最后一期利息时：

借：财务费用　1 515 188.84

　　应付债券——面值　30 000 000

　　　　　　——利息调整　284 811.16

　贷：银行存款　31 800 000

三、可转换公司债券

可转换公司债券是指按事先约定的条件可以转换为公司普通股股票的债券。企业发行的可转换公司债券，既含有负债成分又含有权益成分，根据《企业会计准则第37号——金融工具列报》的规定，应当在初始确认时将负债和权益成分进行分拆，分别进行处理。企业在进行分拆时，应当先确定负债成分的公允价值并以此作为其初始确认金额，确认为应付债券，再按照该可转换公司债券整体的发行价格扣除负债成分初始确认金额后的金额确定权益成分的初始确认金额，确认为其他权益工具。负债成分的公允价值是合同规定的未来现金流量按一定利率折现的现值。其中，利率根据市场上具有可比信用等级并在相同条件下提供几乎相同的现金流量，但不具有转换权的工具的适用利率确定。发行该可转换公司债券发生的交易费用，应当在负债成分和权益成分之间按照其初始确认金额的相对比例进行分摊。企业发行可转换公司债券的有关账务处理如下：

企业发行的可转换公司债券在“应付债券”账户下设置“可转换公司债券”明细账户核算。企业应按实际收到的款项，借记“银行存款”等账户，按可转换公司债券包含的负债面值，贷记“应付债券——可转换公司债券（面值）”账户，按权益的公允价值，贷记“其他权益工具”账户，按其差额借记或贷记“应付债券——可转换公司债券（利息调整）”账户。

对于可转换公司债券的负债成分，在转换为股份前，其会计处理与一般公司债券相同，即按照实际利率和摊余成本确认利息费用，按照面值和票面利率确认“应付债券——应计利息”或“应付利息”，差额作为利息调整。

可转换公司债券持有人行使转换权利，将其持有的债券转换为股票的，按可转换公司债券的余额，借记“应付债券——可转换公司债券（面值）”账户，借记或贷记“应付债券——可转换公司债券（利息调整）”账户，按其权益成分的金额，借记“其他权益工具”账户，按股票面值和转换的股数计算的股票面值总额，贷记“股本”账户，按其差额，贷记“资本公积——股本溢价”账户。

【例11-3】华扬股份有限公司经批准于2022年1月1日按每份面值100元发行了500 000份5年期分期付息、到期还本的可转换公司债券，共计50 000 000元，款项已收存银行，债券的票面年利率为6%。债券发行1年后可转换为华扬股份有限公司的普通股股票，转股时每份债券可转10股，股票面值为每股1元。假定2023年1月1日债券持有人将持有的可转换公司债券全部转换为华扬股份有限公司的普通股股票。华扬股份有限公司发行可转换公司债券时二级市场上与之类似的没有转换权的债券市场利率为9%。该可转换公司债券发生的利息费用不符合资本化条件。

华扬股份有限公司有关该可转换公司债券的账务处理如下：

（1）2022年1月1日，发行可转换公司债券时：

可转换公司债券负债成分的公允价值 =50 000 000×（P/F，9%，5）+50 000 000×6%×（P/A，9%，5）

=50 000 000×0.6499+50 000 000×6%×3.8897=44 164 100（元）

可转换公司债券权益成分的公允价值=50 000 000−44 164 100=5 835 900（元）

借：银行存款　　50 000 000

　　应付债券——可转换公司债券（利息调整）　　5 835 900

贷：应付债券——可转换公司债券（面值） 50 000 000

其他权益工具——可转换公司债券 5 835 900

（2）2022年12月31日，确认利息费用时：

应计入财务费用的利息=44 164 100×9%=3 974 769（元）

当期应付未付的利息费用=50 000 000×6%=3 000 000（元）

借：财务费用 3 974 769

贷：应付利息 3 000 000

应付债券——可转换公司债券（利息调整） 974 769

（3）2023年1月1日，债券持有人行使转换权时：

转换的股份数=500 000×10=5 000 000（股）

借：应付债券——可转换公司债券（面值） 50 000 000

其他权益工具——可转换公司债券 5 835 900

贷：股本 5 000 000

应付债券——可转换公司债券（利息调整） 4 861 131

资本公积——股本溢价 45 974 769

企业发行附有赎回选择权可转换公司债券的，在赎回日可能支付的利息补偿金，即债券约定赎回期届满日应当支付的利息减去应付债券票面利息的差额，应当在债券发行日至债券约定赎回期届满日期间计提应付利息。计提的应付利息分别计入相关资产成本或财务费用。

应付债券期末的账面价值反映其摊余成本。资产负债表日，“应付债券”账户的期末余额需要根据流动性进行分析，在一年或一个营业周期以上到期偿还的部分，在资产负债表非流动负债中“应付债券”项目下单独列报；在一年或一个营业周期之内到期偿还的部分在资产负债表流动负债中“一年内到期的非流动负债”项目下列报。

第三节　或有负债与预计负债

一、或有负债

企业在生产经营活动中会面临诉讼、债务担保、产品质量保证等具有较大不确定性的经济事项，这些具有不确定性的或有事项可能会对企业的财务状况和经营成果产生较大影响。企业应当提前考虑或有事项可能会给企业带来的风险，及时确认、计量或披露相关信息，如果符合负债的定义及确认条件应当及时予以确认。

（一）或有事项的含义及特征

或有事项，是指过去的交易或者事项形成的，其结果须由某些未来事项的发生或不发生才能决定的不确定事项。常见的或有事项主要包括：未决诉讼或未决仲裁、债务担保、产品质量保证、承诺、亏损合同、重组义务、环境污染整治等。与企业其他的业务和事项相比，或有事项具有以下三个特征：

1.或有事项由过去的交易或事项形成

或有事项作为一种不确定事项，是由企业过去的交易或者事项形成的，这是指或有事项的现存状况是过去的交易或者事项引起的客观存在。

2.或有事项的结果具有不确定性

或有事项结果的不确定性表现为两层含义：一是或有事项的结果是否发生具有不确定性，比如企业因销售产品而提供的质量保证，未来是否会发生经济利益的流出取决于在规定的质量保证期间内是否会提供产品维修、产品退换等服务；二是或有事项的结果预计将发生，但是发生的具体时间或金额具有不确定性。

但存在不确定性的事项不一定都是或有事项，如资产减值准备的估计等。

3.或有事项的结果须由未来事项的发生或不发生来决定

或有事项的结果只能由未来不确定事项的发生或不发生才能决定。

或有事项的结果可能会产生一项预计负债、或有负债或者或有资产等。其中，预计负债应当符合负债的确认条件。

（二）或有负债的含义

或有负债，是指过去的交易或者事项形成的潜在义务，其存在须通过未来不确定事项的发生或不发生予以证实；或过去的交易或者事项形成的现时义务，履行该义务不是很可能导致经济利益流出企业或该义务的金额不能可靠计量。

或有负债涉及两类义务：一类是潜在义务；另一类是现时义务。

1.潜在义务

潜在义务是指结果取决于未来不确定事项的可能义务。也就是说，潜在义务最终是否转变为现时义务，由某些未来不确定事项的发生或不发生才能决定。

2.现时义务

现时义务是指企业在现行条件下已承担的义务，但该现时义务的履行不是很可能导致经济利益流出企业或者该现时义务的金额不能可靠地计量。

（1）“不是很可能导致经济利益流出企业”，是指该现时义务导致经济利益流出企业的可能性小于等于50%。例如，甲企业和乙企业签订担保合同，承诺为乙企业的某项贷款提供担保。由于担保合同的签订，甲企业承担了一项现时义务，但承担现时义务不意味着经济利益很可能因此流出企业：如果乙企业的财务状况良好，说明甲企业履行连带责任的可能性不大，那么这项担保合同不是很可能导致经济利益流出甲企业。该现时义务属于甲企业的或有负债。

（2）“金额不能可靠地计量”，是指该现时义务导致经济利益流出企业的“金额”难以合理预计，现时义务履行的结果具有较大的不确定性。例如，甲公司涉及一桩诉讼案，根据以往的审判案例推断，甲公司很可能要败诉。但人民法院尚未判决，甲公司无法根据经验判断未来将要承担多少赔偿金额，因此该现时义务的金额不能可靠地计量，该诉讼案件即形成一项甲公司的或有负债。

或有负债不符合负债的确认条件，因而不能在财务报表中予以确认，但应当按照相关规定在财务报表附注中披露有关信息，包括或有负债的种类及形成原因、经济利益流出不确定性的说明、预计产生的财务影响以及获得补偿的可能性等。

二、预计负债

（一）预计负债的确认

与或有事项相关的义务同时满足以下条件的，应当确认为预计负债：

1.该义务是企业承担的现时义务

该义务是企业承担的与或有事项相关的义务，是在企业当前条件下已承担的义务，企业没有其他现时的选择，只能履行该现时义务。

这里所指的义务包括法定义务和推定义务。其中，法定义务是指因合同、法规或其他司法解释等产生的义务，通常是企业在经济管理和经济协调中，依照经济法律、法规的规定必须履行的责任。例如，企业与其他企业签订购货合同产生的义务就属于法定义务。推定义务，是指因企业的特定行为而产生的义务。企业的“特定行为”，泛指企业以往的习惯做法、已公开的承诺或已公开宣布的经营政策。并且，由于以往的习惯做法，或通过这些承诺或公开的声明，企业向外界表明了它将承担特定的责任，从而使受影响的各方形成了其将履行那些责任的合理预期。例如，甲公司是一家化工企业，因扩大经营规模，到A国创办了一家分公司。假定A国尚未针对甲公司这类企业的生产经营可能产生的环境污染制定相关法律，因而甲公司的分公司对在A国生产经营可能产生的环境污染不承担法定义务。但是，甲公司为在A国树立良好的形象，自行向社会公告，宣称将对生产经营可能产生的环境污染进行治理，甲公司的分公司为此承担的义务就属于推定义务。

2.履行该义务很可能导致经济利益流出企业

企业履行与或有事项相关的现时义务将导致经济利益流出企业的可能性超过50%。

履行或有事项相关义务导致经济利益流出企业的可能性，通常按照表11-2列示的情况加以判断。

表11-2 **可能性判断的对应概率区间**

结果的可能性	对应的概率区间
基本确定	95% < 发生的可能性 < 100%
很可能	50% < 发生的可能性≤95%
可能	5% < 发生的可能性≤50%
极小可能	0 < 发生的可能性≤5%

3.该义务的金额能够可靠地计量

该义务的金额能够可靠地计量，是指与或有事项相关的现时义务的金额能够合理地估计。

要对或有事项确认一项预计负债，相关现时义务的金额应当能够可靠估计。只有在其金额能够可靠地估计，并同时满足其他两个条件时，企业才能加以确认。例如，乙公司涉及一起诉讼案，根据以往的审判结果判断，公司很可能败诉，相关的赔偿金额也可以估算出一个区间。在这种情况下，就可以认为该公司因未决诉讼承担的现时义务的金额能够可靠地估计，从而对未决诉讼确认一项因或有事项形成的预计负债。但是如果没有以往的审判结果作为比照，而相关的法律条文又没有明确解释，那么即使该公司预计可能败诉，在判决以前也很可能无法合理估计其须承担的现时义务的金额，在这种情况下就不应确认为预计负债。

（二）预计负债的计量

预计负债应当按照履行相关现时义务所需支出的最佳估计数进行计量。最佳估计数的确定应当区分以下两种情况处理：

1.所需支出存在一个连续范围，且该范围内各种结果发生的可能性相同，则最佳估计数应当按照该范围内的中间值，即上下限金额的平均数确定。

【例11-4】2022年12月1日，华扬股份有限公司因合同违约而被乙公司起诉。2022年12月31日，华扬股份有限公司尚未接到人民法院的判决。华扬股份有限公司预计，最终的法院判决很可能对公司不利。假定预计将要支付的赔偿金额为1 000 000元到1 600 000元区间的某一金额，而且这个区间内每个金额的可能性都大致相同。预计发生诉讼费用50 000元。

分析：在这种情况下，华扬股份有限公司应在2022年12月31日的资产负债表中确认一项预计负债，金额为1 350 000元（（1 000 000+1 600 000）÷2+50 000）。

有关账务处理如下：

借：营业外支出——赔偿支出（乙公司） 1 300 000

管理费用——诉讼费 50 000

贷：预计负债——未决诉讼（乙公司） 1 350 000

2.所需支出不存在一个连续范围，或者虽然存在一个连续范围，但该范围内各种结果发生的可能性不相同。在这种情况下，最佳估计数按照如下方法确定：

（1）如果或有事项涉及单个项目，最佳估计数按照最可能发生金额确定。“涉及单个项目”是指或有事项涉及的项目只有一个，如一项未决诉讼、一项未决仲裁或一项债务担保等。

【例11-5】2022年10月2日，华扬股份有限公司涉及一起诉讼案。2022年12月31日，华扬股份有限公司尚未接到人民法院的判决。在咨询了公司的法律顾问后，华扬股份有限公司认为：胜诉的可能性为40%，败诉的可能性为60%；如果败诉，需要赔偿1 000 000元。

分析：在这种情况下，华扬股份有限公司在2022年12月31日的资产负债表中确认的预计负债金额应为最可能发生的金额，即1 000 000元。有关账务处理如下：

借：营业外支出——赔偿支出 1 000 000

贷：预计负债——未决诉讼 1 000 000

（2）如果或有事项涉及多个项目，最佳估计数按照各种可能结果及相关概率加权计算确定。“涉及多个项目”是指或有事项涉及的项目不止一个，如产品质量保证，通常指销售商或制造商在销售产品或提供劳务后，对客户提供服务的一种承诺。在约定期内（或终身保修），若产品或劳务在正常使用过程中出现质量或与之相关的其他属于正常范围的问题，企业负有更换产品、免费或只收成本价进行修理等责任。按照权责发生制的要求，上述相关支出符合确认条件，应在收入实现时确认相关预计负债。

【例11-6】华扬股份有限公司是生产并销售A产品的企业，2023年度第一季度共销售A产品30 000件，销售收入为18 000 000元。根据公司的产品质量保证条款，该产品售出后一年内，如发生正常质量问题，公司将负责免费维修。根据以前年度的维修记录，若发生较小的质量问题，发生的维修费用为销售收入的1%；若发生较大的质量问题，发生的维修费用为销售收入的2%。根据公司质量部门的预测，本季度销售的产品中，80%不会发生质量问题；15%可能发生较小的质量问题；5%可能发生较大的质量问题。

根据上述资料，2023年第一季度末华扬股份有限公司应确认的预计负债金额为：

18 000 000×（0×80%+1%×15%+2%×5%）=45 000（元）

有关账务处理如下：

借：销售费用——产品质量保证（A产品） 45 000

贷：预计负债——产品质量保证（A产品） 45 000

在对产品质量保证确认预计负债时，需要注意的是：

第一，如果发现保证费用的实际发生额与预计数相差较大，则应及时对预计比例进行调整；

第二，如果企业针对特定批次产品确认预计负债，则应在保修期结束时，将“预计负债——产品质量保证”账户余额冲销，同时冲销“销售费用”账户；

第三，已确认预计负债的产品，如企业不再生产了，那么应在相应的产品质量保证期满后，将“预计负债——产品质量保证”账户余额冲销，同时冲销“销售费用”账户。

企业应在资产负债表非流动负债中单独列报“预计负债”，同时在财务报表附注中披露预计负债的种类、产生的原因、期初与期末余额及本期变动情况等相关内容。“预计负债”相关明细账户若在一年或一个正常营业周期内清偿的，则在“其他流动负债”项目中列报。

第四节　其他非流动负债

这里的其他非流动负债，主要指除了长期借款、应付债券、预计负债之外的非流动负债，包括长期应付款、专项应付款和租赁负债等。

一、长期应付款

长期应付款，是企业除长期借款、应付债券和租赁负债等以外的其他各种长期应付款项，主要包括以具有融资性质的延期付款购买资产发生的应付款项等。

企业购买资产有可能延期支付购买价款。如果延期支付的购买价款超过正常信用条件，实质上具有融资性质的，所购资产的成本应当以延期支付购买价款的现值为基础确定。实际支付的价款与购买价款的现值之间的差额，应当在信用期间内采用实际利率法进行摊销，符合资本化条件的，计入相关资产成本，否则计入当期损益。其账务处理为：企业购入资产超过正常信用条件延期付款时，应按购买价款的现值，借记“固定资产”“在建工程”等账户，按应支付的价款总额，贷记“长期应付款”账户，按其差额，借记“未确认融资费用”账户。按期支付价款时，借记“长期应付款”账户，贷记“银行存款”账户，同时，摊销未确认融资费用，借记“财务费用”等账户，贷记“未确认融资费用”账户。

【例11-7】2022年1月1日，华扬股份有限公司从甲公司购入A机器设备一台，合同约定，A设备的总价款为2 200万元，当日支付1 000万元，余款分3年于每年年末平均支付。设备交付安装，支付安装等相关费用40万元，设备于2月28日安装完备交付使用。假定同期银行借款年利率即实际利率为6%，（P/A，6%，3）=2.673，假定不考虑相关税费。

根据上述资料，华扬股份有限公司相关账务处理如下：

（1）相关计算：

未来付款额的现值=1 200÷3×（P/A，6%，3）=1 069.2（万元）

全部购买价款的现值=1 000+1 069.2=2 069.2（万元）

设备的入账价值=2 069.2+40=2 109.2（万元）

未确认融资费用=1 200−1 069.2=130.8（万元）

计算信用期间未确认融资费用的分摊额，见表11-3。

表11-3　**华扬股份有限公司未确认融资费用分摊表**　单位：万元

日期	分期付款额	确认的融资费用	应付本金减少额	应付本金余额
①	②	③=期初⑤×6%	④=②−③	期末⑤=期初⑤−④
2022年1月1日				1 069.2
2022年12月31日	400	64.152	335.848	733.352
2023年12月31日	400	44	356	377.352
2024年12月31日	400	22.648*	377.352	0
合计	1 200	130.8	1 069.2	

注：*22.648=130.8−64.152−44

（2）2022年1月1日购买设备时：

借：在建工程　20 692 000

　　未确认融资费用　1 308 000

　贷：长期应付款　12 000 000

　　　银行存款　10 000 000

（3）支付安装等相关费用时：

借：在建工程　400 000

　贷：银行存款　400 000

（4）2022年2月28日，安装完毕交付使用时：

借：固定资产　21 092 000

　贷：在建工程　21 092 000

（5）2022年12月31日付款时：

借：长期应付款　4 000 000

　贷：银行存款　4 000 000

确认当期融资费用：

借：财务费用　641 520

　贷：未确认融资费用　641 520

（6）2023年12月31日付款时：

借：长期应付款　4 000 000

　贷：银行存款　4 000 000

确认当期融资费用：

借：财务费用　440 000

贷：未确认融资费用 440 000

（7）2024年12月31日付款时：

借：长期应付款 4 000 000

贷：银行存款 4 000 000

确认当期融资费用：

借：财务费用 226 480

贷：未确认融资费用 226 480

二、专项应付款

（一）专项应付款的内容

专项应付款，是指企业取得政府作为企业所有者投入的具有专项或特定用途的款项。其主要特点有：

（1）政府投入的款项的用途是事先指定的，不能挪作他用。

（2）政府投入的款项作为资本性投入。企业收到的政府无偿的非资本性投入属于政府补助，不属于专项应付款核算的范围。

（二）专项应付款的会计核算

1.取得专项应付款的会计核算

企业在实际收到或应收政府的资本性拨款时，按照实收或应收的金额，借记“银行存款”等账户，贷记“专项应付款”账户。

2.使用专项应付款的会计核算

企业将专项或特定用途的拨款用于工程项目的，按照实际使用的金额借记“在建工程”等账户，贷记“银行存款”“应付职工薪酬”等账户。

3.结转专项应付款的会计核算

企业按照指定用途使用政府拨款的，应在工程项目完工形成长期资产时，按照长期资产的入账价值，借记“固定资产”账户，贷记“在建工程”账户，同时，借记“专项应付款”账户，贷记“资本公积——资本溢价”账户；对于未形成长期资产需要核销的部分，借记“专项应付款”账户，贷记“在建工程”等账户；对于政府拨款结余需要返还的部分，借记“专项应付款”账户，贷记“银行存款”账户。

三、租赁负债

新租赁准则对于承租人取消了经营租赁和融资租赁的区分，要求对所有租赁均需在资产负债表中单独列示（进行简化处理的短期租赁和低价值资产租赁除外），并引入了使用权资产和租赁负债的概念，在租赁期开始日，承租人应当对租赁确认使用权资产和租赁负债。关于租赁负债的详细内容，参见《高级财务会计》教材。

租赁负债应当按照租赁期开始日尚未支付的租赁付款额的现值进行初始计量。“租赁负债”通常在资产负债表的非流动负债中列报，但自资产负债表日起一年内到期应予以清偿的租赁负债，在“一年内到期的非流动负债”项目中列报。

第五节 借款费用

一、借款费用的范围

借款费用是企业因借入资金所付出的代价，包括借款利息、折价或者溢价的摊销、辅助费用以及因外币借款而发生的汇兑差额等。承租人根据租赁准则确认的租赁负债发生的利息费用也属于借款费用。

因借款而发生的利息包括企业向银行或者其他金融机构等借入资金发生的利息、发行公司债券或企业债券发生的利息，以及为购建或者生产符合资本化条件的资产而发生的带息债务所承担的利息等。

因借款而发生的折价或者溢价主要是指发行债券等发生的折价或者溢价，发行债券中的折价或者溢价，其实质是对债券票面利息的调整（即将债券票面利率调整为实际利率），因借款而发生的折价或者溢价的摊销额属于借款费用的范畴。

因借款而发生的辅助费用，是指企业在借款过程中发生的诸如手续费、佣金等费用，由于这些费用是因安排借款而发生的，也属于借入资金所付出的代价，是借款费用的构成部分。

因外币借款而发生的汇兑差额，是指由于汇率变动导致市场汇率与账面汇率出现差异，从而对外币借款本金及其利息的记账本位币金额所产生的影响金额。

企业发生的权益性融资费用不应包括在借款费用中。

二、借款费用的确认

（一）确认原则

借款费用的确认主要解决的是将每期发生的借款费用资本化（计入相关资产成本），还是将有关借款费用费用化（计入当期损益）的问题。

根据借款费用准则的规定，借款费用确认的基本原则是：企业发生的借款费用可直接归属于符合资本化条件的资产的购建或者生产的，应当予以资本化，计入相关资产成本；其他借款费用，应当在发生时根据其发生额确认为费用，计入当期损益。

符合资本化条件的资产，是指需要经过相当长时间的购建或者生产活动才能达到预定可使用或者可销售状态的固定资产、投资性房地产和存货等资产。其中，“相当长时间”应当是指资产的购建或者生产所必需的时间通常为1年以上（含1年）。

如果由于人为或者故意等非正常因素导致资产的购建或者生产时间相当长，该资产不属于符合资本化条件的资产。购入即可使用的资产，或者购入后需要安装但所需安装时间较短的资产，或者需要建造或生产但建造或生产时间较短的资产，均不属于符合资本化条件的资产。

（二）借款费用应予资本化的借款范围

借款包括专门借款和一般借款。专门借款，是指为购建或者生产符合资本化条件的资产而专门借入的款项。专门借款通常应当有明确的用途，即为购建或者生产某项符合资本化条件的资产而专门借入，并通常应当具有标明该用途的借款合同。一般借款是指除专门借款之外的借款，相对于专门借款而言，一般借款在借入时，其用途通常没有特指用于符合资本化条件的资产的购建或者生产。

借款费用应予资本化的借款范围，既包括专门借款，也包括一般借款。其中，对于一般借款，只有在购建或者生产某项符合资本化条件的资产占用了一般借款时，才应将与该部分一般借款相关的借款费用资本化；否则，所发生的借款费用应当计入当期损益。

（三）借款费用资本化期间的确定

只有发生在资本化期间内的有关借款费用才允许资本化，资本化期间的确定是借款费用确认和计量的重要前提。借款费用资本化期间是指从借款费用开始资本化的时点到停止资本化的时点的期间，但不包括借款费用暂停资本化的期间。

1.借款费用开始资本化的时点

借款费用允许开始资本化必须同时满足三个条件，即资产支出已经发生、借款费用已经发生、为使资产达到预定可使用或者可销售状态所必要的购建或者生产活动已经开始。

（1）资产支出已经发生的判断。资产支出包括以支付现金、转移非现金资产和承担带息债务形式所发生的支出。

（2）借款费用已经发生的判断。借款费用已经发生，是指企业已经发生因购建或者生产符合资本化条件的资产而专门借入款项的借款费用，或者占用了一般借款的借款费用。

（3）为使资产达到预定可使用或者可销售状态所必要的购建或者生产活动已经开始的判断。为使资产达到预定可使用或者可销售状态所必要的购建或者生产活动已经开始，是指符合资本化条件的资产的实体建造或者生产工作已经开始，如主体设备的安装、厂房的实际开工建造等。它不包括仅仅持有资产但没有发生为改变资产形态而进行的实质上的建造或者生产活动。

企业只有在上述三个条件同时满足的情况下，有关借款费用才可以开始资本化；只要其中有一个条件没有满足，借款费用就不能资本化，而应计入当期损益。

2.借款费用暂停资本化的时点

符合资本化条件的资产在购建或者生产过程中发生非正常中断且中断时间连续超过3个月的，应当暂停借款费用的资本化。中断的原因必须是非正常中断，属于正常中断的，相关借款费用仍可资本化。在实务中，企业应当遵循实质重于形式等原则来判断借款费用暂停资本化的时间，如果相关资产购建或者生产的中断时间较长而且满足其他规定条件，相关借款费用应当暂停资本化。

非正常中断，通常是由于企业管理决策上的原因或者其他不可预见的原因等所导致的中断。例如，企业因与施工方发生质量纠纷，或者工程、生产用料没有及时供应，或者资金周转发生了困难，或者施工、生产发生了安全事故，或者发生了与资产购建、生产有关的劳动纠纷等原因，导致资产购建或者生产活动发生中断，均属于非正常中断。

非正常中断与正常中断显著不同。正常中断通常仅限于购建或者生产符合资本化条件的资产达到预定可使用或者可销售状态所必要的程序，或者事先可预见的不可抗力因素导致的中断。

3.借款费用停止资本化的时点

购建或者生产符合资本化条件的资产达到预定可使用或者可销售状态时，借款费用应当停止资本化。在符合资本化条件的资产达到预定可使用或者可销售状态之后所发生的借款费用，应当在发生时根据其发生额计入当期损益。

资产达到预定可使用或者可销售状态，是指所购建或者生产的符合资本化条件的资产已经达到建造方、购买方或者企业自身等预先设计、计划或者合同约定的可以使用或者可以销售的状态。企业在确定借款费用停止资本化的时点时需要运用职业判断，应当遵循实质重于形式原则，针对具体情况，依据经济实质判断所购建或者生产的符合资本化条件的资产达到预定可使用或者可销售状态的时点，具体可从以下几个方面进行判断：

（1）符合资本化条件的资产的实体建造（包括安装）或者生产活动已经全部完成或者实质上已经完成。

（2）所购建或者生产的符合资本化条件的资产与设计要求、合同规定或者生产要求相符或者基本相符，即使有极个别与设计、合同或者生产要求不相符的地方，也不影响其正常使用或者销售。

（3）继续发生在所购建或生产的符合资本化条件的资产上的支出金额很少或者几乎不再发生。

购建或者生产符合资本化条件的资产需要试生产或者试运行的，在试生产结果表明资产能够正常生产出合格产品，或者试运行结果表明资产能够正常运转或者营业时，应当认为该资产已经达到预定可使用或者可销售状态。

在符合资本化条件的资产的实际购建或者生产过程中，如果所购建或者生产的符合资本化条件的资产分别建造、分别完工，企业也应当遵循实质重于形式原则，区别不同情况，界定借款费用停止资本化的时点。

如果所购建或者生产的符合资本化条件的资产的各部分分别完工，且每部分在其他部分继续建造或者生产过程中可供使用或者可对外销售，且为使该部分资产达到预定可使用或可销售状态所必要的购建或者生产活动实质上已经完成的，应当停止与该部分资产相关的借款费用的资本化。

如果企业购建或者生产符合资本化条件的资产的各部分分别完工，但必须等到整体完工后才可使用或者对外销售的，应当在该资产整体完工时停止借款费用的资本化。

三、借款费用的计量及账务处理

在借款费用资本化期间内，每一会计期间的利息（包括折价或溢价的摊销，下同）的资本化金额，应当按照下列原则确定：

1.为购建或者生产符合资本化条件的资产而借入专门借款的，应当以专门借款当期实际发生的利息费用减去将尚未动用的借款资金存入银行取得的利息收入或进行暂时性投资取得的投资收益后的金额，确定专门借款应予资本化的利息金额。

2.为购建或者生产符合资本化条件的资产而占用了一般借款的，企业应当根据累计资产支出超过专门借款部分的资产支出加权平均数乘以所占用一般借款的资本化率，计算确定一般借款应予资本化的利息金额。资本化率应当根据一般借款加权平均利率计算确定，即企业占用一般借款购建或者生产符合资本化条件的资产时，一般借款利息费用的资本化金额的确定应当与资产支出相挂钩。有关计算公式如下：

$$\text{一般借款利息费用资本化金额}=\text{累计资产支出超过专门借款部分的资产支出加权平均数}\times\text{所占用一般借款的资本化率}$$

$$\text{所占用一般借款的资本化率}=\text{所占用一般借款的加权平均利率}=\text{所占用一般借款当期实际发生的利息之和}\div\text{所占用一般借款本金加权平均数}$$

3.每一会计期间的利息资本化金额都不应当超过当期相关借款实际发生的利息金额。

【例11-8】华扬股份有限公司于2022年1月1日正式动工兴建一幢厂房，工期预计为1年6个月。工程采用出包方式，分别于2022年1月1日、2022年7月1日和2023年1月1日支付工程进度款300万元、700万元、700万元。

华扬股份有限公司为建造厂房于2022年1月1日专门借款600万元，借款期限为3年，年利率为5%。华扬股份有限公司将闲置借款资金用于固定收益债券短期投资，该短期投资的月收益率为0.5%。厂房于2023年6月30日完工，达到预定可使用状态。

为建造厂房占用的一般借款有两笔，具体如下：

（1）向A银行长期贷款200万元，期限为2021年12月1日至2024年12月1日，年利率为6%，按年支付利息。

（2）发行公司债券1 000万元，于2021年1月1日发行，期限为5年，年利率为8%，按年支付利息。

分析：公司为建造厂房既占用专门借款又占用一般借款。在这种情况下，应当首先计算专门借款利息的资本化金额，然后计算所占用一般借款利息的资本化金额。具体如下：

（1）计算专门借款利息的资本化金额：

2022年专门借款利息的资本化金额=6 000 000×5%-3 000 000×0.5%×6=210 000（元）

2023年专门借款利息的资本化金额=6 000 000×5%×180÷360=150 000（元）

（2）计算一般借款利息的资本化金额：

在建造厂房的过程中，自2022年7月1日起已经有4 000 000元占用了一般借款。另外，2023年1月1日支出的7 000 000元也占用了一般借款。计算这两笔资产支出的加权平均数如下：

2022年占用了一般借款的资产支出加权平均数=4 000 000×180÷360=2 000 000（元）

2023年占用了一般借款的资产支出加权平均数=（4 000 000+7 000 000）×180÷360=5 500 000（元）

所占用一般借款资本化率：

一般借款资本化率（年）=（2 000 000×6%+10 000 000×8%）÷（2 000 000+10 000 000）×100%
=7.67%

2022年应予资本化的一般借款利息金额=2 000 000×7.67%=153 400（元）

2023年应予资本化的一般借款利息金额=5 500 000×7.67%=421 850（元）

（3）根据上述计算结果，公司建造厂房应予资本化的利息金额如下：

2022年利息的资本化金额=210 000+153 400=363 400（元）

2023年利息的资本化金额=150 000+421 850=571 850（元）

（4）有关账务处理如下：

①2022年12月31日。

借：在建工程——××厂房　363 400
　　财务费用　766 600
　　应收利息（或银行存款）　90 000
　贷：应付利息——××银行　1 220 000

注：2022年实际发生的借款利息=6 000 000×5%+2 000 000×6%+10 000 000×8%=1 220 000（元）。

②2023年6月30日。

借：在建工程——××厂房　571 850
　　财务费用　38 150
　贷：应付利息——××银行　610 000

注：2023年1月1日至6月30日实际发生的借款利息=1 220 000÷2=610 000（元）。

第六节　债务重组

一、债务重组的含义及方式

（一）债务重组的含义

债务重组，是指在不改变交易对手方的情况下，经债权人和债务人协定或法院裁定，就清偿债务的时间、金额或方式等重新达成协议的交易。

不论债务人是否发生财务困难，也不论债权人是否做出让步，只要债权人和债务人就债务条款重新达成协议，就符合债务重组的定义。

（二）债务重组的方式

债务重组一般包括下列方式，或下列一种以上方式的组合：

1. 债务人以资产清偿债务；

2. 债务人将债务转为权益工具；

3. 除上述两种方式以外，采用调整债务本金、改变债务利息、变更还款期限等方式修改债权和债务的其他条款，形成重组债权和重组债务，即修改其他条款。

这些债务重组方式都是通过债权人和债务人重新协定或者法院裁定达成的，与原来约定的偿债方式不同。

二、债务重组的会计处理

（一）以资产清偿债务

在债务重组中，债务人用以清偿债务的资产，通常包括金融资产和非金融资产，如现金、存货、长期股权投资、投资性房地产、固定资产、在建工程、生物资产、无形资产等。

1. 以金融资产清偿债务

以金融资产清偿债务的，债务人应当在转让的相关金融资产和所清偿的债务符合终止确认条件时予以终止确认，即在债务的现时义务解除时终止确认债务。所清偿债务账面价值与转让金融资产账面价值之间的差额计入当期损益（投资收益）。重组债务的账面价值，一般为债务的面值或本金，如应付账款；如有利息，还应加上应付未付利息，如长期借款等。

债权人受让的金融资产，应当在相关资产符合其定义和确认条件时以其公允价值确认。放弃债权的公允价值与账面价值之间的差额，计入当期损益（投资收益）。债权人已对债权计提减值准备的，应当先将该差额冲减减值准备，冲减后尚有余额的，计入投资收益，冲减后减值准备仍有余额的，应予转回并抵减当期资产减值损失。

【例11-9】华扬股份有限公司于2023年5月15日销售一批材料给甲公司，开具的增值税专用发票上注明的价款为500 000元，增值税税额为65 000元。按合同的规定，甲公司应于2023年8月15日前偿付价款。经双方协商于2023年9月1日进行债务重组。债务重组协议规定，华扬股份有限公司同意减免甲公司65 000元债务，余额用现金立即清偿。

华扬股份有限公司于2023年9月8日收到甲公司通过银行转账偿还的剩余款项。华扬股份有限公司已为该项应收账款计提了50 000元坏账准备。

（1）债务人甲公司的账务处理：

借：应付账款——华扬股份有限公司	565 000	
贷：银行存款		500 000
投资收益		65 000

（2）债权人华扬股份有限公司的账务处理：

借：银行存款	500 000	
坏账准备	50 000	
投资收益	15 000	
贷：应收账款——甲公司		565 000

2.以非金融资产清偿债务

（1）债务人的会计处理

以非金融资产清偿债务的，债务人应当在相关资产和所清偿债务符合终止确认条件时予以终止确认，所清偿债务账面价值与转让资产账面价值之间的差额计入当期损益（其他收益——债务重组收益），不需要区分资产处置损益和债务重组损益。非金融资产的账面价值，一般为非金融资产的账面原价扣除累计折旧或累计摊销，以及资产减值准备后的金额。

（2）债权人的会计处理

债务人以非金融资产清偿债务的，债权人应当在相关资产符合其定义和确认条件时予以确认。债权人初始确认受让的非金融资产时，应当以成本计量，这里的成本主要包括放弃债权的公允价值和可直接归属于相关资产的其他成本。如存货的成本，包括放弃债权的公允价值和使该资产达到当前位置和状态所发生的可直接归属于该资产的税金、运输费、装卸费、保险费等其他成本；投资性房地产的成本，包括放弃债权的公允价值和可直接归属于该资产的税金等其他成本；固定资产的成本，包括放弃债权的公允价值和使该资产达到预定可使用状态前所发生的可直接归属于该资产的税金、运输费、装卸费、安装费、专业人员服务费等其他成本；无形资产的成本，包括放弃债权的公允价值和可直接归属于使该资产达到预定用途所发生的税金等其他成本。

债权人应将放弃债权的公允价值与账面价值之间的差额，计入当期损益（投资收益）。债权人已对债权计提减值准备的，应当先将该差额冲减减值准备，冲减后尚有余额的计入当期损益（投资收益）。

【例11-10】乙公司向华扬股份有限公司购买了一批货物，价款900 000元（包括应收取的增值税税额），按照购销合同的约定，乙公司应于2023年11月5日前支付该价款，但至2023年11月30日乙公司尚未支付。双方于2023年12月1日签订债务重组协议，协议约定，乙公司以其生产的产品偿还债务。该产品的公允价值为720 000元，实际成本为630 000元，适用的增值税税率为13%。华扬股份有限公司于2023年12月5日收到乙公司抵债的产品，并作为商品入库；华扬股份有限公司的该项应收账款公允价值为880 000元，已计提15 000元坏账准备。

（1）债务人乙公司的账务处理：

借：应付账款——华扬股份有限公司　　900 000
　贷：库存商品　　630 000
　　应交税费——应交增值税（销项税额）　　93 600
　　其他收益——债务重组收益　　176 400

提示：用存货抵债，不属于日常活动，不执行收入准则，不确认营业收入，而是计入其他收益。

（2）债权人华扬股份有限公司的账务处理：

借：库存商品　　880 000
　应交税费——应交增值税（进项税额）　　93 600
　坏账准备　　15 000
　贷：应收账款——乙公司　　900 000
　　投资收益　　88 600

【例11-11】2023年6月5日，华扬股份有限公司销售一批材料给乙公司，价款1 000 000元（包括应收取的增值税税额），按购销合同的约定，乙公司应于2023年7月5日前支付价款，但至2023年9月30日乙公司尚未付款。由于乙公司发生财务困难，短期内无法支付货款。经过协商，华扬股份有限公司同意乙公司用其一台机器设备抵偿货款。该项设备的账面原价为1 050 000元，累计折旧为300 000元，公允价值为700 000元。抵债设备已于2023年10月10日运抵华扬股份有限公司，华扬股份有限公司将其用于本企业产品的生产。假定当日该项应收账款与这台机器设备的公允价值相同。

（1）债务人乙公司的账务处理：

借：固定资产清理——××设备　　750 000
　累计折旧　　300 000
　贷：固定资产——××设备　　1 050 000
借：应付账款——华扬股份有限公司　　1 000 000
　贷：固定资产清理——××设备　　750 000
　　应交税费——应交增值税（销项税额）　　91 000
　　其他收益——债务重组收益　　159 000

（2）债权人华扬股份有限公司的账务处理：

借：固定资产——××设备　　700 000
　应交税费——应交增值税（进项税额）　　91 000
　投资收益　　209 000

贷：应收账款——乙公司 1 000 000

（二）将债务转为权益工具

这里的权益工具，会计处理上体现为股本、实收资本、资本公积等科目。将债务转为权益工具的，债务人初始确认权益工具时，应当按照权益工具的公允价值计量。权益工具的公允价值不能可靠计量的，应当按照所清偿债务的公允价值计量。重组债务账面价值与权益工具公允价值之间的差额，应当计入当期损益（投资收益）。债务人因发行权益工具而支出的相关税费等，应当依次冲减资本溢价、盈余公积、未分配利润等。

债务人按照重组债务的账面价值借记“应付账款”等账户；将债权人放弃债权而享有股份的面值总额或股权份额确认为“股本”或“实收资本”账户；股份的公允价值总额与股本或实收资本之间的差额确认为资本公积，贷记“资本公积——股本溢价（或资本溢价）”账户；重组债务账面价值超过股份或股权的公允价值总额的差额记入“投资收益”账户。

将债权转为债权人对联营企业或合营企业的权益性投资的，或者债务人以长期股权投资清偿债务且构成债权人对联营企业或合营企业的权益性投资的，债权人初始确认受让的长期股权投资时，应当按照成本计量，这里的成本包括放弃债权的公允价值和可直接归属于该资产的税金等其他成本，借记“长期股权投资”账户；所放弃债权的公允价值与其账面价值之间的差额，记入“投资收益”账户。债权人已对债权计提减值准备的，应当先将该差额冲减减值准备。发生的相关税费，分别按照长期股权投资或者金融工具确认计量的规定进行处理。

【例 11-12】2023 年 2 月 18 日，华扬股份有限公司销售一批材料给乙公司，价款 200 000元（包括应收取的增值税税额），合同约定6个月后结清款项。6个月后，由于乙公司发生财务困难，无法支付该笔款项，与华扬股份有限公司协商进行债务重组。经双方协议，华扬股份有限公司同意乙公司将该债务转为华扬股份有限公司的股份。华扬股份有限公司对该项应收账款计提了坏账准备 15 000元。转股后乙公司的注册资本为 10 000 000元，抵债股权占乙公司注册资本的1%，华扬股份有限公司将之作为第二类金融资产管理。债务重组日，抵债股权的公允价值为 155 000元。2023 年 11 月 1 日，相关手续办理完毕。假定不考虑其他相关税费。

（1）债务人乙公司的账务处理：

应计入资本公积的金额=155 000-10 000 000×1%=55 000（元）

债务重组收益=200 000-155 000=45 000（元）

借：应付账款——华扬股份有限公司 200 000

　贷：股本 100 000

　　资本公积——股本溢价 55 000

　　投资收益 45 000

（2）债权人华扬股份有限公司的账务处理：

借：其他权益工具投资——乙公司 155 000

　坏账准备 15 000

　投资收益 30 000

　贷：应收账款——乙公司 200 000

（三）修改其他条款

企业采用修改其他条款方式进行债务重组的，如果修改其他条款导致债务终止确认，债务人应将修改其他条款后债务的公允价值作为重组后债务的入账价值，贷记“应付账款——债务重组”账户，将重组债务的账面价值与重组后债务的入账价值的差额计入投资收益。

如果修改其他条款导致全部债权终止确认，则债权人应当按照修改后的条款以公允价值初始计量新的金融资产，新金融资产的确认金额与债权终止确认日账面价值之间的差额，计入投资收益。

（四）组合方式

1.债务人的会计处理

债务重组采用以资产清偿债务、债务转为权益工具、修改其他条款等方式的组合进行的，债务人应当按照转让资产账面价值、债权人享有权益工具的公允价值和修改其他条款后金融负债的公允价值的相对比例，对重组债务的公允价值进行分摊，分别按照《CAS 22——金融工具确认和计量》、《CAS 23——金融资产转移》、以非现金资产清偿债务和将债务转为权益工具的相关规定处理。

2.债权人的会计处理

债务重组以资产清偿债务、债务转为权益工具、修改其他条款等方式的组合进行的，债权人应当按照修改后的条款，以公允价值初始计量新的金融资产和受让的新金融资产，并分别确定各项资产的成本。放弃债权的公允价值与账面价值之间的差额，计入投资收益。

值得注意的是，债权人和债务人应当在财务报表附注中披露与债务重组的相关信息，如债务重组相关损益等。

【课程思政】

据中国恒大集团（股票代码：03333）2021年半年报，公司总资产2.38万亿元，负债达1.97万亿元，净资产仅0.41万亿元，资产负债率高达82.77%，扣除合同负债（包括预收账款）后的资产负债率仍然高达73.5%，而同时期万科扣除合同负债（包括预收账款）后的资产负债率为45.4%。过度的债务融资，一旦公司经营某一环节出现问题，便极易产生流动性困难，导致各种债务到期无力偿还，恒大2021年爆发的严重债务危机，可见一斑。这不仅使公司自身陷入危机，公司的合作伙伴（供应商、客户等）、银行等债权人以及公司员工等利益相关者都会受到影响。这个案例说明企业应根据自身情况立足于企业发展实际需要并以实际偿债能力合理权衡债务融资的杠杆比例和时间匹配，保持合理的资产负债率，稳健经营，避免财务困难发生破产危机。这对企业的可持续发展至关重要，也是企业履行社会责任的体现。

【与国际会计准则的比较及主要差异】

本章涉及内容与相应国际会计准则比较，存在的差异主要体现在借款费用准则方面。《企业会计准则第17号——借款费用》（CAS 17）与《国际会计准则第23号——借款费用》（IAS 23）总体趋同，在以下主要方面略有差异：

1.借款费用暂停资本化时点的规定差异

我国借款费用准则对资本化计算方法的规定与国际会计准则基本一致，主要的不同是对暂停资本化的中断时间的界定。我国借款费用准则明确规定，符合资本化条件的资产，在购建或者生产过程中发生非正常中断且中断时间连续超过3个月的，应当暂停借款费用的资本化。而IAS 23并未明确对较长中断时间的界限进行规定。

2.符合资本化条件的资产具体规定差异

IAS 23中符合资本化条件的资产，是指需经过较长准备期才能达到可使用或可销售状态的资产。同时对不符合资本化条件的资产也进行了说明，如常规性生产的存货、生产周期较短且重复大量生产的存货、在购置时就已有预定用途或准备销售的资产以及以公允价值计量的资产，如一些生物资产、金融资产等。相比较而言，CAS 17对符合资本化条件的资产的规定比较笼统，而IAS 23的规定则较为细致、明确，不仅指出哪些资产符合资本化条件，而且也说明了哪些资产不符合资本化条件。

【与小企业会计准则的比较及主要差异】

本章涉及内容《企业会计准则》与《小企业会计准则》相比，差异主要体现在以下4个方面：

1.负债会计科目设置及核算内容的差异

《小企业会计准则》中没有设置应付债券、专项应付款、预计负债、递延所得税负债等科目；“长期借款”科目只核算长期借款本金的取得与偿还。

2.负债的计量属性不同

《企业会计准则》规定负债一般应以合同或协议约定的未来应付金额的现值入账，《小企业会计准则》规定负债按实际发生额入账。如延期付款或分期付款购入固定资产的入账价值会计处理的差异。《企业会计准则》规定，其入账成本应当以延期支付的购买价款的现值为基础确定，支付购买固定资产的价款与按固定资产购买价款计算的现值差价，应按融资费用处理。而《小企业会计准则》的会计处理则不考虑其中内含的融资费用，即以外购固定资产的购置成本进行计量，不需要确定折现率和计算现值，不存在未确认融资费用的确认与分摊问题。

3.计算借款利息费用的方法不同

《企业会计准则》规定按负债的摊余成本和实际利率计算利息费用。而《小企业会计准则》规定按借款本金和借款合同利率计算利息费用；对借款费用资本化的核算，仅以其起始时点确定资本化金额等；不使用实际利率法、不计算折现率以简化利息费用等的核算；简化了长期借款费用资本化的会计处理。

4.负债的期末计量存在差异

《企业会计准则》规定非流动负债期末按摊余成本计量，而《小企业会计准则》则规定非流动负债期末按账面价值计量。

另外关于债务重组准则，小企业债务重组损益仍然计入营业外收支。

这些差异大大简化了小企业会计核算，同时充分体现了其相互衔接与合理分工的关系，提高了企业会计信息质量，可以更好地满足会计信息使用者的需求。

【重点与难点】

（一）重点

1. 长期借款的核算。

2. 应付债券的核算。

3. 各种债务重组方式下债务人及债权人的账务处理。

4. 借款费用资本化金额的计算。

（二）难点

1. 预计负债的确认条件与计量方法。

2. 当购建或者生产符合资本化条件的资产占用了一般借款时，借款费用资本化金额如何确定？

3. 可转换公司债券的核算。

【课后练习】

（一）单项选择题

1. 企业为购建或者生产需要经过相当长时间才能达到预定可使用或者可销售状态的资产而借入的专门借款费用，在资产（ ）后的，应计入财务费用。

A. 办理竣工决算 B. 实际交付使用

C. 达到预定可使用或者可销售状态 D. 全部工程完工

2. 就发行债券的企业而言，所获债券溢价收入的实质是（ ）。

A. 为以后少付利息而付出的代价 B. 为以后多付利息而得到的补偿

C. 本期利息收入 D. 以后期间的利息收入

3. 溢价发行的债券，在分期计提债券利息时，通常应按（ ）借记“财务费用”“在建工程”“制造费用”等科目。

A. 应计利息 B. 溢（折）价摊销额

C. 应计利息与溢价摊销额之差 D. 应计利息与折价摊销额之差

4. 在企业折价发行债券的情况下，各期的实际利息费用是（ ）。

A. 票面利息与折价摊销额之和 B. 票面利息与折价摊销额之差

C. 票面利息与折价摊销额之商 D. 票面利息与折价摊销额之积

5. 企业发行债券实际收到的款项与面值的差额，应记入的会计科目是（ ）。

A. 应付债券——利息调整 B. 财务费用

C. 在建工程 D. 制造费用

6. 分期付息、一次还本的应付债券，应于资产负债表日按摊余成本和实际利率计算确定的债券利息，不应借记的会计科目是（ ）。

A. 在建工程 B. 财务费用 C. 销售费用 D. 制造费用

7. 以非金融资产清偿债务的方式下，债权人收到非金融资产时应以（ ）入账。

A. 非金融资产的原账面价值

B. 应收债权的公允价值和可直接归属于相关资产的其他成本

C. 非金融资产的公允价值加上应支付的相关税费

D. 非金融资产的原账面价值加上应支付的相关税费

8.债务人在债务重组时以低于应付债务账面价值的现金清偿的，企业实际支付的金额小于应付债务账面价值的差额，记入的会计科目是（　　）。

A.营业外收入　　B.资本公积　　C.投资收益　　D.管理费用

9.当企业拥有反诉或向第三方索赔的权利而涉及补偿金额时，该补偿金额单独作为一项资产确认的条件是（　　）。

A. 发生的概率大于50%但小于或等于95%

B. 发生的概率大于或等于5%但小于或等于50%

C. 发生的概率大于95%但小于100%

D. 发生的概率大于0但小于或等于50%

10.企业以低于应付债务账面价值的非金融资产清偿债务的，所清偿债务账面价值与转让资产账面价值之间的差额，应当计入（　　）。

A.盈余公积　　B.其他收益　　C.营业外收入　　D.投资收益

11.以下不正确的表述是（　　）。

A. 预计负债应当按照履行相关现时义务所需支出的最佳估计数进行初始计量

B. 企业在确定最佳估计数时，应当综合考虑与或有事项有关的风险、不确定性和货币时间价值等因素。货币时间价值影响重大的，应当通过对相关未来现金流出量进行折现后确定最佳估计数

C. 企业清偿预计负债所需支出全部或部分预期由第三方补偿的，补偿金额只有在基本确定能够收到时才能作为资产单独确认。确认的补偿金额不应当超过预计负债的账面价值

D. 待执行合同变成亏损合同的，该亏损合同产生的义务，不应当确认为预计负债

12.华扬股份有限公司股东大会于2022年1月4日做出决议，决定建造厂房。为此，华扬股份有限公司于3月5日向银行专门借款5 000万元，年利率为6%，款项于当日划入华扬股份有限公司银行存款账户。3月15日，厂房正式动工兴建。3月16日，华扬股份有限公司购入建造厂房用水泥和钢材一批，价款500万元，当日用银行存款支付。3月31日，计提当月专门借款利息。华扬股份有限公司在3月份没有发生其他与厂房购建有关的支出，则华扬股份有限公司专门借款利息费用应开始资本化的时间为（　　）。

A.3月5日　　B.3月15日　　C.3月16日　　D.3月31日

（二）多项选择题

1.应付债券的利息有可能记入的账户有（　　）。

A.生产成本　　B.财务费用　　C.制造费用　　D.在建工程

2.下列各项因素中，属于影响债券发行价格高低的因素有（　　）。

A.票面金额　　B.票面利率　　C.市场利率　　D.期限长短

3.企业为购建固定资产专门借入的款项所发生的借款费用，停止资本化的时点有（　）。

A. 所购建固定资产已达到或基本达到设计要求或合同要求时

B. 固定资产的实体建造工作已经全部完成或实质上已经完成时

C. 继续发生在所购建固定资产上的支出金额很少或者几乎不再发生时

D. 已经分别完工但是不可独立使用的固定资产

4. 下列对长期借款利息费用的会计处理，正确的有（　　）。

A. 筹建期间的借款利息计入管理费用

B. 筹建期间的借款利息计入长期待摊费用

C. 日常生产经营活动的借款利息计入财务费用

D. 符合资本化条件的借款利息计入相关资产成本

5. 在资产负债表日，企业按长期借款的摊余成本和实际利率计算确定的利息费用，应借记的会计科目是（　　）。

A. 在建工程　　B. 财务费用　　C. 制造费用　　D. 应付利息

6. 应付债券进行明细核算应当设置的明细科目有（　　）。

A. 应付债券——面值　　B. 应付债券——利息调整

C. 应付债券——应计利息　　D. 应付债券——成本

7. 企业的非流动负债包括（　　）等。

A. 长期借款　　B. 应付债券　　C. 长期应付款　　D. 专项应付款

8. 企业债券的发行方式有（　　）。

A. 面值发行　　B. 溢价发行　　C. 折价发行　　D. 低价发行

9. 债务人以非金融资产清偿债务时，影响债权人债务重组损益的项目有（　　）。

A. 债权人计提的坏账准备　　B. 受让非金融资产的公允价值

C. 可抵扣的增值税进项税额　　D. 债权人为取得受让资产而支付的税费

10. 以固定资产抵偿债务进行债务重组时，对于债务人而言，下列项目中影响债务重组损益计算的有（　　）。

A. 固定资产的账面价值　　B. 固定资产的累计折旧

C. 固定资产的评估净值　　D. 固定资产减值准备

（三）判断题

1. “长期借款”科目的期末余额反映尚未偿还的借款本金。（　　）

2. 企业债券折价发行意味着其实际利率低于票面利率。（　　）

3. 企业发行债券产生的溢价，表示企业未来各期多付的利息在事先得到的补偿。（　　）

4. 实际利率法摊销发行债券的溢价，随时间推移，各期摊销数额逐期减少。（　　）

5. 企业按面值发行可转换公司债券且不存在发行费用的情况下，初始确认时权益成分的公允价值与计入应付债券——可转换公司债券（利息调整）的金额一致。（　　）

6. 当企业延期付款购买资产时，应按延期支付购买固定资产的价款借记“固定资产”“在建工程”等账户，按支付价款的现值，贷记“长期应付款”账户，按其差额记入“未确认融资费用”账户。（　　）

7. 一年内到期的非流动负债，在资产负债表上作为一项流动负债单独列示，在会计核算时仍按非流动负债的规定处理。（　　）

8. 企业发生重组事项，承担重组义务的，应当确认预计负债。（　　）

9. 借款费用准则规定借款利息的资本化金额不需要与资产支出挂钩。（　　）

10. 企业的在建工程凡发生建造中断，中断期间发生的工程借款利息应一律计入当期损益。（　　）

（四）业务处理题

1.华扬股份有限公司为建造一幢厂房，2021年1月1日借入期限为2年的长期专门借款1 000 000元，款项已存入银行。借款利率为9%，每年付息一次，期满后一次还清本金。2021年初，以银行存款支付工程价款共计600 000元，2022年初又以银行存款支付工程费用400 000元。该厂房于2022年8月底完工，达到预定可使用状态。假定不考虑闲置专门借款资金存款的利息收入或者投资收益。

要求：根据上述业务编制有关会计分录。

2.假设华扬股份有限公司经批准于2021年1月1日起发行2年期面值为100元的债券100 000张，债券年利率为3%，每年7月1日和12月31日付息两次，到期时归还本金和最后一次利息。该债券发行收款为980.96万元，债券实际利率为年利率4%。该债券所筹资金全部用于新生产线的建设，该生产线于2021年6月底完工交付使用。债券利息调整采用实际利率法摊销，每年6月30日和12月31日计提利息。

要求：编制华扬股份有限公司从债券发行到债券到期的全部会计分录。

3.华扬股份有限公司于2021年1月1日动工兴建一幢办公楼，工期为1年，公司为建造办公楼发生有关借款业务如下：

（1）专门借款有两笔，分别为：2021年1月1日专门借款3 000万元，借款期限为3年，年利率为8%，利息按年支付；2021年7月1日专门借款3 000万元，借款期限为5年，年利率为10%，利息按年支付。闲置专门借款资金均存入银行，假定存款利率为6%并按月于月末收取利息。

（2）一般借款有两笔，分别为：2020年12月1日向A银行借入长期借款1 500万元，期限为3年，年利率为6%，按年支付利息；2020年1月1日发行公司债券1 500万元，期限为5年，年利率为8%，按年支付利息。

（3）工程采用出包方式，2021年支出如下：

① 1月1日支付工程进度款2 250万元；

② 7月1日支付工程进度款4 500万元；

③ 10月1日支付工程进度款1 500万元。

办公楼于2021年12月31日完工，达到预定可使用状态。按年计算资本化利息费用，为简化计算，假定全年按360天计算。

要求：

（1）计算专门借款利息费用资本化金额。

（2）计算一般借款利息费用资本化金额。

（3）计算建造办公楼应予资本化的利息费用金额。

（4）编制有关办公楼利息费用的会计分录。

4.乙公司从华扬股份有限公司购入原材料1 000万元（含税），由于未按期还款，2022年4月1日经双方协商一致进行债务重组。乙公司以一台设备抵偿债务，该设备账面原值为1 400万元，已提折旧600万元，账面价值800万元；债务重组日该设备的公允价值为700万元（不含增值税，适用的增值税税率为13%）。假设不考虑除增值税以外的其他相关税费。假定当日该项应收账款与这台机器设备的公允价值相同。

要求：分别编制乙公司、华扬股份有限公司相关会计分录。

（五）简答与思考题

1. 什么是可转换公司债券？思考其对企业的影响。

2. 什么是预计负债？其产生的原因可能有哪些？应如何确定预计负债的金额？

参考答案

3. 简述借款费用的范围。

4. 如何界定借款费用开始资本化的时点及停止资本化的时点？

5. 简述债务重组方式及其对企业的影响。

【知识结构图】

第十二章　所有者权益

【学习目标】

本章主要介绍所有者权益的含义及构成、有关注册资本的主要法律规定以及实收资本、资本公积、其他综合收益、其他权益工具、留存收益的概念和核算方法。通过本章的学习，要求学生掌握不同出资方式下实收资本及其增减业务的会计处理；资本溢价、其他资本公积的会计处理；其他综合收益、其他权益工具的确认与计量及会计处理；盈余公积提取和使用的会计处理以及未分配利润的会计处理等。

【引导案例】

永续债究竟是“债”还是“股”?

恒大地产集团有限公司（简称“恒大地产”）成立于1997年，是中国恒大集团的下属控股企业。公司于2009年11月在中国香港联交所上市，主要经营范围为房地产规划设计、开发和物业管理。作为房地产界知名企业的恒大集团，自2016年起连续6年入围世界五百强，然而，其在高速发展过程中由于过度运用财务杠杆，埋下了巨大的财务隐患，最终因巨额债务危机于2021年12月3日被广东省人民政府派驻工作小组指导化解风险。

在发行永续债方面，恒大地产是国内房地产企业中最早发行永续债的企业，其于2013年通过民生银行开始发行永续债，当年先后发行250亿元永续债，期限为“2+N”。此后2014年、2015年、2016年均有发行，并于2015年偿还了2013年首次发行的永续债，至2017年6月30日偿还了此前发行的全部永续债。

仔细看恒大地产对外公布的财务报告，在2006年由于所有者权益为负数，所以所有者权益对负债的比率也为负数，2007年突然就暴增到2412%，随后逐渐恢复到232.31%，且一直上升到2012年的473.24%，2013年为338.79%，2014年为322.1%，2015年6月突增到830.03%。根据财务报表数据，恒大地产的表现可谓“风光靓丽”。但在2015年4月末，恒大地产的财务报表却在资本市场上引起了两极分化的反应。诸如中信建投、国泰君安、海通证券等多家国内券商都对恒大集团给出了增持或推荐的评级。而同时，上投摩根、德意志银行、中金和招商证券（香港）等海外投行却建议“卖出”或“回避”恒大证券。一些国内的信托公司也开始谨慎地对待销售额过千亿元却仍在扩张的恒大地产。标准普尔更是将恒大地产的长期企业信用评级由“BB-”下调至“B+”。海外投行和评级机构为什么会做出如此反应呢？标准普尔的回答是因为恒大地产的杠杆率恶化比预期还严重，并且预计未来12个月内不会出现明显改善。

虽然从恒大地产的财务报表中看不出其债务的高风险性，但是一些投行则认为恒大地产利用中国香港上市公司会计准则，在报表中将永续债列入了权益，从而大大降低了其实际负债率。

思考：

（1）恒大地产的永续债究竟是“债”还是“股”？为什么？

（2）为什么很多房地产公司都热衷于发行永续债呢？

（资料来源：作者根据网上公开资料改编而成）

分析提示

第一节　所有者权益概述

一、所有者权益的含义

我国《CAS——基本准则》规定：“所有者权益是指企业的资产扣除负债后由所有者享有的剩余权益。”公司的所有者权益又称股东权益。所有者权益是所有者对企业资产的剩余索取权，它是企业资产扣除债权人权益后由所有者享有的部分，既可以反映所有者投入资本的保值增值情况，又体现了保护债权人权益的理念。

所有者权益与负债虽然都是权益，共同构成企业的资金来源，但两者存在以下方面的差异：

（1）所有者权益是投资者享有的对投入资本及其运用所产生盈余或亏损的权利，负债是在经营或其他活动中所发生的债务，是债权人要求企业清偿的权利。

（2）所有者享有参与收益分配、参与经营管理等多项权利，但对企业资产的要求权在顺序上置于债权人之后，即只享有对剩余资产的要求权，债权人享有到期收回本金及利息的权利，在企业清算时，有优先获取资产赔偿的要求权，但没有经营决策的参与权和收益分配权。

（3）在企业持续经营的情况下，所有者权益一般不存在抽回的问题，即不存在约定的偿还日期，属于企业长期可使用的资金，只有在企业清算时才予以退还；而负债必须按期偿还。通常债权又称第一要求权，投资者具有对剩余财产的要求权，故又称剩余权益。

二、所有者权益的来源构成

我国企业会计准则规定，基于公司制的特点，所有者权益通常由实收资本（或股本）、资本公积、其他权益工具、其他综合收益和留存收益（盈余公积和未分配利润）构成。

实收资本是指所有者在企业注册资本的范围内实际投入的资本。注册资本是指企业在设立时向市场监督管理部门登记的资本总额，也是全部出资者设定的出资额之和。注册资本是企业的法定资本，是企业承担民事责任的财力保证。

资本公积是指企业收到投资者的超过其在企业实收资本（或股本）中所占份额的投资，以及直接计入所有者权益的利得和损失等。资本公积包括资本溢价（或股本溢价）和其他资本公积。

其他权益工具是指企业发行的除普通股以外的归类于权益工具的各种金融工具，主要包括归类于权益工具的优先股、永续债、认股权、可转换公司债券等金融工具。

其他综合收益是指在企业经营活动中形成的未计入当期损益但归所有者共有的利得或损失，主要包括以公允价值计量且其变动计入其他综合收益的金融资产的公允价值变动，权益法下被投资单位所有者权益的其他变动等。

留存收益是指归所有者共有的、企业历年实现的净利润留存于企业的部分，主要包括法定盈余公积、任意盈余公积和未分配利润。

第二节 实收资本

一、实收资本概述

（一）实收资本的性质

实收资本（或股本）是所有者投入资本形成法定资本的价值。所有者向企业投入的资本，在一般情况下无须偿还，可供企业长期周转使用。实收资本（或股本）的构成比例，通常是确定所有者在企业所有者权益中所享有的份额和参与企业财务经营决策的基础，也是进行利润分配或股利分配的依据，同时还是企业清算时确定所有者对净资产要求权的依据。我国现行《公司法》对公司资本采纳了一定程度上的授权资本制，也称认缴资本制，即允许公司成立时股东只实际缴付一定比例的认缴资本，其余认缴的资本在公司成立后的一定期限内缴清即可。

认缴资本制的建立和运行，调动了我国社会投资创业的热情，有效提升了社会资本的利用效率，但同时也带来了交易风险等方面的问题。特别是在诚信机制建设不完善、运行不到位的情况下，可能会进一步加深企业资本的显著不足。面对这种情况，我们需要进一步增强法律意识、树立法治观念，深刻认识到认缴资本制绝不是“空手套白狼”，公司股东需要理性地进行出资认缴承诺，并切实地履行相关承诺，避免不负责任的不当承诺。公司登记机关可以通过信息的公开披露，对股东之间的出资承诺及其履行进行监管，运用征信评级方法，将股东出资承诺纳入信用评级程序，从而有效约束股东出资承诺的设定及履行。

（二）关于注册资本的主要法律规定

1.有限责任公司的注册资本为在公司登记机关登记的全体股东认缴的出资额。股东可以用货币出资，也可以用实物、知识产权、土地使用权等可以用货币估价并可以依法转让的非货币性财产作价出资，但法律、行政法规规定不得作为出资的财产除外。对作为出资的非货币性财产应当评估作价，核实财产，不得高估或者低估作价。股东应当按期足额缴纳公司章程中规定的各自所认缴的出资额。股东以货币出资的，应当将货币出资足额存入有限责任公司在银行开设的账户；以非货币性财产出资的，应当依法办理其财产权的转移手续。

股东不按照前款规定缴纳出资的，除应当向公司足额缴纳出资外，还应当向已按期足额缴纳出资的股东承担违约责任。

2.股份有限公司采取发起设立方式设立的，注册资本为在公司登记机关登记的全体发起人认购的股本总额。在发起人认购的股份缴足前，不得向他人募集股份。发起人应当书面认足公司章程规定其认购的股份，并按照公司章程的规定缴纳出资。以非货币性财产出资的，应当依法办理其财产权的转移手续；发起人不依照前款规定缴纳出资的，应当按照发起人协议承担违约责任；发起人认足公司章程规定的出资后，应当选举董事会和监事会，由董事会向公司登记机关报送公司章程以及法律、行政法规规定的其他文件，申请设立登记。

股份有限公司采取募集方式设立的，注册资本为在公司登记机关登记的实收股本总额。法律、行政法规以及国务院决定对股份有限公司注册资本实缴、注册资本最低限额另有规定的从其规定。发起人认购的股份不得少于公司股份总数的百分之三十五；若法律、行政法规另有规定的，从其规定。

二、实收资本的会计处理

（一）实收资本（股本）增加的会计处理

1.一般企业实收资本增加的会计处理

一般企业是指除股份有限公司以外的其他公司制企业。投资者投入资本的形式可以有多种，如投资者可以用现金投资，可以用实物资产、无形资产等投资。一般企业收到投资者投入的资本通过“实收资本”账户进行账务处理。

企业收到投资时，应根据有关原始凭证（如投资清单、银行通知单等），分别不同的出资方式进行会计处理：收到投资人投入的现金，应当以实际收到或存入企业开户银行的金额，借记“库存现金”“银行存款”账户；以实物资产投资的，应在办理实物产权转移手续时，借记“原材料”“固定资产”“应交税费——应交增值税（进项税额）”等账户；以无形资产投资的，应在按合同协议或公司章程的规定移交有关凭证时，借记“无形资产”“应交税费——应交增值税（进项税额）”等账户；当企业接受股东的股权投资时，以其投资额为股权的评估价值，借记“长期股权投资”“交易性金融资产”“其他权益工具投资”等账户；同时按投入资本在注册资本中所占的份额，贷记“实收资本”账户，按其差额，贷记“资本公积——资本溢价”账户。

【例12-1】A有限责任公司由两位投资者投资500 000元设立，每人出资250 000元。一年后，为扩大经营规模，经批准，A有限责任公司的注册资本增加到750 000元，并引入第三位投资者加入。按照投资协议，新投资者需缴入现金300 000元，同时享有该公司三分之一的股份。A有限责任公司已收到该现金投资。假定不考虑其他因素，A有限责任公司的会计分录如下：

借：银行存款	300 000	
贷：实收资本		250 000
资本公积——资本溢价		50 000

【例12-2】乙有限责任公司于设立时收到B公司作为资本投入的原材料一批，该批原材料投资合同或协议约定的价值（不含可抵扣的增值税进项税额部分）为1 000 000元，增值税进项税额为130 000元。B公司已开具增值税专用发票。假设合同约定的价值与公允价值相符，该原材料在注册资本中所占的份额为1 050 000元，不考虑其他因素，乙有限责任公司的账务处理为：

借：原材料	1 000 000	
应交税费——应交增值税（进项税额）	130 000	
贷：实收资本——B公司		1 050 000
资本公积——资本溢价		80 000

2.股份有限公司股本增加的会计处理

股份有限公司与一般企业相比，其显著特点就是将资本划分为等额股份，并通过发行股票的方式筹集资本。股东以其认购的股份对公司承担有限责任，股票的面值与股份总数的乘积为股本。股份有限公司发行股票的会计核算应通过“股本”账户进行。该账户仅核算公司发行股票的面值或设定价值部分。在“股本”账户下，按股票种类及股东名称设置明细账。股份有限公司在核定的股本总额及核定的股份总额的范围内发行股票，既可以按面值发行股票，也可以溢价发行（我国目前不准许折价发行）。

（1）股票的认购

公司发行股票，一般需要经过股东认购、实收股款、发行股票等阶段，这些阶段往往间隔一段时间。股东认购股票，只是一种承诺，尚未与公司发生财务关系，所以可以设账反映也可以不设账反映。股东认购时要填写认购书，办妥认购手续后，由代收股款的银行按照公司同银行签订的代收股款的协议代收和保存股款。一般情况下，不收齐全部的认购款，不换发股票。

到规定期末，认股股东如违约不能履行付款协议，即应收认股款尚未收到，可以没收部分已交股款、发还剩余已交股款并另行招认或者发给部分股票。我国《公司法》规定，发行的股份超过招股说明书规定的截止期限尚未募足的，或者发行的股份股款交足后，发起人在30天内未召开创立大会的，认股人可以按所交股款并加计银行同期存款利息，要求发起人返还。

（2）股票的发行

股票的发行价格受发行时资本市场的需求和投资人对公司盈利能力的估计的影响。公司发行股票的价格往往与股票的面值不一致。按照我国《公司法》的规定，同次发行的股票，每股的发行条件和价格应当相同，任何单位或者个人所认购的股份，每股应当支付相同的价格。股票的发行价格，可以是票面金额，也可以超过票面金额，但不得低于票面金额。因此，我国目前仅允许股票溢价、等价发行，不能折价发行。

在发行时，记入“股本”账户的金额必须为股票的票面金额。超过部分作为股票溢价，记入“资本公积——股本溢价”账户。

【例12-3】华扬股份有限公司发行每股面值为1元的普通股2 000万股。

华扬股份有限公司的相关会计处理如下：

（1）假定均按面值发行（未考虑手续费），则收到股款时：

借：银行存款	20 000 000	
贷：股本——普通股		20 000 000

（2）假定溢价发行（未考虑手续费），若上述普通股每股按5元的价格发行，则收到股款时：

借：银行存款	100 000 000	
贷：股本——普通股		20 000 000
资本公积——股本溢价		80 000 000

【例12-4】华扬股份有限公司发行普通股5 000万股，每股面值1元，每股发行价格4元。证券公司按发行收入的3%收取佣金，从发行收入中扣除。假定收到的股款已存入银行。

华扬股份有限公司的相关会计处理如下：

借：银行存款	200 000 000	
贷：股本——普通股		50 000 000
资本公积——股本溢价		150 000 000

借：资本公积——股本溢价（200 000 000×3%） 6 000 000

贷：银行存款 6 000 000

除了所有者投入形成实收资本或股本外，企业将资本公积转为实收资本或股本、将盈余公积转为实收资本或股本、股份有限公司发放股票股利、可转换公司债券持有人行使转换权利、债务重组将债务转为资本等都会使实收资本或股本增加。

（二）实收资本（股本）的减少

企业实收资本（股本）减少的原因大体有两种：（1）资本过剩；（2）企业发生重大亏损。企业因资本过剩而减资，一般要发还股款。一般企业发还投资的会计处理比较简单，按法定程序报经批准减少注册资本的，借记“实收资本”账户，贷记“库存现金”“银行存款”等账户。

股份有限公司如采用发行股票的方式筹集股本，发还股款时，则要回购发行的股票，发行股票的价格与股票面值可能不同，回购股票的价格也可能与发行价格不同，会计处理较为复杂。股份有限公司为减少注册资本而回购本公司股份的，应按实际支付的金额，借记“库存股”账户，贷记“银行存款”等账户。注销库存股时，应按股票面值和注销股数计算的股票面值总额，借记“股本”账户，按注销库存股的账面余额，贷记“库存股”账户，按其差额，冲减股票发行时原记入资本公积的溢价部分，借记“资本公积——股本溢价”账户，回购价格超过上述冲减“股本”及“资本公积——股本溢价”账户部分的，应依次借记“盈余公积”“利润分配——未分配利润”等账户；如回购价格低于回购股份对应的股本，所注销库存股的账面余额与所冲减股本的差额作为增加资本公积——股本溢价处理，按回购股份所对应的股本面值，借记“股本”账户，按注销库存股的账面余额，贷记“库存股”账户，按其差额，贷记“资本公积——股本溢价”账户。

库存股，也称库藏股，是指已经认购缴款，由发行股票的公司通过购入、赠予或其他方式重新获得，可供再行出售、奖励职工或注销的股票。库存股是股份有限公司签发的二手股票，它既可能是上市公司的股票，也可能是非上市公司的股票，但不应包含本公司股东向公司交存的、作为质押权标的的股票。

【例12-5】华扬股份有限公司截至2022年12月31日共发行股票50 000 000股，股票面值1元，资本公积（股本溢价）10 000 000元，盈余公积6 000 000元。经股东大会批准，华扬股份有限公司2023年1月31日以银行存款回购本公司股票5 000 000股并注销。假定华扬股份有限公司按照每股5元的价格回购股票，不考虑其他因素，相关账务处理如下：

库存股的成本=5 000 000×5=25 000 000（元）

①借：库存股 25 000 000

贷：银行存款 25 000 000

②借：股本 5 000 000

资本公积——股本溢价 10 000 000

盈余公积 6 000 000

利润分配——未分配利润 4 000 000

贷：库存股 25 000 000

【例12-6】沿用【例12-5】资料，假定华扬股份有限公司以每股0.9元的价格回购股票，其他条件不变。相关账务处理如下：

库存股的成本=5 000 000×0.9=4 500 000（元）

借：库存股 4 500 000

贷：银行存款 4 500 000

借：股本 5 000 000

贷：库存股 4 500 000

资本公积——股本溢价 500 000

由于华扬股份有限公司以低于面值的价格回购股票，股本与库存股成本的差额500 000元应作为增加资本公积处理。

第三节 资本公积和其他综合收益

一、资本公积

（一）资本公积概述

资本公积是企业收到投资者的超出其在企业注册资本（或股本）中所占份额的投资，以及直接计入所有者权益的利得和损失。资本公积包括资本溢价（或股本溢价）和其他资本公积等。

资本溢价（或股本溢价）是企业收到投资者的超出其在企业注册资本（或股本）中所占份额的投资。形成资本溢价（或股本溢价）的原因有溢价发行股票、投资者超额缴入资本等。

其他资本公积主要包括长期股权投资采用权益法核算时，因被投资单位除净损益、其他综合收益和利润分配以外的所有者权益的其他变动以及以权益结算的股份支付在等待期内的每个资产负债表日计算确定的金额。

"资本公积"账户一般应当设置"资本溢价（或股本溢价）""其他资本公积"明细账户进行明细核算。

（二）资本公积的确认和计量

1.资本溢价或股本溢价的会计处理

（1）资本溢价

有限责任公司的投资者依其出资份额对企业经营决策享有表决权，依其所认缴的出资额对企业承担有限责任。明确记录投资者认缴的出资额，真实地反映各投资者对企业享有的权利与承担的义务，是会计处理应注意的问题。为此，会计上应设置"实收资本"账户，核算企业投资者按照公司章程所规定的出资比例实际缴付的出资额。在企业创立时，出资者认缴的出资额全部记入"实收资本"账户。

在企业增资扩股或有新的投资者加入时，为了维护原有投资者的权益，新加入的投资者的出资额并不一定全部作为实收资本处理，这是因为在企业正常经营过程中投入的资金虽然与企业创立时投入的资金在数量上一致，但其盈利能力却不一致。企业创立时，要经过筹建、试生产经营、为产品寻找市场、开辟市场等过程，从投入资金到取得投资回报，中间需要许多时间，并且这种投资具有风险性，这个过程的资本利润率很低。正常情况下，企业在正常生产经营过程中的资本利润率要高于初创阶段，由于这高于初创阶段的资本利润率是初创时必要的垫支资本带来的，企业创办者为此付出了代价，因此，相同数量的投资，出资时间不同，其对企业的影响程度就不同，由此带给投资者的权利也不同。往往早期出资带给投资者的权利要大于后期出资带给投资者的权利。所以，新加入的投资者要付出大于原投资者的出资额，才能取得与原投资者相同的投资比例。另外，原投资者原有投资在质量上发生了变化，在数量上也可能发生变化，这是因为企业经营过程中实现利润的一部分留在企业，形成留存收益，而留存收益也属于投资者权益，但其未转入实收资本。新加入的投资者如与原投资者共享这部分留存收益，也要求其付出大于原投资者的出资额，才能取得与原投资者相同的投资比例。投资者投入的资本中按其投资比例计算的出资额应记入“实收资本”账户，大于部分应记入“资本公积——资本溢价”账户。

例如，某有限责任公司由甲、乙、丙三位股东各自出资100万元设立。设立时的实收资本为300万元。经过3年的经营，该企业的留存收益为150万元。这时，又有丁投资者有意参股该企业，并表示愿意出资180万元，而仅占该企业股份的25%。在会计处理时，将丁股东投入资金中的100万元记入“实收资本”账户，其余80万元记入“资本公积——资本溢价”账户。

（2）股本溢价

股份有限公司是以发行股票的方式筹集股本的。股票是企业签发的证明股东按其所持股份享有权利和承担义务的书面证明。由于股东按其所持股份享有权利和承担义务，为了反映和便于计算各股东所持股份占企业全部股本的比例，企业的股本总额应按股票的面值与股份总数的乘积计算。我国规定，实收股本总额应与注册资本相等。因此，为提供企业股本总额及其构成与注册资本等信息，在采用与股票面值相同的价格发行股票的情况下，企业发行股票取得的收入应全部记入“股本”账户；在采用溢价发行股票的情况下，企业发行股票取得的收入相当于股票面值的部分记入“股本”账户，超出股票面值的溢价收入记入“资本公积——股本溢价”账户。因委托证券商代理发行股票而支付的手续费、佣金等，应从溢价发行收入中扣除，按扣除手续费、佣金后的数额记入“资本公积——股本溢价”账户。

【例12-7】华扬股份有限公司委托B证券公司代理发行普通股2 000 000股，每股面值1元，按每股1.5元的价格发行。公司与受托单位约定，按发行收入的3%收取手续费，从发行收入中扣除。假设收到的股款已存入银行。相关账务处理如下：

公司收到受托单位交来的股款=2 000 000×1.5×（1-3%）=2 910 000（元）

应记入“资本公积——股本溢价”账户的金额=溢价收入-发行手续费=2 000 000×（1.5-1）-2 000 000×1.5×3%=910 000（元）

借：银行存款	2 910 000	
贷：股本		2 000 000
资本公积——股本溢价		910 000

此外，同一控制下控股合并形成的长期股权投资，也会产生资本或股本溢价。有关这方面的内容，将在《高级财务会计》企业合并专题进行详细讲解。

2.其他资本公积的会计处理

其他资本公积是指除资本溢价（或股本溢价）以外形成的资本公积，包括以权益结算的股份支付及采用权益法核算的长期股权投资所涉及的业务。

企业对被投资单位的长期股权投资采用权益法核算的，被投资单位除净损益、其他综合收益和利润分配以外的所有者权益的其他变动，企业按持股比例计算应享有的份额，借记“长期股权投资”账户，贷记“资本公积——其他资本公积”账户。

以权益结算的股份支付，在等待期每个资产负债表日，贷记“资本公积——其他资本公积”账户，在行权日，则冲减该账户。

（三）资本公积转增资本的会计处理

按照《公司法》的规定，法定公积金（资本公积和盈余公积）转为资本时，所留存的该项公积金不得少于转增前公司注册资本的25%。经股东大会或类似机构决议通过，用资本公积转增资本时，应冲减资本公积，同时按照转增前的实收资本（或股本）的结构或比例，将转增的金额记入“实收资本”或“股本”账户下各所有者的明细分类账。以资本公积转增资本，不影响所有者权益总额。

二、其他综合收益

其他综合收益，是指企业根据会计准则的规定未在当期损益中确认的各项利得和损失，包括以后会计期间不能重分类进损益的其他综合收益项目和以后会计期间在满足规定条件时将重分类进损益的其他综合收益项目两类。之所以作这样的分类，规定其他综合收益项目在以后会计期间不能重分类进损益的情形，主要是为了防止企业进行盈余管理、人为调节利润。①

（一）以后会计期间不能重分类进损益的其他综合收益项目

以后会计期间不能重分类进损益的其他综合收益项目主要包括以下几方面的内容：

1. 在初始确认时，企业可以将非交易性权益工具指定为以公允价值计量且其变动计入其他综合收益的金融资产，指定后不得撤销。当该类非交易性权益工具终止确认时，原计入其他综合收益的公允价值变动不得重分类进损益。

2. 按照权益法核算的在被投资单位不能重分类进损益的其他综合收益变动中所享有的份额。根据《CAS 2——长期股权投资》，投资方取得长期股权投资后，应当按照应享有或应分担的被投资单位其他综合收益的份额，确认其他综合收益，同时调整长期股权投资的账面价值。投资单位在确定应享有或应分担的被投资单位其他综合收益的份额时，该份额的性质取决于被投资单位的其他综合收益的性质，即如果被投资单位的其他综合收益属于“以后会计期间不能重分类进损益”类别，则投资方确认的份额也属于“以后会计期间不能重分类进损益”类别。

（二）以后会计期间在满足规定条件时将重分类进损益的其他综合收益项目

以后会计期间在满足规定条件时将重分类进损益的其他综合收益项目主要包括以下几方面的内容：

1. 如果取得金融资产的目的既以收取合同现金流量为目标，又以出售该金融资产为目标，并且该金融资产在特定日期产生的现金流量仅为本金和以未偿付本金为基础计算的利息（即“其他债权投资”），在终止确认时，之前计入其他综合收益的累计利得或损失应当从其他综合收益中转出，计入当期损益。

---

① 缪艳娟. 其他综合收益：“保稳箱”抑或“收纳箱”[J]. 财会月刊，2022（5）.

2.按照金融工具确认和计量准则的规定，在将以公允价值计量且其变动计入其他综合收益的债权性金融资产重分类为以公允价值计量且其变动计入当期损益的金融资产（“交易性金融资产”）时，按规定可以将原计入其他综合收益的利得或损失转入当期损益。

3.按照权益法核算的在被投资单位可重分类进损益的其他综合收益变动中所享有的份额。如果被投资单位的其他综合收益属于“以后会计期间在满足规定条件时将重分类进损益”类别，则投资方确认的份额也属于“以后会计期间在满足规定条件时将重分类进损益”类别。

采用权益法核算的长期股权投资，按照被投资单位实现其他综合收益以及持股比例计算应享有或分担的金额，调整长期股权投资的账面价值，同时增加或减少其他综合收益，其会计处理为：借记（或贷记）“长期股权投资——其他综合收益”账户，贷记（或借记）“其他综合收益”账户，待该项股权投资处置时，将原计入其他综合收益的金额转入当期损益。

4.非投资性房地产转换为以公允价值模式计量的投资性房地产，在转换日公允价值大于账面价值的差额。根据《CAS 3——投资性房地产》的规定，企业将自用房地产或作为存货的房地产转换为以公允价值模式计量的投资性房地产，在转换日公允价值大于账面价值的部分，计入其他综合收益。处置该项投资性房地产时，因转换计入其他综合收益的金额应转入当期损益。

第四节 其他权益工具

一、其他权益工具会计处理的基本原则

其他权益工具是指企业发行的除普通股以外的归类于权益工具的各种金融工具，主要包括归类于权益工具的优先股、永续债、认股权、可转换公司债券等金融工具。由于这些金融工具可能归类为金融负债，也可能归类为权益工具，还可能归类为复合金融工具，因此其会计处理比较复杂。

总体来说，企业发行的金融工具应当按照金融工具确认和计量准则进行初始确认和计量；其后，企业应当于每个资产负债表日以所发行金融工具的分类为基础，确定该金融工具利息支出或股利分配等。对于归类为权益工具的金融工具，无论其名称中是否包含“债”，其利息支出或股利分配都应当作为发行企业的利润分配，其回购、注销等作为权益的变动处理；对于归类为金融负债的金融工具，无论其名称中是否包含“股”，其利息支出或股利分配原则上都按照借款费用进行处理，其回购或赎回产生的利得或损失等计入当期损益。

企业发行金融工具，发生的手续费、佣金等交易费用，如分类为债务工具且以摊余成本计量的，应当计入所发行金融工具的初始计量金额；如分类为权益工具，则应当从权益（其他权益工具）中扣除。

二、其他权益工具的主要账务处理

（一）发行金融工具的账务处理

1.发行方发行的金融工具归类为债务工具并以摊余成本计量的，应按实际收到的金

额，借记“银行存款”等账户，按债务工具的面值，贷记“应付债券——优先股、永续债（面值）”账户，按其差额贷记或借记“应付债券——优先股、永续债（利息调整）”账户。该债务工具在存续期间计提利息，并按照金融工具确认和计量准则中有关金融负债按摊余成本后续计量的规定进行会计处理。

2.发行方发行的金融工具归类为权益工具的，应按实际收到的金额，借记“银行存款”等账户，贷记“其他权益工具——优先股、永续债”等账户。分类为权益工具的金融工具，在存续期间分派股利（含分类为权益工具的金融工具所产生的利息）的，作为利润分配处理。发行方应根据批准的利润分配方案，按照应分配给金融工具持有者的股利金额，借记“利润分配——应付优先股股利、应付永续债利息”等账户，贷记“应付股利——优先股股利、永续债利息”等账户。

【例12-8】华扬股份有限公司发行归类于权益工具的可转换优先股90万股，实际收到价款126万元。其账务处理如下：

借：银行存款	1 260 000	
贷：其他权益工具——优先股		1 260 000

【例12-9】沿用【例12-8】资料，可转换优先股全部转换为普通股18万股，每股面值1元。其账务处理如下：

借：其他权益工具——优先股	1 260 000	
贷：股本		180 000
资本公积——股本溢价		1 080 000

3.发行方发行的金融工具为复合金融工具的，应按实际收到的金额，借记“银行存款”等账户，按金融工具的面值，贷记“应付债券——优先股、永续债（面值）”等账户，按负债成分的公允价值与金融工具面值之间的差额，借记或贷记“应付债券——优先股、永续债（利息调整）”等账户，按实际收到的金额扣除负债成分的公允价值后的金额，贷记“其他权益工具——优先股、永续债”等账户。

发行复合金融工具发生的交易费用，应当在负债成分和权益成分之间按照各自占总发行价款的比例进行分摊。与多项交易相关的共同交易费用，应当在合理的基础上，采用与其他类似交易一致的方法，在各项交易之间进行分摊。

（二）发行的金融工具重分类的账务处理

1.由于发行的金融工具原合同条款约定的条件或事项随着时间的推移或经济环境的改变而发生变化，导致原归类为权益工具的金融工具重分类为金融负债的，应当于重分类日，按该金融工具的账面价值，借记“其他权益工具——优先股、永续债”等账户，按该金融工具的面值，贷记“应付债券——优先股、永续债（面值）”账户，按该金融工具的公允价值与面值之间的差额，借记或贷记“应付债券——优先股、永续债（利息调整）”账户，按该金融工具的公允价值与账面价值的差额，贷记或借记“资本公积——资本溢价（或股本溢价）”账户，如资本公积不够冲减，依次冲减盈余公积和未分配利润。发行方以重分类日计算的实际利率作为应付债券后续计量利息调整等的基础。

2.因发行的金融工具原合同条款约定的条件或事项随着时间的推移或经济环境的改变而发生变化，导致原归类为金融负债的金融工具重分类为权益工具的，应于重分类日，按金融负债的面值，借记“应付债券——优先股、永续债（面值）”账户，按利息调整的余额，借记或贷记“应付债券——优先股、永续债（利息调整）”账户，按金融负债的账面价值，贷记“其他权益工具——优先股、永续债”账户。

关于其他权益工具不同的会计处理可能对企业财务状况及经营成果造成的影响，可通过课外文献阅读①进一步加深理解。

第五节 留存收益

一、留存收益的性质、构成及用途

（一）留存收益的性质

留存收益是所有者权益的一个重要项目，是企业历年剩余的净收益累积而成的资本。因此留存收益也可称为累积收益。虽然留存收益与投资者投入资本的属性一致，即均为股东权益，但与投入资本不同的是，投入资本是由所有者从外部投入公司的，它构成了公司所有者权益的基本部分，而留存收益不是由投资者从外部投入的，而是依靠公司经营所得的盈利累积而形成的。

留存收益的反面为亏损，公司经营如果入不敷出，就意味着亏损。发生经营亏损将减少留存收益。对留存收益有较大影响的另一个因素是股利分配。公司将会因分配股利而大幅度减少留存收益。

（二）留存收益的构成

留存收益可分为两部分：已拨定的留存收益与未拨定的留存收益。前者主要包括法定盈余公积与任意盈余公积，后者指未分配利润。

1.盈余公积

（1）法定盈余公积

法定盈余公积是指企业按规定从净利润中提取的积累资金。法定，意味着提取是由国家法规强制规定的。我国《公司法》规定，公司制企业必须按照税后利润的10%提取盈余公积，法定盈余公积累计额达到注册资本的50%时可以不再提取。企业提取法定盈余公积的目的是确保企业不断积累资本，固本培元，自我壮大实力。

（2）任意盈余公积

任意盈余公积是公司出于实际需要或采取审慎经营策略，从税后利润中提取的一部分留存利润。如果公司有优先股，必须在支付了优先股股利之后，才可提取任意盈余公积。由于任意盈余公积是企业自愿拨定的留存利益，其数额也视实际情况而定。但一经拨定就不能再供本期发放股利之用，所以提取任意盈余公积也是企业管理层对发放股利的一种限制。

法定盈余公积和任意盈余公积的区别就在于其各自计提的依据不同。前者以国家的法律或行政规章为依据提取；后者则由企业自行决定提取。一旦提取，两者在使用上便没有差异。

2.未分配利润

未分配利润是企业留待以后年度进行分配的结存利润。相对于所有者权益的其他部分

---

① 黄世忠．优先股性质认定、会计处理及其经济后果分析——基于小米财务报告的案例研究［J］．财务与会计，2018（10）．

来说，企业对于未分配利润的使用、分配有较大的自主权。从数量上来说，未分配利润是期初未分配利润，加上本期实现的税后利润，减去提取的各种盈余公积和分出利润后的余额。未分配利润有两层含义：一是留待以后年度处理的利润；二是未指定特定用途的利润。

（三）留存收益的用途

盈余公积主要有以下用途：①转增资本。经股东大会决议，可将盈余公积转为资本（或股本）。法定盈余公积转增资本（或股本）时，转增后留存的盈余公积的数额不得少于转增前公司注册资本的25%。②弥补亏损。公司用已提取的盈余公积弥补亏损时，应当由公司董事会提议，并经股东大会批准。③扩大企业生产经营。计提的盈余公积是企业经营资金的一条重要补充途径，可以用于扩大企业生产经营规模，增强企业生产发展能力。④分配股利。公司当年没有利润，原则上不可以分配股利，但为了维护自身信誉，在满足一定条件时，公司可以用盈余公积分配股利。

未分配利润是企业未指定特定用途的利润，企业可以根据需要将其用于转增资本、弥补亏损、扩大再生产、分配股利等。

需要说明的是，无论是盈余公积还是未分配利润，用于企业扩大再生产，均无须作专门的会计处理。这是因为，留存收益本身的含义是企业历年实现净利润中留存于企业的部分，即未被分配掉的部分，它会增加原有所有者权益的金额，从资金占用形态来看即增加了企业的资产，这就意味着扩大了企业生产经营的规模，从而无须再作专门的会计处理。而其他方面的用途则需在具体经济业务发生时进行相应的会计处理。

二、留存收益的会计处理

（一）盈余公积的会计处理

为了反映盈余公积的形成及使用情况，企业应设置“盈余公积”账户，并按其种类设置明细账，分别进行明细核算。

企业提取盈余公积时，借记“利润分配——提取法定（或任意）盈余公积”账户，贷记“盈余公积——法定（或任意）盈余公积”账户。企业用提取的盈余公积转增资本时，应当按照批准的转增资本的数额，借记“盈余公积”账户，贷记“实收资本”账户。企业将盈余公积转增股本时，应当按照转增股本前的股本结构比例，将盈余公积转增股本的数额记入“股本”账户下各股东的明细账，相应增加各股东对企业的股本投资。

【例12-10】华扬股份有限公司2021年实现净利润5 000 000元。公司董事会于2022年3月31日提出公司上年的利润分配方案，拟对上年实现的净利润进行分配。董事会提请批准的利润分配方案见表12-1。

华扬股份有限公司相关账务处理如下：

借：利润分配——提取法定盈余公积	500 000	
——提取任意盈余公积	250 000	
贷：盈余公积——法定盈余公积		500 000
——任意盈余公积		250 000

表12-1 **利润分配方案** 单位：元

项　目	提请批准的方案
提取法定盈余公积	500 000
提取任意盈余公积	250 000
分配现金股利	3 000 000
合　计	3 750 000

值得说明的是，按规定对董事会或类似机构通过的利润分配方案中拟分配的现金股利或利润，暂不作账务处理，但应在财务报表附注中披露。董事会或类似机构通过的利润分配方案已经获得股东大会或类似机构审议批准后，企业方可按应支付的现金股利或利润，借记“利润分配——应付现金股利（或利润）”账户，贷记“应付股利”账户；实际支付现金股利或利润时，借记“应付股利”账户，贷记“银行存款”等账户。

（二）未分配利润的会计处理

企业未分配利润的核算是通过“利润分配——未分配利润”账户进行的，具体来说是通过“利润分配”账户下的“未分配利润”明细账户进行核算的。企业在生产经营过程中取得的收入和发生的费用，最终通过“本年利润”账户进行归集，计算出当年的盈利或亏损，然后转入“利润分配——未分配利润”账户进行分配。年度终了，再将“利润分配”账户下的其他明细账户（如提取法定盈余公积、提取任意盈余公积、应付现金股利或利润、转作股本的股利、盈余公积补亏等）的余额，转入“未分配利润”明细账户。结转后，“未分配利润”明细账户的贷方余额，就是未分配利润的数额；如出现借方余额，则表示未弥补亏损的数额。

（三）弥补亏损的会计处理

企业发生的亏损可以以后年度的税前利润弥补，但连续弥补不得超过五年。在以以后年度实现的税前利润弥补亏损的情况下，企业当年实现的利润自“本年利润”账户转入“利润分配——未分配利润”账户的贷方，其贷方发生额与“利润分配——未分配利润”账户的借方余额自然抵补。因此，以当年实现利润弥补以前年度未弥补亏损时，不需要进行专门的账务处理。

以前年度未弥补亏损也可用以后年度税后利润弥补。无论是以税前利润还是以税后利润弥补亏损，其会计处理方法相同，只是两者计算的应纳税所得额不同。在以税前利润弥补亏损的情况下，其弥补亏损数可以抵减当期企业应纳税所得额，而以税后利润弥补亏损的数额，则不能抵减当期企业应纳税所得额。

【例12-11】华扬股份有限公司2016年发生亏损98万元。该公司适用的所得税税率为25%（不考虑由未弥补亏损确认的递延所得税资产）。在年度终了时，企业应当结转本年发生的亏损，编制会计分录如下：

借：利润分配——未分配利润　　980 000

　贷：本年利润　　980 000

假设2017年至2021年，华扬股份有限公司每年均实现利润18万元。按照现行规定，企业在发生亏损以后的5年内可以以税前利润弥补亏损。华扬股份有限公司在2017年至

2021年均可在税前弥补亏损。此时，华扬股份有限公司在2017年至2021年年度终了时，均应编制会计分录如下：

借：本年利润　　180 000

　贷：利润分配——未分配利润　　180 000

按照2017年至2021年各年度终了上述会计处理的结果，2021年“利润分配——未分配利润”账户期末余额为借方余额8万元，即2022年年初未弥补亏损为8万元。假设华扬股份有限公司2022年实现税前利润32万元。按现行规定，该公司只能用税后利润弥补以前年度亏损。在2022年度终了时，华扬股份有限公司首先应当按照当年实现的税前利润计算缴纳当年应负担的所得税，然后将当期扣除计算缴纳的所得税后的净利润，转入“利润分配”账户。华扬股份有限公司在2022年度计算缴纳所得税时，其应纳税所得额为32万元，当年应缴纳的所得税为8万元（32×25%）。此时，该公司编制会计分录如下：

（1）计算缴纳所得税。

借：所得税费用　　80 000

　贷：应交税费——应交所得税　　80 000

借：本年利润　　80 000

　贷：所得税费用　　80 000

（2）结转本年利润，弥补以前年度未弥补亏损。

借：本年利润　　240 000

　贷：利润分配——未分配利润　　240 000

（3）该企业2022年“利润分配——未分配利润”账户的期末贷方余额为16万元（-8+24）。

【课程思政】

对公司注册资本认缴制要有一个全面的认识，要进一步增强法律意识、树立法治观念，深刻认识到认缴资本制绝不是“空手套白狼”，公司股东需要理性地进行出资认缴承诺，并切实地履行相关承诺，避免不负责任的不当承诺。

永续债作为复合金融工具，究竟是计入负债还是权益，需要遵守我国关于永续债的相关会计准则及会计处理的规定，企业不能将不符合权益确认条件的永续债或存在争议的永续债计入所有者权益，以此来达到粉饰报表的目的。这也是会计人员应该具备的基本职业素养。

【与我国小企业会计准则的比较及主要差异】

在《企业会计准则》中，所有者权益的内容包括：实收资本（或股本）、资本公积、其他权益工具、其他综合收益、盈余公积和未分配利润，其中资本公积包括资本溢价（或股本溢价）和其他资本公积。而在《小企业会计准则》中，所有者权益的内容仅包括：实收资本（或股本）、资本公积、盈余公积和未分配利润，其中资本公积的内容仅指资本溢价（或股本溢价），不包含其他部分。

【重点与难点】

（一）重点

1.所有者权益的含义及构成。

2.股票认购及发行的账务处理。

3.资本公积及其他综合收益的构成内容。

4.留存收益的构成。

（二）难点

1.其他综合收益的内容及分类。

2.其他权益工具的内容。

【课后练习】

（一）单项选择题

1.甲公司收到乙公司作为资本投入的原材料一批，该批原材料投资合同约定的价值（不含进项税额）为400 000元，增值税进项税额为52 000元。乙公司已开具增值税专用发票。假设合同约定的价值与公允价值相符，该进项税额允许抵扣，不考虑其他因素，甲公司应计入实收资本的金额为（　）元。

A.400 000　B.452 000　C.424 000　D.366 000

2.某企业委托券商代理发行股票1 000万股，每股面值1元，每股发行价格6元。按发行价格的1%支付券商发行费用，该企业在收到股款时，应记入“资本公积”科目的金额为（　）万元。

A.4 930　B.4 940　C.4 950　D.5 000

3.下列有关利润分配的顺序中，正确的是（　）。

A.提取法定盈余公积、提取任意盈余公积、向投资者分配利润

B.向投资者分配利润、提取法定盈余公积、提取任意盈余公积

C.向投资者分配利润、提取任意盈余公积、提取法定盈余公积

D.提取法定盈余公积、向投资者分配利润、提取任意盈余公积

4.采用溢价发行股票方式筹集资本，其“股本”科目所登记的金额是（　）。

A.实际收到的款项

B.实际收到的款项减去付给证券商的费用

C.实际收到的款项加上冻结资金期间利息收入

D.股票面值乘以股份总数

5.某企业年初未分配利润为160 000元，当年实现净利润为320 000元，该企业按净利润的10%提取法定盈余公积，按净利润的5%提取任意盈余公积，分配现金股利80 000元。则该企业年末未分配利润为（　）元。

A.320 000　B.432 000　C.352 000　D.480 000

6.如果企业的法定盈余公积累计额已达到注册资本的（　），则可以不再提取。

A.20%　B.50%　C.80%　D.100%

7.2021年1月1日，华扬股份有限公司所有者权益情况如下：股本200万元，资本公

积170万元，盈余公积600万元，未分配利润230万元。当年以资本公积150万元、盈余公积200万元和未分配利润150万元转增资本500万元；当年实现利润200万元，按10%的比例提取盈余公积，宣告分配现金股利100万元。年末留存收益的数额是（　　）万元。

A.3 100　　B.580　　C.180　　D.200

8.用盈余公积弥补亏损时，借记“盈余公积”科目，贷记（　　）科目。

A.“本年利润”　　B.“利润分配”

C.“营业外收入”　　D.“以前年度损益调整”

9.下列各项中，会引起留存收益总额发生增减变动的是（　　）。

A.以盈余公积转增资本　　B.用盈余公积补亏

C.以资本公积转增资本　　D.用税后利润补亏

10.华扬股份有限公司2020年发生亏损100万元，按规定可以用2021年度实现的利润弥补，该公司2021年实现利润60万元，弥补了上年部分亏损，2021年末企业会计处理的分录是（　　）。

A.借：利润分配——盈余公积补亏　　贷：利润分配——未分配利润

B.借：盈余公积　　贷：利润分配——未分配利润

C.借：本年利润　　贷：利润分配——未分配利润

D.借：利润分配——未分配利润　　贷：利润分配——其他转入

（二）多项选择题

1.企业增加资本的方式有（　　）。

A.资本公积转增　　B.盈余公积转增　　C.新投资者投入　　D.发放现金股利

2.企业减少实收资本应按法定程序报经批准，一般发生在企业（　）而需要减资的情况下。

A.资本过剩　　B.发生重大亏损　　C.投资者要求　　D.盈利

3.发行股票相关的手续费、佣金等交易费用，如果是无溢价发行股票或溢价金额不足以抵扣的，不足抵扣的部分可以冲减（　　）。

A.实收资本　　B.盈余公积　　C.未分配利润　　D.财务费用

4.企业提取的盈余公积经批准可以用于（　）。

A.弥补亏损　　B.职工福利　　C.转增资本　　D.发放现金股利

5.下列各项中会引起年末未分配利润数额变化的是（　　）。

A.企业减资　　B.用资本公积转增资本

C.本年利润转入　　D.提取盈余公积

（三）判断题

1.所有者权益来源于所有者投入的资本和留存收益，不应该包括利得和损失。（　　）

2.企业以盈余公积向投资者分配利润，不会引起留存收益总额的变动。（　　）

3.在溢价发行股票的情况下，企业发行股票取得的收入，应全部作为股本处理。（　　）

4.发行股票相关的手续费、佣金等交易费用，应当计入当期财务费用。（　　）

5.在计算提取法定盈余公积的基数时，不应包括企业年初未分配利润。（　　）

6.企业接受的原材料投资，其增值税税额不能计入实收资本。（　　）

7.企业非日常活动中形成的利得和损失应直接计入所有者权益。（　　）

8.分配股票股利不影响企业所有者权益总额，但会影响所有者权益的构成。（　）

9.无论是利得还是损失都存在计入所有者权益和计入当期损益的可能。（　）

10.与发行权益性证券直接相关的手续费、佣金等交易费用计入财务费用。（　）

（四）业务处理题

1.华扬股份有限公司委托某证券公司代理发行普通股1 000万股，每股面值1元，每股发行价格4元。假定根据约定，华扬股份有限公司按发行收入的1%向证券公司支付发行费用。假设发行收入已全部收到，发行费用已全部支付，不考虑其他因素。

要求：编制华扬股份有限公司有关的会计分录。

2.乙公司原由投资者A和投资者B共同出资成立，每人出资200 000元，各占50%的股份。经营两年后，投资者A和投资者B决定增加公司资本，此时有一新的投资者C要加入乙公司。经有关部门批准后，乙公司实施增资，将实收资本增加到900 000元。经三方协商，一致同意，完成下述投入后，三方投资者各拥有乙公司300 000元实收资本，并各占乙公司1/3的股份。各投资者的出资情况如下：（1）投资者A以一台设备投入乙公司作为增资，该设备原价180 000元，已提折旧95 000元，评估确认原价180 000元，评估确认净值126 000元。（2）投资者B以一批原材料投入乙公司作为增资，该批原材料账面价值105 000元，评估确认价值110 000元，税务部门认定应交增值税税额为14 300元。投资者B已开具增值税专用发票。（3）投资者C以银行存款投入乙公司390 000元。

要求：根据以上资料，分别编制乙公司接受投资者A、投资者B增资时以及投资者C出资时的会计分录。

3.华扬股份有限公司2021年年初未分配利润为250 000元，本年实现净利润为1 500 000元。本年提取法定盈余公积150 000元，支付现金股利400 000元。因扩大经营规模的需要，经批准，公司决定以资本公积100 000元和盈余公积200 000元转增资本。

要求：

（1）编制华扬股份有限公司上述业务的会计分录。

（2）计算公司2021年年末“利润分配——未分配利润”科目的期末余额。

4.华扬股份有限公司2021年12月末结账前股东权益资料如下：

股本1 000万元（1 000万股，其中发行在外普通股650万股，每股面值1元）；资本公积750万元；盈余公积——法定盈余公积400万元；盈余公积——任意盈余公积200万元；利润分配——未分配利润（贷方）40万元；本年利润（贷方）300万元。

发生下列经济业务：

（1）结转全年净利润；

（2）按税后利润的10%提取法定盈余公积；

（3）董事会决议提取任意盈余公积20万元；

（4）董事会宣告股利分配方案：每股分派现金股利0.10元，每10股普通股赠送红股2股；

（5）支付现金股利；

（6）结转利润分配各项目余额。

要求：

（1）编制上述业务的会计分录。

（2）列示2021年末资产负债表中所有者权益各项。

（五）简答与思考题

1. 什么是所有者权益？所有者权益与负债有何不同？

2. 企业实收资本（股本）减少的原因有哪些？

3. 企业弥补亏损的途径有哪些？

4. 我国上市公司增加股本的可能途径有哪些？

5. 如何区分金融工具是归类为权益工具还是归类为债务工具？对企业的财务状况有何影响？

参考答案

【知识结构图】

第十三章 收入、费用和利润

【学习目标】

通过本章的学习，要求学生了解收入、费用和成本的概念、特征与分类；熟悉收入确认与计量的基本方法、合同成本的概念及相关会计处理；掌握折扣、折让与退回的会计处理、特定交易的会计处理、生产成本与期间费用的内容、营业外收入与营业外支出的内容；重点掌握一般销售业务的会计处理、利润的构成、利润结转与分配的会计处理、所得税费用采用资产负债表债务法的会计处理。

【引导案例】

收入确认究竟在何时？

金利华电气股份有限公司（证券简称：金利华电，证券代码：300069）是一家民营企业，公司于2003年4月15日成立，公司股票于2010年4月12日在深圳证券交易所挂牌交易。公司的主营业务包括绝缘子研发、生产、销售及相关技术服务业务，戏剧投资、影视投资及相关文化服务业务等。

2020年1月1日，公司开始执行现行收入准则。公司在2020年、2021年年报中披露，公司主要销售玻璃绝缘子、瓷绝缘子、电瓷瓶、高低压电器开关等产品，内销产品收入确认需满足以下条件：公司已根据合同约定将产品交付给购货方，需要先经现场开箱验收，经客户确认合格后确认收入，且产品销售收入金额已确定，已经收回货款或取得了收款凭证且相关的经济利益很可能流入，产品相关的成本能够可靠地计量。但经检查发现，金利华电在2021年6月前仅依据发货单确认收入。

思考：

（1）根据现行收入准则及公司披露的收入确认具体方法，金利华电依据发货单确认收入的做法合规吗？为什么？

（2）我国收入准则经历了怎样的修订历程？现行收入准则当时修订的背景和动机是什么？

（资料来源：作者根据网上公开资料改编而成）

分析提示

第一节 收入

一、收入的概念、特征及分类

（一）收入的概念及特征

收入是指企业在日常活动中形成的、会导致所有者权益增加的、与所有者投入资本无关的经济利益的总流入。收入具有以下特征：

1.收入是企业在日常活动中形成的经济利益的总流入

日常活动，是指企业为完成其经营目标所从事的经常性活动以及与之相关的其他活动。不同行业的企业为完成自身经营目标所从事的经常性活动各不相同，如工商企业销售商品、咨询公司提供咨询服务、建筑企业提供建造服务、商业银行对外贷款等。这些经常性活动所形成的经济利益的总流入构成收入。

企业出售不需用的原材料、出租固定资产或无形资产等活动，虽不属于企业的经常性活动，但属于企业为完成其经营目标所从事的与经常性活动相关的其他活动，由此形成的经济利益的总流入也构成收入。

收入形成于企业日常活动的特征使其与产生于非日常活动的利得相区分。企业从事或发生的某些活动也能为企业带来经济利益，但不属于企业为完成其经营目标所从事的经常性活动，也不属于与经常性活动相关的其他活动。例如，企业处置报废的固定资产或无形资产取得的清理净收益、因其他企业违约收取的罚款等，这些活动形成的经济利益的总流入属于企业的利得而不是收入。

需要指出的是：收入和费用对未来具有预测价值，而利得和损失对未来不具有预测价值，这是收入与利得、费用与损失的区别所在。

2.收入会导致企业所有者权益的增加

收入形成的经济利益总流入的形式多种多样，既可能表现为资产的增加，如增加银行存款、应收账款；又可能表现为负债的减少，如减少预收账款；还可能表现为两者的组合。但无论是哪一种表现形式，根据“资产=负债+所有者权益”的会计恒等式，收入最终必然导致所有者权益的增加。

企业为第三方或客户代收的款项，如企业代国家收取的增值税等，一方面增加企业的资产，另一方面增加企业的负债，但并不增加企业的所有者权益，因此不构成企业的收入。

3.收入与所有者投入资本无关

收入是指企业通过自身活动获得的经济利益流入，不包括企业的所有者向企业投入资本导致的经济利益流入。所有者向企业投入的资本，在增加资产的同时，直接增加所有者权益，不能作为企业的收入。

（二）收入的分类

1.按企业从事日常活动的性质分类

按企业从事日常活动的性质不同，收入分为以下两类：

（1）转让商品收入。转让商品收入是指企业通过销售商品实现的收入，如工业企业销售产成品或半成品、商业企业销售商品、房地产开发企业销售自行开发的房地产等实现的收入。工业企业销售不需用的原材料、包装物等存货实现的收入，也视同转让商品收入。

（2）提供服务收入。提供服务收入是指企业通过提供各种服务实现的收入，如工业企业提供工业性劳务作业服务、商业企业提供代购代销服务、建筑企业提供建造服务、金融企业提供金融服务、交通运输企业提供运输服务、咨询公司提供咨询服务、软件开发企业提供软件开发服务、安装公司提供安装服务、服务性企业提供客房餐饮服务等实现的收入。

2.按企业经营业务的主次分类

按企业经营业务的主次不同，收入分为以下两类：

（1）主营业务收入。主营业务收入是指企业为完成其经营目标所从事的经常性活动实现的收入。主营业务收入一般占企业总收入的比重较大，对企业的经济效益具有较大的影响。不同行业的企业具有不同的主营业务。比如，工业企业的主营业务是制造和销售产成品及半成品，商业企业的主营业务是销售商品，商业银行的主营业务是存贷款和办理结算，租赁公司的主营业务是出租资产，咨询公司的主营业务是提供咨询服务等。

（2）其他业务收入。其他业务收入是指企业为完成其经营目标所从事的除主要经营业务以外的其他经营活动实现的收入。其他业务收入属于企业日常活动中次要交易实现的收入，一般不经常发生，其金额占企业总收入的比重较小。不同行业企业的其他业务具有不同的内容。比如，工业企业的其他业务包括销售不需用的原材料、出租周转材料、出租固定资产、出租无形资产等。

在日常核算中，企业应当设置“主营业务收入”和“其他业务收入”账户，分别核算主营业务形成的经济利益流入和其他业务形成的经济利益流入，但在利润表中，应将两者合并为“营业收入”项目反映。

二、收入确认与计量的“五步法”模型

《CAS 14——收入》中明确规定：企业应当在履行了合同中的履约义务，即在客户取得相关商品或服务（以下简称“商品”）控制权时确认收入。客户，是指与企业订立合同以向该企业购买其日常活动产出的商品并支付对价的一方；取得相关商品控制权，是指能够主导该商品的使用并从中获得几乎全部的经济利益，也包括有能力阻止其他方主导该商品的使用并从中获得经济利益。企业在判断商品控制权是否发生转移时，应当从客户的角度进行分析，即客户是否取得了相关商品的控制权以及何时取得该控制权。

收入的确认与计量具体来说可以分为五步，即“五步法”模型，内容表现为：

第一步，识别与客户订立的合同（识别合同）；

第二步，识别合同中的单项履约义务（识别履约义务）；

第三步，确定交易价格；

第四步，将交易价格分摊至各单项履约义务（分配交易价格）；

第五步，在履行各单项履约义务时确认收入（确认收入）。

其中，第一、二、五步主要与收入的确认有关，第三、四步主要与收入的计量有关。

（一）识别与客户订立的合同

合同，是指双方或多方之间订立有法律约束力的权利义务的协议，包括书面形式、口头形式以及其他形式（如隐含于商业惯例或企业以往的习惯做法中等）。

只有当企业与客户之间的合同同时满足下列条件时，企业才能在客户取得相关商品控制权时确认收入：①合同各方已批准该合同并承诺将履行各自义务；②该合同明确了合同各方与所转让商品或提供劳务（以下简称“转让商品”）相关的权利和义务；③该合同有明确的与所转让商品相关的支付条款；④该合同具有商业实质，即履行该合同将改变企业未来现金流量的风险、时间分布或金额；⑤企业因向客户转让商品而有权取得的对价很可能收回。

在评估企业与客户之间的合同是否同时满足上述条件时，应着重关注以下三点：

一是合同约定的权利和义务是否具有法律约束力。这需要根据企业所处的法律环境和实务操作进行判断。

二是合同是否具有商业实质。这应当根据履行该合同是否会对企业未来现金流量在风险、时间分布、金额任何一个方面或多个方面带来显著改变进行判断，或者根据履行该合同对企业未来现金流量现值的改变是否重大进行判断。

三是企业因向客户转让商品而有权取得的对价是否很可能收回。判断时仅应考虑客户到期时支付对价的能力和意图，即客户的信用风险，而无须考虑价格折让等其他因素。

对于不能同时满足上述5个条件的合同，企业只有在不再负有向客户转让商品的剩余义务（例如，合同已完成或取消），且已向客户收取的对价（包括全部或部分对价）无须退回时，才能将已收取的对价确认为收入；否则，应当将已收取的对价作为负债进行会计处理，该负债代表了企业在未来向客户转让商品或者支付退款的义务。

在合同开始日（通常指合同生效日，下同）即同时满足上述5个条件的合同，企业在后续期间无须对其进行重新评估，除非有迹象表明相关事实和情况发生了重大变化。在合同开始日不能同时满足上述条件的合同，企业应当在后续期间对其进行持续评估，以判断其能否满足这些条件。企业如果在合同满足这些条件之前已经向客户转移部分商品，当该合同在后续期间满足这些条件时，企业应当将在此之前已经转移的商品所分摊的交易价格确认为收入。

【例13-1】某房地产开发公司与客户签订合同，向其销售一栋房屋，合同价款为500万元，客户在合同开始日即取得了该房屋的控制权。根据合同的约定，客户在合同开始日支付5%的保证金25万元，并就剩余95%的价款与房地产开发公司签订不附追索权的长期融资协议，如果客户违约，房地产开发公司可重新拥有该房屋，即使收回的房屋不能涵盖所欠款项的总额，也不能向客户索取进一步的赔偿。客户计划在该房屋内开设餐馆，在该房屋所在地区，餐饮业面临激烈竞争，而客户缺乏餐饮业的经营经验。

分析：本例中，客户计划以经营餐馆产生的收益偿还房地产开发公司的欠款，除此之外没有其他经济来源，客户也未对该笔欠款设定任何担保。如果客户违约，房地产开发公司虽然可以重新拥有该房屋，但即使收回的房屋不能涵盖所欠款项的总额，也不能向客户索取进一步赔偿。因此，房地产开发公司对客户还款能力和意图存有疑虑，认为该合同不满足确认收入的第（5）个条件，从而将收到的25万元保证金确认为一项负债。

（二）识别合同中的单项履约义务

合同开始日，企业应当对合同进行评估，识别该合同包含的各单项履约义务，并确定各单项履约义务是在某一时段内履行，还是在某一时点履行，然后在履行了各单项履约义务时分别确认收入。

履约义务，是指合同中企业向客户转让可明确区分商品的承诺。履约义务既包括合同中明确的承诺，也包括由于企业已公开宣布的政策、特别声明或以往的习惯做法等导致合同订立时客户合理预期企业将履行的承诺。企业为履行合同而应开展的初始活动通常不构成履约义务，除非该活动向客户转让了承诺的商品。具体来说，企业应当将下列向客户转让商品的承诺作为单项履约义务：

1.企业向客户转让可明确区分商品（或者商品的组合）的承诺

可明确区分商品，是指企业向客户承诺的同时满足下列两个条件的商品：①客户能够从该商品本身或从该商品与其他易于获得资源一起使用中受益，即该商品本身能够明确区分；②企业向客户转让该商品的承诺与合同中其他承诺可单独区分，即转让该商品的承诺在合同中是可明确区分的。

在确定企业转让商品的承诺是否可单独区分时，需要运用判断并综合考虑所有事实和情况。下列情形通常表明企业向客户转让商品的承诺与合同中的其他承诺不可单独区分：①企业需提供重大的服务以将该商品与合同中承诺的其他商品进行整合，形成合同约定的组合产出转让给客户；②该商品将对合同中承诺的其他商品予以重大修改或定制；③该商品与合同中承诺的其他商品具有高度关联性。

2.企业向客户转让一系列实质相同且转让模式相同的可明确区分商品的承诺

转让模式相同，是指每一项可明确区分商品均满足在某一时段内履行履约义务的条件，且采用相同方法确定其履约进度。

企业在判断所转让的一系列商品是否实质相同时，应当考虑合同中承诺的性质：

（1）当企业承诺的是提供确定数量的有形商品时，需要考虑这些商品本身是否实质相同；

（2）当企业承诺的是在某一期间内随时向客户提供某项服务时，需要考虑企业在该期间内的各个时间段（如每天或每小时）的承诺是否相同，而并非具体的服务行为本身。

例如，某保洁公司与客户签订为期一年的保洁服务合同，承诺每天为客户提供保洁服务。由于保洁公司每天提供的服务都是可明确区分且实质相同的，并且满足在某一时段内履行履约义务的条件，因此，保洁公司应当将每天提供的保洁服务合并在一起作为单项履约义务进行会计处理。

（三）确定交易价格

交易价格，是指企业因向客户转让商品而预期有权收取的对价金额。企业代第三方收取的款项（如增值税）以及企业预期将退还给客户的款项，应当作为负债进行会计处理，不计入交易价格。合同标价并不一定代表交易价格，企业应当根据合同条款，并结合以往的习惯做法确定交易价格。在确定交易价格时，企业应当考虑可变对价、合同中存在的重大融资成分、非现金对价以及应付客户对价等因素的影响。

1.可变对价

企业与客户在合同中约定的对价金额可能会因折扣、价格折让、返利、退款、奖励积分、激励措施、业绩奖金、索赔等因素而变化。此外，根据或有事项的发生而收取不同对价金额的合同，也属于可变对价的情形。

【例13-2】某建造承包商为客户建造一栋厂房，合同约定的价款为200万元，但是，如果建造承包商不能在合同签订之日起的120天内竣工，则须支付15万元罚款，该罚款从合同价款中扣除。上述金额均不含增值税。

分析：本例中，合同的对价金额可能因罚款因素而发生变化，因此，该合同的对价金额由两部分组成，即185万元的固定对价以及15万元的可变对价。

合同中存在可变对价的，企业应当按照期望值或最可能发生的金额确定可变对价的最佳估计数。但包含可变对价的交易价格，应当不超过在相关不确定性因素消除时，累计已确认收入极可能不会发生重大转回的金额，以避免因某些不确定性因素的发生导致之前已经确认的收入发生转回。在评估累计已确认收入是否极可能不会发生重大转回时，应当同时考虑收入转回的可能性及其比重（即可能发生的收入转回金额相对于包括固定对价和可变对价的合同总对价的比重）。每一资产负债表日，企业应当重新估计应计入交易价格的可变对价金额。

【例13-3】2022年1月1日，华扬股份有限公司与客户签订合同，向其销售产品。合同约定，当客户在2022年的采购量不超过2 000件时，每件产品的价格为100元，超过2 000件时，每件产品的价格为90元。客户在第一季度的采购量为150件，华扬股份有限公司预计客户全年的采购量不会超过2 000件。2022年4月，客户因完成产能升级而增加了原材料的采购量，第二季度共向华扬股份有限公司采购产品1 000件，华扬股份有限公司预计客户全年的采购量将超过2 000件，因此，全年采购量适用的产品单价均将调整为90元。

分析：本例中，2022年第一季度，华扬股份有限公司根据以往经验估计客户全年的采购量不会超过2 000件，华扬股份有限公司按照100元的单价确认收入，满足在不确定性因素消除之后（即客户全年的采购量确定之后），累计已确认收入极可能不会发生重大转回的要求，因此，华扬股份有限公司在第一季度确认的收入金额为15 000元（100×150）。2022年第二季度，华扬股份有限公司对交易价格进行重新估计，由于预计客户全年的采购量将超过2 000件，按照90元的单价确认收入，才满足极可能不会导致累计已确认收入发生重大转回的要求。因此，华扬股份有限公司在第二季度确认的收入金额为88 500元（90×（1 000 +150）-15 000）。

2.合同中存在的重大融资成分

合同中存在重大融资成分的，企业应当按照假定客户在取得商品控制权时即以现金支付的应付金额（即现销价格）确定交易价格。该交易价格与合同对价之间的差额应当在合同期间内按实际利率法摊销（具体举例见本节第六部分）。

3.非现金对价

非现金对价包括实物资产、无形资产、股权、客户提供的广告服务等。客户支付非现金对价的，企业应当按照非现金对价在合同开始日的公允价值确定交易价格。非现金对价公允价值不能合理估计的，企业应当参照其承诺向客户转让商品的单独售价间接确定交易价格。

4.应付客户对价

企业存在应付客户对价的，应当将该应付对价冲减交易价格，并在确认相关收入与支付（或承诺支付）客户对价两者孰晚的时点冲减当期收入，但应付客户对价是为了向客户取得其他可明确区分商品的除外。

【例13-4】华扬股份有限公司与一家大型连锁超市签订了一项销售产品的一年期合同，超市承诺在合同期内至少购买价值1 000万元的产品。合同同时规定，华扬股份有限公司在合同开始时，须向超市支付100万元的不可返还款项，作为超市改造货架以适合摆放华扬股份有限公司产品的补偿。

分析：本例中，由于华扬股份有限公司并未取得对超市货架的任何控制权，因而向超市支付对价的目的并不是取得可明确区分的商品。华扬股份有限公司应将该笔向超市支付的对价（100万元）作为对合同交易价格的抵减，在确认转让产品的收入时，按应付客户对价占商品交易价格的比例10%（100÷1 000×100%）冲减收入。假定华扬股份有限公司在合同期的第一个月向超市转让了发票金额为120万元的商品，则华扬股份有限公司应确认的收入为108万元（120-120×10%）。

企业应付客户对价是为了向客户取得其他可明确区分商品的，应当采用与企业其他采购相一致的方式确认所购买的商品。企业应付客户对价超过向客户取得可明确区分商品公允价值的，超过金额应当冲减交易价格。向客户取得的可明确区分商品公允价值不能合理估计的，企业应当将应付客户对价全额冲减交易价格。

（四）将交易价格分摊至各单项履约义务

1.分摊的一般原则

当合同中包含两项或多项履约义务时，为了使企业分摊至每一单项履约义务的交易价格能够反映其因向客户转让已承诺的相关商品而预期有权收取的对价金额，企业应当在合同开始日，按照各单项履约义务所承诺商品的单独售价的相对比例，将交易价格分摊至各单项履约义务。企业不得因合同开始日之后单独售价的变动重新分摊交易价格。

2.单独售价的确定

单独售价，是指企业向客户单独销售商品的价格。企业在类似环境下向类似客户单独销售某商品的价格，应作为确定该商品单独售价的最佳证据。合同或价目表上的标价可能是商品的单独售价，但不能默认其一定是该商品的单独售价。例如，企业为其销售的产品制定了标准价格，但是，在实务中经常以低于该标准价格的折扣价格对外销售，此时，企业在估计该产品的单独售价时，应当考虑这一因素。单独售价无法直接观察的，企业应当综合考虑其能够合理取得的全部相关信息，采用市场调整法、成本加成法、余值法等方法合理估计单独售价。

3.合同折扣的分摊

合同折扣，是指合同中各单项履约义务所承诺商品的单独售价之和高于合同交易价格的金额。通常情况下，企业应当在各单项履约义务之间按单独售价的相对比例分摊合同折扣。

【例13-5】华扬股份有限公司与客户签订合同，以120万元的价格向客户销售A、B、C三种产品，这三种产品构成三项履约义务。三种产品都是华扬股份有限公司定期单独对外销售的产品，单独售价均可直接观察，分别为50万元、40万元和60万元，合计为150万元。上述价格均不包含增值税。

分析：本例中，A、B、C三种产品的单独售价之和为150万元，超过了合同对价120万元，相差30万元，这30万元可以看作华扬股份有限公司因客户一揽子购买而给予对方的折扣。华扬股份有限公司认为，没有可观察的证据表明该项折扣是针对一项或多项特定产品的，因此，可以将该项折扣在A、B、C三种产品之间按单独售价的相对比例进行分摊。

分摊率=120÷150×100%=80%

A产品的交易价格=50×80%=40（万元）

B产品的交易价格=40×80%=32（万元）

C产品的交易价格=60×80%=48（万元）

（五）履行每一单项履约义务时确认收入

企业应当在履行了合同中的履约义务，即客户取得相关商品控制权时确认收入。企业将商品的控制权转移给客户，该转移可能在某一时段内（即履行履约义务的过程中）发生，也可能在某一时点（即履约义务完成时）发生。企业应当根据实际情况，首先判断履约义务是否满足在某一时段内履行的条件，如不满足，则该履约义务属于在某一时点履行的履约义务。对于在某一时段内履行的履约义务，企业应当选取恰当的方法来确定履约进度；对于在某一时点履行的履约义务，企业应当综合分析控制权转移的迹象，判断其转移时点。

1.在某一时点履行的履约义务

当一项履约义务不属于在某一时段内履行的履约义务时，应当属于在某一时点履行的履约义务。对于在某一时点履行的履约义务，企业应当在客户取得相关商品控制权的时点确认收入。在判断客户是否已取得商品控制权时，企业应当考虑下列迹象：

（1）企业就该商品享有现时收款权利，即客户就该商品负有现时付款义务；

（2）企业已将该商品的法定所有权转移给客户，即客户已拥有该商品的法定所有权；

（3）企业已将该商品实物转移给客户，即客户已实物占有该商品；

（4）企业已将该商品所有权上的主要风险和报酬转移给客户，即客户已取得该商品所有权上的主要风险和报酬；

（5）客户已接受该商品；

（6）其他表明客户已取得商品控制权的迹象。

需要注意的是，在上述判断客户是否已取得商品控制权的迹象中，并没有哪一个或哪几个迹象是决定性的，企业应当根据合同条款和交易实质进行分析，综合判断其是否将商品的控制权转移给客户以及何时转移的，从而确定收入确认的时点。此外，企业应当从客户的角度进行评估，而不应当仅考虑企业自身的看法。

2.在某一时段内履行的履约义务

（1）在某一时段内履行履约义务的条件

满足下列条件之一的，属于在某一时段内履行的履约义务，相关收入应当在该履约义务履行的期间内确认：

① 客户在企业履约的同时即取得并消耗企业履约所带来的经济利益（如常规和经常性的服务）；

② 客户能够控制企业履约过程中在建的商品（如在客户场地上建造资产）；

③ 企业履约过程中所产出的商品具有不可替代用途，且该企业在整个合同期间内有权就累计至今已完成的履约部分收取款项（如建造只有客户能够使用的专项资产或按客户的指示建造资产）。

具有不可替代用途，是指因合同限制或实际可行性限制，企业不能轻易将商品用于其他用途。

有权就累计至今已完成的履约部分收取款项，是指在由于客户或其他方原因终止合同的情况下，企业有权就累计至今已完成的履约部分收取能够补偿其已发生成本和合理利润的款项，并且该权利具有法律约束力。

（2）在某一时段内履行履约义务的收入确认方法

对于在某一时段内履行的履约义务，企业应当在该段时间内按照履约进度确认收入，但是，履约进度不能合理确定的除外。企业按照履约进度确认收入时，通常应当在资产负债表日按照合同的交易价格总额乘以履约进度扣除以前会计期间累计已确认收入后的金额，确认为当期收入。用公式表示如下：

本期确认的收入=合同交易价格总额×本期末止履约进度-以前期间已确认的收入

企业应当考虑商品的性质，采用产出法或投入法确定恰当的履约进度。具体来说，产出法主要是根据已转移给客户的商品对于客户的价值确定履约进度，主要包括按照实际测量的完工进度、评估已实现的结果、已达到的里程碑、时间进度、已完工或交付的产品等确定履约进度的方法；投入法主要是根据企业履行履约义务的投入确定履约进度，主要包括以投入的材料数量、花费的人工工时或机器工时、发生的成本和时间进度等投入指标确定履约进度的方法，当企业从事的工作或发生的投入是在整个履约期间内平均发生时，企业也可以按照直线法确认收入。

当履约进度不能合理确定时，企业已经发生的成本预计能够得到补偿的，应当按照已经发生的成本金额确认收入，直到履约进度能够合理确定为止。

三、合同成本

合同成本包括合同履约成本和合同取得成本。

（一）合同履约成本

企业为履行合同发生的成本，如果不属于存货、固定资产、无形资产等资产的取得成本，且同时满足下列条件，应当作为合同履约成本确认为一项资产，否则应于发生时计入当期损益：①该成本与一份当前或预期取得的合同直接相关，包括直接人工、直接材料、制造费用或类似费用、明确由客户承担的成本以及因该合同而发生的其他成本；②该成本增加了企业未来用于履行履约义务的资源；③该成本预期能够收回。

【例13-6】某公司与客户签订合同，为客户信息中心提供管理服务，合同期限为3年。在向客户提供服务之前，该公司设计并搭建了一个与客户现有信息系统对接的信息技术平台供公司内部使用。该平台由相关的硬件和软件组成，并需要进行相关测试。该平台不会转让给客户，但是将用于向客户提供服务。该公司为该平台的设计、硬件和软件的购买以及平台的测试发生了成本。除此之外，该公司还专门指派两名员工，负责向客户提供服务。

分析：在该公司为履行合同而发生的上述成本中，①购买硬件和软件的成本应当分别作为“固定资产”和“无形资产”进行会计处理；②平台设计成本和测试成本与履行该合同直接相关，并且增加了该公司未来用于履行履约义务（即提供管理服务）的资源，如果该公司预期该成本可通过未来提供服务收取的对价收回，则该公司应当将这些成本确认为一项资产，计入合同履约成本；③该公司向两名负责该项目的员工支付的工资费用，虽然与向客户提供的服务有关，但是由于其并未增加企业未来用于履行履约义务的资源，因此，应于发生时计入当期损益。

（二）合同取得成本

合同取得成本是指企业为取得合同发生的、预期能够收回的增量成本。增量成本，是指企业不取得合同就不会发生的成本，如销售佣金等。

收入准则规定：企业为取得合同发生的增量成本预期能够收回的，应当作为合同取得成本确认为一项资产，但是，如果该资产摊销期限不超过一年，可以在发生时计入当期损益。企业为取得合同发生的、除预期能够收回的增量成本之外的其他支出（如无论是否取得合同均会发生的差旅费、投标费等），应当在发生时计入当期损益，除非这些支出明确由客户承担。

【例13-7】某咨询公司通过竞标赢得一个新客户。为取得与该客户的合同，咨询公司聘请外部律师进行尽职调查，支付相关费用20 000元，为投标发生差旅费10 000元，支付销售人员佣金5 000元。咨询公司预期这些支出未来均能够收回。此外，咨询公司根据其年度销售目标、整体盈利情况及个人业绩等，向销售部门经理支付年度奖金20 000元。

分析：本例中，咨询公司发生的上述成本中：

①公司因与该客户签订合同而向销售人员支付的佣金属于为取得合同发生的增量成本，应当将其作为合同取得成本确认为一项资产，计入合同取得成本；

②公司聘请外部律师进行尽职调查发生的支出、为投标发生的差旅费，无论是否取得合同都会发生，不属于增量成本，因此，应当于发生时直接计入当期损益；

③公司向销售部门经理支付的年度奖金，因为该奖金发放与否以及发放金额多少还取决于其他因素（包括公司的盈利情况和个人业绩），并不能直接归属于可识别的合同，因此也不属于增量成本，应作为职工薪酬，在发生时计入当期损益。

（三）与合同履约成本和合同取得成本有关的资产的摊销和减值

1.摊销

对于确认为资产的合同履约成本和合同取得成本，企业应当采用与该资产相关的商品收入确认相同的基础（即在履约义务履行的时点或按照履约义务的履约进度）进行摊销，计入当期损益。

2.减值

合同履约成本和合同取得成本的账面价值高于下列两项的差额的，超出部分应当计提减值准备，并确认为资产减值损失：（1）企业因转让与该资产相关的商品预期能够取得的剩余对价；（2）为转让该相关商品估计将要发生的成本。

以前期间减值的因素之后发生变化，使得前款（1）减（2）的差额高于该资产账面价值的，应当转回原已计提的资产减值准备，并计入当期损益，但转回后的资产账面价值不应超过假定不计提减值准备情况下该资产在转回日的账面价值。

在确定合同成本的减值损失时，企业应当首先确定其他资产减值损失；然后，按照上述资产减值要求确定与合同成本有关的资产的减值损失。

四、一般销售业务的会计处理

收入确认与计量的“五步法”模型是为了满足企业在各种合同的安排下，特别是在某些包含多重交易、可变对价等复杂合同的安排下，对相关收入进行确认和计量的需要而设定的。在会计实务中，在相当多的情况下企业转让商品的交易并不复杂，属于履约义务相对单一、交易价格基本固定的简单合同。此时，企业在运用“五步法”模型时，可以简化或省略其中的某些步骤，重点关注第一步（识别合同）中合同是否满足“企业因向客户转让商品而有权取得的对价是否很可能收回”这一条件，以及第五步（确认收入）中履约义务属于某一时段内履行还是某一时点履行的履约义务，如果是前者，收入应当在该履约义务履行的期间内确认，如果是后者，收入应当在客户取得相关商品控制权的时点确认。

（一）在某一时点履行的履约义务

如本节第二部分所述，对于在某一时点履行的履约义务，企业应当在客户取得相关商品控制权的时点确认收入。是否取得相关商品控制权需要根据表明客户已取得控制权的迹象进行综合判断。

当客户取得相关商品控制权时，企业应按已收或预期有权收取的合同价款确认销售收入，同时或在资产负债表日，按已销商品的账面价值结转销售成本。如果销售的商品已经发出，但客户尚未取得相关商品的控制权或尚未满足收入确认条件，则发出的商品应当通过“发出商品”账户核算，此时企业不应当确认收入。资产负债表日，“发出商品”账户的余额应在资产负债表的“存货”项目中反映。

【例13-8】2022年4月10日，华扬股份有限公司向甲公司销售一批A产品。A产品的生产成本为150 000元，合同约定的销售价格为180 000元，增值税销项税额为23 400元。华扬股份有限公司开出发票账单并按合同约定的品种和质量发出A产品，甲公司收到A产品并验收入库。根据合同的约定，甲公司须于30天内付款。

分析：在这项交易中，华扬股份有限公司已按照合同约定的品种和质量发出商品，甲公司也已将该批商品验收入库，表明华扬股份有限公司已经履行了合同中的履约义务，甲公司也已经取得该批商品的控制权；同时，华扬股份有限公司判断，向甲公司转让A产品而有权取得的对价很可能收回。因此，华扬股份有限公司应于甲公司取得该批商品控制权时确认销售收入。华扬股份有限公司的会计处理如下：

借：应收账款——甲公司	203 400	
贷：主营业务收入		180 000
应交税费——应交增值税（销项税额）		23 400
借：主营业务成本	150 000	
贷：库存商品		150 000

【例13-9】承【例13-8】，现假定华扬股份有限公司在向甲公司销售A产品时，已知悉甲公司资金周转发生困难，近期内难以收回货款，但为了减少存货积压以及考虑到与甲公司长期的业务往来关系，仍将A产品发运给甲公司并开出发票账单。甲公司于2022年9月1日给华扬股份有限公司开出一张面值203 400元、为期3个月的不带息商业承兑汇票。2022年12月1日，华扬股份有限公司收回票款。

分析：本例与【例13-8】的唯一不同是华扬股份有限公司在向甲公司销售A产品时已知悉甲公司资金周转发生困难，近期内几乎不可能收回货款，而能否收回货款以及何时收回货款，尚存在重大不确定因素，即不满足“企业因向客户转让商品而有权取得的对价很可能收回”的条件。因此，华扬股份有限公司在发出商品时不能确认销售收入，而应待甲公司将来承诺付款后再确认销售收入。华扬股份有限公司的相关会计处理如下：

（1）2022年4月10日，发出商品。

借：发出商品	150 000	
贷：库存商品		150 000

借：应收账款——甲公司　　23 400
　贷：应交税费——应交增值税（销项税额）　　23 400

（2）2022年9月1日，收到甲公司开出的不带息商业承兑汇票，华扬股份有限公司据以确认销售收入。

借：应收票据　　203 400
　贷：主营业务收入　　180 000
　　应收账款——甲公司　　23 400
借：主营业务成本　　150 000
　贷：发出商品　　150 000

（3）2022年12月1日，收回票款。

借：银行存款　　203 400
　贷：应收票据　　203 400

【例13-10】2022年4月1日，华扬股份有限公司与乙公司签订合同，以50 000元的价格（不含增值税）向乙公司出售A、B两种产品。A、B两种产品的生产成本分别为30 000元和10 000元，单独售价（不含增值税）分别为35 000元和15 000元。合同约定，A产品于6月1日交付乙公司，B产品于7月1日交付乙公司，只有当A、B两种产品全部交付乙公司后，华扬股份有限公司才有权收取50 000元的合同对价。华扬股份有限公司按合同约定的日期先后发出A产品和B产品，乙公司收到上列产品并验收入库。

分析：在该交易中，华扬股份有限公司于6月1日将A产品交付乙公司后，其收取对价的权利还要取决于时间流逝之外的其他因素——必须向乙公司交付B产品，因此，该项收款权利是有条件的，从而形成一项合同资产。

本例中，华扬股份有限公司的相关会计处理如下：

（1）2022年6月1日，向乙公司交付A产品。

借：合同资产——乙公司　　39 550
　贷：主营业务收入　　35 000
　　应交税费——应交增值税（销项税额）　　4 550
借：主营业务成本　　30 000
　贷：库存商品　　30 000

（2）2022年7月1日，向乙公司交付B产品。

借：应收账款——乙公司　　56 500
　贷：主营业务收入　　15 000
　　应交税费——应交增值税（销项税额）　　1 950
　　合同资产——乙公司　　39 550
借：主营业务成本　　10 000
　贷：库存商品　　10 000

这里需要注意区分合同资产与应收账款等应收款项。合同资产，是指企业已向客户转让商品而有权收取对价的权利，且该权利取决于时间流逝之外的其他因素；而应收款项是企业拥有的无条件向客户收取对价的权利，即企业仅仅随着时间的流逝就可以收款。

（二）在某一时段内履行的履约义务

如本节第二部分所述，对于在某一时段内履行的履约义务，企业应当选取产出法或投入法确定履约进度，然后在履约义务履行的期间内，于资产负债表日按照合同的交易价格总额乘以履约进度扣除以前会计期间累计已确认收入后的金额，确认当期收入。下面举例说明具体的会计处理。

【例13-11】2020年6月20日，华扬股份有限公司与甲公司签订了一项为期2年的服务合同，为其办公楼提供保洁服务。合同约定的服务费总额为180 000元，甲公司在合同开始日预付100 000元，其余服务费分2次于每年的6月30日等额支付。该合同于2020年7月1日开始执行。假定不考虑相关税费。

分析：华扬股份有限公司为客户提供的保洁服务属于一系列实质上相同且转让模式相同、可明确区分的服务承诺，因此应作为单项履约义务进行会计处理。该单项履约义务满足"客户在企业履约的同时即取得并消耗企业履约所带来的经济利益"这一条件，因此属于在某一时段内履行的履约义务。华扬股份有限公司判断，因向客户提供保洁服务而有权取得的对价很可能收回。华扬股份有限公司按已完成的时间进度确定履约进度，并于每年的12月31日确认收入。

华扬股份有限公司的相关会计处理如下：

（1）2020年7月1日，收到合同价款。

借：银行存款 100 000

贷：合同负债——甲公司 100 000

（2）2020年12月31日，确认收入。

应确认收入=180 000×（6÷24）=45 000（元）

借：合同负债——甲公司 45 000

贷：主营业务收入 45 000

（3）2021年6月30日，收到合同价款。

借：银行存款 40 000

贷：合同负债——甲公司 40 000

（4）2021年12月31日，确认收入。

应确认收入=180 000×（18÷24）−45 000=90 000（元）

借：合同负债——甲公司 90 000

贷：主营业务收入 90 000

（5）2022年6月30日，合同到期，收到剩余合同价款并确认收入。

借：银行存款 40 000

贷：合同负债——甲公司 40 000

应确认收入=180 000−45 000−90 000=45 000（元）

借：合同负债——甲公司 45 000

贷：主营业务收入 45 000

【例13-12】华扬股份有限公司于2021年11月20日与乙公司签订了一项设备安装服务合同，乙公司将其购买的一套大型设备交由华扬股份有限公司安装。根据合同的约定，设备安装费总额为600 000元，乙公司预付50%，其余50%待设备安装完成、验收合格后支付。2021年12月1日，华扬股份有限公司开始进行设备安装，并收到乙公司预付的安装费。至2021年12月31日，实际发生安装成本180 000元，其中，支付安装人员薪酬108 000元，领用库存原材料15 000元，以银行存款支付其他费用57 000元；据合理估计，至设备安装完成，还会发生安装成本270 000元。2022年2月15日，设备安装完成，本年实际发生安装成本276 000元，其中，支付安装人员薪酬195 000元，领用原材料6 000元，以银行存款支付其他费用75 000元。设备经检验合格后，乙公司如约支付剩余安装费。华扬股份有限公司判断，因向乙公司提供安装服务而有权取得的对价很可能收回。华扬股份有限公司按已经发生的成本占估计总成本的比例确定履约进度。假定不考虑相关税费。

分析：本例中，华扬股份有限公司和乙公司签订的合同满足“企业因向客户转让商品而有权取得的对价很可能收回”这一条件；由于乙公司能够控制华扬股份有限公司履约过程中的在安装设备，因此该项安装服务属于在某一时段内履行的履约义务。

华扬股份有限公司的相关会计处理如下：

（1）2021年12月1日，预收50%的合同价款。

借：银行存款	300 000	
贷：合同负债——乙公司		300 000

（2）支付2021年实际发生的安装成本。

借：合同履约成本——服务成本	180 000	
贷：应付职工薪酬		108 000
原材料		15 000
银行存款		57 000

（3）2021年12月31日确认收入并结转成本。

履约进度=180 000÷（180 000+270 000）×100%=180 000÷450 000×100%=40%

应确认收入=600 000×40%=240 000（元）

应结转成本=450 000×40%=180 000（元）

借：合同负债——乙公司	240 000	
贷：主营业务收入		240 000
借：主营业务成本	180 000	
贷：合同履约成本——服务成本		180 000

（4）支付2022年发生的安装成本。

借：合同履约成本——服务成本	276 000	
贷：应付职工薪酬		195 000
原材料		6 000
银行存款		75 000

（5）设备经检验合格后，乙公司如约支付剩余合同价款。

借：银行存款	300 000	
贷：合同负债——乙公司		300 000

（6）2022年2月15日，确认收入并结转成本。

应确认收入=600 000-240 000=360 000（元）

应结转成本=456 000-180 000=276 000（元）

借：合同负债——乙公司　　360 000

　贷：主营业务收入　　360 000

借：主营业务成本　　276 000

　贷：合同履约成本——服务成本　　276 000

【例13-13】华扬股份有限公司签订了一项总金额为1 000万元的固定造价合同，承建一座桥梁，预计工期为24个月；合同价款每年结算一次，对于已结算的合同价款，华扬股份有限公司拥有无条件的收款权利；除非华扬股份有限公司未能按承诺履约，否则客户无权终止合同；如由于客户的原因终止合同，华扬股份有限公司有权就累计至今已完成的履约部分收取能够补偿其已发生成本和合理利润的款项。同时，客户承诺，若桥梁能够提前完工，则每提前完工1天，奖励华扬股份有限公司2万元。工程于2020年4月1日正式开工，华扬股份有限公司预计的工程总成本为850万元。该工程于2022年2月主体基本完成，工程质量符合设计要求，极有可能提前40天竣工，客户同意支付奖励款80万元。假定不考虑相关税费。各年合同成本、合同价款结算及收取情况等有关资料，见表13-1。

表13-1　　**合同成本与价款结算及收取情况一览表**　　单位：万元

项　目	2020年	2021年	2022年
累计实际发生成本	255	722.5	900
预计完成合同尚需发生成本	595	127.5	
结算合同价款	400	500	180
实际收到价款	350	450	280

分析：本例中，该项桥梁建造工程属于在某一时段内履行的履约义务，华扬股份有限公司按照累计实际发生的成本占预计总成本的比例确定履约进度。该建造合同的对价包含两部分：一部分是金额确定的已承诺合同对价1 000万元，华扬股份有限公司判断很可能收回；另一部分是奖励款导致的合同对价，其金额要视华扬股份有限公司是否能够提前完工以及提前完工的时间而定，华扬股份有限公司判断，如果能够获得奖励款，则该笔款项很可能收回。根据上列资料，华扬股份有限公司对该建造合同进行的相关会计处理如下：

（1）2020年：

①登记实际发生的合同成本。

借：合同履约成本——工程施工　　2 550 000

　贷：原材料、应付职工薪酬、机械作业等　　2 550 000

②登记已结算的合同价款。

借：应收账款　　4 000 000

　贷：合同结算——价款结算　　4 000 000

③登记实际收到的合同价款。

借：银行存款　　3 500 000

　贷：应收账款　　3 500 000

④确认本年的收入并结转成本。

2020年的完工进度=255÷（255+595）×100%=255÷850×100%=30%

2020年确认的收入=1 000×30%=300（万元）

2020年结转的成本=（255+595）×30%=255（万元）

借：合同结算——收入结转　3 000 000

　贷：主营业务收入　3 000 000

借：主营业务成本　2 550 000

　贷：合同履约成本——工程施工　2 550 000

（2）2021年：

①登记实际发生的合同成本。

2021年实际发生的合同成本=7 225 000-2 550 000=4 675 000（万元）

借：合同履约成本——工程施工　4 675 000

　贷：原材料、应付职工薪酬、机械作业等　4 675 000

②登记已结算的合同价款。

借：应收账款　5 000 000

　贷：合同结算——价款结算　5 000 000

③登记实际收到的合同价款。

借：银行存款　4 500 000

　贷：应收账款　4 500 000

④确认本年的收入并结转成本。

2021年的完工进度=722.5÷（722.5+127.5）×100%=722.5÷850×100%=85%

2021年确认的收入=1 000×85%-300=550（万元）

2021年结转的成本=（722.5+127.5）×85%-255=467.5（万元）

借：合同结算——收入结转　5 500 000

　贷：主营业务收入　5 500 000

借：主营业务成本　4 675 000

　贷：合同履约成本——工程施工　4 675 000

（3）2022年：

①登记实际发生的合同成本。

2022年发生的合同成本=900-722.5=177.5（万元）

借：合同履约成本——工程施工　1 775 000

　贷：原材料、应付职工薪酬、机械作业等　1 775 000

②登记已结算的合同价款。

借：应收账款　1 800 000

　贷：合同结算——价款结算　1 800 000

③登记实际收到的合同价款。

借：银行存款　2 800 000

　贷：应收账款　2 800 000

④确认本年的收入并结转成本。

2022年确认的收入=（1 000+80）-（300+550）=1 080-850=230（万元）

2022年结转的成本=900-（255+467.5）=900-722.5=177.5（万元）

借：合同结算——收入结转 2 300 000

贷：主营业务收入 2 300 000

借：主营业务成本 1 775 000

贷：合同履约成本——工程施工 1 775 000

⑤2022年项目完工，对冲“合同结算”明细账户的余额。

借：合同结算——价款结算 10 800 000

贷：合同结算——收入结转 10 800 000

本例中用到了“合同结算”账户，该账户是核算同一合同下属于在某一时段内履行履约义务涉及与客户结算对价的合同资产或合同负债，在此账户下设置“合同结算——价款结算”明细账户反映定期与客户进行结算的金额，设置“合同结算——收入结转”明细账户反映按履约进度结转的收入金额。“合同结算”账户是具有资产和负债双重性质的账户，资产负债表日，该账户的期末余额在借方的，根据其流动性，在资产负债表中分别列示为合同资产或其他非流动资产项目；期末余额为贷方的，根据其流动性，分别列示为合同负债或其他非流动负债项目。

此外，还需要注意区分合同负债与预收账款。“合同负债”账户是核算企业已收或应收客户对价而应向客户转让商品的义务，它以合同中履约义务的确认为前提；而“预收账款”账户则不强调已成立与客户之间的合同，在合同成立前已收到的对价记入“预收账款”账户，合同一旦正式成立，需要将款项从“预收账款”账户转入“合同负债”账户。

五、折扣、折让与退回的会计处理

企业在销售商品时，有时还会附有一些折扣条件，也会因售出的商品质量不符等原因而在价格上给予客户一定的折让或为客户办理退货，此时将会对销售收入金额以及销售成本、相关费用金额产生一定的影响。

(一) 折扣

企业在销售商品时涉及的折扣有商业折扣、现金折扣、合同折扣等。

1.商业折扣

商业折扣是指企业为促进商品销售而在商品标价上给予的价格扣除。商业折扣的目的是鼓励客户多购买商品，通常企业会根据客户不同的购货数量给予不同的折扣比例。企业销售商品涉及商业折扣的，应当按照商品标价扣除商业折扣后的金额作为双方的实际交易价格，以此确定商品销售收入。

2.现金折扣

现金折扣是指企业为鼓励客户在规定的折扣期限内付款而给予的价格扣除。现金折扣的目的是鼓励客户尽早付款。现金折扣条件通常用一个简单的分式表示。如一家企业的现金折扣条件表示为“2/10，1/20，N/30”，其含义是一笔信用期为30天的商品交易，如果客户在10天内付款可得到2%的现金折扣，超过10天但在20天内付款可得到1%的现金折扣，超过20天付款没有现金折扣，须按发票金额全额支付。因此，对于附有现金折扣条件的销售，交易价格实际上属于可变对价。

对于现金折扣，企业的会计处理有两种选择：一是按发票金额对应收账款及销售收入计价入账，这种会计处理方法称为总价法；二是按发票金额扣除现金折扣后的净额对应收账款及销售收入计价入账，这种会计处理方法称为净价法。销售企业究竟选择哪种方法进行会计处理，取决于其对可变对价最佳估计数的判断：如果企业判断客户在折扣期限内不是极可能取得现金折扣，即在相关不确定性因素消除时最终确定的交易价格极可能为发票价格，应当采用总价法；否则，则采用净价法。

3.合同折扣

合同折扣是指合同中各单项履约义务所承诺商品的单独售价之和高于合同交易价格的金额。在前述“五步法”模型中讲到，通常情况下企业应当在各单项履约义务之间按单独售价的相对比例分摊合同折扣，因此，各单项履约义务的交易价格为其所承诺商品的单独售价扣除所分摊合同折扣后的金额。

（二）折让

销售折让是指企业因售出商品的质量不合格等原因而在售价上给予的减让。对于销售折让，企业应区分下列情况进行会计处理：①已确认收入的售出商品发生销售折让的，通常应当在发生时冲减当期销售收入；②已确认收入的销售折让属于资产负债表日后事项的，应当按照有关资产负债表日后事项的相关规定进行会计处理。

【例13-14】华扬股份有限公司于2022年4月10日向丙公司销售一批商品，开出的增值税专用发票上注明的销售价款为200 000元，增值税税额为26 000元。合同约定交款提货。丙公司当即付款后，华扬股份有限公司向其开具发票和提货单。2022年4月20日，丙公司在验货过程中发现商品质量不合格，要求在价格上给予5%的折让，华扬股份有限公司同意给予折让，且发生的折让允许扣减当期增值税税额。

分析：在交款提货销售方式下，华扬股份有限公司在向丙公司收取货款并开具发票、提货单时，已将商品的控制权转移给了丙公司，因此可以确认销售收入。此后发生的销售折让冲减当期销售收入。华扬股份有限公司的会计处理如下：

（1）2022年4月10日，华扬股份有限公司开具发票和提货单。

借：银行存款	226 000	
贷：主营业务收入		200 000
应交税费——应交增值税（销项税额）		26 000

（2）2022年4月20日，华扬股份有限公司退回折让款项。

借：主营业务收入	10 000	
应交税费——应交增值税（销项税额）	1 300	
贷：银行存款		11 300

（三）退回

销售退回是指企业售出的商品由于质量、品种不符合要求等原因而发生的退货。对于销售退回，企业应区分下列情况进行会计处理：

（1）对于未确认收入的售出商品，企业应按已记入“发出商品”账户的商品成本金额，借记“库存商品”账户，贷记“发出商品”账户。

（2）对于已确认收入的售出商品，不论是本年销售本年退回，还是以前年度销售本年退回，除属于资产负债表日后事项的销售退回外，均应冲减当期销售收入，同时冲减当期销售成本。

【例13-15】华扬股份有限公司在2022年4月5日向丁公司销售一批商品，开出的增值税专用发票上注明的销售价款为40 000元，增值税税额为5 200元。该批商品的成本为28 000元。合同约定验货付款。丁公司于2022年4月15日验货时，发现商品质量存在问题，要求退货，华扬股份有限公司为其办理了退货。

分析：在验货付款销售方式下，华扬股份有限公司在发出商品时不能确认销售收入，须待丁公司付款、华扬股份有限公司给丁公司开具发票账单后，才能确认销售收入。因此，华扬股份有限公司的会计处理如下所示：

（1）2022年4月5日，发出商品。

借：发出商品　　28 000

　贷：库存商品　　28 000

（2）2022年4月15日，为丁公司办理退货。

借：库存商品　　28 000

　贷：发出商品　　28 000

【例13-16】华扬股份有限公司于2022年4月10日向丁公司销售一批商品，开出的增值税专用发票上注明的销售价款为50 000元，增值税税额为6 500元。该批商品的成本为35 000元。合同约定采用赊销方式销售商品，赊销期为1个月。华扬股份有限公司根据与丁公司以往的交易经验，认为赊销商品的价款很可能收回，因此在4月10日将商品的控制权转移给丁公司后，确认了收入。丁公司于2022年4月25日验货时，发现商品质量存在问题，要求退货，华扬股份有限公司为其办理了退货。华扬股份有限公司的相关会计处理如下：

（1）2022年4月10日，确认收入并结转成本。

借：应收账款——丁公司　　56 500

　贷：主营业务收入　　50 000

　　　应交税费——应交增值税（销项税额）　　6 500

借：主营业务成本　　35 000

　贷：库存商品　　35 000

（2）2022年4月25日，发生销售退回。

借：主营业务收入　　50 000

　　应交税费——应交增值税（销项税额）　　6 500

　贷：应收账款——丁公司　　56 500

借：库存商品　　35 000

　贷：主营业务成本　　35 000

六、特定交易的会计处理

企业交易的方式是多种多样的，除了一般销售业务外，还存在诸如合同中存在重大融资成分的销售、附有销售退回条款的销售等特定交易，在将收入和计量的“五步法”模型运用于特定交易的会计处理时，应结合这些特定交易的特点，并注重交易的实质。

（一）合同中存在重大融资成分的销售

当企业将商品的控制权转移给客户的时间与客户实际付款的时间不一致时，如企业以赊销的方式销售商品，或者要求客户支付预付款等，如果各方以在合同中（或者以隐含的方式）约定的付款时间为客户或企业就转让商品的交易提供了重大融资利益，则合同中即包含了重大融资成分。

合同中存在重大融资成分的，企业应当按照假定客户在取得商品控制权时即以现金支付的应付金额（即现销价格）确定交易价格。该交易价格与合同对价之间的差额应当在合同期间内按实际利率法摊销。

如果在合同开始日，企业预计客户取得商品控制权与客户支付价款之间的时间间隔不超过一年，可以不考虑合同中存在的重大融资成分。

【例13-17】2022年1月1日，华扬股份有限公司与甲公司签订合同，采用分期收款方式向其销售一套大型设备。合同签订日，华扬股份有限公司向甲公司交付设备，转移产品的控制权。合同约定的销售价格为2 000万元，分5次于每年12月31日等额收取。该大型设备成本为1 560万元。在现销方式下，该大型设备的销售价格为1 600万元，华扬股份有限公司认为该合同存在重大融资成分。华扬股份有限公司采用实际利率法摊销未实现融资收益，年利率为7.93%。上述价格均不含增值税，且假定不考虑相关税费的影响。华扬股份有限公司的会计处理如下：

（1）2022年1月1日，交付大型设备。

借：长期应收款	20 000 000	
贷：主营业务收入		16 000 000
未实现融资收益		4 000 000
借：主营业务成本	15 600 000	
贷：库存商品		15 600 000

（2）2022年12月31日，确认利息收入。

利息收入=1 600×7.93%=126.88（万元）

借：未实现融资收益	1 268 800	
贷：财务费用		1 268 800

（3）2022年12月31日，收到分期收款的第一批款项。

借：银行存款	4 000 000	
贷：长期应收款		4 000 000

未来4年，记账同理，注意最后一年需用倒挤的方法冲销未实现融资收益。

（二）附有销售退回条款的销售

附有销售退回条款的商品销售，是指购买方依照有关合同有权退货的销售方式。在这种销售方式下，企业应当在客户取得相关商品控制权时，按照因向客户转让商品而预期有权收取的对价金额（即不包含预期因销售退回将退还的金额）确认收入，按照预期因销售退回将退还的金额确认负债；同时，按照预期将退回商品转让时的账面价值，扣除收回该商品预计发生的成本（包括退回商品的价值减损）后的余额，确认一项资产，按照所转让商品转让时的账面价值，扣除上述资产成本的净额结转成本。

每一资产负债表日，企业应当重新估计未来销售退回情况，如有变化，应当作为会计估计变更进行会计处理。

（三）附有质量保证条款的销售

对于附有质量保证条款的销售，企业应当评估该质量保证是否在向客户保证所销售商品符合既定标准之外提供了一项单独的服务，企业提供额外服务的，应当作为单项履约义务，按照收入确认的相关要求进行会计处理；否则，质量保证责任应当按照或有事项的要求进行会计处理。

在评估质量保证是否存在向客户保证所销售商品符合既定标准之外提供了一项单独的服务时，企业应当考虑下列因素：①该质量保证是否为法定要求。当法律要求企业提供质量保证时，该法律规定通常表明企业承诺提供的质量保证不是单项履约义务；②质量保证期限。企业提供质量保证的期限越长，越有可能表明企业向客户提供了保证商品符合既定标准之外的服务，因此，企业承诺提供的质量保证越有可能构成单项履约义务；③企业承诺履行义务的性质。如果企业必须履行某些特定的义务以保证所销售的商品符合既定标准（例如，企业负责运输被客户退回的瑕疵商品），则这些特定的义务可能不构成单项履约义务。

客户能够选择单独购买质量保证的，该质量保证构成单项履约义务。

例如，某公司与客户签订合同，销售一部手机。该手机自售出之日起一年内如果发生质量问题，该公司负责提供质量保证服务。此外，在此期间内，由于客户使用不当（例如手机进水）等原因造成的产品故障，该公司也免费提供维修服务。该维修服务不能单独购买。

在该例中，该公司的承诺包括：销售手机、提供质量保证服务以及维修服务。该公司针对产品的质量问题提供的质量保证服务是为了向客户保证所销售商品符合既定标准，因此不构成单项履约义务；该公司对由于客户使用不当而导致的产品故障提供的免费维修服务，属于在向客户保证所销售商品符合既定标准之外提供的单独服务，尽管其没有单独销售，但是该服务与手机可明确区分，应该作为单项履约义务。

因此，在该合同下，该公司的履约义务有两项：销售手机和提供维修服务，该公司应当按照其各自单独售价的相对比例，将交易价格分摊至这两项履约义务，并在各项履约义务履行时分别确认收入。

（四）委托代销

1.委托代销的含义

委托代销是指委托方和受托方签订代销合同或协议，委托受托方向终端客户销售商品的一种销售方式。

表明一项合同安排是委托代销的迹象包括但不限于以下方面：一是在特定事件发生之前（例如，受托方向最终客户出售商品或指定期间到期之前），委托方拥有对商品的控制权；二是委托方能够要求将委托代销的商品退回或者将其销售给其他方（如其他经销商）；三是尽管受托方可能被要求向委托方支付一定金额的押金，但是，其并没有承担对这些商品无条件付款的义务。

2.主要责任人和代理人的身份确定及收入确认

委托代销业务中委托方和受托方的收入确认需要基于交易中主要责任人和代理人的身份确定。下面对相关内容进行具体阐述。

根据收入准则，企业应当根据其在向客户转让商品前是否拥有对该商品的控制权，来判断其从事交易时的身份是主要责任人还是代理人。企业在向客户转让商品前能够控制该商品的，该企业为主要责任人，应当按照已收或应收对价总额确认收入，否则，该企业为代理人，应当按照预期有权收取的佣金或手续费的金额确认收入，该金额应当按照已收或应收对价总额扣除应支付给其他相关方的价款后的净额，或者按照既定的佣金金额或比例等确定。

企业向客户转让特定商品之前能够控制该商品，从而应当作为主要责任人的情形包括：

（1）企业自第三方取得商品或其他资产的控制权后，再转让给客户；

（2）企业能够主导第三方代表本企业向客户提供服务；

（3）企业自第三方取得商品的控制权后，通过提供重大的服务将该商品与其他商品整合成合同约定的某组合产出转让给客户。

在具体判断其在向客户转让特定商品前是否已经拥有对该商品的控制权时，企业不应仅局限于合同的法律形式，而应当综合考虑所有相关事实和情况，这些事实和情况包括：

（1）企业承担向客户转让商品的主要责任；

（2）企业在转让商品之前或之后承担了该商品的存货风险；

（3）企业有权自主决定所交易商品的价格；

（4）其他相关事实和情况。

例如，某旅行社向航空公司购买了一定数量的折扣机票，并对外销售，旅行社向旅客销售机票时，可自行决定机票的价格等，未售出的机票不能退还给航空公司。本例中，旅行社向客户提供的商品是机票，并在确定特定客户之前已经预先从航空公司购买了机票，因此，该权利在转让给客户之前已经存在。旅行社从航空公司购入机票后，可以自行决定该机票的价格、向哪些客户销售等，旅行社有能力主导该机票的使用并能够获得其几乎全部的经济利益。因此，该旅行社在将机票销售给客户之前已经拥有对机票的控制权，该旅行社的身份是主要责任人。

结合委托代销业务，在典型的委托代销安排——支付手续费方式下，委托方在委托代销商品被销售出去之前拥有对该商品的控制权，因此是主要责任人，而相应地，受托方则是代理人。委托方在发出商品时通常不确认销售商品收入，而是在收到受托方开出的代销清单时，根据代销清单所列的已销商品金额确认销售商品收入，支付的手续费计入当期销售费用；受托方在商品售出后，按照合同或协议约定的方法计算应向委托方收取的手续费，作为提供代销服务收入确认入账，不确认销售商品收入。

【例13-18】华扬股份有限公司委托甲公司销售商品400件，每件成本60元。合同约定甲公司应按每件100元的价格对外销售，华扬股份有限公司按售价（不含增值税）的10%向甲公司支付手续费。甲公司对外实际销售200件，开出的增值税专用发票上注明的销售价款为20 000元，增值税税额为2 600元，款项已经收到。华扬股份有限公司收到甲公司开具的代销清单时，向甲公司开具一张相同金额的增值税专用发票。假定华扬股份有限公司发出委托代销商品时纳税义务尚未发生，手续费适用的增值税税率为6%，不考虑其他因素。

（1）华扬股份有限公司的会计处理如下：

①发出委托代销商品。

借：发出商品 24 000

贷：库存商品 24 000

②收到甲公司开具的代销清单。

借：应收账款——甲公司 22 600

贷：主营业务收入 20 000

应交税费——应交增值税（销项税额） 2 600

借：主营业务成本 12 000

贷：发出商品 12 000

③确认应付的代销手续费。

代销手续费=20 000×10%=2 000（元）

增值税税额=2 000×6%=120（元）

借：销售费用 2 000

应交税费——应交增值税（进项税额） 120

贷：应收账款——甲公司 2 120

④收到甲公司汇来的货款。

借：银行存款 20 480

贷：应收账款——甲公司 20 480

（2）甲公司的会计处理如下：

①收到受托代销商品。

借：受托代销商品——华扬公司 40 000

贷：受托代销商品款——华扬公司 40 000

②售出受托代销商品。

借：银行存款 22 600

贷：受托代销商品——华扬公司 20 000

应交税费——应交增值税（销项税额） 2 600

③收到增值税专用发票。

借：受托代销商品款 20 000

应交税费——应交增值税（进项税额） 2 600

贷：应付账款——华扬公司 22 600

④计算代销手续费并结清代销商品款。

借：应付账款——华扬公司 22 600

贷：银行存款 20 480

其他业务收入——代销手续费 2 000

应交税费——应交增值税（销项税额） 120

（五）额外购买选择权的销售

额外购买选择权的情况包括销售激励、客户奖励积分、未来购买商品的折扣券以及合同续约选择权等。

对于附有客户额外购买选择权的销售，企业应当评估该选择权是否向客户提供了一项重大权利。企业提供重大权利的，应当作为单项履约义务，将交易价格分摊至该履约义务，在客户未来行使购买选择权取得相关商品的控制权时，或者该选择权失效时，确认相应的收入。客户额外购买选择权的单独售价无法直接观察的，企业应当综合考虑客户行使和不行使该选择权所能获得的折扣的差异、客户行使该选择权的可能性等全部相关信息后，予以合理估计。

客户虽然有额外购买选择权，但客户行使该选择权购买商品时的价格反映了这些商品单独售价的，不应被视为企业向该客户提供了一项重大权利。

【例13-19】2022年9月1日，华扬股份有限公司开始推行一项为期1个月的促销计划。根据该计划，客户在2022年9月1日至30日期间每消费10元可获得1个积分，从次月开始，每个积分在购物时可以抵减1元，积分于2022年12月31日之前有效，过期作废。2022年9月，客户共消费100 000元，可获得的积分是10 000分。根据历史经验，华扬股份有限公司估计该积分的兑换率为95%。2022年10月，客户共兑换4 500个积分，华扬股份有限公司对该积分的兑换率进行了重新估计，仍然预计客户的积分兑换率为95%。2022年11月，客户累计兑换了8 500个积分，华扬股份有限公司对该积分的兑换率进行了重新估计，预计客户的积分兑换率为97%。上述金额均不包含增值税，且假定不考虑相关税费的影响。华扬股份有限公司的相关会计处理如下：

（1）2022年9月，销售商品并授予客户积分。

华扬股份有限公司认为其授予客户的积分为客户提供了一项重大权利，应当作为单项履约义务。客户购买商品的单独售价合计为100 000元，考虑积分的兑换率，华扬股份有限公司估计积分的单独售价为9 500元（1×10 000×95%）。华扬股份有限公司按照商品和积分单独售价的相对比例对交易价格进行分摊：

商品分摊的交易价格=［100 000÷（100 000+9 500）］×100 000=91 324（元）

积分分摊的交易价格=［9 500÷（100 000+9 500）］×100 000=8 676（元）

借：银行存款	100 000	
贷：主营业务收入		91 324
合同负债		8 676

（2）2022年10月，客户使用积分。

积分应确认收入=（4 500÷9 500）×8 676=4 110（元）

借：合同负债	4 110	
贷：主营业务收入		4 110

（3）2022年11月，客户使用积分。

预计兑换的总积分=10 000×97%=9 700（分）

积分应确认收入=（8 500÷9 700）×8 676−4 110=3 493（元）

借：合同负债	3 493	
贷：主营业务收入		3 493

（六）授予知识产权许可

企业向客户授予知识产权许可的，应当评估该知识产权许可是否构成单项履约义务。对于不构成单项履约义务的，企业应当将该知识产权许可和其他商品一起作为一项履约义务进行会计处理。对于构成单项履约义务的，应当进一步确定其是在某一时段内履行还是在某一时点履行。

企业向客户授予知识产权许可满足下列条件时，应当作为在某一时段内履行的履约义务确认相关收入，否则，应当作为在某一时点履行的履约义务确认相关收入：①合同要求或客户能够合理预期企业将从事对该项知识产权有重大影响的活动；②该活动将对客户产生有利或不利影响；③该活动不会导致向客户转让商品。

企业向客户授予知识产权许可，并约定按客户实际销售或使用情况收取特许权使用费的，应当在下列两项孰晚的时点确认收入：①客户后续销售或使用行为实际发生；②企业履行相关履约义务。

例如，甲公司是一家著名的足球俱乐部，授权乙公司在其设计生产的服装、帽子、水杯以及毛巾等产品上使用甲公司球队的名称和图标，授权期间为2年。合同约定，甲公司收取的合同对价由两部分组成：一是200万元固定金额的使用费；二是按照乙公司销售上述商品所取得销售额的5%计算的提成。乙公司预期甲公司会继续参加当地顶级联赛，并取得优异的成绩。

在该例中，合同仅包括一项履约义务，即授予使用权许可，甲公司继续参加比赛并取得优异成绩等活动是该许可的组成部分。由于乙公司能够合理预期甲公司将继续参加比赛，甲公司的成绩将会对其品牌（包括名称和图标等）的价值产生重大影响，而该品牌价值可能会进一步影响乙公司产品的销量，甲公司从事的上述活动并未向乙公司转让任何可明确区分的商品，因此，甲公司授予的该使用权许可，属于在2年内履行的履约义务，即为在某一时段内履行的履约义务。

甲公司收取的200万元固定金额的使用费应当在2年内平均确认收入，按照乙公司销售相关商品所取得销售额的5%计算的提成应当在乙公司的销售发生时确认收入。

第二节 费用

一、费用的概念及分类

（一）费用的概念

费用是指企业在日常活动中发生的、会导致所有者权益减少的、与向所有者分配利润无关的经济利益的总流出。费用具有以下特点：

1. 费用是企业在日常活动中发生的经济利益的总流出。日常活动是指企业为完成其经营目标所从事的经常性活动以及与之相关的其他活动。工业企业制造并销售产品、商业企业购买并销售商品、咨询公司提供咨询服务、软件开发企业为客户开发软件、安装公司提供安装服务、建筑企业提供建造服务、租赁公司出租资产等活动中发生的经济利益的总流出构成费用。工业企业对外出售不需用的原材料所结转的材料成本等也构成费用。费用形成于企业日常活动的特征使其与产生于非日常活动的损失相区分。企业从事或发生的某些活动或事项也能导致经济利益流出企业，但不属于企业的日常活动。例如，企业处置报废的固定资产、无形资产等发生的清理净损失，因违约支付的罚款，以及因自然灾害等非常原因造成的财产毁损等，这些活动或事项形成的经济利益的总流出属于企业的损失而不是费用。

2. 费用会导致所有者权益的减少。费用既可能表现为资产的减少，如减少银行存款、库存商品等；又可能表现为负债的增加，如增加应付职工薪酬、应交税费等。根据“资产=负债+所有者权益”的会计等式，费用一定会导致所有者权益的减少。企业经营管理中的某些支出并不减少所有者权益，也就不构成企业的费用。例如，企业以银行存款偿还一项负债，只是一项资产和一项负债的等额减少，对所有者权益没有影响，因此，不构成企业的费用。

3. 费用与向所有者分配利润无关。向所有者分配利润或股利属于企业利润分配的内容，不构成企业的费用。

（二）费用的分类

企业发生的各项费用根据其性质，可以按照不同的标准进行分类。

1.按照经济内容分类

费用按照经济内容（或性质）进行分类，不外乎劳动对象方面的费用、劳动手段方面的费用和活劳动方面的费用三大类。这三大类又可细分为以下九类：

（1）外购材料，指企业为进行生产而耗用的一切从外部购入的原材料及主要材料、半成品、辅助材料、包装物、修理用备件和低值易耗品等。

（2）外购燃料，指企业为进行生产而耗用的从外部购进的各种燃料。

（3）外购动力，指企业为进行生产而耗用的从外部购进的各种动力。

（4）工资，指企业应计入成本费用的职工工资。

（5）其他职工薪酬，指按工资总额的一定比例提取计入成本费用的其他职工薪酬支出。

（6）折旧费，指企业按照核定的固定资产折旧率计算提取的折旧基金。

（7）利息支出，指企业应计入成本费用的利息支出减去利息收入后的净额。

（8）税金，指企业应计入成本费用的各种税金。

（9）其他支出，指不属于以上各要素的费用支出。

2.按照经济用途分类

费用按照经济用途分类，可分为直接材料、直接人工、制造费用和期间费用。

（1）直接材料，指构成产品实体，或有助于产品形成的各项原料及主要材料、辅助材料、燃料、备品备件、外购半成品和其他直接材料。

（2）直接人工，指直接从事产品生产的工人的工资和其他薪酬费用。

（3）制造费用，指企业各生产单位为组织和管理生产所发生的各项费用。

（4）期间费用，指企业在生产经营过程中发生的销售费用、管理费用和财务费用。

3.按照费用同产量之间的关系分类

费用按照同产量之间的关系，可以分为固定费用和变动费用。

固定费用，是指产量在一定范围内，费用总额不随着产品产量的变动而变动的费用，如固定资产折旧费、管理人员工资、办公费等。变动费用，是指费用总额随着产品产量的变动而变动的费用，如原材料费用和生产工人计件工资等。

二、生产成本与制造费用

生产成本，是指一定期间生产产品所发生的直接费用和间接费用的总和。生产成本与费用是一个既有联系又有区别的概念。首先，成本是对象化的费用，生产成本是相对于一定的产品而言所发生的费用，它是按照产品品种等成本计算对象对当期发生的费用进行归集所形成的。在按照费用的经济用途分类中，企业一定期间发生的直接费用和间接费用的总和构成一定期间产品的生产成本。费用的发生过程同时也是产品成本的形成过程。其次，成本与费用是相互转化的。企业在一定期间发生的直接费用按照成本计算对象进行归集；间接费用则通过分配计入各成本计算对象，使本期发生的费用予以对象化，转化为成本。

企业的产品成本项目可以根据企业的具体情况自行设定，一般包括直接材料、燃料及动力、直接人工和制造费用等。

1.直接材料

直接材料指构成产品实体的原料、主要材料以及有助于产品形成的辅助材料、设备配件、外购半成品的消耗。

2.燃料及动力

燃料及动力指直接用于产品生产的外购和自制的燃料及动力。

3.直接人工

直接人工指直接参加产品生产的工人的薪酬费用。

4.制造费用

制造费用指直接用于产品生产，但不便于直接计入产品成本，因而没有专设成本项目的费用，以及间接用于产品生产的各项费用，如生产单位管理人员的职工薪酬、生产单位固定资产的折旧费、机物料消耗、办公费、水电费、保险费、劳动保护费等费用项目。

企业为了核算各种产品所发生的各项生产费用，应设置“生产成本”账户和“制造费用”账户。

“生产成本”账户用来核算企业进行工业性生产所发生的各项生产费用，包括生产各种产成品、自制半成品、提供劳务、自制材料、自制工具以及自制设备等所发生的各项费用。该账户的借方登记企业发生的各项直接材料、燃料及动力、直接人工和制造费用，贷方登记按实际成本计价的、生产完工入库的工业产品、自制材料、自制工具以及提供工业性劳务的成本结转，期末余额一般在借方，表示期末尚未加工完成的在产品制造成本。“生产成本”账户应按不同的成本计算对象（包括产品的品种、产品的批次和产品生产的步骤等）来设置明细分类账户，并按直接材料、燃料及动力、直接人工和制造费用等成本项目设置专栏，进行明细核算，以便于分别归集各成本计算对象所发生的各项生产费用，计算各成本计算对象的总成本、单位成本和期末在产品成本。

企业可以根据自身的生产特点和管理要求，将“生产成本”账户分为“基本生产成本”和“辅助生产成本”两个明细账户。“基本生产成本”二级账户核算企业为完成主要生产目的而进行的产品生产所发生的费用，计算基本生产的产品成本；“辅助生产成本”二级账户核算企业为基本生产服务而进行的产品生产和劳务供应所发生的费用，计算辅助生产成本和劳务成本。

“制造费用”账户用来核算企业为生产产品和提供劳务而发生的各项制造费用。该账户的借方登记实际发生的制造费用，贷方登记分配转出的制造费用，除季节性生产企业外，该账户月末无余额。在生产一种产品的情况下，制造费用可以直接计入该种产品成本；在生产多种产品的情况下，制造费用需要在不同产品之间进行分配，常用的分配方法有实际分配率法、预定分配率法等。“制造费用”账户通常按不同的车间、部门设置明细账，并按费用项目设置专栏进行明细登记。

三、期间费用

期间费用是指企业当期发生的，不能直接归属于某个特定产品成本的费用。由于难以判定其所归属的产品，因而不能列入产品制造成本，而应在发生的当期直接计入当期损益。期间费用主要包括销售费用、管理费用、财务费用。

1.销售费用

（1）销售费用的内容

销售费用是指企业在销售商品的过程中发生的各项费用以及为销售本企业商品而专设的销售机构（含销售网点、售后服务网点等）的经营费用。其具体项目包括：

① 产品自销费用，包括应由本企业负担的包装费、运输费、装卸费、保险费。

② 产品促销费用，包括展览费、广告费、经营租赁费、销售服务费。

③ 销售部门的费用，一般是指专设销售机构的职工薪酬、业务费等经营费用。企业内部销售部门所发生的费用，不包括在销售费用中，而应列入管理费用。

④ 委托代销费用，主要是指企业委托其他单位代销，按代销合同的规定支付的委托代销手续费。

⑤ 商品流通企业的进货费用，是指商品流通企业在进货过程中发生的运输费、装卸费、包装费、保险费、运输途中的合理损耗和入库前的挑选整理费等。

（2）销售费用的核算

企业发生的销售费用在“销售费用”账户中核算，并按费用项目设置明细账进行明细核算。企业发生各项销售费用时，借记该账户，贷记“库存现金”“银行存款”“应付职工薪酬”等账户；月终，将借方归集的销售费用全部由本账户的贷方转入“本年利润”账户的借方，计入当期损益。结转销售费用后，“销售费用”账户期末无余额。

【例13-20】华扬股份有限公司2022年8月份发生的销售费用包括：以银行存款支付广告费80 000元；以现金支付应由公司负担的销售A产品的运输费800元；本月分配给专设销售机构的职工工资100 000元，发生其他职工薪酬40 000元。月末将全部销售费用予以结转。

根据上述资料，应进行如下会计处理：

①支付广告费。

借：销售费用——广告费　　80 000

　贷：银行存款　　80 000

②支付运输费。

借：销售费用——运输费　　800

　贷：库存现金　　800

③分配职工工资及其他职工薪酬。

借：销售费用——职工薪酬　　140 000

　贷：应付职工薪酬　　140 000

④月末结转销售费用。

借：本年利润 220 800

贷：销售费用 220 800

2.管理费用

（1）管理费用的内容

① 企业管理部门发生的直接管理费用，如公司经费等。公司经费包括总部管理人员薪酬、差旅费、办公费、折旧费、修理费、机物料消耗、低值易耗品摊销及其他公司经费。

② 用于企业直接管理之外的费用，主要包括董事会费、咨询费、聘请中介机构费、诉讼费。

③ 提供生产技术条件的费用，主要包括研究费用、无形资产摊销、长期待摊费用摊销。

④ 业务招待费。业务招待费是指企业为业务经营的合理需要而支付的交际应酬费用。《中华人民共和国企业所得税法实施条例》规定，企业发生的与生产经营活动有关的业务招待费支出，按照发生额的60%扣除，但最高不得超过当年营业收入的5‰。

⑤ 其他费用，是指不包括在以上各项之内又应列入管理费用的费用。

（2）管理费用的核算

企业应设置“管理费用”账户，核算发生及转销的管理费用，并按费用项目设置明细账进行明细核算。企业发生各项管理费用时，借记该账户，贷记“库存现金”“银行存款”“原材料”“应付职工薪酬”“累计折旧”“累计摊销”“研发支出”等账户；期末，将本账户借方归集的管理费用全部由本账户的贷方转入“本年利润”账户的借方，计入当期损益。结转管理费用后，“管理费用”账户期末无余额。

【例13-21】华扬股份有限公司2022年8月份发生以下管理费用：以银行存款支付业务招待费25 000元；计提管理部门使用的固定资产折旧费18 000元；分配管理人员工资20 000元，发生其他职工薪酬8 000元；摊销无形资产5 000元。月末结转管理费用。

根据上述资料，应进行如下会计处理：

①支付业务招待费。

借：管理费用——业务招待费 25 000

贷：银行存款 25 000

②计提折旧费。

借：管理费用——折旧费 18 000

贷：累计折旧 18 000

③分配工资及其他职工薪酬。

借：管理费用——职工薪酬 28 000

贷：应付职工薪酬 28 000

④摊销无形资产。

借：管理费用——无形资产摊销 5 000

贷：累计摊销 5 000

⑤结转管理费用。

借：本年利润　　76 000

　贷：管理费用　　76 000

3.财务费用

（1）财务费用的内容

财务费用是指企业为筹集生产经营所需资金而发生的各项费用，具体包括的项目有利息净支出（减利息收入后的支出）、汇兑净损失（减汇兑收益后的损失）、金融机构手续费，以及为筹集生产经营资金发生的其他费用等。其具体包括的项目为：

① 利息净支出，指企业短期借款利息、长期借款利息、应付票据利息、票据贴现利息、应付债券利息、长期应付引进外国设备款利息等利息支出减去银行存款等利息收入后的净额。

② 汇兑净损失，是企业因向银行结售或购入外汇而产生的银行买入、卖出价与记账汇率之间的差额，以及月度终了，各种外币账户的外币期末余额，按照期末汇率折算的记账本位币金额与原账面记账本位币金额之间的差额等。

③ 金融机构手续费，是指发行债券所需支付的手续费、开出汇票的银行手续费、调剂外汇手续费等。

④ 其他财务费用，如未确认融资费用的摊销以及为筹集生产经营资金发生的其他费用等。

（2）财务费用的核算

企业发生的财务费用在“财务费用”账户中核算，并按费用项目设置明细账进行明细核算。企业发生各项财务费用时，借记该账户，贷记“银行存款”等账户；企业发生利息收入、汇兑收益时，借记“银行存款”等账户，贷记该账户。月终，将借方归集的财务费用全部由该账户的贷方转入“本年利润”账户的借方，计入当期损益。结转当期财务费用后，“财务费用”账户期末无余额。

【例13-22】华扬股份有限公司2022年8月份发生如下事项：接到银行通知，已划拨本月银行借款利息8 000元；银行转来存款利息3 000元。月末结转财务费用。

根据上述资料，进行会计处理如下：

①借：财务费用——利息支出　　8 000

　　贷：银行存款　　8 000

②借：银行存款　　3 000

　　贷：财务费用——利息收入　　3 000

③借：本年利润　　5 000

　贷：财务费用　　5 000

第三节　利润

一、利润及其构成

（一）利润的概念

利润是指企业在一定会计期间的经营成果，包括收入减去费用后的净额、直接计入当期利润的利得和损失等。其中，直接计入当期利润的利得和损失，是指应当计入当期损益、最终会引起所有者权益发生增减变动的、与所有者投入资本或者向所有者分配利润无关的利得或者损失。收入减去费用后的净额反映的是企业日常活动的业绩，直接计入当期利润的利得和损失反映的是企业非日常活动的业绩。

（二）利润的构成

在利润表中，利润的金额分为营业利润、利润总额和净利润三个层次计算确定。

1.营业利润

营业利润是指企业通过一定期间的日常活动取得的利润。营业利润的具体构成，可用公式表示如下：

营业利润=营业收入-营业成本-税金及附加-销售费用-管理费用①-研发费用-财务费用-资产减值损失-信用减值损失+其他收益±投资净损益±公允价值变动净损益±资产处置净损益

其中：

营业收入是指企业经营业务所实现的收入总额，包括主营业务收入和其他业务收入。

营业成本是指企业经营业务所发生的实际成本总额，包括主营业务成本和其他业务成本。

税金及附加是指企业经营业务应负担的税金及附加费用，如消费税、城市维护建设税、资源税、房产税、车船税、城镇土地使用税、印花税、教育费附加等。

研发费用是指企业在研究与开发过程中发生的费用化支出，是管理费用的一部分，在利润表中应将其从管理费用中分离出来，单独列报。

其他收益是指总额法下与日常活动相关的政府补助②，以及其他与日常活动相关且应直接计入其他收益的项目，如即征即退增值税、招用自主就业退役军人可以定期扣减的增值税、代扣代缴个人所得税的手续费返还、退企业所得税等。

资产处置净损益是指企业出售划分为持有待售的非流动资产（金融资产、长期股权投资和投资性房地产除外）或处置组（子公司和业务除外）时确认的处置利得或损失，以及处置（包括抵债、投资、非货币性资产交换、捐赠等）未划分为持有待售的固定资产、在建工程、无形资产等而产生的处置利得或损失。

2.利润总额

利润总额是指企业一定期间的营业利润，加上营业外收入减去营业外支出后的所得税前利润总额，即：

利润总额=营业利润+营业外收入-营业外支出

其中，营业外收入和营业外支出是指企业发生的与日常活动无直接关系、影响利润总额但不构成营业利润组成部分的各项利得或损失，如罚没利得或损失、捐赠利得或支出等。

3.净利润

净利润是指企业一定期间的利润总额减去所得税费用后的净额，即：

净利润=利润总额-所得税费用

---

① 由于研发费用需要从管理费用中分离出来，在利润表中单独列报，因此这里的管理费用是指剔除研发费用后的部分。

② 政府补助有两种会计处理方法：总额法和净额法。总额法是在确认政府补助时，将其全额一次或分次确认为收益；净额法是将政府补助确认为对相关资产账面价值或者所补偿成本费用等的扣减。

其中，所得税费用是指企业按照会计准则的规定确认的应从当期利润总额中扣除的当期所得税费用和递延所得税费用。

【例13-23】华扬股份有限公司2022年度取得主营业务收入10 000万元，其他业务收入2 500万元，投资净收益800万元，营业外收入250万元；发生主营业务成本6 500万元，其他业务成本2 000万元，税金及附加120万元，销售费用580万元，管理费用450万元，其中研发费用150万元，财务费用180万元，资产减值损失150万元，信用减值损失50万元，公允价值变动净损失100万元，资产处置净损失40万元，营业外支出100万元；本年度确认的所得税费用为600万元。

根据上述资料，华扬股份有限公司2022年度的利润构成情况，见表13-2。

表13-2 **利润表（简表）**

2022年度 单位：元

项　目	本期金额
一、营业收入	125 000 000
减：营业成本	85 000 000
税金及附加	1 200 000
销售费用	5 800 000
管理费用	3 000 000
研发费用	1 500 000
财务费用	1 800 000
加：其他收益	0
投资收益	8 000 000
公允价值变动收益	−1 000 000
信用减值损失	−500 000
资产减值损失	−1 500 000
资产处置收益	−400 000
二、营业利润	31 300 000
加：营业外收入	2 500 000
减：营业外支出	1 000 000
三、利润总额	32 800 000
减：所得税费用	6 000 000
四、净利润	26 800 000

（三）营业外收入与营业外支出

营业外收入与营业外支出虽然与企业日常生产经营活动无直接关系，但站在企业主体的角度来看，同样是其经济利益的流入或流出，从而构成利润的一部分，对企业的盈亏状况具有不可忽视的影响。

营业外收入，是指企业取得的与日常活动没有直接关系、影响利润总额但不构成营业利润组成部分的各项利得，主要包括罚没利得、政府补助、无法支付的应付款项、捐赠利得、盘盈利得（不包括存货、固定资产盘盈）等。

营业外支出，是指企业发生的与日常活动没有直接关系、影响利润总额但不构成营业利润组成部分的各项损失，主要包括非流动资产盘亏毁损报废损失、罚款支出、捐赠支出、非常损失等。

营业外收入和营业外支出所包括的收支项目互不相关，不存在配比关系，因此，不得以营业外支出直接冲减营业外收入，也不得以营业外收入抵补营业外支出，两者的发生金额应当分别核算。

二、利润的结转与分配

（一）利润的结转

企业应设置“本年利润”账户，用于核算企业当期实现的净利润或发生的净亏损，企业净利润的结转方式有账结法和表结法两种。

（1）账结法。账结法是指在月末将所有损益类账户的余额转入“本年利润”账户。结转时，将收入类账户的贷方余额转入“本年利润”账户的贷方，将支出类账户的借方余额转入“本年利润”账户的借方。“公允价值变动损益”“投资收益”“资产处置损益”账户如为净收益，则将这些账户的贷方余额转入“本年利润”账户的贷方，如为净损失，则将这些账户的借方余额转入“本年利润”账户的借方。结转后各损益类账户月末没有余额，“本年利润”账户如为贷方余额，反映年初至本月月末累计实现的净利润，如为借方余额，反映年初至本月月末累计发生的净亏损。这种方法的优点是，账面上可以反映各月末累计实现的净利润或累计发生的净亏损，缺点是在手工记账的情况下月末结转的工作量较大。

（2）表结法。表结法是指各月月末不结转本年利润，只在年末将各损益类账户全年累计金额一次性转入“本年利润”账户。各损益类账户的月末余额表示年度内累计的收入或费用，1—11月“本年利润”账户不作任何记录，年末，将各损益类账户的余额转入“本年利润”账户，结平各损益类账户。年末结转后，“本年利润”账户如为贷方余额，反映本年实现的净利润，如为借方余额，反映本年发生的净亏损。这种方法的优点是，在手工记账的情况下简化了平时结转的工作，缺点是1—11月各月末不能在账面上反映累计的净利润或累计的净亏损。

无论采用哪一种结转方式，年度终了，企业都应将本年实现的净利润，转入“利润分配——未分配利润”账户的贷方，如果为净亏损，则转入“利润分配——未分配利润”账户的借方。结转后，“本年利润”账户应无余额。

【例13-24】按【例13-23】的资料，假定华扬股份有限公司采用表结法进行利润的结转。华扬股份有限公司结转利润的会计处理如下：

①2022年12月31日，结转本年损益类账户余额。

借：主营业务收入	100 000 000	
其他业务收入	25 000 000	
投资收益	8 000 000	
营业外收入	2 500 000	
贷：本年利润		135 500 000
借：本年利润	108 700 000	
贷：主营业务成本		65 000 000
其他业务成本		20 000 000
税金及附加		1 200 000
销售费用		5 800 000
管理费用		4 500 000
财务费用		1 800 000
资产减值损失		1 500 000
信用减值损失		500 000
公允价值变动损益		1 000 000
资产处置损益		400 000
营业外支出		1 000 000
所得税费用		6 000 000

②2022年12月31日，结转本年净利润。

借：本年利润	26 800 000	
贷：利润分配——未分配利润		26 800 000

（二）利润的分配

企业当期实现的净利润，加上年初未分配利润（或减去年初未弥补亏损）和盈余公积补亏后的余额，为可供分配的利润。可供分配的利润，一般按下列顺序分配：

（1）提取法定盈余公积。它是指企业根据有关法律的规定，按照净利润的10%提取的盈余公积，法定盈余公积累计金额超过企业注册资本的50%时，可以不再提取。

（2）提取任意盈余公积。它是指企业按股东大会决议提取的盈余公积。

（3）应付现金股利或利润。我国《公司法》规定股份有限公司股利的发放形式主要有现金股利和股票股利两种，应付现金股利是指股份有限公司按照利润分配方案分配给普通股股东的现金股利。应付利润是指非股份有限公司分配给投资者的利润。

（4）转作股本的股利。它是指股份有限公司按照利润分配方案以分派股票股利的形式转作股本的股利，也包括非股份有限公司以利润转增的资本。

需要说明的是，如果股份有限公司除了发行普通股还发行了优先股，那么优先股股利的分配要先于普通股股利的分配，公司应当在提取法定盈余公积后，按约定的股息率或金额发放优先股股利，然后再提取任意盈余公积和分配普通股股利。

企业应当设置“利润分配”账户，核算利润的分配（或亏损的弥补）情况，以及历年积存的未分配利润（或未弥补的亏损）。该账户还应当分别设置“提取法定盈余公积”“提取任意盈余公积”“应付现金股利（或利润）”“转作股本的股利”“盈余公积补亏”“未分配利润”等明细账户进行明细核算。年度终了，企业应将“利润分配”账户所属其他明细账户余额转入"未分配利润"明细账户。结转后，除"未分配利润"明细账户外，其他明细账户应无余额。

企业按有关法律的规定提取法定盈余公积时，借记"利润分配——提取法定盈余公积"账户，贷记"盈余公积——法定盈余公积"账户；按股东大会或类似机构决议提取任意盈余公积时，借记"利润分配——提取任意盈余公积"账户，贷记"盈余公积——任意盈余公积"账户；按股东大会或类似机构决议分配现金股利时，借记"利润分配——应付现金股利（或利润）"账户，贷记"应付股利（或利润）"账户；按股东大会或类似机构决议分派股票股利时，在办理增资手续后，借记"利润分配——转作股本的股利"账户，贷记"股本"或"实收资本"账户，如有差额，贷记"资本公积——股本溢价（或资本溢价）"账户；企业用盈余公积弥补亏损时，借记"盈余公积——法定盈余公积（或任意盈余公积）"账户，贷记"利润分配——盈余公积补亏"账户。年度终了，将"利润分配"账户所属其他明细账户余额从其相反方向转入"未分配利润"明细账户。

【例13-25】华扬股份有限公司2022年度实现净利润2 680万元，按净利润的10%提取法定盈余公积，按净利润的15%提取任意盈余公积，向股东分派现金股利400万元，同时分派每股面值1元的股票股利500万股。

华扬股份有限公司结转利润的会计处理如下：

（1）提取盈余公积。

借：利润分配——提取法定盈余公积	2 680 000	
——提取任意盈余公积	4 020 000	
贷：盈余公积——法定盈余公积		2 680 000
——任意盈余公积		4 020 000

（2）分派现金股利。

借：利润分配——应付现金股利	4 000 000	
贷：应付股利		4 000 000

（3）分派股票股利，已办妥增资手续。

借：利润分配——转作股本的股利	5 000 000	
贷：股本		5 000 000

（4）结转"利润分配"账户所属其他明细账户余额。

借：利润分配——未分配利润	15 700 000	
贷：利润分配——提取法定盈余公积		2 680 000
——提取任意盈余公积		4 020 000
——应付现金股利		4 000 000
——转作股本的股利		5 000 000

第四节　所得税

企业会计准则和所得税法是基于不同目的、遵循不同原则分别制定的，两者在资产与负债的计量标准、收入与费用的确认原则等诸多方面存在着一定的差异，导致企业一定期间按企业会计准则要求确认的会计利润往往不等于按税法规定计算的应纳税所得额。所得税会计是研究如何处理会计利润和应纳税所得额之间差异的会计理论与方法。

一、会计利润与应纳税所得额之间的差异

会计利润与应纳税所得额是两个既有联系又有区别的概念。会计利润，是指企业根据会计准则的要求，采用一定的会计程序与方法确定的所得税前利润总额，其目的是向财务报告使用者提供关于企业经营成果的会计信息，为其决策提供相关、可靠的依据；应纳税所得额，是指按照所得税法的要求，以一定期间应税收入扣减税法准予扣除的项目后计算的应税所得，其目的是为企业进行纳税申报和国家税收机关对企业的经营所得征税提供依据。由于会计利润与应纳税所得额的确定依据和目的不同，因此，两者之间往往存在一定的差异，这种差异按其性质可以分为永久性差异和暂时性差异两个类型。

（一）永久性差异

永久性差异是指在某一会计期间，由于会计准则和税法在计算收益、费用或损失时的口径不同所产生的税前会计利润与应纳税所得额之间的差异。例如，企业购买国债取得的利息收入，在会计核算上作为投资收益，计入当期利润表，但根据税法的规定，不属于应税收入，不计入应纳税所得额；再如，企业支付的违法经营罚款、税收滞纳金等，在会计核算上作为营业外支出，计入当期利润表，但根据税法的规定，不允许在所得税前扣除。永久性差异的特点是在本期发生的，不会在以后期间转回。

（二）暂时性差异

暂时性差异是指资产、负债的账面价值与其计税基础不同产生的差异，该差异的存在将影响未来期间的应纳税所得额。例如，按照企业会计准则的规定，交易性金融资产期末应以公允价值计量，公允价值的变动计入当期损益；但按照税法的规定，交易性金融资产在持有期间的公允价值变动损益不计入应纳税所得额，只有在处置交易性金融资产时，按实际取得成本从处置收入中扣除的差额，计入当期应纳税所得额，因而其计税基础为初始投资成本，由此产生了交易性金融资产的账面价值与其计税基础之间的差异，该项差异将会影响处置交易性金融资产期间的应纳税所得额。暂时性差异的特点是发生于某一会计期间，但在以后一期或若干期内将会转回。

二、所得税的会计处理方法

企业所得税会计处理的方法分为应付税款法和纳税影响会计法两种。根据具体处理方法的不同，纳税影响会计法又可进一步分为递延法和债务法，债务法又分为利润表债务法和资产负债表债务法。《CAS18——所得税》规定：企业应采用资产负债表债务法核算所得税。

资产负债表债务法是从资产负债表出发，通过比较资产负债表上列示的资产、负债按照会计准则的规定确定的账面价值与按照税法的规定确定的计税基础，对于两者之间的差异分别应纳税暂时性差异与可抵扣暂时性差异，确认相关的递延所得税负债与递延所得税资产，并在此基础上确定每一会计期间利润表中的所得税费用。从本质上来看，该方法涉及两张资产负债表：一张是按照会计准则的规定编制的资产负债表，有关资产、负债在该表上以其账面价值体现；另一张是假定按照税法的规定进行核算编制的资产负债表，其中

资产、负债列示的价值量为其计税基础，即从税法的角度来看，企业持有的有关资产、负债的金额。

三、资产负债表债务法的基本核算程序

在资产负债表债务法下，企业一般应于每一资产负债表日进行所得税的相关会计处理。如果发生企业合并等特殊交易或事项，则应在确认该交易或事项取得的资产、负债的同时，确认相关的所得税影响。资产负债表债务法的基本核算程序如下：

（一）确定资产和负债的账面价值

资产、负债的账面价值，是指按照会计准则的相关规定对资产、负债进行会计处理后确定的在资产负债表中应列示的金额。例如，某企业存货的账面余额为1 500万元，会计期末，企业对存货计提了150万元的跌价准备，则存货的账面价值为1 350万元，该金额亦即存货在资产负债表中应列示的金额。资产和负债的账面价值可以直接根据有关账簿的记录确定。

（二）确定资产和负债的计税基础

资产和负债的计税基础应按照会计准则中对资产和负债计税基础的确定方法，以适用的税收法规为基础进行确定。

所得税会计准则规定：

资产的计税基础=该资产在未来期间可在税前列支的金额

=资产的入账成本-以前期间已在税前列支的金额

负债的计税基础=负债的账面价值-未来期间按照税法的规定可予税前扣除的金额

（三）确定递延所得税

比较资产、负债的账面价值和计税基础，对于两者之间存在差异的，分析其性质，除准则中规定的特殊情况外，应分别按照应纳税暂时性差异和适用税率确定递延所得税负债的期末余额，按照可抵扣暂时性差异和适用税率确定递延所得税资产的期末余额，然后与递延所得税负债和递延所得税资产的期初余额进行比较，确定当期应予进一步确认或应予转回的递延所得税负债和递延所得税资产金额，并将两者的差额作为利润表中所得税费用的一个组成部分——递延所得税。

（四）确定当期所得税

按照适用税法的规定计算确定当期应纳税所得额，以应纳税所得额乘以适用的所得税税率计算确定当期应交所得税，作为利润表中所得税费用的另一个组成部分——当期所得税。

（五）确定利润表中的所得税费用

利润表中的所得税费用由当期所得税和递延所得税两部分构成。企业在计算确定当期所得税和递延所得税的基础上，将两者之和（或之差）作为利润表中的所得税费用。

资产负债表债务法下所得税核算程序如图13-1所示。关于资产负债表债务法核算所得税的详细内容将在《高级财务会计》课程中进行讲解。

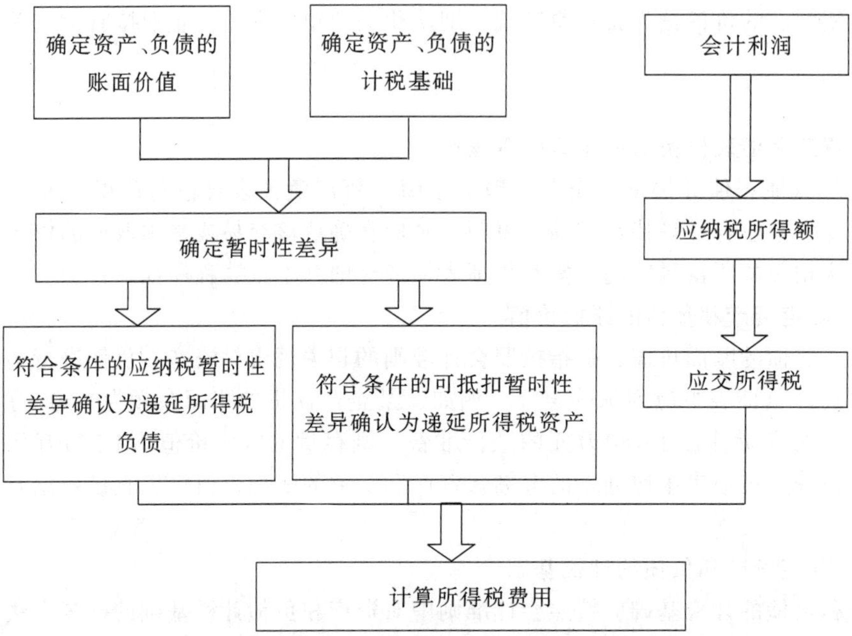

图 13-1　资产负债表债务法下所得税核算程序

【课程思政】

会计准则会随着社会和经济环境的改变而改变，收入准则也是如此。我国收入准则的改变在与国际会计准则趋同的基础上逐渐适应我国国情的变化。随着市场经济的日益发展和交易事项的日趋复杂，2006年的收入准则已越来越不能满足需求，作为收入确认时点依据的“风险与报酬转移”在实务中难以判断、与建造合同准则的收入确认理念存在重大差异、营销模式和支付结算方式的创新加大了收入确认的不确定性等。因此，2017年修订的收入准则取代了2006年的收入准则和建造合同准则，将相关的业务纳入了统一的收入确认模型。

了解我国社会经济环境的变化和发展现实，了解收入准则修订的背景和动机，我们可以更好地理解和掌握现行收入准则的框架体系和内容，更好地理解中国特色社会主义道路自信、理论自信、制度自信、文化自信的深刻内涵，更好地将其融入我们自己的日常学习和工作中。

【与我国小企业会计准则的比较及主要差异】

1. 收入确认标准。CAS 14明确规定了收入确认标准，指出，企业应当在履行了合同中的履约义务，即在客户取得相关商品或服务控制权时确认收入；而《小企业会计准则》简化了收入确认标准，指出，小企业应当在发出商品且收到货款或取得收款权利时确认销售商品收入。

2. 分期收款销售的收入确认。根据《小企业会计准则》，小企业采用分期收款方式销售商品的，应当在合同约定的收款日期确认收入；而根据CAS 14，分期收款销售符合实质性融资性质的，可在销售成立时一次确认收入，且以公允价值（分期收款总额的现值或商品采用一次性付款时的售价）确认收入金额。

3. 涉及现金折扣销售的收入确认。根据《小企业会计准则》，销售商品涉及现金折扣的，应当按照扣除现金折扣前的金额确认收入金额，现金折扣在实际发生时计入当期损益；而根据CAS 14，销售商品涉及现金折扣的，应当按照关于可变对价的相关规定确认收入金额。

4. 营业外收入包含的内容。根据《小企业会计准则》，小企业的营业外收入包括：非流动资产处置净收益、政府补助、捐赠收益、盘盈收益、汇兑收益、出租包装物和商品的租金收入、逾期未退包装物押金收益、确实无法偿付的应付款项、已作坏账损失处理后又收回的应收款项、违约金收益等；而根据《企业会计准则》，非流动资产出售净收益、汇兑收益、出租包装物和商品的租金收入、已作坏账损失处理后又收回的应收款项等不计入营业外收入。

5. 营业外支出包含的内容。根据《小企业会计准则》，小企业的营业外支出包括：存货的盘亏毁损报废损失、非流动资产处置净损失、坏账损失、无法收回的长期债券投资损失、无法收回的长期股权投资损失、自然灾害等不可抗力因素造成的损失、税收滞纳金、罚金、罚款、被没收财物的损失、捐赠支出、赞助支出等；而根据《企业会计准则》，非流动资产出售净损失、坏账损失、无法收回的长期债券投资损失、无法收回的长期股权投资损失等不计入营业外支出。

6. 所得税的核算方法。对于所得税的核算，《企业会计准则》规定采用资产负债表债务法，而《小企业会计准则》规定采用应付税款法，以税法规定的应交所得税作为本期所得税费用。

除此之外，可能还存在其他一些细节方面的差异，这里不再一一详述。

【重点与难点】

（一）重点

1. 收入确认与计量的基本方法。

2. 一般销售业务的会计处理。

3. 利润的构成以及结转与分配的会计处理。

4. 资产负债表债务法的基本核算程序。

5. 所得税费用的构成及核算方法。

（二）难点

1. 在某一时段内履行的履约义务的会计处理。

2. 合同中存在重大融资成分的销售的会计处理。

3. 附有销售退回条款的销售的会计处理。

4. 附有客户额外购买选择权的销售的会计处理。

5. 资产与负债计税基础的确定。

6. 递延所得税负债和递延所得税资产的确认与计量。

【课后练习】

（一）单项选择题

1.收入确认的时点是（　　）。

A.预收货款时

B.签订合同时

C.风险报酬转移时

D.在客户取得相关商品控制权时

2.下列情形中，不属于在某一时段履行履约义务的是（　　）。

A.客户在企业履约的同时即取得并消耗企业履约所带来的经济利益

B.客户能够控制企业履约过程中在建的商品

C.企业履约过程中所产出的商品具有不可替代用途，且该企业在整个合同期间内有权就累计至今已完成的履约部分收取款项

D.客户已接受该商品

3.如果企业销售的商品已经发出但尚未完全满足收入确认的条件，应将发出商品的成本转入的科目是（　　）。

A.“发出商品”　　B.“在途物资”

C.“主营业务成本”　　D.“其他业务成本”

4.在总价法下，企业销售商品给予购货方的现金折扣，应于实际发生时记入的科目是（　　）。

A.“销售费用”　　B.“主营业务收入”

C.“管理费用”　　D.“营业外支出”

5.下列关于合同折扣的说法中，不正确的是（　　）。

A.合同折扣是指合同中各单项履约义务所承诺商品的单独售价之和低于合同交易价格的金额

B.合同折扣属于可变对价的组成部分

C.有确凿证据表明合同折扣仅与合同中一项或多项（而非全部）履约义务相关的，企业应当将该合同折扣分摊至相关一项或多项履约义务

D.对于合同折扣，企业应当在各单项履约义务之间按比例分摊

6.下列关于取得合同发生的增量成本会计处理的说法中，不正确的是（　　）。

A.增量成本是指企业不取得合同就不会发生的成本

B.企业为取得合同发生的增量成本预期能够收回的，应当作为合同取得成本确认为一项资产

C.增量成本形成的资产摊销期限不超过一年的，可以在发生时计入当期损益

D.企业为取得合同发生的、除预期能够收回的增量成本之外的其他支出，应当在发生时计入合同成本

7.企业委托其他单位代销商品，在支付手续费方式下，委托方确认销售收入的时点是（　　）。

A.交付代销商品时　　B.受托方售出代销商品时

C.收到代销清单时　　D.收到代销货款时

8.企业委托其他单位代销商品，在支付手续费方式下，委托方支付的手续费应当计入（　　）。

A.销售费用　　B.财务费用　　C.其他业务成本　　D.营业外支出

9.企业授予客户的奖励积分如果是企业向客户提供了一项重大权利，则向客户授予奖励积分时，应当确认为（　　）。

A.销售费用　　B.合同资产　　C.合同负债　　D.销售收入

10.企业在向客户转让商品时从事交易的身份是主要责任人还是代理人的判断依据是（　）。

A.是否与客户存在关联方关系　　B.向客户转让商品还是提供服务

C.向客户收取的对价是否公允　　D.是否拥有对该商品的控制权

（二）多项选择题

1.工业企业获得的下列经济利益流入中，属于其他业务收入的有（　　）。

A.出租固定资产　　B.出售原材料　　C.出售固定资产　　D.出售无形资产

2.收入确认计量的“五步法”中，涉及收入计量的有（　　）。

A.识别与客户订立的合同

B.识别合同中的单项履约义务

C.确定交易价格

D.将交易价格分摊至各单项履约义务

3.企业应当根据合同条款，并结合其以往的习惯做法确定交易价格。在确定交易价格时，企业应当考虑的因素有（　　）。

A.可变对价　　B.合同中存在的重大融资成分

C.收款时间　　D.应付客户对价

4.下列项目中，应计入营业外支出的有（　　）。

A.固定资产盘亏损失　　B.债务重组损失

C.公益救济性捐赠支出　　D.超过规定限额的业务招待费

5.计算营业利润应当考虑的项目有（　　）。

A.营业外收入　　B.所得税费用　　C.投资收益　　D.资产减值损失

（三）判断题

1.企业的所有者向企业投入资本形成的经济利益流入导致所有者权益增加，因而应作为企业的收入予以确认。（　　）

2.企业销售商品取得的收入属于主营业务收入，提供服务取得的收入属于其他业务收入。（　　）

3.根据企业会计准则对收入的定义，收入不仅包括主营业务收入和其他业务收入，也包括营业外收入。（　　）

4.企业销售商品涉及商业折扣的，应该以扣除商业折扣前的金额确定商品销售收入金额。（　　）

5.企业采用预收货款方式销售商品的，应当在收到购货方预付的货款时确认销售收入。（　　）

6.收入不一定都表现为资产的增加，也可以表现为负债的减少。（　　）

7.已交付客户但尚未确认销售收入的商品，仍应列入销货方资产负债表中的“存货”项目。（　　）

8.在销售附有现金折扣条件的情况下，销货方应将购货方取得的现金折扣冲减财务

费用。 (　　)

9. 企业处置资产发生的损益，应当计入资产处置损益。 (　　)

10. 利润不仅指营业利润，还包括营业外收支净额。 (　　)

（四）业务处理题

1.2022年3月1日，华扬股份有限公司与客户签订合同，向其销售A、B两项商品，A商品的单独售价为6 000元，B商品的单独售价为24 000元。该合同价款为25 000元。合同约定，A商品于合同开始日交付，B商品在一个月之后交付，只有当两项商品全部交付之后，华扬股份有限公司才有权收取25 000元的合同对价。假定A商品和B商品分别构成单项履约义务，其控制权在交付时转移给客户。上述价格均不包括增值税，且假定不考虑相关税费影响。

要求：编制华扬股份有限公司销售A、B商品的相关会计分录。

2. 华扬股份有限公司采用支付手续费方式委托甲公司代销一批商品，商品成本为30 000元。根据代销合同，商品售价为38 000元，增值税税额为4 940元，华扬股份有限公司按照不含增值税售价的4%支付手续费（适用的增值税税率为6%）。甲公司将该批商品售出后，给华扬股份有限公司开来代销清单，华扬股份有限公司根据代销清单所列的已销商品金额给甲公司开具增值税专用发票。

要求：判定该交易活动中的主要责任人和代理人，并分别编制下列会计分录。

（1）华扬股份有限公司委托代销商品的会计分录。

① 发出委托代销商品；

② 甲公司开来代销清单；

③ 确认应付的代销手续费；

④ 收到甲公司支付的货款。

（2）甲公司受托代销商品的会计分录。

① 收到受托代销商品；

② 将受托代销商品售出；

③ 收到增值税专用发票；

④ 结清代销商品款并计算代销手续费。

3. 华扬股份有限公司是一家投资控股型的上市公司，拥有从事各种不同业务的子公司。

（1）华扬股份有限公司的子公司——甲公司是一个建筑承包商，专门从事办公楼设计和建造业务。2021年3月1日，甲公司与戊公司签订办公楼建造合同，按照戊公司的特定要求在戊公司的土地上建造一栋办公楼。根据合同的约定，建造该办公楼的价格为8 000万元。甲公司分三次收取款项，分别于合同签订日、完工进度达到50%、竣工验收日收取合同造价的20%、30%、50%。工程于2021年3月开工，预计于2022年底完工。甲公司预计建造上述办公楼的总成本为6 500万元，截至2021年12月31日，甲公司累计实际发生的成本为3 900万元。甲公司按照累计实际发生的成本占预计总成本的比例确定履约进度。

（2）华扬股份有限公司的子公司——乙公司是一家生产通信设备的公司。2021年1月1日，乙公司与己公司签订专利许可合同，许可己公司在5年内使用自己的专利技术生产A产品。根据合同的约定，乙公司每年向己公司收取由两部分金额组成的专利技术许可费，一是固定金额200万元，于每年末收取；二是按照己公司A产品销售额的2%计算的提成，于第二年年初收取。根据以往年度的经验和做法，乙公司可合理预期不会实施对该专利技术产生重大影响的活动。2021年12月31日，乙公司收到己公司支付的固定金额专利技术许可费200万元。2021年度，己公司销售A产品80 000万元。

（3）其他有关资料：①本题涉及的合同均符合企业会计准则关于合同的定义，均经合同各方管理层批准；②甲公司和乙公司估计，因向客户转让商品或提供服务而有权取得的对价很可能收回；③不考虑货币时间价值，不考虑税费及其他因素。

要求：

（1）根据资料（1），判断甲公司的建造办公楼业务是属于在某一时段履行的履约义务还是属于某一时点履行的履约义务，并说明理由。

（2）根据资料（1），计算甲公司2021年度的合同履约进度，以及应确定的收入和成本。

（3）根据资料（2），判断乙公司授予知识产权许可属于在某一时段履行的履约义务还是属于某一时点履行的履约义务，并说明理由。说明乙公司按照己公司A产品销售额的2%收取的提成应于何时确认收入。

（4）根据资料（2），编制乙公司2021年度与收入确认相关的会计分录。

4.华扬股份有限公司2022年有关损益类科目的年末余额见表13-3（该企业采用表结法年末一次结转损益类科目）。

表13-3 **有关损益类科目的年末余额** 单位：万元

科目名称	借贷方向	结账前余额
主营业务收入	贷方	6 900
其他业务收入	贷方	700
公允价值变动损益	贷方	150
投资收益	贷方	600
营业外收入	贷方	50
主营业务成本	借方	4 100
其他业务成本	借方	400
税金及附加	借方	80
销售费用	借方	500
管理费用	借方	770
财务费用	借方	200
营业外支出	借方	450

要求：

（1）将华扬股份有限公司2022年度各损益类科目年末余额结转至“本年利润”科目。

（2）计算华扬股份有限公司2022年度的利润总额。

（五）简答与思考题

1. 收入确认与计量的基本方法是什么？包含哪些内容？

2. 什么是现金折扣、商业折扣、销售折让？如何进行账务处理？

3. 简述在某一时段内履行的履约义务应满足的条件。

4. 简述在某一时段内履行的履约义务的收入确认方法。

5. 什么是合同履约成本、合同取得成本？包含哪些内容？

6. 简述利润的概念及构成。

7. 简述会计利润与应纳税所得额之间的差异。

8. 什么是资产负债表债务法？其与利润表债务法相比有哪些优势？

参考答案

【知识结构图】

第十四章　财务报告

【学习目标】

通过本章的学习，主要了解财务报告的概念、构成及作用，理解资产负债表、利润表、现金流量表的基本结构和编制的基本原理，熟练掌握资产负债表、利润表及现金流量表直接法及所有者权益变动表的编制方法。理解财务报表不同列报格式对正确使用会计信息可能产生的影响，了解财务报表附注对正确理解和使用会计信息的作用。

【引导案例】

投资活动现金流出流向了何方?

欧普照明是一家集家居照明、电工电器、厨卫吊顶和商业照明的研发、生产、销售为一体的综合化、全球化照明企业，于2016年8月19日在上海证券交易所成功上市（IPO），股票代码为603515，属于电气机械和器材制造行业。根据公司招股说明书，其IPO募集资金计划用于绿色照明生产、研发中心建设、展示中心及营销网络建设3个项目。自上市至2021年底，欧普照明投资活动现金流出情况及资产负债表中主要资产项目分别见表14-1、表14-2。欧普照明年报附注显示，表14-2中“其他流动资产”主要为其购买的理财产品。

表14-1　　欧普照明2016—2021年投资活动现金流出情况　　单位：万元

内容＼年份	2021	2020	2019	2018	2017	2016
购建固定资产、无形资产和其他长期资产支付的现金	24 959	27 693	17 024	17 340	19 554	10 049
投资支付的现金	1 298 007	1 467 660	1 242 264	1 215 228	1 387 801	1 267 528
支付其他与投资活动有关的现金	0	0	0	0	900	0
投资活动现金流出小计	1 322 966	1 495 353	1 259 288	1 232 568	1 408 255	1 277 577

表14-2　　欧普照明2016—2021年主要资产项目构成　　单位：万元

内容＼年份	2021	2020	2019	2018	2017	2016
交易性金融资产	494 475	481 568	455 811	0	0	190
其他流动资产	0	0	0	348 205	328 723	265 768
可供出售金融资产	0	0	0	15 000	4 816	2 016

续表

内容 \ 年份	2021	2020	2019	2018	2017	2016
其他权益工具投资	20 475	20 475	20 475	0	0	0
其他非流动金融资产	8 949	5 000	0	0	0	0
长期股权投资	20 671	17 125	13 386	10 389	0	295
投资性房地产	6 368	8 670	9 222	10 079	3 425	5 038
固定资产	85 715	90 854	103 660	104 997	109 543	100 576
在建工程	28 066	894	2 142	1 243	151	1 078
无形资产	33 734	34 242	12 538	13 094	13 661	14 230
其中：土地使用权	33 164	33 925	12 272	12 591	12 910	13 228
资产总计	907 691	856 046	810 740	733 345	630 616	516 660

思考：

（1）结合上述资料，分析公司购买理财产品在“其他流动资产”列示是否符合财务报告目标及会计信息质量的要求？同时思考报表附注对正确理解报表所提供信息的作用。

（2）分析2018—2019年前后表14-2中报表项目为何发生了显著变化，可能的原因是什么？

（3）结合欧普照明现金流量表及资产构成情况分析其IPO募集资金配置的合理性。

分析提示

第一节 财务报告概述

一、财务报告的概念与内容

财务报告，是指企业对外提供的反映企业某一特定日期的财务状况和某一会计期间的经营成果、现金流量等会计信息的文件。一般而言，财务报告包括财务报表和其他应当在财务报告中披露的相关信息和资料等其他财务报告。财务报告构成体系如图14-1所示。

- 财务报告
  - 财务报表
    - 基本财务报表（表内确认）
      - 资产负债表
      - 利润表
      - 现金流量表
      - 所有者权益变动表
    - 报表附注
  - 其他财务报告
    - 辅助(补充信息)
    - 财务报告的其他手段(方式)

（报表附注、其他财务报告：表外披露）

图14-1 财务报告构成体系

（一）财务报表

财务报表是以企业的会计凭证、会计账簿和其他会计资料为依据，按照公认的会计准则和会计制度的要求，定期编制并对外报送，以货币作为计量单位，总括地反映企业某一日期的财务状况和一定时期的经营成果、现金流量的书面报告文件。财务报表至少应当包括下列组成部分：（1）资产负债表；（2）利润表；（3）现金流量表；（4）所有者权益（或股东权益，下同）变动表；（5）附注。

附注是对资产负债表、利润表、现金流量表、所有者权益变动表等报表中列示项目的文字描述或明细资料，以及对未能在这些报表中列示项目的说明等。附注是财务报表不可或缺的组成部分，报表使用者了解企业的财务状况、经营成果和现金流量，应当全面阅读附注，附注相对于报表而言，同样具有重要性。它提供的信息既包括货币性的定量信息，又包括非货币性的定性信息。

企业的财务报表是企业会计核算的最终成果，是企业对外提供财务信息的重要形式，甚至可以说，企业的日常会计核算工作都是为了期末编制财务报表积累资料和做好前期的准备工作。企业的外部利益关系人，如投资者、债权人、政府管理部门等，要了解企业的财务状况、经营成果和现金流量等方面的信息，主要渠道就是企业编制和对外提供的财务报表。

（二）其他财务报告

其他财务报告作为财务报表的辅助报告，提供的信息十分广泛，它既包括货币性定量信息，又包括非货币性定性信息；既包括历史性信息，又包括预测性信息。根据现行国际惯例，其他财务报告的内容主要包括：管理层的分析与讨论预测报告；物价变动影响报告；社会责任报告；内部控制评价报告等。

二、财务报表的分类

（一）财务报表按编报时间不同分类

财务报表按编报时间不同，可以分为中期财务报表和年度财务报表。

1. 中期财务报表是指以短于一个完整会计年度的报告期间为基础编制的财务报表，包括月报、季报和半年报等。中期财务报表至少应当包括资产负债表、利润表、现金流量表和附注，其中，中期资产负债表、利润表、现金流量表应当是完整报表，其格式和内容应当与年度财务报表一致。与年度财务报表的附注相比，中期财务报表的附注披露可适当简略。

2. 年度财务报表是指年度终了对外提供的财务报表。企业至少应当按年编制财务报表。年度财务报表涵盖的期间短于一年的，应当披露年度财务报表的涵盖期间，以及短于一年的原因。

（二）财务报表按反映内容不同分类

财务报表按其反映内容不同，可以分为资产负债表、利润表、现金流量表和所有者权益变动表等。

（三）财务报表按编报主体不同分类

财务报表按编报主体的不同，可以分为个别财务报表和合并财务报表。

1. 个别财务报表是由企业在自身会计核算的基础上对账簿记录进行加工而编制的财务

报表，它主要用以反映企业自身的财务状况、经营成果和现金流量情况。

2. 合并财务报表是以母公司和子公司组成的企业集团为会计主体，根据母公司和所属子公司的财务报表，由母公司编制的综合反映企业集团财务状况、经营成果及现金流量的财务报表。

由此可见，这种分类也可以称为按财务报表反映会计主体范围的不同而进行的分类。

三、财务报告列报的基本原则和要求

（一）依据各项会计准则确认和计量的结果编制财务报表

企业应当根据实际发生的交易和事项，按照各项具体会计准则的规定进行确认和计量，并在此基础上编制财务报表。企业应当在附注中对遵循企业会计准则编制的财务报表做出声明，只有遵循了企业会计准则的所有规定，财务报表才应当被称为“遵循了企业会计准则”。

企业不应以在附注中披露代替对交易和事项的确认和计量，也就是说，企业如果采用不恰当的会计政策，不得通过在附注中披露等其他形式予以更正，企业应当对交易和事项进行正确的确认和计量。

（二）以持续经营和权责发生制为列报基础

持续经营是会计核算的基本前提，也是编制财务报表的基础。在编制财务报表的过程中，企业管理层应当对企业持续经营的能力进行评价，需要考虑的因素包括市场经营风险、企业目前或长期的盈利能力、偿债能力、财务弹性以及企业管理层改变经营政策的意向等。评价后对企业持续经营的能力产生严重怀疑的，应当在附注中披露导致对持续经营能力产生重大怀疑的重要的不确定因素。若以持续经营为基础编制财务报表不再合理，企业应当采用其他基础编制财务报表，并在附注中披露这一事实。

除现金流量表按收付实现制编制外，其他财务报表都应当按权责发生制编制。

（三）坚持列报的一致性要求

可比性是会计信息质量的一项重要质量要求，目的是使同一企业不同期间和同一期间不同企业的财务报表相互可比。为此，财务报表项目的列报应当在各个会计期间保持一致，不得随意变更，这一要求不仅针对财务报表中的项目名称，还包括财务报表项目的分类、排列顺序等方面。

在以下规定的特殊情况下，财务报表项目的列报是可以改变的：（1）会计准则要求改变；（2）企业经营业务的性质发生重大变化后，变更财务报表项目的列报能够提供更可靠、更相关的会计信息。

（四）列报可以比较的信息

企业在列报当期财务报表时，至少应当提供所有列报项目上一可比会计期间的比较数据，以及与理解当期财务报表相关的说明，目的是向报表使用者提供对比数据，提高信息在会计期间的可比性，以反映企业财务状况、经营成果和现金流量的发展趋势，提高报表使用者的判断与决策能力。

在财务报表项目的列报发生变更的情况下，企业应当对上期比较数据按照当期的列报要求进行调整，并在附注中披露调整的原因和性质，以及调整的各项目金额。但是，在某些情况下，对上期比较数据进行调整不切实可行的，则应当在附注中披露不能调整的原因。

（五）财务报表表首的列报要求

财务报表一般分为表首、正表两部分，其中，在表首部分企业应当概括地说明下列基本信息：（1）编报企业的名称，如企业名称在所属当期发生了变更，还应明确标明；（2）对于资产负债表而言，须披露资产负债表日，而对于利润表、现金流量表、所有者权益变动表而言，须披露报表涵盖的会计期间；（3）货币名称和单位，按照我国企业会计准则的规定，企业应当以人民币列报，并标明金额单位，如人民币元、人民币万元等；（4）财务报表是合并财务报表的，应当予以标明。

（六）报告时限要求

根据《中华人民共和国会计法》的规定，会计年度自公历1月1日起至12月31日止。若年度财务报表涵盖的期间短于一年，比如企业在年度中间（如3月1日）开始设立等，企业应当披露年度财务报表的实际涵盖期间及其短于一年的原因，并应当说明由此引起的财务报表项目与比较数据不具可比性这一事实。

为了充分发挥财务报告的作用，企业应当按相关法律法规的规定及时对外提供财务报告。月度财务报告应当于月度终了后6天内（节假日顺延，下同）对外提供；季度财务报告应当于季度终了后15天内对外提供；半年度财务报告应当于年度中期终了后60天内对外提供；年度财务报告应当于年度终了后4个月内对外提供。

第二节 资产负债表

一、资产负债表概述

（一）资产负债表的概念

资产负债表，又称财务状况表，它是反映企业在某一特定日期财务状况的报表，也称静态报表。它是根据资产、负债和所有者权益之间的相互关系，按照一定的分类标准和一定的顺序，把企业某一日期的资产、负债和所有者权益各项目予以适当排列，并对日常工作中形成的大量数据进行加工整理后编制而成的。它表明企业在某一日期所拥有的经济资源、应承担的现时义务和企业所有者对净资产的要求权。

（二）资产负债表的作用

1. 通过资产负债表可以了解企业某一日期资产的总额及其构成，以及相对于这些总资产的权益。

2. 通过资产负债表可以反映企业某一日期所拥有的债权及投资者所持有的权益，同时还可以反映企业所承担的债务和所有者权益的构成及具体内容。

3. 通过资产负债表可以分析企业的偿债能力，联系其他财务报表，还可以分析企业财务弹性、未来现金流量、潜在盈利能力等情况。

4. 通过资产负债表可以分析企业的财务趋势，可以看出企业资产、负债和所有者权益增减数额，判断企业的财务状况是变好还是变坏了。

资产负债表虽然有上述的重要作用，但因为其编制方法、反映内容受到会计准则、会计惯例等方面的影响，会存在一定的局限性，如资产项目的计价方法不统一、部分有价值的经济资源由于不能以货币计量而未能在表内反映、表中反映的信息有许多带有企业的主观判断及估计等。对于这些局限性，财务报表的使用者应有充分认识。

（三）资产负债表的格式

资产负债表的理论基础是会计的基本等式：资产=负债+所有者权益。依据会计的基本等式设计的资产负债表有两种格式：一是账户式；二是报告式。

账户式资产负债表将资产与负债、所有者权益项目分列左右两方，资产项目列在表的左侧，负债与所有者权益项目列在表的右侧。报告式资产负债表将资产、负债和所有者权益项目采用垂直的形式排列。

我国会计实务中使用账户式的资产负债表，这也是世界各国普遍采用的资产负债表格式。这种格式的资产负债表能较好地将形式与内容结合起来，揭示各项目之间的钩稽关系，直观、形象地表达企业所控制的经济资源及其来源，也便于对财务报表进行结构分析。报告式资产负债表则主要适用于多期资产负债表的比较列示。

资产负债表中资产分成流动资产和非流动资产两大类，资产项目按其流动性（即变现能力）由强到弱依次排列列示；负债分成流动负债和非流动负债两大类，负债项目按其流动性由强到弱（即偿还期由近至远）依次排列列示；所有者权益项目按其永久性由强到弱（即在企业存续期的长短）依次排列列示。

我国资产负债表的基本格式见表14-5。

二、资产负债表的填列方法

（一）资产负债表“上年年末余额”栏的填列方法

表14-5中“上年年末余额”栏各项目数字，通常根据上年年末资产负债表有关项目的“期末余额”栏所列数字填列。如果企业上年度资产负债表规定的项目的名称和内容同本年度不一致，应对上年年末资产负债表相关项目的名称和数字按照本年度的规定进行调整，按调整后的数字填入“上年年末余额”栏。

（二）资产负债表“期末余额”栏的填列方法

1.“期末余额”栏的一般列报方法

资产负债表“期末余额”栏内各项目数字，一般应根据资产、负债和所有者权益类账户的期末余额填列，主要包括以下方式：

（1）根据总账账户的余额填列。资产负债表中的有些项目，可直接根据有关总账账户的余额填列，如“递延所得税资产”“短期借款”“递延所得税负债”“实收资本（或股本）”“资本公积”“库存股”“其他综合收益”“盈余公积”等项目；有些项目则需根据几个总账账户的余额计算填列，如“货币资金”项目，需根据“库存现金”“银行存款”“其他货币资金”三个总账账户余额的合计数填列。

（2）根据有关明细账户的余额计算填列。例如，“应付账款”项目，需要根据“应付账款”和“预付账款”两个账户所属的相关明细账户的期末贷方余额计算填列。

（3）根据总账账户和明细账户的余额分析计算填列。例如，“长期借款”项目，需根据“长期借款”总账账户余额扣除“长期借款”账户所属的明细账户中将在资产负债表日起一年内到期且企业不能自主地将清偿义务展期的长期借款后的金额计算填列。

（4）根据有关账户余额减去其备抵账户余额后的净额填列。例如，资产负债表中的“长期股权投资”项目，应根据“长期股权投资”账户的期末余额减去“长期股权投资减值准备”账户期末余额后的净额填列；“应收账款”项目，需要根据“应收账款”和“预收账款”两个账户所属的相关明细账户中期末借方余额合计数减去“坏账准备”账户中相关期末余额后的净额填列；“固定资产”项目，应根据“固定资产”账户的期末余额减去“累计折旧”“固定资产减值准备”两个备抵账户期末余额，并加上（或减去）“固定资产清理”账户借方（或贷方）期末余额后的净额填列；“无形资产”项目，应根据“无形资产”账户的期末余额，减去“累计摊销”“无形资产减值准备”账户期末余额后的净额填列。

（5）综合运用上述填列方法分析填列。例如，资产负债表中的“存货”项目，需根据“原材料”“库存商品”“委托加工物资”“周转材料”“材料采购”“在途物资”“发出商品”等总账账户期末余额的分析汇总数，并加上（或减去）“材料成本差异”借方（或贷方）期末余额，再减去“存货跌价准备”账户期末余额后的金额填列。

2.“期末余额”栏各项目的具体列报方法

（1）“货币资金”项目，反映企业库存现金、银行结算户存款、外埠存款、银行汇票存款、银行本票存款、信用卡存款、信用证保证金存款等的合计数。本项目应根据“库存现金”“银行存款”“其他货币资金”账户期末余额的合计数填列。

（2）“交易性金融资产”项目，反映企业资产负债表日分类为以公允价值计量且其变动计入当期损益的金融资产，以及企业持有的直接指定为以公允价值计量且其变动计入当期损益的金融资产的期末账面价值。该项目应根据“交易性金融资产”账户的相关明细账户期末余额分析填列。自资产负债表日起超过一年到期且预期持有超过一年的以公允价值计量且其变动计入当期损益的非流动金融资产的期末账面价值，在“其他非流动金融资产”项目反映。

（3）“应收票据”项目，反映资产负债表日以摊余成本计量的，企业因销售商品、提供劳务等收到的商业汇票，包括银行承兑汇票和商业承兑汇票。该项目应根据“应收票据”账户的期末余额，减去“坏账准备”账户中相关期末余额后的净额分析填列。

（4）“应收账款”项目，反映资产负债表日以摊余成本计量的，企业因销售商品、提供劳务等经营活动应收取的款项。该项目应根据“应收账款”和“预收账款”两个账户所属的相关明细账户期末借方余额合计数减去“坏账准备”账户中相关期末余额后的净额分析填列。

（5）“应收款项融资”项目，反映资产负债表日以公允价值计量且其变动计入其他综合收益的应收票据和应收账款等。

（6）“预付款项”项目，反映企业按照购货合同的规定预付给供应单位的款项等。本项目应根据“预付账款”和“应付账款”账户所属各明细账户的期末借方余额合计数，减去“坏账准备”账户中有关预付账款计提的坏账准备期末余额后的净额填列。如“预付账款”账户所属明细账户期末有贷方余额，应在资产负债表“应付账款”项目内填列。

（7）“其他应收款”项目，反映企业除应收票据及应收账款、预付账款等经营活动以外的其他各种应收、暂付的款项。本项目应根据“应收利息”、“应收股利”和“其他应收款”账户的期末余额合计数，减去“坏账准备”账户中相关坏账准备期末余额后的净额分析填列。其中的“应收利息”仅反映相关金融工具已到期可收取但于资产负债表日尚未收到的利息。基于实际利率法计提的金融工具的利息应包含在相应金融工具的账面余额中。

（8）“存货”项目，反映企业期末在库、在途和在加工中的各种存货的可变现净值或成本（成本与可变现净值孰低）。存货包括各种材料、商品、在产品、半成品、包装物、低值易耗品、委托代销商品等。本项目应根据“材料采购”“原材料”“库存商品”“周转材料”“委托加工物资”“发出商品”“委托代销商品”“生产成本”“受托代销商品”等账户的期末余额合计数，减去“受托代销商品款”“存货跌价准备”账户期末余额后的净额填列。材料采用计划成本核算，以及库存商品采用计划成本核算或售价核算的企业，还应按加上（或减去）“材料成本差异”账户借方（或贷方）期末余额、“商品进销差价”账户借方（或贷方）期末余额后的金额填列。

例如，2023年12月31日，华扬股份有限公司有关账户余额如下：“发出商品”账户借方余额为400万元，“生产成本”账户借方余额为150万元，“原材料”账户借方余额为50万元，“委托加工物资”账户借方余额为100万元，“材料成本差异”账户贷方余额为12.5万元，“存货跌价准备”账户贷方余额为50万元，“受托代销商品”账户借方余额为20万元，“受托代销商品款”账户贷方余额为20万元，则：

2023年12月31日该公司资产负债表中“存货”项目“期末余额”的列报金额 =400+150+50+100−12.5−50+20−20=637.5（万元）

（9）“合同资产”项目，反映企业按照《企业会计准则第14号——收入》（2017年修订）的相关规定，根据本企业履行履约义务与客户付款之间的关系在资产负债表中列示的合同资产。“合同资产”项目应根据“合同资产”账户的相关明细账户期末余额分析填列。

（10）“持有待售资产”项目，反映企业资产负债表日划分为持有待售类别的非流动资产及划分为持有待售类别的处置组中的流动资产和非流动资产的期末账面价值。该项目应根据“持有待售资产”账户的期末余额，减去“持有待售资产减值准备”账户的期末余额后的金额填列。

（11）“一年内到期的非流动资产”项目，通常反映预计自资产负债表日起一年内变现的非流动资产。对于按照相关会计准则采用折旧（或摊销、折耗）方法进行后续计量的固定资产、使用权资产、无形资产和长期待摊费用等非流动资产，折旧（或摊销、折耗）年限（或期限）只剩一年或不足一年的，或预计在一年内（含一年）进行折旧（或摊销、折耗）的部分，不得归类为流动资产，仍在各该非流动资产项目中填列，不转入“一年内到期的非流动资产”项目。

（12）“债权投资”项目，反映资产负债表日企业以摊余成本计量的长期债权投资的期末账面价值。该项目应根据“债权投资”账户的相关明细账户期末余额，减去“债权投资减值准备”账户中相关减值准备的期末余额后的金额分析填列。自资产负债表日起一年内到期的长期债权投资的期末账面价值，在“一年内到期的非流动资产”项目反映。企业购入的以摊余成本计量的一年内到期的债权投资的期末账面价值，在“其他流动资产”项目反映。

（13）“其他债权投资”项目，反映资产负债表日企业分类为以公允价值计量且其变动计入其他综合收益的长期债权投资的期末账面价值。该项目应根据“其他债权投资”账户的相关明细账户期末余额分析填列。自资产负债表日起一年内到期的长期债权投资的期末账面价值，在“一年内到期的非流动资产”项目反映。企业购入的以公允价值计量且其变动计入其他综合收益的一年内到期的债权投资的期末账面价值，在“其他流动资产”项目反映。

（14）“长期应收款”项目，反映企业融资租赁产生的应收款项和采用递延方式分期收款、实质上具有融资性质的销售商品和提供劳务等经营活动产生的应收款项。本项目应根据“长期应收款”账户的期末余额，减去相应的“未实现融资收益”账户和“坏账准备”账户所属相关明细账户期末余额后的金额填列。

（15）“长期股权投资”项目，反映投资方对被投资单位实施控制、重大影响的权益性投资，以及对其合营企业的权益性投资。本项目应根据“长期股权投资”账户的期末余额，减去“长期股权投资减值准备”账户期末余额后的金额填列。

（16）“其他权益工具投资”项目，反映资产负债表日企业指定为以公允价值计量且其变动计入其他综合收益的非交易性权益工具投资的期末账面价值。该项目应根据“其他权益工具投资”账户的期末余额填列。

（17）“其他非流动金融资产”项目，反映企业自资产负债表日起超过一年到期且预期持有超过一年的以公允价值计量且其变动计入当期损益的非流动金融资产的期末账面价值。本项目应根据“交易性金融资产”的发生额分析填列。

（18）“投资性房地产”项目，反映企业持有的投资性房地产。企业采用成本模式计量投资性房地产的，本项目应根据“投资性房地产”账户的期末余额，减去“投资性房地产累计折旧（或摊销）”和“投资性房地产减值准备”账户期末余额后的金额填列。企业采用公允价值模式计量投资性房地产的，本项目应根据“投资性房地产”账户的期末余额填列。

（19）“固定资产”项目，反映资产负债表日企业固定资产的期末账面价值和企业尚未清理完毕的固定资产清理净损益。该项目应根据“固定资产”账户的期末余额，减去“累计折旧”和“固定资产减值准备”账户期末余额后的金额，以及“固定资产清理”账户的期末余额（若为借方余额应加上，贷方余额则减去）计算填列。

（20）“在建工程”项目，反映资产负债表日企业尚未达到预定可使用状态的在建工程的期末账面价值和企业为在建工程准备的各种物资的期末账面价值。该项目应根据“在建工程”账户的期末余额，减去“在建工程减值准备”账户的期末余额后的金额，以及“工程物资”账户的期末余额，减去“工程物资减值准备”账户的期末余额后的金额填列。

（21）“生产性生物资产”项目，反映企业持有的生产性生物资产。本项目应根据“生产性生物资产”账户的期末余额，减去“生产性生物资产累计折旧”和“生产性生物资产减值准备”账户期末余额后的金额填列。

（22）“油气资产”项目，反映企业持有的矿区权益和油气井及相关设施。本项目应根据“油气资产”账户的期末余额，减去“累计折耗”账户期末余额和相应减值准备后的金额填列。

（23）“使用权资产”项目，反映资产负债表日承租人企业持有的使用权资产的期末账面价值。该项目应根据“使用权资产”账户的期末余额，减去“使用权资产累计折旧”和“使用权资产减值准备”账户期末余额后的金额填列。

（24）“无形资产”项目，反映企业持有的无形资产，包括专利权、非专利技术、商标权、著作权、土地使用权等。本项目应根据“无形资产”账户的期末余额，减去“累计摊销”和“无形资产减值准备”账户期末余额后的金额填列。

（25）“开发支出”项目，反映企业开发无形资产过程中能够资本化形成无形资产成本的支出部分。本项目应根据“研发支出”账户所属的“资本化支出”明细账户的期末余额填列。

（26）“商誉”项目，反映企业合并中形成的商誉的价值。本项目应根据“商誉”账户的期末余额，减去相应减值准备后的金额填列。

（27）“长期待摊费用”项目，反映企业已经发生但应由本期和以后各期负担的分摊期在一年以上的各项费用。本项目应根据“长期待摊费用”账户的期末余额填列。

（28）“递延所得税资产”项目，反映企业确认的可抵扣暂时性差异产生的递延所得税资产。本项目应根据“递延所得税资产”账户的期末余额填列。

（29）“其他非流动资产”项目，反映企业除固定资产、在建工程、无形资产等上述非流动资产以外的其他非流动资产。本项目应根据有关账户的期末余额填列。

（30）“短期借款”项目，反映企业向银行或其他金融机构借入的期限在一年以下（含一年）的各种借款。本项目应根据“短期借款”账户的期末余额填列。

（31）“交易性金融负债”项目，反映资产负债表日企业承担的交易性金融负债，以及企业持有的指定为以公允价值计量且其变动计入当期损益的金融负债的期末账面价值。该项目应根据“交易性金融负债”账户的相关明细账户的期末余额填列。

（32）“应付票据”项目，反映资产负债表日以摊余成本计量的，企业因购买材料、商品和接受劳务等开出、承兑的商业汇票，包括银行承兑汇票和商业承兑汇票。该项目应根据“应付票据”账户的期末余额填列。

（33）“应付账款”项目，反映资产负债表日以摊余成本计量的，企业因购买材料、商品和接受劳务等经营活动应支付的款项。该项目应根据“应付账款”和“预付账款”账户所属的相关明细账户的期末贷方余额合计数填列。

（34）“预收款项”项目，反映企业按照销货合同的规定预收购货单位的款项。本项目应根据“预收账款”和“应收账款”账户所属各明细账户的期末贷方余额合计数填列。如“预收账款”账户所属各明细账户期末有借方余额，应在资产负债表“应收账款”项目填列。

（35）“合同负债”项目。该项目应根据“合同负债”账户的相关明细账户期末余额分析填列，同一合同下的合同资产和合同负债应当以净额列示，其中净额为借方余额的，应当根据其流动性在“合同资产”或“其他非流动资产”项目中填列，已计提减值准备的，还应减去“合同资产减值准备”账户中相关的期末余额；其中净额为贷方余额的，应当根据其流动性在“合同负债”或“其他非流动负债”项目中填列。

（36）“应付职工薪酬”项目，反映企业为获得职工提供的服务或解除劳动关系而给予的各种形式的报酬或补偿。企业提供给职工配偶、子女、受赡养人、已故员工遗属及其他受益人等的福利，也属于职工薪酬。职工薪酬主要包括短期薪酬、离职后福利、辞退福利和其他长期职工福利。本项目应根据“应付职工薪酬”账户所属各明细账户的期末贷方余额分析填列。外商投资企业按规定从净利润中提取的职工奖励及福利基金，也在本项目列示。

例如，2023年12月31日，华扬股份有限公司“应付职工薪酬”账户显示，所欠的薪酬项目包括：工资、奖金、津贴和补贴80万元，社会保险费5万元，设定提存计划（含基本养老保险费）3万元，住房公积金2.5万元，工会经费和职工教育经费0.5万元，则2023年12月31日，华扬股份有限公司资产负债表中“应付职工薪酬”项目“期末余额”的列报金额=80+5+3+2.5+0.5=91（万元）。

（37）“应交税费”项目，反映企业按照税法的规定计算应缴纳的各种税费，包括增值税、消费税、城市维护建设税、教育费附加、企业所得税、资源税、土地增值税、房产税、城镇土地使用税、车船税、矿产资源补偿费等。企业代扣代缴的个人所得税，也通过本项目列示。企业所缴纳的税金不需要预计应交数的，如印花税、耕地占用税等，不在本项目列示。本项目应根据“应交税费”账户的期末贷方余额填列，如“应交税费”账户期末为借方余额，应以“-”号填列。需要说明的是，“应交税费”账户下的“应交增值税”“未交增值税”“增值税留抵税额”等明细账户期末借方余额应根据情况，在资产负债表中的“其他流动资产”或“其他非流动资产”项目列示；“应交税费——待转销项税额”等账户期末贷方余额应根据情况，在资产负债表中的“其他流动负债”或“其他非流动负债”项目列示；“应交税费”账户下的“未交增值税”“简易计税”“代扣代交增值税”等明细账户期末贷方余额应在资产负债表中的“应交税费”项目列示。

（38）“其他应付款”项目，反映企业除应付票据、应付账款、预收款项、应付职工薪酬、应交税费等经营活动以外的其他各项应付、暂收的款项。本项目应根据“应付股利”“应付利息”“其他应付款”账户的期末余额合计数填列。其中的“应付利息”仅反映相关金融工具已到期应支付但于资产负债表日尚未支付的利息。基于实际利率法计提的金融工具的利息应包含在相应金融工具的账面余额中。

（39）“持有待售负债”项目，反映资产负债表日处置组中与划分为持有待售类别的资产直接相关的负债的期末账面价值。本项目应根据“持有待售负债”账户的期末余额填列。

（40）“一年内到期的非流动负债”项目，反映企业非流动负债中将于资产负债表日后一年内到期部分的金额，如将于一年内偿还的长期借款等。自资产负债表日起一年内到期应予以清偿的租赁负债，在“一年内到期的非流动负债”项目中反映。本项目应根据有关非流动负债明细账户的期末余额分析填列。

（41）“长期借款”项目，反映企业向银行或其他金融机构借入的期限在一年以上（不含一年）的各项借款。本项目应根据“长期借款”账户的期末余额，扣除“长期借款”账户所属的明细账户中将在资产负债表日起一年内到期且企业不能自主地将清偿义务展期的长期借款后的金额计算填列。

例如，2023年12月31日，华扬股份有限公司“长期借款”账户余额为200万元，其中自乙银行借入的5万元借款将于一年内到期，华扬股份有限公司不具有自主展期清偿的权力，则华扬股份有限公司2023年12月31日资产负债表“期末余额”中“长期借款”项目的列报金额=200-5=195（万元），“一年内到期的非流动负债”项目的列报金额为5万元。

（42）“应付债券”项目，反映企业为筹集长期资金而发行的债券本金和利息。本项目应根据“应付债券”账户的期末余额分析填列。

（43）“租赁负债”项目，反映资产负债表日承租人尚未支付的租赁付款额的期末账面价值。该项目应根据“租赁负债”账户的期末余额填列。自资产负债表日起一年内到期应予以清偿的租赁负债的期末账面价值，在“一年内到期的非流动负债”项目反映。

（44）“长期应付款”项目，反映资产负债表日企业除长期借款和应付债券以外的其他各种长期应付款项的期末账面价值。该项目应根据“长期应付款”账户的期末余额，减去相关的“未确认融资费用”账户的期末余额后的金额，以及“专项应付款”账户的期末余额填列。

（45）“预计负债”项目，反映企业根据或有事项等相关准则确认的各项预计负债，包括对外提供担保、未决诉讼、产品质量保证、重组义务等产生的预计负债。本项目应根据“预计负债”账户的期末余额填列。

（46）“递延收益”项目，反映尚待确认的收入或收益。本项目核算包括企业根据政府补助准则确认的应在以后期间计入当期损益的政府补助金额等。本项目应根据“递延收益”账户的期末余额填列。“递延收益”项目中摊销期限只剩一年或不足一年的，或预计在一年内（含一年）进行摊销的部分，不得归类为流动负债，仍在该项目中填列，不转入“一年内到期的非流动负债”项目。

（47）“递延所得税负债”项目，反映企业根据所得税准则确认的应纳税暂时性差异产生的所得税负债。本项目应根据“递延所得税负债”账户的期末余额填列。

（48）“实收资本（或股本）”项目，反映企业各投资者实际投入的资本（或股本）总额。本项目应根据“实收资本”或“股本”账户的期末余额填列。

（49）“其他权益工具”项目，反映资产负债表日企业发行在外的除普通股以外分类为权益工具的金融工具的期末账面价值。对于资产负债表日企业发行的金融工具，分类为金融负债的，应在“应付债券”项目填列，对于优先股和永续债，还应在“应付债券”项目下的“优先股”项目和“永续债”项目分别填列；分类为权益工具的，应在“其他权益工具”项目填列，对于优先股和永续债，还应在“其他权益工具”项目下的“优先股”项目和“永续债”项目分别填列。

（50）“资本公积”项目，反映企业收到投资者出资超出其在注册资本或股本中所占的份额以及直接计入所有者权益的利得和损失等。本项目应根据“资本公积”账户的期末余额填列。

（51）“库存股”项目，反映企业持有尚未转让或注销的本公司股份金额。本项目应根据“库存股”账户的期末余额填列。

（52）“其他综合收益”项目，反映企业其他综合收益的期末余额。本项目应根据“其他综合收益”账户的期末余额填列。

（53）“专项储备”项目，反映高危行业企业按国家的规定提取的安全生产费的期末账面价值。该项目应根据“专项储备”账户的期末余额填列。

（54）“盈余公积”项目，反映企业盈余公积的期末余额。本项目应根据“盈余公积”账户的期末余额填列。

（55）“未分配利润”项目，反映企业尚未分配的利润。未分配利润是指企业实现的净利润经过弥补亏损、提取盈余公积和向投资者分配利润后留存在企业的、历年结存的利润。本项目应根据“本年利润”账户和“利润分配”账户的余额计算填列。未弥补的亏损在本项目内以“-”号填列。

三、资产负债表编制示例

【例14-1】

（一）资料：

1.华扬股份有限公司2023年1月1日有关科目的余额见表14-3。

表14-3 **科目余额表** 单位：元

科目名称	借方金额	科目名称	贷方金额
银行存款	2 500 000	短期借款	1 300 000
交易性金融资产	400 000	应付票据	800 000
应收票据	200 000	应付账款	500 000
应收账款	200 000	预收账款	20 000
坏账准备	-50 000	应付职工薪酬	20 000
其他应收款	20 000	应交税费	1 050 000
预付账款	10 000	其他应付款	10 000
原材料	103 000	应付利息	12 500
库存商品	3 007 000	长期借款	2 300 000
长期股权投资	1 000 000	应付债券	1 000 000
债权投资	120 000	实收资本	11 960 000
固定资产	15 000 000	盈余公积	837 500
累计折旧	-3 000 000	利润分配	650 000
在建工程	850 000		
无形资产	100 000		
合　　计	20 460 000	合　　计	20 460 000

2.华扬股份有限公司2023年度发生了如下经济业务：

（1）将到期的一张面值为10万元的无息银行承兑汇票连同解讫通知和进账单交银行办理转账。收到银行盖章退回的进账单一联。款项银行已收妥。

（2）购入原材料一批，增值税专用发票上注明的原材料价款500万元，增值税税额65万元，货款尚未支付，材料已经到达。该企业材料按实际成本核算。

（3）处置交易性金融资产（全部为丙公司股票），处置收入33万元已经收到并存入银行。交易性金融资产的账面价值为30万元，其中，成本28万元，公允价值变动（借方）2万元。

（4）生产领用原材料200万元，其中产品直接耗用材料180万元，车间一般耗用材料20万元。

（5）销售产品一批，产品成本200万元，销售货款800万元，增值税专用发票上注明的增值税税额为104万元。产品已经发出，货款已经收到并存入银行。

（6）收到银行通知，用银行存款支付到期的商业承兑汇票60万元。

（7）归还短期借款本息26.25万元，其中：本金25万元，利息1.25万元，利息之前已预提。

（8）以银行转账方式支付工资65万元。

（9）分配应支付的职工工资65万元，其中：生产工人工资40万元，行政管理人员工资10万元，销售人员工资10万元，在建工程人员工资5万元。

（10）实际发生职工福利费9.1万元，其中：生产工人福利费5.6万元，行政管理人员福利费1.4万元，销售人员福利费1.4万元，在建工程人员福利费0.7万元。

（11）销售原材料一批，原材料成本5万元，销售货款9万元，增值税专用发票上注明的增值税税额为1.17万元。材料已发出，款项尚未收到。

（12）对乙企业的长期股权投资占乙企业有表决权资本的比例为40%，该长期股权投资按权益法核算，本年度乙企业实现净利润100万元。乙企业宣告分配现金股利37.5万元，本公司应分得15万元，已经收到并存入银行。

（13）向银行借入短期借款20万元，年度内实际支付利息1万元。

（14）一张已到期，价值为5.47万元的商业承兑汇票因对方无款支付，转作应收账款。

（15）提取应收账款坏账准备4万元。

（16）1月1日（债券发行日）购入甲企业发行的3年期债券，面值100万元，年利率10%。企业按112万元的价格购入，款项已用银行存款支付，购入的债券作为债权投资准备持有至到期。年终按规定计提债券利息，并按实际利率法摊销债券溢价（实际利率为5.55%）。

（17）提取固定资产折旧50万元，其中：应计入制造费用的折旧为30万元，应计入管理费用的折旧为20万元。

（18）用银行存款购入不需要安装的固定资产，价款100万元，可抵扣的增值税为13万元。款项已支付，设备已交付使用。

（19）结转制造费用50万元，并将完工产品70万元入库。

（20）向银行借入4年期，利率为6%的一笔长期借款900万元，已存入银行。同时偿还另一笔已到期的长期借款本金40万元。

（21）出售2009年1月1日以后购进的A设备一台，原价550万元，已提折旧200万元，出售所得收入300万元，增值税39万元，发生清理费用10万元，款项均以银行存款收支，A设备已清理完毕。同年度，公司出售2009年1月1日以后购进的不需用的B设备一台，收到价款30万元，增值税3.9万元，该设备原价40万元，已提折旧15万元。B设备已清理完毕。

（22）用银行存款支付出包工程款500万元。

（23）提取已投入使用的某项目的应付债券利息6万元，该债券到期一次还本付息。

（24）在建工程完工交付使用，价值520万元。

（25）摊销无形资产2万元。

（26）计提固定资产减值准备37.2万元。

（27）缴纳上年度未交增值税105万元。

（28）本期应交城市维护建设税4.9049万元，应交教育费附加2.1021万元。

（29）计算应交所得税124.5523万元（假设不考虑税收调整项目，本年利润总额即为应纳税所得额）。本年实际缴纳所得税124.5523万元；增值税60万元；城市维护建设税4.9049万元；教育费附加2.1021万元。

（30）结转收支类账户，并将“本年利润”账户转入“利润分配——未分配利润”账户。

（31）提取法定盈余公积37.3657万元，提取任意盈余公积18.6828万元，宣告发放现金股利43.9515万元。年末，将利润分配的其他明细账户转入“利润分配——未分配利润”账户。

（二）根据华扬股份有限公司2023年发生的经济业务编制如下会计分录：

（1）借：银行存款　100 000
　　贷：应收票据　100 000

（2）借：原材料　5 000 000
　　应交税费——应交增值税（进项税额）　650 000
　　贷：应付账款　5 650 000

（3）借：银行存款　330 000
　　贷：交易性金融资产——丙公司股票（成本）　280 000
　　　　——丙公司股票（公允价值变动）　20 000
　　投资收益　30 000

（4）借：生产成本　1 800 000
　　制造费用　200 000
　　贷：原材料　2 000 000

（5）①借：银行存款　9 040 000
　　贷：主营业务收入　8 000 000
　　　　应交税费——应交增值税（销项税额）　1 040 000
②借：主营业务成本　2 000 000
　　贷：库存商品　2 000 000

（6）借：应付票据　600 000
　　贷：银行存款　600 000

（7）借：短期借款　250 000
　　应付利息　12 500
　　贷：银行存款　262 500

（8）借：应付职工薪酬——工资　650 000
　　贷：银行存款　650 000

（9）借：生产成本　400 000
　　管理费用　100 000
　　销售费用　100 000
　　在建工程　50 000
　　贷：应付职工薪酬——工资　650 000

（10）借：生产成本　56 000
　　管理费用　14 000
　　销售费用　14 000
　　在建工程　7 000

贷：应付职工薪酬——职工福利 91 000

（11）①借：应收账款 101 700

贷：其他业务收入 90 000

应交税费——应交增值税（销项税额） 11 700

②借：其他业务成本 50 000

贷：原材料 50 000

（12）①借：长期股权投资——乙企业（损益调整） 400 000

贷：投资收益 400 000

②借：银行存款 150 000

贷：长期股权投资——乙企业（损益调整） 150 000

（13）①借：银行存款 200 000

贷：短期借款 200 000

②借：财务费用 10 000

贷：银行存款 10 000

（14）借：应收账款 54 700

贷：应收票据 54 700

（15）借：信用减值损失 40 000

贷：坏账准备 40 000

（16）①借：债权投资——成本 1 000 000

——利息调整 120 000

贷：银行存款 1 120 000

②借：债权投资——应计利息 100 000

贷：投资收益 62 160

债权投资——利息调整 37 840

（17）借：制造费用 300 000

管理费用 200 000

贷：累计折旧 500 000

（18）借：固定资产 1 000 000

应交税费——应交增值税（进项税额） 130 000

贷：银行存款 1 130 000

（19）①借：生产成本 500 000

贷：制造费用 500 000

②借：库存商品 700 000

贷：生产成本 700 000

（20）①借：银行存款 9 000 000

贷：长期借款 9 000 000

②借：长期借款 400 000

贷：银行存款 400 000

(21) 出售A设备:

①借: 固定资产清理 3 500 000

累计折旧 2 000 000

贷: 固定资产——A设备 5 500 000

②借: 银行存款 3 390 000

贷: 固定资产清理 3 000 000

应交税费——应交增值税(销项税额) 390 000

③借: 固定资产清理 100 000

贷: 银行存款 100 000

④借: 资产处置损益 600 000

贷: 固定资产清理 600 000

出售B设备:

⑤借: 固定资产清理 250 000

累计折旧 150 000

贷: 固定资产——B设备 400 000

⑥借: 银行存款 339 000

贷: 固定资产清理 300 000

应交税费——应交增值税(销项税额) 39 000

⑦借: 固定资产清理 50 000

贷: 资产处置损益 50 000

(22) 借: 在建工程 5 000 000

贷: 银行存款 5 000 000

(23) 借: 财务费用 60 000

贷: 应付债券——应计利息 60 000

(24) 借: 固定资产 5 200 000

贷: 在建工程 5 200 000

(25) 借: 管理费用 20 000

贷: 累计摊销 20 000

(26) 借: 资产减值损失 372 000

贷: 固定资产减值准备 372 000

(27) 借: 应交税费——未交增值税 1 050 000

贷: 银行存款 1 050 000

(28) 借: 税金及附加 70 070

贷: 应交税费——应交城市维护建设税 49 049

——应交教育费附加 21 021

(29) ①借: 所得税费用 1 245 523

贷: 应交税费——应交所得税 1 245 523

②借: 应交税费——应交所得税 1 245 523

——应交增值税(已交税金) 600 000

借：应交税费——应交城市维护建设税	49 049	
——应交教育费附加	21 021	
贷：银行存款		1 915 593
（30）①借：主营业务收入	8 000 000	
其他业务收入	90 000	
投资收益	492 160	
贷：本年利润		8 582 160
②借：本年利润	4 845 593	
贷：主营业务成本		2 000 000
其他业务成本		50 000
税金及附加		70 070
财务费用		70 000
管理费用		334 000
销售费用		114 000
资产处置损益		550 000
信用减值损失		40 000
资产减值损失		372 000
所得税费用		1 245 523
③借：本年利润	3 736 567	
贷：利润分配——未分配利润		3 736 567
（31）①借：利润分配——提取法定盈余公积	373 657	
——提取任意盈余公积	186 828	
——应付现金股利	439 515	
贷：盈余公积		560 485
应付股利		439 515
②借：利润分配——未分配利润	1 000 000	
贷：利润分配——提取法定盈余公积		373 657
——提取任意盈余公积		186 828
——应付现金股利		439 515

（三）根据表14-3及上述会计分录，编制华扬股份有限公司2023年12月31日余额试算平衡表（见表14-4）。

表14-4 **余额试算平衡表** 单位：万元

科目名称	借方金额	贷方金额
银行存款	1 281.0907	
交易性金融资产	10	
应收票据	4.53	
应收账款	35.64	

续表

科目名称	借方金额	贷方金额
坏账准备		9
其他应收款	2	
预付账款	1	
原材料	305.3	
库存商品	170.7	
生产成本	205.6	
长期股权投资	125	
债权投资	130.216	
固定资产	1 530	
累计折旧		135
固定资产减值准备		37.2
在建工程	70.7	
无形资产	10	
累计摊销		2
短期借款		125
应付票据		20
应付账款		615
预收账款		2
应付职工薪酬		11.1
应付股利		43.9515
应交税费		10.0700
其他应付款		1
长期借款		1 090
应付债券		106
实收资本		1 196
盈余公积		139.7985
利润分配		338.6567
合　计	3 881.7767	3 881.7767

（四）根据表14-3及表14-4编制华扬股份有限公司2023年12月31日的资产负债表（见表14-5）。

表14-5 **资产负债表** 会企01表

编制单位：华扬股份有限公司 2023年12月31日 单位：万元

资产	期末余额	上年年末余额	负债和所有者权益（或股东权益）	期末余额	上年年末余额
流动资产：			流动负债：		
货币资金	1 281.0907	250	短期借款	125	130
交易性金融资产	10	40	交易性金融负债		
衍生金融资产			衍生金融负债		
应收票据	4.53	20	应付票据	20	80
应收账款	26.64	15	应付账款	615	50
应收款项融资			预收款项	2	2
预付款项	1	1	合同负债		
其他应收款	2	2	应付职工薪酬	11.1	2
存货	681.6	311	应交税费	10.0700	105
合同资产			其他应付款	44.9515	2.25
持有待售资产			持有待售负债		
一年内到期的非流动资产			一年内到期的非流动负债		
其他流动资产			其他流动负债		
流动资产合计	2 006.8607	639	流动负债合计	828.1215	371.25
非流动资产：			非流动负债：		
债权投资	130.216	12	长期借款	1 090	230
其他债权投资			应付债券	106	100
长期应收款			其中：优先股		
长期股权投资	125	100	永续债		
其他权益工具投资			租赁负债		
其他非流动金融资产			长期应付款		
投资性房地产			预计负债		
固定资产	1 357.8	1 200	递延收益		
在建工程	70.7	85	递延所得税负债		

续表

资 产	期末余额	上年年末余额	负债和所有者权益（或股东权益）	期末余额	上年年末余额
生产性生物资产			其他非流动负债		
油气资产			非流动负债合计	1 196	330
使用权资产			负债合计	2 024.1215	701.25
无形资产	8	10	所有者权益（或股东权益）：		
开发支出			实收资本（或股本）	1 196	1 196
商誉			其他权益工具		
长期待摊费用			其中：优先股		
递延所得税资产			永续债		
其他非流动资产			资本公积		
非流动资产合计	1 691.716	1 407	减：库存股		
			其他综合收益		
			专项储备		
			盈余公积	139.7985	83.75
			未分配利润	338.6567	65
			所有者权益（或股东权益）合计	1 674.4552	1 344.75
资产总计	3 698.5767	2 046	负债和所有者权益（或股东权益）总计	3 698.5767	2 046

第三节 利润表

一、利润表概述

（一）利润表的概念

利润表，它是反映企业在一定期间（如年度、季度、月份）经营成果的财务报表。由于利润表集中地反映了企业一定时间内利润（或亏损）情况，所以利润表又称损益表、收益表、盈利表。利润表是根据权责发生制和配比原则，把企业一定期间的收入与其相关的费用（成本）配比，计算出企业一定期间的利润。利润表是动态会计报表，它具有以下三个方面的特点：

1. 利润表数据是根据企业已发生的交易或者事项计算的，具备较高的可验证性。

2. 利润表中的收入和费用是根据权责发生制进行记录的，从而使企业的绩效建立在稳健的基础上。

3. 利润是本期已实现的收入与相关联的成本费用进行配比的结果，由此确定的利润能较客观地反映企业的经营业绩，减少管理者对会计利润的人为操纵。

（二）利润表的作用

利润是企业经济效益的综合体现，是现代企业经营的主要目的之一。利润表把企业一定期间的营业收入与其同一会计期间的营业费用进行配比，以计算出企业一定时期的净利润（或净亏损），在很大程度上说明了企业的经营管理水平。因此，利润表所披露的信息，是财务会计所提供的最重要的信息之一。利润表的作用具体表现在：

1. 利润表可以反映企业一定会计期间的收入实现及费用耗费情况。

2. 利润表可以反映企业生产经营活动的成果，据以评价企业经营者的工作业绩，判断企业资本保值增值情况。

3. 通过利润表以及其他会计报表，可以对企业的财务情况进行分析，考核企业的资产利用能力、偿债能力、盈利能力，预计企业未来现金流量，发现影响企业利润形成和变动的重要因素。

4. 利润表为投资者之间进行利润分配、政府部门课征税收提供了重要依据，也是计算国民收入的主要资料来源。

（三）利润表的格式

按照收入和成本费用在利润表中的列示方法，利润表的具体格式有单步式和多步式两种。

单步式利润表是将收入项目与成本费用项目采用上下形式排列，将收入合计与成本费用合计相减，一步得出最终的损益。多步式利润表将利润的计算分成若干项目或步骤，按利润形成的主要环节，依次分步计算得出最终的损益。

我国会计实务中采用的利润表基本格式是多步式。这种格式的利润表将不同性质的收入和费用分类进行配比，可以提供有关形成最终收益的中间性收益指标，丰富了利润表的信息，有利于信息使用者了解企业各方面业务对企业整体收益的影响，计算有关财务比率，评价企业的经营业绩和分析、预测企业的经营趋势。利润表的利润形成过程如下：

（1）营业利润 = 营业收入 − 营业成本 − 税金及附加 − 销售费用 − 管理费用 − 研发费用 − 财务费用 + 其他收益 + 投资净收益 + 净敞口套期收益 + 公允价值变动净收益 − 信用减值损失 − 资产减值损失 + 资产处置收益

（2）利润总额=营业利润+营业外收入-营业外支出

（3）净利润=利润总额-所得税费用

（4）综合收益总额=净利润+其他综合收益的税后净额

利润表的基本格式见表14-7。

二、利润表的编制方法

（一）利润表“上期金额”栏的填列方法

利润表中“上期金额”栏内各项目数字，应根据上年度利润表“本期金额”栏内所列数字填列。如果上年度利润表中的各个项目的名称和内容同本年度不相一致，应对上年度利润表各项目的名称和数字按本年度的规定进行调整，调整后填入本表“上期金额”栏内。

（二）利润表“本期金额”栏的填列方法

1.“本期金额”栏的一般列报方法

利润表中“本期金额”栏内各项目的编制依据主要是各损益类账户的本期发生数。一般而言，在企业利润结转采用表结法时，各收入类项目应根据相应的收入类账户的贷方净发生额填列，各费用类项目应根据相应的费用类账户的借方净发生额填列。具体方法可以概括为以下几种：

（1）根据几个损益类账户发生额计算填列。如“营业收入”项目应根据“主营业务收入”账户和“其他业务收入”账户的贷方净发生额的合计数填列；“营业成本”项目应根据“主营业务成本”账户和“其他业务成本”账户的借方净发生额的合计数填列等。

（2）根据相关损益类账户发生额直接填列。如“税金及附加”“销售费用”“财务费用”“其他收益”“投资收益”“公允价值变动收益”“信用减值损失”“资产减值损失”“资产处置收益”“营业外收入”“营业外支出”“所得税费用”等绝大多数项目都根据其相关损益类账户贷方或借方净发生额直接填列。

当然，在企业利润结转采用账结法时，利润表中的上述项目按损益类账户的期末结转金额直接填列或计算后填列。

（3）根据相关总账账户及其所属明细账户的本期发生额分析计算填列。如“管理费用”需根据“管理费用”账户的借方净发生额扣除其明细科目中“研发费用”项目的金额后填列；“其他综合收益的税后净额”项目及其各组成部分，应根据“其他综合收益”账户及其所属明细账户的本期发生额分析填列等。

（4）根据以上有关项目数据在利润表内计算填列。如“营业利润”“利润总额”“净利润”“综合收益总额”等项目。

（5）根据表内外信息计算填列。如“每股收益”项目，应当按照《企业会计准则第34号——每股收益》的规定，结合表内外信息计算填列。

2.“本期金额”栏各项目的具体内容和填列方法

（1）“营业收入”项目，反映企业经营主要业务和其他业务所确认的收入总额。本项目应根据“主营业务收入”和“其他业务收入”账户的贷方净发生额分析填列。

（2）“营业成本”项目，反映企业经营主要业务和其他业务发生的实际成本总额。本项目应根据“主营业务成本”和“其他业务成本”账户的借方净发生额分析填列。

（3）“税金及附加”项目，反映企业经营业务应负担的消费税、城市维护建设税、资源税、土地增值税和教育费附加及房产税、城镇土地使用税、车船税、印花税等。本项目应根据“税金及附加”账户的借方净发生额分析填列。

（4）“销售费用”项目，反映企业在销售商品过程中发生的包装费、广告费等费用和为销售本企业商品而专设的销售机构的职工薪酬、业务费等经营费用。本项目应根据“销售费用”账户的借方净发生额分析填列。

（5）“管理费用”项目，反映企业为组织和管理生产经营发生的管理费用。本项目应根据“管理费用”账户的借方净发生额扣除下述“研发费用”项目的金额后填列。

（6）“研发费用”项目，反映企业进行研究与开发过程中发生的费用化支出，以及计入管理费用的自行开发无形资产的摊销。本项目应根据“管理费用”账户下的“研发费用”明细账户的发生额，以及“管理费用”账户下的“无形资产摊销”明细账户的发生额分析填列，不包括土地使用权的摊销。

（7）“财务费用”项目，反映企业为筹集生产经营所需资金等而发生的筹资费用。其中“利息费用”项目，反映企业为筹集生产经营所需资金等而发生的应予费用化的利息支出；“利息收入”项目，反映企业按照相关会计准则确认的应冲减财务费用的利息收入。本项目应根据“财务费用”账户的相关明细账户的发生额分析填列。

例如，华扬股份有限公司2023年度“财务费用”账户的发生额如下所示：银行长期借款利息支出合计80万元，银行短期借款利息支出合计8万元，银行存款利息收入合计13万元，银行手续费支出合计2万元，则华扬股份有限公司2023年度利润表中“财务费用”项目“本期金额”的列报金额=80+8−13+2=77（万元）。

（8）“其他收益”项目，反映计入其他收益的政府补助、其他与日常活动相关且计入其他收益的项目，以及债务重组时债务人以非金融资产清偿债务账面价值与转让资产账面价值之间的差额。本项目应根据“其他收益”账户的发生额分析填列。

（9）“投资收益”项目，反映企业以各种方式对外投资所取得的收益。本项目应根据“投资收益”账户的发生额分析填列。如为投资损失，本项目以“−”号填列。

其中，“以摊余成本计量的金融资产终止确认收益”项目，反映企业因转让等情形导致终止确认以摊余成本计量的金融资产而产生的利得或损失。本项目应根据“投资收益”账户的相关明细账户的发生额分析填列；如为损失，以“−”号填列。

（10）“净敞口套期收益”项目，反映净敞口套期下被套期项目累计公允价值变动转入当期损益的金额或现金流量套期储备转入当期损益的金额。本项目应根据“净敞口套期损益”账户的发生额分析填列；如为套期损失，以“−”号填列。

（11）“公允价值变动收益”项目，反映企业按照相关准则的规定应当计入当期损益的资产或负债的公允价值变动净收益，如交易性金融资产当期公允价值的变动额。如为净损失，以“−”号填列。本项目应根据“公允价值变动损益”账户的发生额分析填列。

（12）“信用减值损失”项目，反映企业计提的应收款项及其他相关金融资产减值准备所确认的预期信用损失。本项目应根据“信用减值损失”账户的发生额分析填列。

（13）“资产减值损失”项目，反映企业除信用减值损失之外所计提的其他各项资产所发生的减值损失。本项目应根据“资产减值损失”账户的发生额分析填列。

（14）“资产处置收益”项目，反映企业出售划分为持有待售的非流动资产（金融工具、长期股权投资和投资性房地产除外）或处置组（子公司和业务除外）时确认的处置利得或损失，以及处置未划分为持有待售的固定资产、在建工程、生产性生物资产及无形资产而产生的处置利得或损失。债务重组中因处置非流动资产产生的利得或损失，非货币性资产交换中换出非流动资产产生的利得或损失也包括在本项目内。本项目应根据“资产处置损益”账户的发生额分析填列；如为处置损失，以“−”号填列。

（15）“营业利润”项目，反映企业实现的营业利润。如为亏损，以“−”号填列。

（16）“营业外收入”项目，反映企业发生的构成利润总额但不构成营业利润组成部分的利得，主要包括与企业日常活动无关的政府补助、盘盈利得（不包括存货、固定资产盘盈）、捐赠利得（企业接受股东或股东的子公司直接或间接的捐赠，经济实质属于股东对企业的资本性投入的除外）等。本项目应根据“营业外收入”账户的发生额分析填列。

（17）“营业外支出”项目，反映企业发生的影响利润总额但不构成营业利润组成部分的损失，主要包括公益性捐赠支出、非常损失、盘亏损失（不包括现金、存货盘亏）、非流动资产毁损报废损失等。本项目应根据“营业外支出”账户的发生额分析填列。“非常损失”通常指自然灾害等不可抗力所造成的流动资产、非流动资产损失。非流动资产毁损报废损失通常指因已丧失使用功能等原因而报废清理产生的损失。

企业在不同交易中形成的非流动资产毁损报废利得和损失不得相互抵销，应分别在“营业外收入”项目和“营业外支出”项目进行填列。

（18）“利润总额”项目，反映企业实现的利润总额。如为亏损总额，以“-”号填列。

（19）“所得税费用”项目，反映企业根据所得税准则确认的应从当期利润总额中扣除的所得税费用。本项目应根据“所得税费用”账户的发生额分析填列。

（20）“净利润”项目，反映企业实现的净利润。如为净亏损，以“-”号填列。

“（一）持续经营净利润”和“（二）终止经营净利润”项目，分别反映净利润中与持续经营相关的净利润和与终止经营相关的净利润；如为净亏损，以“-”号填列。这两个项目应按照《企业会计准则第 42 号——持有待售的非流动资产、处置组和终止经营》的相关规定分别列报。

（21）“其他综合收益的税后净额”项目及其各组成部分，应根据“其他综合收益”账户及其所属明细账户的本期发生额分析填列。具体如下：

①“其他权益工具投资公允价值变动”项目，反映企业指定为以公允价值计量且其变动计入其他综合收益的非交易性权益工具投资发生的公允价值变动。本项目应根据“其他综合收益”账户的相关明细账户的发生额分析填列。

②“企业自身信用风险公允价值变动”项目，反映企业指定为以公允价值计量且其变动计入当期损益的金融负债，由企业自身信用风险变动引起的公允价值变动而计入其他综合收益的金额。本项目应根据“其他综合收益”账户的相关明细账户的发生额分析填列。

③“其他债权投资公允价值变动”项目，反映企业分类为以公允价值计量且其变动计入其他综合收益的债权投资发生的公允价值变动。企业将一项以公允价值计量且其变动计入其他综合收益的金融资产重分类为以摊余成本计量的金融资产，或重分类为以公允价值计量且其变动计入当期损益的金融资产时，之前计入其他综合收益的累计利得或损失从其他综合收益中转出的金额作为该项目的减项。本项目应根据“其他综合收益”账户下的相关明细账户的发生额分析填列。

④“金融资产重分类计入其他综合收益的金额”项目，反映企业将一项以摊余成本计量的金融资产重分类为以公允价值计量且其变动计入其他综合收益的金融资产时，计入其他综合收益的原账面价值与公允价值之间的差额。本项目应根据“其他综合收益”账户下的相关明细账户的发生额分析填列。

⑤“其他债权投资信用减值准备”项目，反映对其他债权投资所计提的计入其他综合收益的信用减值准备。本项目应根据“其他综合收益”账户下的“信用减值准备”明细账

户的发生额分析填列。

⑥“现金流量套期储备”项目，反映企业套期工具产生的利得或损失中属于套期有效的部分。本项目应根据“其他综合收益”账户下的“套期储备”明细账户的发生额分析填列。

（22）“综合收益总额”项目，反映净利润和其他综合收益扣除所得税影响后的净额相加后的合计金额。

（23）每股收益，是指普通股股东每持有一股股票所能享有的企业利润或需承担的企业亏损。每股收益包括基本每股收益和稀释每股收益两类。

①基本每股收益。基本每股收益是指只考虑当期实际发行在外的普通股股份，按照归属于普通股股东的当期净利润除以当期实际发行在外普通股的加权平均数计算确定的每股收益。其计算公式为：

基本每股收益=归属于普通股股东的当期净利润÷发行在外普通股的加权平均数

$$\text{发行在外普通股的加权平均数}=\text{期初发行在外普通股股数}+\text{当期新发行普通股股数}\times\text{已发行时间}\div\text{报告期时间}-\text{当期回购普通股股数}\times\text{已回购时间}\div\text{报告期时间}$$

例如，某公司2023年年初发行在外的普通股为30 000万股；4月30日新发行普通股16 200万股；12月1日回购普通股7 200万股，以备将来奖励职工之用。该公司2023年度实现净利润16 250万元。2023年度基本每股收益计算如下：

发行在外普通股加权平均数=30 000×12÷12+16 200×8÷12−7 200×1÷12=40 200（万股）

或者：=30 000×4÷12+46 200×7÷12+39 000×1÷12=40 200（万股）

基本每股收益=16 250÷40 200=0.40（元/股）

②稀释每股收益。稀释每股收益是以基本每股收益为基础，假设企业所有发行在外的稀释性潜在普通股均已转换为普通股，从而分别调整归属于普通股股东的当期净利润以及发行在外普通股的加权平均数计算而得的每股收益。

目前，我国企业发行的潜在普通股主要有可转换公司债券、认股权证、股份期权等。

计算稀释每股收益，应当根据下列事项对归属于普通股股东的当期净利润进行调整：当期已确认为费用的稀释性潜在普通股的利息；稀释性潜在普通股转换时将产生的收益或费用。上述调整应当考虑相关的所得税影响。

计算稀释每股收益时，当期发行在外普通股的加权平均数应当为计算基本每股收益时普通股的加权平均数与假定稀释性潜在普通股转换为已发行普通股而增加的普通股股数的加权平均数之和。

计算稀释性潜在普通股转换为已发行普通股而增加的普通股股数的加权平均数时，以前期间发行的稀释性潜在普通股，应当假设在当期期初转换；当期发行的稀释性潜在普通股，应当假设在发行日转换。

三、利润表编制举例

【例14-2】（一）资料：见【例14-1】。

（二）根据资料，编制华扬股份有限公司2023年度“损益类账户发生额汇总表”（见表14-6）。

（三）根据表14-6，编制华扬股份有限公司2023年度利润表（见表14-7）。

表14-6 **损益类账户发生额汇总表** 单位：万元

账户名称	借方发生额	贷方发生额
主营业务收入		800
主营业务成本	200	
税金及附加	7.007	
其他业务收入		9
其他业务成本	5	
销售费用	11.4	
管理费用	33.4	
财务费用（其中，利息费用7万元，利息收入0）	7	
资产减值损失	37.2	
信用减值损失	4	
资产处置损益	55	
投资收益		49.216
所得税费用	124.5523	

表14-7 **利润表** 会企02表

编制单位：华扬股份有限公司 2023年度 单位：万元

项　目	本期金额	上期金额
一、营业收入	809	
减：营业成本	205	
税金及附加	7.007	
销售费用	11.4	
管理费用	33.4	
研发费用	0	
财务费用	7	
其中：利息费用	7	
利息收入	0	
加：其他收益		
投资收益（损失以“-”号填列）	49.216	
其中：对联营企业和合营企业的投资收益		
以摊余成本计量的金融资产终止确认收益（损失以“-”号填列）		
净敞口套期收益（损失以“-”号填列）		
公允价值变动收益（损失以“-”号填列）		

续表

项　目	本期金额	上期金额
信用减值损失（损失以“-”号填列）	-4	
资产减值损失（损失以“-”号填列）	-37.2	
资产处置收益（损失以“-”号填列）	-55	
二、营业利润（亏损以“-”号填列）	498.209	
加：营业外收入	0	
减：营业外支出	0	
三、利润总额（亏损总额以“-”号填列）	498.209	
减：所得税费用	124.5523	
四、净利润（净亏损以“-”号填列）	373.6567	
（一）持续经营净利润（净亏损以“-”号填列）		
（二）终止经营净利润（净亏损以“-”号填列）		
五、其他综合收益的税后净额	（略）	
（一）不能重分类进损益的其他综合收益		
1.重新计量设定受益计划变动额		
2.权益法下不能转损益的其他综合收益		
3.其他权益工具投资公允价值变动		
4.企业自身信用风险公允价值变动		
……		
（二）将重分类进损益的其他综合收益		
1.权益法下可转损益的其他综合收益		
2.其他债权投资公允价值变动		
3.金融资产重分类计入其他综合收益的金额		
4.其他债权投资信用减值准备		
5.现金流量套期储备		
6.外币财务报表折算差额		
……		
六、综合收益总额	（略）	
七、每股收益：	（略）	
（一）基本每股收益	（略）	
（二）稀释每股收益	（略）	

第四节 现金流量表

一、现金流量表的概念及其编制基础

(一) 现金流量表的概念

现金流量表是反映企业一定会计期间内现金和现金等价物流入和流出情况的动态报表。编制现金流量表的主要目的，是为财务报告使用者提供企业一定会计期间内现金和现金等价物流入和流出的信息，以便于财务报告使用者了解和评价企业获取现金和现金等价物的能力，并据以预测企业未来现金流量。

(二) 现金流量表的编制基础

现金流量表的编制基础包括两层含义：一是其概念基础；二是其报告基础。

1.现金流量表编制的概念基础

概念基础是指现金流量表编制时所使用的“现金”概念所涵盖的内容。现金流量表中的现金概念是指广义现金，具体包括库存现金、银行存款、其他货币资金和现金等价物。

其中，库存现金与其他货币资金与“库存现金”“其他货币资金”账户核算的内容是一致的，银行存款与“银行存款”账户核算内容基本一致，但不包括不能随时支取的存款。通常，在实务工作中也往往将上述三者简称为现金。

现金等价物，是指企业持有的期限短、流动性强、易于转换为已知金额现金、价值变动风险很小的投资。期限短，一般是指从购买日起三个月内到期。现金等价物通常包括三个月内到期的债券投资等。权益性投资变现的金额通常不确定，因而不属于现金等价物。企业应当根据具体情况，确定现金等价物的范围，一经确定不得随意变更。

2.现金流量表编制的报告基础

企业财务会计的确认、计量、记录和报告一般应当采用权责发生制。这里需要特别说明的是，现金流量表除外。现金流量表（主表）的报告基础应当是收付实现制。收付实现制是与权责发生制相对应的另一种会计基础，两者各有利弊。以收付实现制为基础编制和报告的现金流量表从一定意义上说与以权责发生制为基础编制和报告的资产负债表、利润表等是互为补充的关系。

二、现金流量表编制的基本原理及作用

(一) 现金流量及其影响因素

现金流量，是指企业某一期间内现金和现金等价物的流入与流出，即现金和现金等价物（为行文方便，以下不做特殊说明均简称现金）的收入与支出。

企业发生的各种经济业务，按其与现金流量的关系，可以分为以下三类：(1) 现金各项目之间的增减变动：不影响现金流量。如从银行提取现金、用银行存款购买属于现金等价物范畴的有价证券等业务，均不会影响企业现金流量总额。(2) 非现金各项目之间的增减变动：不影响现金流量。如赊购原材料、赊销商品、计提固定资产折旧等业务，均不涉及现金，故也不会影响企业的现金流量。(3) 现金项目与非现金项目之间的增减变动：影响现金流量。如用银行存款归还到期借款、偿还前欠货款、用银行存款购买各类资产或对外投资、收到客户货款、收到对外投资的利息或股利等业务，均会涉及现金的流入或流

出，故而会影响现金流量总额。

一般情况下，现金流量应当分别现金流入和现金流出总额列报，然后再列出净流量，从而全面揭示企业现金流量的方向、规模和结构。但对于周转快、金额大、期限短的项目的现金流入和流出，应按净额列报。如商业银行活期存款的吸收和支付，同业存款和存放同业款项，证券公司代收的客户证券买卖交割费、印花税等。这些项目由于周转快，在企业停留的时间短，企业加以利用的余地比较小，净额更能说明其对企业支付能力、偿债能力的影响；反之，如果以总额反映，反而会对评价企业的支付能力和偿债能力、分析企业的未来现金流量产生误导。

（二）现金流量表编制的基本原理

根据上述影响现金流量的业务类型，我们以会计基本等式为起点，可以对现金流量与企业发生的各类经济业务之间的关系进一步分析，以揭示现金流量表编制的基本原理，从而加深对现金流量表编制的基本原理的理解。

首先，将会计等式左边的资产分解为现金资产、非现金流动资产和非流动资产，其中：现金资产就是指广义现金，非现金流动资产即指除现金资产之外的流动资产，非流动资产则与资产负债表中的内容一致。非现金流动资产又可分为现金经营性流动资产（如存货，应收款项等）和非现金投资性流动资产（如交易性金融资产等）。其次，将会计等式右边的负债分解为非筹资性流动负债、筹资性流动负债和非流动负债，其中：非筹资性流动负债是指企业在日常经营活动过程中所形成的各项应付及预收款项、应付职工薪酬、应交税费等；筹资性流动负债是指企业向银行等金融机构借入的短期借款；非流动负债与资产负债表中的内容一致，如长期借款、应付债券、长期应付款等。最后，将所有者权益分解为投入资本与留存收益，投入资本是指企业接受投资者的投资，主要包括实收资本（或股本）、资本公积；留存收益包括盈余公积和未分配利润。现金流量表编制的基本原理推演过程如图 14-2 所示。

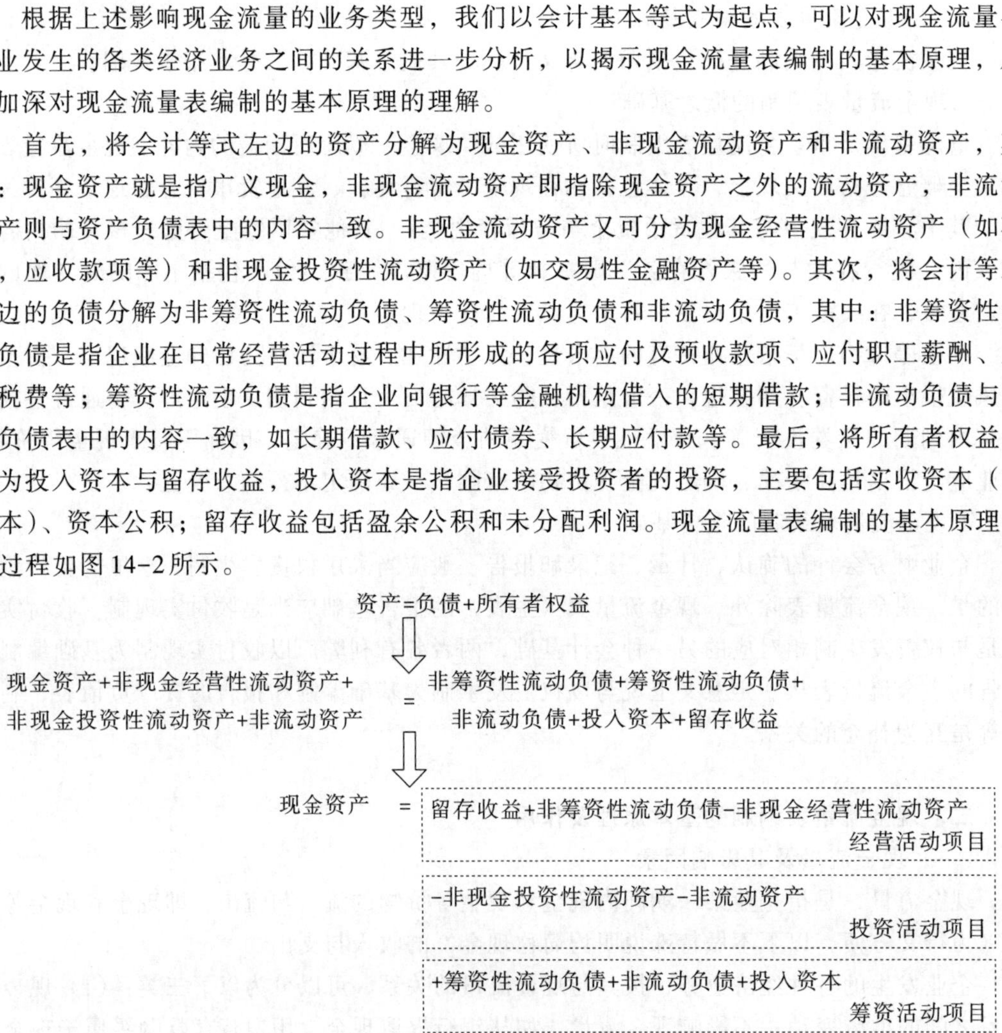

图 14-2　现金流量表编制基本原理推演过程

从图 14-2 可以看到，将会计等式中的资产、负债、所有者权益项目进行适当分解后，将现金资产保留在等式左边，其他项目均移项至等式右边。根据会计等式的平衡关系，可以推演得出：

（1）现金资产会随着非筹资性流动负债、筹资性流动负债、非流动负债、留存收益及投入资本的增加而增加（即流入），减少而减少（即流出）；

（2）现金资产会随着非现金经营性流动资产、非现金投资性流动资产、非流动资产的增加而减少（即流出），减少而增加（即流入）。

根据不同项目的性质及其所在领域，可以将留存收益、非筹资性流动负债、非现金经营性流动资产归为经营活动项目，即其均属于在企业经营活动过程中产生或形成的，其所引起的现金流量属于经营活动现金流入或流出；非现金投资性流动资产包括交易性金融资产等，非流动资产包括固定资产、无形资产、长期股权投资、债权投资等，其均属于投资活动项目，这里投资的内涵与外延与财务管理领域的投资是一致的，与此相关的现金流量即属于投资活动现金流入或流出；筹资性流动负债、非流动负债与投入资本则属于筹资活动项目，与之相关的现金流量即为筹资活动现金流入或流出。

上述经营活动、投资活动及筹资活动各项目的增减变动，只有那些与现金资产有关的业务，才会引起现金流量的增减变动，也只有这些业务才是现金流量表要反映和揭示的内容。

（三）现金流量表的作用

现金流量表与资产负债表、利润表相比，具有独特作用，具体体现在以下方面：

1.有助于评价与预测企业未来产生现金流量的能力

无论是投资者、债权人，还是企业管理层，均非常关注企业未来产生现金流量的能力，而过去的现金流量信息是未来现金流量的指示器。以现金流量为基础编制的现金流量表信息既有利于评价与比较不同企业未来现金流量的现值，又可借以评价企业财务结构的合理性及财务适应性。

2.有助于评价与预测企业偿债能力与支付股利的能力

评价企业是否具有支付能力（偿还债务本息、支付股利等），最直接有效的方法即分析其现金流量及其构成。因为企业债务的偿还、股利的支付、日常运营资金的开支等均需要足额的现金来满足，若没有足额现金净流入，即使其有账面净利润，企业的生存也难以为继。

3.有助于分析企业净利润的质量及影响现金净流量的因素

从现金流量表的附注部分可以了解企业净利润与经营活动现金流量的差异，进而可从现金流量的角度了解企业净利润的质量；从主表部分可以掌握企业经营活动、投资活动和筹资活动现金流量的详细信息，对影响企业现金流量的因素有更清晰、充分的了解。这些都为财务报告使用者分析和判断企业的财务前景提供了基础信息。

三、现金流量的分类

按照企业发生经济业务的性质，可以将企业一定期间内产生的现金流量分为经营活动现金流量、投资活动现金流量和筹资活动现金流量三大类，每一大类又可分为流入和流出两小类。

（一）经营活动现金流量

经营活动是指企业投资活动和筹资活动以外的所有交易和事项，即企业产生经营收入的主要活动。各类企业由于行业特点不同，对经营活动的认定存在一定差异。对于工商企业而言，经营活动主要包括销售商品、提供劳务、购买商品、接受劳务、支付税费等。对于商业银行而言，经营活动主要包括吸收存款、发放贷款、同业存放、同业拆借等。对于保险公司而言，经营活动主要包括原保险业务和再保险业务等。对于证券公司而言，经营活动主要包括自营证券、代理承销证券、代理兑付证券、代理买卖证券等。

在经营活动过程中所产生的现金流量就是经营活动现金流量。

1. 经营活动现金流入，主要包括企业销售商品、提供劳务收到的现金，收到的税费返还等。

2. 经营活动现金流出，主要包括企业购买商品、接受劳务支付的现金，支付给职工以及为职工支付的现金，支付的各项税费等。

（二）投资活动现金流量

这里的投资是广义投资概念，不仅包括经营性长期资产的购建，还包括长期股权、长期债权等对外投资，与财务管理中的投资概念是一致的。故投资活动是指企业经营性长期资产的购建和不包括在现金等价物范围内的投资及其处置活动。经营性长期资产主要包括固定资产、无形资产、在建工程等。

投资活动现金流量就是指因企业经营性长期资产的购建和不包括在现金等价物范围内的投资及其处置活动产生的现金流量。按其性质可以细分为经营性长期资产现金流量与对外投资现金流量两类。需要注意的是，不同企业由于行业特点不同，对投资活动的认定也存在差异。例如，交易性金融资产所产生的现金流量，对于工商企业而言，属于投资活动现金流量，而对于证券公司而言，则属于经营活动现金流量。

1. 投资活动现金流入，主要包括企业收回投资及取得投资收益收到的现金，处置固定资产、无形资产和其他长期资产等收回的现金净额。

2. 投资活动现金流出，主要包括企业购建固定资产、无形资产和其他长期资产等所支付的现金及对外投资支付的现金等。

（三）筹资活动现金流量

筹资活动是指导致企业资本及债务规模和构成发生变化的活动。资本包括企业吸收投资者直接投资、发行股票等；债务指企业对外举债，包括向银行借款、发行债券等。需要说明的是，应付账款、应付票据等虽是负债，但其属于经营活动过程中形成的，不属于筹资活动范畴。

筹资活动现金流量指因导致企业资本及债务规模和构成发生变化的活动而引起的现金流量。

1. 筹资活动现金流入，主要包括企业吸收投资及取得借款收到的现金等。

2. 筹资活动现金流出，主要包括企业偿还债务支付的现金，企业分配股利、利润或偿付利息支付的现金等。

此外，对于企业日常活动之外的、不经常发生的特殊项目，如自然灾害损失、保险赔款、捐赠等，应当归并到相关类别中，并单独反映。比如，对于自然灾害损失和保险赔款，如果能够确指，属于流动资产损失，应当列入经营活动产生的现金流量；属于固定资产损失，应当列入投资活动产生的现金流量。如果不能确指，则列入经营活动产生的现金流量。捐赠收入和支出，若没有明确指定用途的可以列入经营活动产生的现金流量。如果特殊项目的现金流量金额不大，则可以列入现金流量相应类别下的其他项目而不单独列示。

四、现金流量表的结构及编制方法

现金流量表由主表和附注构成。主表是以收付实现制为基础，采用直接法编制的，主要揭示企业经营活动、投资活动及筹资活动现金流量（流入、流出及净流量）信息。附注则采用间接法编制，以净利润为起点，主要反映如何将净利润调整到经营活动现金流量的过程。

（一）现金流量表主表

现金流量表主表（格式见表14-8）部分主要反映经营活动现金流入与流出、投资活动现金流入与流出、筹资活动现金流入与流出的具体项目和内容，具体如下。

1.经营活动现金流量

经营活动产生的现金流量至少应当单独列示反映下列信息：

（1）经营活动现金流入

①销售商品、提供劳务收到的现金。该项目反映企业销售商品、材料、提供劳务（以下简称销售）实际收到的现金（含增值税销项税额）。具体包括本期销售收到的现金、本期收回以前赊销的款项及本期预收的款项。若有在本期退回商品而支付的现金，则应从中减去。

②收到的税费返还。该项目反映企业收到的各种税费返还，包括收到的增值税、所得税、消费税、关税、教育费附加等返还款。

③收到其他与经营活动有关的现金。该项目反映企业收到的除上述各项目以外的与经营活动有关的现金，如罚款收入、经营出租固定资产、投资性房地产出租等收到的现金、与流动资产损失有关的赔款等。接受捐赠收到的现金，若没有指定用于固定资产等长期资产的购建，则也在此列示反映。若其他与经营活动有关的项目单项金额较大，应单独列示反映。

需要说明的是，企业实际收到的政府补助，无论是与资产相关还是与收益相关，均在“收到其他与经营活动有关的现金”项目填列。

（2）经营活动现金流出

①购买商品、接受劳务支付的现金。该项目反映企业购买材料、商品、接受劳务（以下简称采购）实际支付的现金（含增值税进项税额）。具体包括本期采购支付的现金、本期偿付前欠货款及本期预付货款而支付的现金。若本期收到采购退回的现金，则应从中减去。

②支付给职工以及为职工支付的现金。该项目反映企业实际支付给职工以及为职工支付的现金，包括企业为获得职工提供的劳务支付给职工的工资、奖金、津贴、补贴及企业为职工支付的医疗、养老、失业、工伤、生育等社会保险金、企业年金、住房公积金等，还包括企业因解除与职工劳动关系给予的补贴和以现金结算的股份支付等。需要说明的是，上述职工不包括与购建固定资产等长期资产相关的职工，为与购建固定资产等长期资产相关职工而支付的现金应属于“投资活动现金流出”中的“购建固定资产、无形资产和其他长期资产支付的现金”项目。该项目也不包括支付给离退休人员的离职费及退休金，其应在“支付其他与经营活动有关的现金”项目反映。

③支付的各项税费。该项目反映企业按规定支付的各项税费，包括本期发生并支付的税费、本期支付以前各期的税费及本期预交的税金，如所得税、增值税、印花税、房产税、土地增值税、车船税、教育费附加等。本期退回的增值税、所得税等应在“收到的税费返还”项目中反映，不包括在此项目内。

表 14-8 **现金流量表** 会企 03 表

编制单位：华扬股份有限公司 2023 年度 单位：元

项 目	行次	本期金额	上期金额
一、经营活动产生的现金流量			
销售商品、提供劳务收到的现金			
收到的税费返还			
收到其他与经营活动有关的现金			
现金流入小计			
购买商品、接受劳务支付的现金			
支付给职工以及为职工支付的现金			
支付的各项税费			
支付其他与经营活动有关的现金			
现金流出小计			
经营活动产生的现金流量净额			
二、投资活动产生的现金流量			
收回投资收到的现金			
取得投资收益收到的现金			
处置固定资产、无形资产和其他长期资产收回的现金净额			
处置子公司及其他营业单位收到的现金净额			
收到其他与投资活动有关的现金			
现金流入小计			
购建固定资产、无形资产和其他长期资产支付的现金			
投资支付的现金			
取得子公司及其他营业单位支付的现金净额			
支付其他与投资活动有关的现金			
现金流出小计			
投资活动产生的现金流量净额			
三、筹资活动产生的现金流量			
吸收投资收到的现金			
取得借款收到的现金			
收到其他与筹资活动有关的现金			
现金流入小计			
偿还债务支付的现金			
分配股利、利润或偿付利息支付的现金			
支付其他与筹资活动有关的现金			
现金流出小计			
筹资活动产生的现金流量净额			
四、汇率变动对现金及现金等价物的影响			
五、现金及现金等价物净增加额			
加：期初现金及现金等价物余额			
六、期末现金及现金等价物余额			

④支付其他与经营活动有关的现金。该项目反映企业除上述各项目外，支付的其他与经营活动有关的现金，如审计费、律师咨询费、差旅费、业务招待费、保险费、罚款支出等。若其他与经营活动有关的项目单项金额较大，应单独列示反映。

上述经营活动现金流量的分类主要是针对工商企业经营活动情况进行的，金融企业可以根据自身行业特点和现金流量实际情况，合理确定经营活动现金流量项目的类别。

经营活动现金流入小计-经营活动现金流出小计=经营活动产生的现金流量净额

2.投资活动现金流量

投资活动产生的现金流量至少应当单独列示反映下列信息：

(1) 投资活动现金流入

①收回投资收到的现金。该项目反映企业出售、转让或到期收回除现金等价物以外的交易性金融资产、债权投资、其他债权投资、其他权益工具投资、长期股权投资、投资性房地产等收到的现金。这里长期股权投资的收回中不包括处置子公司及其他营业单位的部分，而在下面单独列报。因债权性投资而收到的利息应在“取得投资收益收到的现金”项目中反映，也不包括在此项目中。

②取得投资收益收到的现金。该项目反映企业因股权投资而分得的现金股利、因债权性投资而取得的利息收入。

③处置固定资产、无形资产和其他长期资产收回的现金净额。该项目反映企业出售固定资产、无形资产和其他长期资产所取得的现金净额（即应减去处置过程中支付的现金）。由于自然灾害等原因所造成的固定资产等长期资产的报废、毁损而收到的保险公司赔款收入也应在本项目反映。

④处置子公司及其他营业单位收到的现金净额。该项目反映企业处置子公司及其他营业单位所取得的现金减去子公司及其他营业单位持有的现金及现金等价物及相关处置费用后的净额。

⑤收到其他与投资活动有关的现金。该项目反映企业除上述各项目外，收到的其他与投资活动有关的现金。若其他与投资活动有关的项目单项金额较大，应单独列示反映。

(2) 投资活动现金流出

①购建固定资产、无形资产和其他长期资产支付的现金。该项目反映企业为购建固定资产、无形资产、投资性房地产等长期性资产支付的现金，包括支付与之相关的在建工程人员的薪酬等。通过负债方式（如借款、租赁等）购建长期性资产而支付的利息、租赁费用等应在筹资活动部分的“支付其他与筹资活动有关的现金”项目中反映，而不在此项目中反映。

②投资支付的现金。该项目反映企业进行除现金等价物以外的权益性投资和债权性投资所支付的现金，包括企业为取得除现金等价物以外的交易性金融资产、债权投资、其他债权投资、其他权益工具投资、联营与合营企业投资等而支付的现金，包括支付的手续费和佣金等交易费用。

③取得子公司及其他营业单位支付的现金净额。该项目反映企业取得子公司及其他营业单位而支付的现金，还应减去所取得的子公司及其他营业单位持有的现金及现金等价物之后的净额。

④支付其他与投资活动有关的现金。该项目反映企业除上述各项目外，支付的其他

与投资活动有关的现金。若其他与投资活动有关的项目单项金额较大，应单独列示反映。

投资活动现金流入小计-投资活动现金流出小计=投资活动产生的现金流量净额

3.筹资活动现金流量

筹资活动产生的现金流量至少应当单独列示反映下列信息：

（1）筹资活动现金流入

① 吸收投资收到的现金。该项目反映企业以发行股票、债券等方式筹集资金实际收到的现金净额（即减去支付佣金等发行费用后的净额）。为发行股票、债券等由企业直接支付的审计、咨询等中介机构的费用，不在本项目中反映，而在“支付其他与筹资活动有关的现金”项目中反映。

② 取得借款收到的现金。该项目反映企业举借各种短期、长期借款而收到的现金。

③ 收到其他与筹资活动有关的现金。该项目反映企业除上述各项目外，收到的其他与筹资活动有关的现金。若其他与筹资活动有关的项目单项金额较大，应单独列示反映。

（2）筹资活动现金流出

① 偿还债务支付的现金。该项目反映企业偿还各类债务（包括借款及应付债券）本金而支付的现金。支付各类债务利息支付的现金应在“分配股利、利润或偿付利息支付的现金”项目中反映。

② 分配股利、利润或偿付利息支付的现金。该项目反映企业因支付现金股利或利润、支付借款利息或债券利息而付出的现金。无论是作为财务费用的借款利息还是资本化的借款利息的现金支出均在本项目反映。

③ 支付其他与筹资活动有关的现金。该项目反映企业除上述各项目外，支付的其他与筹资活动有关的现金，如为发行股票、债券等而支付的审计、咨询等费用以及支付的融资租赁费等。若其他与筹资活动有关的项目单项金额较大，应单独列示反映。

筹资活动现金流入小计-筹资活动现金流出小计=筹资活动产生的现金流量净额

上述三类现金流量之间的平衡关系如下：

$$\text{经营活动产生的现金流量净额} + \text{投资活动产生的现金流量净额} + \text{筹资活动产生的现金流量净额} = \text{现金及现金等价物净增加额}$$

若存在外币业务，则还应考虑汇率变动对现金及现金等价物的影响。

4.汇率变动对现金及现金等价物的影响

汇率变动对现金及现金等价物的影响，是指企业记账本位币之外的外币业务现金流量及境外子公司的现金流量折算为记账本位币时所采用的是现金流量发生日的汇率或按系统方法确定的与之近似的汇率，而现金流量表中“现金及现金等价物净增加额”项目中的外币现金净增加额是按照资产负债表日的即期汇率折算的。这两者的差额即为汇率变动对现金及现金等价物的影响。

（二）现金流量表附注

现金流量表附注（格式见表14-9）是现金流量表的补充资料部分，其主要包括以下三部分内容：（1）将净利润调节为经营活动现金流量；（2）不涉及现金收支的重大投资和筹资活动；（3）现金及现金等价物净变动情况。

表14-9 **现金流量表附注** 会企03表附注

编制单位：华扬股份有限公司 2023年度 单位：元

补充资料	行次	本期金额
1.将净利润调节为经营活动现金流量：		
净利润		
加：资产减值准备及信用减值准备		
固定资产折旧、油气资产折耗、生产性生物资产折旧		
无形资产摊销		
长期待摊费用摊销		
处置固定资产、无形资产和其他长期资产的损失（收益以“–”号填列）		
固定资产报废损失（收益以“–”号填列）		
公允价值变动损失（收益以“–”号填列）		
财务费用（收益以“–”号填列）		
投资损失（收益以“–”号填列）		
递延所得税资产减少（增加以“–”号填列）		
递延所得税负债增加（减少以“–”号填列）		
存货的减少（增加以“–”号填列）		
经营性应收项目的减少（增加以“–”号填列）		
经营性应付项目的增加（减少以“–”号填列）		
其他		
经营活动产生的现金流量净额		
2.不涉及现金收支的重大投资和筹资活动：		
债务转为资本		
一年内到期的可转换公司债券		
融资租入固定资产		
3.现金及现金等价物净变动情况：		
现金的期末余额		
减：现金的期初余额		
加：现金等价物的期末余额		
减：现金等价物的期初余额		
现金及现金等价物净增加额		

1.将净利润调节为经营活动现金流量

现金流量表准则规定企业应当在附注中披露将净利润调节为经营活动现金流量的信息。本部分以净利润为起点，将以权责发生制为基础的净利润调节为以收付实现制为基础的经营活动现金流量。这是现金流量表编制方法中的间接法。间接法的原理分析如下：

根据现行利润表，净利润等于广义收入减去广义费用，广义收入包括计入当期损益的利得，广义费用包括计入当期损益的损失。

净利润=广义收入-广义费用　　等式（1）

将等式（1）中的广义收入分为经营活动收入与非经营活动收入，将广义费用分为经营活动费用与非经营活动费用；再进一步将经营活动收入分解为经营活动现金收入和经营活动非现金收入，将经营活动费用分解为经营活动现金费用和经营活动非现金费用。这样，等式（1）可变换得到等式（2）：

$$\text{净利润}=\left(\text{经营活动现金收入}+\text{经营活动非现金收入}+\text{非经营活动收入}\right)-\left(\text{经营活动现金费用}+\text{经营活动非现金费用}+\text{非经营活动费用}\right)\quad\text{等式（2）}$$

将等式（2）进行移项后得到等式（3）：

$$\text{经营活动现金收入}-\text{经营活动现金费用}=\text{净利润}+\left[\left(\text{经营活动非现金费用}+\text{非经营活动费用}\right)-\left(\text{经营活动非现金收入}+\text{非经营活动收入}\right)\right]\quad\text{等式（3）}$$

等式（3）表明，经营活动现金流量净额（即等式左边）等于净利润加上经营活动非付现费用及非经营活动费用，减去经营活动非收现收入及非经营活动收入（即等式右边）。

现金流量表准则规定，企业在现金流量表附注部分至少应当单独披露对净利润进行调节的下列项目：①资产减值准备及信用减值准备；②固定资产折旧、油气资产折耗、生产性生物资产折旧；③无形资产摊销；④长期待摊费用摊销；⑤处置固定资产、无形资产和其他长期资产的损益；⑥固定资产报废损益；⑦公允价值变动损益；⑧财务费用；⑨投资损益；⑩递延所得税资产和递延所得税负债；⑪存货；⑫经营性应收项目；⑬经营性应付项目。这些项目的具体编制和填列在下文再作展开。

2.不涉及现金收支的重大投资和筹资活动

该部分反映企业一定期间内影响资产或负债但不形成该期现金收支的所有重大的投资和筹资活动的信息。这些重大的投资及筹资活动虽然在本期不涉及现金收支，但对以后各期的现金流量会产生重大影响，为便于信息使用者对本企业未来现金流量做出预测和判断，故应予以披露。在现金流量表附注中应当披露的不涉及现金收支的重大投资及筹资活动主要包括：（1）债务转为资本。本项目反映企业本期转为资本的债务金额。（2）一年内到期的可转换公司债券。本项目反映企业一年内到期的可转换公司债券的本息。（3）融资租入固定资产。本项目反映企业本期融资租入的固定资产。

3.现金及现金等价物净变动情况

该部分主要反映现金及现金等价物的净变动情况，可用现金及现金等价物的期末余额减去期初余额得到。该部分内容可用以检验主表中用直接法编制的现金流量净额是否准确，起到表与表之间的相互核对作用。

（三）现金流量表的编制方法——直接法和间接法

从上文分析可以看到，现金流量表的编制方法有直接法和间接法两种。严格说来，现金流量表的直接法和间接法是针对经营活动现金流量的编制和列报而言的。

1.直接法

直接法是指通过现金收入（流入）和现金支出（流出）的主要类别分别列示经营活动的现金流量各项目的方法。直接法能够较为直观、清晰地反映企业经营活动现金流量的来龙去脉，便于信息使用者分析企业经营活动产生现金流量的来源和用途，预测企业现金流量的未来前景。

2.间接法

间接法是以净利润为起点，将以权责发生制为基础的净利润调节为以收付实现制为基础的经营活动现金流量的方法。间接法便于将企业的净利润与经营活动现金流量两者进行比较，以进一步分析其产生差异的原因，进而从现金流量角度分析净利润的质量。但其提供的经营活动现金流量信息不够直观。

可见，直接法和间接法各有利弊。因此，《CAS 31——现金流量表》要求企业在主表部分采用直接法列示经营活动产生的现金流量，同时在附注中披露将净利润调节为经营活动现金流量的信息。

五、现金流量表的编制示例

（一）现金流量表主表各项目的编制和确定

现金流量表主表中各项目金额的确定，可通过以下方式之一取得：（1）调整法：即根据本期发生的全部经济业务，通过对利润表和资产负债表中的全部项目进行调整而编制得到现金流量表。该方法仍是根据以权责发生制为基础编制的利润表、资产负债表项目调整得到现金流量表各项目的，故不能称之为真正的直接法。（2）直接法：即根据本期发生的影响现金流量的经济业务分析汇总编制确定得到现金流量表，该方法是名副其实的直接法。

1.调整法

由于上文已对现金流量表各项目的内涵及内容进行了详细阐述，该部分主要就“销售商品、提供劳务收到的现金”“购买商品、接受劳务支付的现金”两个较为复杂的项目，分别如何从营业收入、营业成本调整得到，展开分析。其他项目的编制和确定与下文的直接法类似，此处不再赘述。

（1）销售商品、提供劳务收到的现金

与销售商品、提供劳务有关的经济业务主要涉及利润表中的“营业收入”项目，资产负债表中的“应交税费（销项税额部分）”“应收账款”“应收票据”“预收款项”项目等，通过对上述项目进行分析，则能够计算确定销售商品、提供劳务收到的现金。

$$\text{销售商品、提供劳务收到的现金}=\text{销售商品、提供劳务产生的“营业收入和增值税销项税额”}+\text{应收账款本期减少额（期初余额－期末余额）}+\text{应收票据本期减少额（期初余额－期末余额）}+\text{预收款项本期增加额（期末余额－期初余额）}\pm\text{特殊调整业务}$$

上述公式中的特殊调整业务作为加项或减项的处理原则是：应收账款、应收票据和预收款项等项目（不含三个项目内部转账业务）借方对应的项目不是销售商品、提供劳务产生的“营业收入和增值税销项税额类”项目，则作为加项处理，如以非现金资产换入应收账款等；应收账款、应收票据和预收款项等项目（不含三个项目内部转账业务）贷方对应的项目不是"现金类"项目的业务，则作为减项处理，如客户用非现金资产抵偿债务等。

【例14-3】某企业2023年度有关资料如下：①应收账款项目：年初数100万元，年末数120万元；②应收票据项目：年初数40万元，年末数20万元；③预收款项项目：年初数80万元，年末数90万元；④营业收入6 000万元；⑤应交税费——应交增值税（销项税额）1 020万元；⑥其他有关资料如下：本期计提坏账准备5万元，收到客户用11.3万元商品（货款10万元，增值税1.3万元）抵偿前欠账款12万元。

要求：根据上述资料计算"销售商品、提供劳务收到的现金"项目金额。

分析：由于本期计提坏账准备5万元和收到客户以商品抵偿前欠账款12万元，这两项业务均是应收账款（含坏账准备）对应的项目不是销售商品、提供劳务产生的"现金类"项目，因此应作为减项处理。所以：

销售商品、提供劳务收到的现金=（6 000+1 020）+（100−120）+（40−20）+（90−80）−5−12
=7 013（万元）

（2）购买商品、接受劳务支付的现金

与购买商品、接受劳务有关的经济业务主要涉及利润表中的"营业成本"项目，资产负债表中的"应交税费（进项税额部分）""应付账款""应付票据""预付款项""存货"项目等，通过对上述项目进行分析，则能够计算确定购买商品、接受劳务支付的现金。本期发生购货退回而收到的现金也应从购买商品、接受劳务支付的现金中扣除。

购买商品、接受劳务支付的现金 = 购买商品、接受劳务产生的"营业成本和增值税进项税额" + 应付账款本期减少额（期初余额 − 期末余额） + 应付票据本期减少额（期初余额 − 期末余额） + 预付款项本期增加额（期末余额 − 期初余额） + 存货本期增加额（期末余额 − 期初余额） ± 特殊调整业务

上述公式中的特殊调整业务作为加项或减项的处理原则是：应付账款、应付票据、预付款项和存货等项目（不含四个项目内部转账业务）借方对应的项目不是购买商品、接受劳务产生的"现金类"项目，则作为减项处理，如分配的工资费用等；应付账款、应付票据、预付款项和存货等项目（不含四个项目内部转账业务）贷方对应的项目不是"营业成本和增值税进项税额类"项目，则作为加项处理，如工程项目领用本企业商品等。

【例14-4】某企业2023年度有关资料如下：①应付账款项目：年初数100万元，年末数120万元；②应付票据项目：年初数40万元，年末数20万元；③预付款项项目：年初数80万元，年末数90万元；④存货项目：年初数100万元，年末数80万元；⑤营业成本4 000万元；⑥应交税费——应交增值税（进项税额）600万元；⑦其他有关资料如下：用固定资产偿还应付账款10万元，生产成本中直接人工项目含有本期发生的生产工人工资费用100万元，本期制造费用发生额为60万元（其中消耗的物料为5万元），工程项目领用本企业产品10万元。

要求：根据上述资料，计算"购买商品、接受劳务支付的现金"项目金额。

分析：由于用固定资产偿还应付账款10万元，生产成本中直接人工项目含有本期发生的生产工人工资费用100万元，本期制造费用发生额为55万元（扣除消耗的物料5万

元)，这三项业务涉及的应付账款、生产成本、制造费用账户借方的对应账户均不是购买商品、接受劳务产生的“现金类”项目，故上述三项业务的合计数165万元应作为减项处理；而工程项目领用本企业产品10万元，因为与库存商品账户贷方的对应账户不是“营业成本和增值税进项税额类”项目，故应作为加项处理。所以：

购买商品、接受劳务支付的现金 = (4 000+600) + (100−120) + (40−20) + (90−80) + (80−100) − (10+100+55) +10

=4 435（万元）

2.直接法

直接法之所以在现有教材中极少真正被介绍和运用，是缘于原手工记账方法下，其工作量大，不便采用。但在普遍采用财务软件记账的环境下，采用直接法编制现金流量表比调整法更为便捷和准确。具体做法就是在确认、计量各项经济业务时，对于涉及现金流量的业务，除了采用借贷复式记账法编制记账凭证外，还应分析其对应现金流量表主表的具体项目，同时在备查账或工作底稿中记录其增加变动情况。这样，在期末，财务软件系统在根据记账凭证确认、计量的经济业务自动生成资产负债表和利润表时，同时就能生成对应期间的现金流量表主表。简要原理举例说明如下：

【例14-5】华扬股份有限公司于2023年2月28日收到东方电气公司到期的商业承兑汇票99 987元。

华扬股份有限公司编制记账凭证（会计分录）如下：

借：银行存款 99 987

　贷：应收票据——东方电气公司 99 987

同时，在工作底稿中登记“销售商品、提供劳务收到的现金” 99 987元。

在财务软件中，只要点击图14-3中记账凭证上方的“流量”按钮，窗口就会有相应的现金流量表具体项目的选项，点击选择“销售商品、提供劳务收到的现金”项目即可(下面原理相同，不再图示)。

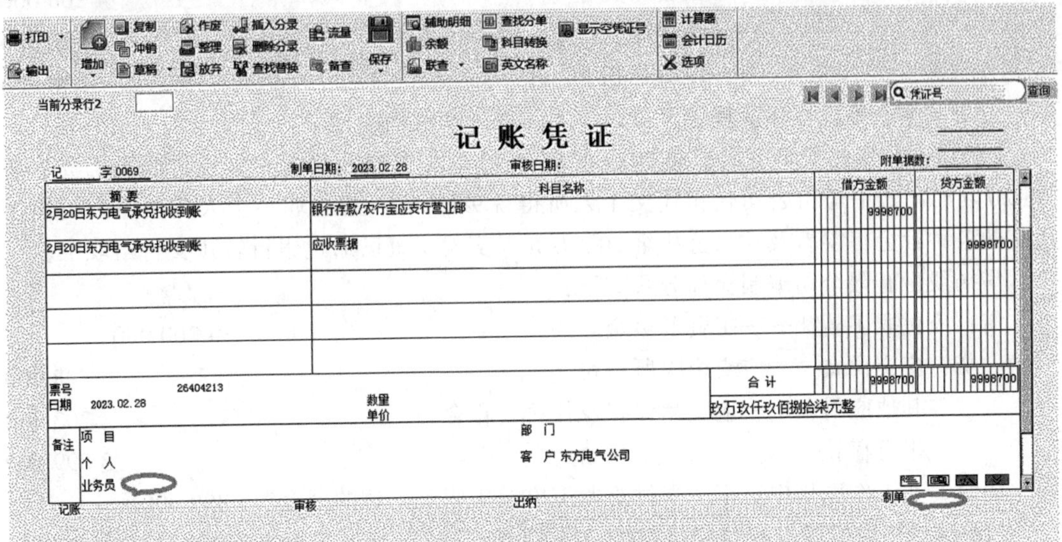

图14-3　编制记账凭证时确认现金流量项目

【例14-6】华扬股份有限公司于2023年10月20日向乙公司预付货款70 000元，采购一批原材料。11月1日收到乙公司交付的原材料，并开来增值税专用发票，材料价款为68 000元，增值税进项税额为8 840元。11月6日，华扬股份有限公司将余款6 840元通过银行转账支付给乙公司。

（1）10月20日，华扬股份有限公司编制会计分录如下：

借：预付账款——乙公司　　70 000

　贷：银行存款　　70 000

同时，在工作底稿中登记"购买商品、接受劳务支付的现金"70 000元。

（2）11月1日，华扬股份有限公司编制会计分录如下：

借：原材料　　68 000

　　应交税费——应交增值税（进项税额）　　8 840

　贷：预付账款——乙公司　　76 840

由于该笔业务没有涉及现金流量，故无须在工作底稿中记录。

（3）11月6日，华扬股份有限公司编制会计分录如下：

借：预付账款——乙公司　　6 840

　贷：银行存款　　6 840

同时，在工作底稿中登记"购买商品、接受劳务支付的现金"6 840元。

【例14-7】华扬股份有限公司2023年11月30日职工薪酬明细表（略）显示：生产工人、车间管理人员、行政管理人员的工资及奖金分别为210万元、50万元、160万元，医疗保险及住房公积金分别按照工资及奖金的10%、8%提取。

华扬股份有限公司编制会计分录如下：

借：生产成本　　2 478 000

　　制造费用　　590 000

　　管理费用　　1 888 000

　贷：应付职工薪酬——工资及奖金　　4 200 000

　　　　　　　　　——社会保险费　　420 000

　　　　　　　　　——住房公积金　　336 000

由于该笔业务没有涉及现金流量，故无须在工作底稿中记录。

【例14-8】华扬股份有限公司2023年12月10日发放11月份工资，应付职工工资总额为420万元，其中应由公司代扣代交个人所得税9.8万元，应由职工个人负担由公司代扣代交的各种社会保险费及住房公积金20.3万元。实发工资已通过银行转账支付给职工。

华扬股份有限公司编制会计分录如下：

借：应付职工薪酬——工资及奖金　　4 200 000

　贷：应交税费——应交个人所得税　　98 000

　　　其他应付款——应交社保费及住房公积金　　203 000

　　　银行存款　　3 899 000

同时，在工作底稿中登记"支付给职工以及为职工支付的现金"3 899 000元。

【例14-9】华扬股份有限公司2023年12月15日将由其为职工负担的及由其代扣代交税费转账交给相关部门。

华扬股份有限公司编制会计分录如下：

借：应付职工薪酬——社会保险费 420 000
——住房公积金 336 000
应交税费——应交个人所得税 98 000
其他应付款——应交社保费及住房公积金 203 000
贷：银行存款 1 057 000

同时，在工作底稿中登记“支付给职工以及为职工支付的现金”959 000元（420 000+336 000+203 000），“支付的各项税费”98 000元。

【例14-10】综合例题：现金流量表——直接法。

1.资料：见【例14-1】

2.分析

根据上述直接法的基本原理，再结合【例14-1】相关会计分录的编号一一对应分析如下：

（1）该笔业务涉及现金流量，分析其性质，属于“经营活动现金流量”（以下简称“经营活动”）的“销售商品、提供劳务收到的现金”项目，故该项目增加100 000元。

（2）该笔业务不涉及现金流量。为节省篇幅，在此将不涉及现金流量的业务一一列举如下：（4）、（5）②、（9）、（10）、（11）①②、（12）①、（14）、（15）、（16）②、（17）、（19）①②、（21）①④⑤⑦、（23）、（24）、（25）、（26）、（28）、（29）①、（30）①②③、（31）①②。

（3）该笔业务涉及现金流量，分析其性质，属于“投资活动现金流量”（以下简称“投资活动”）的“收回投资收到的现金”项目，故该项目增加330 000元。

（5）①该笔业务涉及现金流量，分析其性质，属于“经营活动”的“销售商品、提供劳务收到的现金”项目，故该项目增加9 040 000元。

（6）该笔业务涉及现金流量，分析其性质，属于“经营活动”的“购买商品、接受劳务支付的现金”项目，故该项目增加600 000元。

（7）该笔业务涉及现金流量，分析其性质，属于“筹资活动现金流量”（以下简称“筹资活动”），其中：“偿还债务支付的现金”项目250 000元，“分配股利、利润或偿付利息支付的现金”项目12 500元。

（8）该笔业务涉及现金流量，再结合（9）可知，其中与“在建工程”人员有关的现金流出50 000元，应属于“投资活动”的“购建固定资产、无形资产和其他长期资产支付的现金”项目，其余600 000元皆属于“经营活动”的“支付给职工以及为职工支付的现金”项目。

（12）②该笔业务涉及现金流量，分析其性质，属于“投资活动”的“取得投资收益收到的现金”项目150 000元。

（13）①该笔业务属于“筹资活动”的“取得借款收到的现金”项目200 000元。

（13）②该笔业务属于“筹资活动”的“分配股利、利润或偿付利息支付的现金”项目10 000元。

（16）①该笔业务属于“投资活动”的“投资支付的现金”项目1 120 000元。

（18）该笔业务属于“投资活动”的“购建固定资产、无形资产和其他长期资产支付的现金”项目1 130 000元。

（20）①该笔业务属于“筹资活动”的“取得借款收到的现金”项目9 000 000元。

（20）②该笔业务属于“筹资活动”的“偿还债务支付的现金”项目400 000元。

（21）②③这两笔业务属于“投资活动”的“处置固定资产、无形资产和其他长期资产收回的现金净额”项目，即应该填列3 290 000元（清理收入3 390 000-清理费用100 000）。

（21）⑥该笔业务属于“投资活动”的“处置固定资产、无形资产和其他长期资产收回的现金净额”项目339 000元。

（22）该笔业务属于“投资活动”的“购建固定资产、无形资产和其他长期资产支付的现金”项目5 000 000元。

（27）该笔业务属于“经营活动”的“支付的各项税费”项目1 050 000元。

（29）②该笔业务属于“经营活动”的“支付的各项税费”项目1 915 593元。

根据上述分析，现金流量表编制见表14-10。

表14-10　**现金流量表**　会企03表

编制单位：华扬股份有限公司　2023年度　单位：元

项　目	行次	本期金额	备注（对应会计分录编号及金额）
一、经营活动产生的现金流量			
销售商品、提供劳务收到的现金		9 140 000	（1）100 000 （5）①9 040 000
收到的税费返还		—	
收到其他与经营活动有关的现金		—	
现金流入小计		9 140 000	
购买商品、接受劳务支付的现金		600 000	（6）600 000
支付给职工以及为职工支付的现金		600 000	（8）600 000
支付的各项税费		2 965 593	（27）1 050 000 （29）② 1 915 593
支付其他与经营活动有关的现金		—	
现金流出小计		4 165 593	
经营活动产生的现金流量净额		4 974 407	
二、投资活动产生的现金流量			
收回投资收到的现金		330 000	（3）330 000
取得投资收益收到的现金		150 000	（12）②150 000
处置固定资产、无形资产和其他长期资产收回的现金净额		3 629 000	（21）②③3 290 000 （21）⑥339 000

续表

项　目	行次	本期金额	备注（对应会计分录编号及金额）
处置子公司及其他营业单位收到的现金净额			
收到其他与投资活动有关的现金		—	
现金流入小计		4 109 000	
购建固定资产、无形资产和其他长期资产支付的现金		6 180 000	（8）50 000 （18）1 130 000 （22）5 000 000
投资支付的现金		1 120 000	（16）①1 120 000
取得子公司及其他营业单位支付的现金净额			
支付其他与投资活动有关的现金		—	
现金流出小计		7 300 000	
投资活动产生的现金流量净额		-3 191 000	
三、筹资活动产生的现金流量			
吸收投资收到的现金		—	
取得借款收到的现金		9 200 000	（13）①200 000 （20）①9 000 000
收到其他与筹资活动有关的现金			
现金流入小计		9 200 000	
偿还债务支付的现金		650 000	（7）250 000 （20）②400 000
分配股利、利润或偿付利息支付的现金		22 500	（7）12 500 （13）②10 000
支付其他与筹资活动有关的现金		—	
现金流出小计		672 500	
筹资活动产生的现金流量净额		8 527 500	
四、汇率变动对现金及现金等价物的影响		—	
五、现金及现金等价物净增加额		10 310 907	
加：期初现金及现金等价物余额			
六、期末现金及现金等价物余额			

（二）现金流量表补充资料的填列——间接法

将净利润调节为经营活动现金流量，需要调整的项目具体分析如下（为节省篇幅，将性质相同的项目归类分析）：

（1）资产减值准备及信用减值准备。企业本期计提的各类资产减值准备及信用减值准备，因为其减少了本期利润但并不付现。

（2）固定资产折旧、无形资产摊销、长期待摊费用摊销。本期计提的固定资产折旧、摊销的无形资产及长期待摊费用，但不含记入“在建工程”或“研发支出——资本化支出”账户的固定资产折旧、无形资产摊销等，调整原因同上。

（3）处置固定资产、无形资产和其他长期资产的损失（收益以“-”号填列）。属于影响净利润的非经营活动损益，应予以调整。

（4）固定资产报废损失（收益以“-”号填列）。属于影响净利润的非经营活动损益，应予以调整。

（5）公允价值变动损失（收益以“-”号填列）。本期确认的公允价值变动损益并没有实际发生现金流出或流入，故应予以调整。

（6）财务费用（收益以“-”号填列）。若是与经营活动有关的财务费用（如商业汇票贴现支付的利息或申请银行承兑而支付的手续费等），因其对利润的影响与对经营活动现金流量的影响是同步的，故无须调整，即该项目不含与经营活动有关的财务费用。而与经营活动无关的财务费用（如支付的借款利息等），属于非经营活动费用，故应予以调整。

（7）投资损失（收益以“-”号填列）。企业发生的投资损益属于投资活动产生的损益，不属于经营活动产生的损益，故在将净利润调节为经营活动现金流量时应予以调整。如为净损失，应予加回；如为净收益，应予减去。

（8）递延所得税资产减少（增加以“-”号填列）及递延所得税负债增加（减少以“-”号填列）。本项目均只考虑与所得税费用对应的递延所得税资产或递延所得税负债的增减部分，因影响了净利润，但没有实际发生现金流出或流入，故应予以调整。

（9）存货的减少（增加以“-”号填列）。存货的减少通常最终会增加营业成本，进而减少利润，但其并没有付现，故应予以调整增加。但不含计入投资活动和筹资活动部分的存货增减变动。

（10）经营性应收项目的减少（增加以“-”号填列）。经营性应收项目包括各种应收及预付款项，如应收账款、应收票据、预付账款、其他应收款等，同时应考虑坏账准备的期初、期末余额对该项目的影响。但不含计入投资活动和筹资活动的经营性应收项目增减变动部分。

（11）经营性应付项目的增加（减少以“-”号填列）。经营性应付项目包括各种应付及预收款项，如应付账款、应付票据、预收账款、应付职工薪酬、应交税费、其他应付款等，但不含计入投资活动和筹资活动的部分，如在建工程人员的应付职工薪酬及应由在建工程承担的应交税费就不包括在此项目中。

第五节 所有者权益变动表

一、所有者权益变动表的内容及结构

(一) 所有者权益变动表的概念及内容

所有者权益是指企业资产扣除负债后由所有者享有的剩余权益。所有者权益的来源包括所有者投入的资本（包括实收资本和资本公积）、其他综合收益、留存收益（包括盈余公积和未分配利润）等。

所有者权益变动表是反映构成所有者权益的各组成部分当期的增减变动情况的报表。其不仅反映所有者权益总量的增减变动，还包括所有者权益各项目增减变动的重要结构性信息，有助于报表使用者理解所有者权益增减变动的根源。

在所有者权益变动表中，综合收益和企业与所有者（或股东）的资本交易导致的所有者权益的变动，应当分别列示。企业至少应当单独列示反映下列信息的项目：(1) 综合收益总额；(2) 会计政策变更和前期差错更正的累积影响金额；(3) 所有者投入资本和向所有者分配利润等；(4) 按照规定提取的盈余公积；(5) 所有者权益各组成部分的期初和期末余额及其调节情况。

(二) 所有者权益变动表的结构

企业应当以矩阵的形式列示所有者权益变动表：一方面，列示导致所有者权益变动的交易或事项，按所有者权益变动的来源对一定时期所有者权益变动情况进行全面反映；另一方面，按照所有者权益各组成部分（包括实收资本、资本公积、其他综合收益、盈余公积、未分配利润、库存股等）及其总额列示相关交易或事项对所有者权益的影响。

根据准则的规定，企业需要提供比较所有者权益变动表，所有者权益变动表还就各项目再分为“本年金额”和“上年金额”两栏分别填列。所有者权益变动表的具体格式见表14-11。

表14-11 所有者权益（或股东权益）变动表 会企04表

编制单位：华扬股份有限公司 2023年度 单位：元

项目	本年金额										上年金额（略）
	实收资本（或股本）	其他权益工具			资本公积	减：库存股	其他综合收益	盈余公积	未分配利润	所有者权益合计	各栏目内容同“本年金额”栏
		优先股	永续债	其他							
一、上年年末余额											
加：会计政策变更											
前期差错更正											
其他											
二、本年年初余额											
三、本年增减变动金额（减少以“-”号填列）											

续表

项 目	本年金额										上年金额（略）
	实收资本（或股本）	其他权益工具			资本公积	减：库存股	其他综合收益	盈余公积	未分配利润	所有者权益合计	各栏目内容同“本年金额”栏
		优先股	永续债	其他							
（一）综合收益总额											
（二）所有者投入和减少资本											
1.所有者投入的普通股											
2.其他权益工具持有者投入资本											
3.股份支付计入所有者权益的金额											
4.其他											
（三）利润分配											
1.提取盈余公积											
2.对所有者（或股东）的分配											
3.其他											
（四）所有者权益内部结转											
1.资本公积转增资本（或股本）											
2.盈余公积转增资本（或股本）											
3.盈余公积弥补亏损											
4.设定受益计划变动额结转留存收益											
5.其他综合收益结转留存收益											
6.其他											
四、本年年末余额											

二、所有者权益变动表的编制和列报

（一）所有者权益变动表各项目的编制说明

1.“上年年末余额”项目。该项目应根据上年资产负债表中“实收资本（或股本）”“资本公积”“其他综合收益”“盈余公积”“未分配利润”等项目的年末余额填列。

2.“会计政策变更”和“前期差错更正”项目。该项目应根据“盈余公积”“利润分配”“以前年度损益调整”等账户的发生额分析填列，并在“上年年末余额”的基础上调整得出“本年年初金额”项目。

3.“本年增减变动金额”项目。该项目分别以下内容填列：

（1）“综合收益总额”项目，反映企业当年的综合收益总额，应根据当年利润表中

“其他综合收益的税后净额”和“净利润”项目填列，并对应列在“其他综合收益”和“未分配利润”栏。

（2）“所有者投入和减少资本”项目，反映企业当年所有者投入的资本和减少的资本。其中：

①“所有者投入的普通股”项目，反映企业接受投资者投入形成的实收资本（或股本）和资本公积，应根据“实收资本（或股本）”“资本公积”等账户的发生额分析填列，并对应列在“实收资本（或股本）”和“资本公积”栏。

②“其他权益工具持有者投入资本”项目，反映企业发行的除普通股以外分类为权益工具的金融工具的持有者投入资本的金额。该项目应根据金融工具类账户的相关明细账户的发生额分析填列。

③“股份支付计入所有者权益的金额”项目，反映企业处于等待期中的以权益结算的股份支付当年计入资本公积的金额，应根据“资本公积”账户所属的“其他资本公积”二级账户的发生额分析填列，并对应列在“资本公积”栏。

（3）“利润分配”项目，反映当年对所有者（或股东）分配的利润（或股利）金额和按照规定提取的盈余公积金额，并对应列在“未分配利润”和“盈余公积”栏。其中：

①“提取盈余公积”项目，反映企业按照规定提取的盈余公积，应根据“盈余公积”“利润分配”相关明细账户的发生额分析填列。

②“对所有者（或股东）的分配”项目，反映对所有者（或股东）分配的利润（或股利）金额，应根据“利润分配”账户的发生额分析填列。

（4）“所有者权益内部结转”项目，反映不影响当年所有者权益总额的所有者权益各组成部分之间当年的增减变动，包括资本公积转增资本（或股本）、盈余公积转增资本（或股本）、盈余公积弥补亏损等。其中：

①“资本公积转增资本（或股本）”项目，反映企业以资本公积转增资本或股本的金额，应根据“实收资本”“资本公积”等账户的发生额分析填列。

②“盈余公积转增资本（或股本）”项目，反映企业以盈余公积转增资本或股本的金额，应根据“实收资本”“盈余公积”等账户的发生额分析填列。

③“盈余公积弥补亏损”项目，反映企业以盈余公积弥补亏损的金额，应根据“盈余公积”“利润分配”相关明细账户的发生额分析填列。

④“其他综合收益结转留存收益”项目，主要反映：a.企业指定为以公允价值计量且其变动计入其他综合收益的非交易性权益工具投资终止确认时，之前计入其他综合收益的累计利得或损失从其他综合收益中转入留存收益的金额；b.企业指定为以公允价值计量且其变动计入当期损益的金融负债终止确认时，之前由企业自身信用风险变动引起而计入其他综合收益的累计利得或损失从其他综合收益中转入留存收益的金额等。该项目应根据“其他综合收益”账户的相关明细账户的发生额分析填列。

（二）“上年金额”栏的填列

该栏各项目应当根据上年度所有者权益变动表“本年金额”栏内所列数字填列。如果上年度所有者权益变动表规定的项目名称和内容同本年度不一致，应对上年度所有者权益变动表相关项目的名称和金额按本年度的规定进行调整，填入所有者权益变动表“上年金额”栏内。

第六节　财务报表附注

一、财务报表附注概述

（一）财务报表附注的含义和作用

附注是财务报表不可或缺的组成部分，是对在财务报表中列示项目的文字描述或明细资料，以及对未能在财务报表中列示项目的说明等。

财务报表中的数字是经过分类与汇总后的结果，是对企业发生的经济业务的高度概括和浓缩的数字，每个企业对于其所发生的各类经济业务和事项都必须按照财务会计的基本程序、方法予以确认、计量、记录和报告，不同企业所采用的会计政策、估计等可能存在差异，故为了便于财务报告使用者更好地理解和使用这些数字所蕴含的信息，就需要了解不同企业生成这些会计信息时所采用的会计政策和会计估计等信息，也需要对财务报表中被高度概括和浓缩的项目进一步分解、解释或补充，这就需要借助财务报表附注才能发挥报表应有的作用。因此，附注与资产负债表、利润表、现金流量表、所有者权益变动表等报表具有同等的重要程度，是财务报表的重要组成部分。报表使用者要了解企业的财务状况、经营成果和现金流量，应当全面阅读财务报表附注。

（二）财务报表附注披露的总体要求

企业在披露财务报表附注时应当遵循以下要求：

1. 附注相关信息应当与资产负债表、利润表、现金流量表和所有者权益变动表等报表中列示的项目相互参照，以有助于使用者联系相关联的信息，并由此从整体上更好地理解财务报表。

2. 企业在披露附注信息时，应当以定量、定性信息相结合，按照一定的结构对附注信息进行系统合理的排列和分类，以便于使用者理解和掌握。

二、财务报表附注的主要内容

财务报表附注一般应当按照如下顺序列示，并至少应当披露以下内容：

（一）企业的基本情况

1. 企业注册地、组织形式和总部地址。

2. 企业的业务性质和主要经营活动，如企业所处的行业、所提供的主要产品或服务、客户的性质、销售策略、监管环境的性质等。

3. 母公司以及集团最终母公司的名称。

4. 财务报告的批准报出者和财务报告批准报出日。如果企业已在财务报表其他部分披露了财务报告的批准报出者和批准报出日信息，则无须重复披露；或者已由相关人员签字批准报出财务报告，可以其签名及其签字日期为准。

5. 营业期限有限的企业，还应当披露有关其营业期限的信息。

（二）财务报表的编制基础

企业应当根据财务报表列报准则的规定判断企业是否持续经营，并披露财务报表是否以持续经营为基础编制。

财务报表编制的基础还应当包括对会计年度、记账本位币、会计计量所运用的计量基础、现金及现金等价物的构成等方面的说明。

（三）遵循企业会计准则的声明

企业应当声明编制的财务报表符合企业会计准则的要求，真实、完整地反映了企业的财务状况、经营成果和现金流量等有关信息。以此明确企业编制财务报表所依据的制度基础。如果企业编制的财务报表只是部分地遵循了企业会计准则，附注中不得做出这种表述。

（四）重要会计政策和会计估计

1.重要会计政策的说明

企业应当披露采用的重要会计政策，并结合企业的具体实际披露其重要会计政策的确定依据和财务报表项目的计量基础。

（1）重要会计政策的确定依据：主要是指企业在运用会计政策过程中所做的重要判断，这些判断对在报表中确认的项目金额具有重要影响。比如，企业如何判断持有的金融资产是债权投资而不是交易性投资，企业如何判断与租赁资产相关的所有风险和报酬已转移给企业从而符合融资租赁的标准，投资性房地产的判断标准是什么等。

（2）财务报表相关项目的计量基础：包括历史成本、重置成本、可变现净值、公允价值等会计计量属性，比如存货是按成本还是按可变现净值计量等。

2.重要会计估计的说明

企业应当披露重要会计估计，并结合企业的具体情况披露其会计估计所采用的关键假设和不确定因素。重要会计估计的说明，包括可能导致下一个会计期间内资产、负债账面价值重大调整的会计估计的确定依据等。例如，固定资产可收回金额的计算需要根据其公允价值减去处置费用后的净额与预计未来现金流量的现值两者之间的较高者确定，在计算资产预计未来现金流量的现值时需要对未来现金流量进行预测，并选择适当的折现率，企业应当在附注中披露未来现金流量预测所采用的假设及其依据、所选择的折现率为什么是合理的等。

（五）会计政策和会计估计变更以及差错更正的说明

企业应当按照《企业会计准则第28号——会计政策、会计估计变更和差错更正》的规定，披露会计政策和会计估计变更以及差错更正的有关情况。

1.会计政策变更的报表披露

企业应当在附注中披露与会计政策变更有关的下列信息：

（1）会计政策变更的性质、内容和原因。

（2）当期和各个列报前期财务报表中受影响的项目名称和调整金额。

（3）无法进行追溯调整的，说明该事实和原因以及开始应用变更后的会计政策的时点、具体应用情况。

2.会计估计变更的报表披露

企业应当在附注中披露与会计估计变更有关的下列信息：

（1）会计估计变更的内容和原因。

（2）会计估计变更对当期和未来期间的影响数。

（3）会计估计变更的影响数不能确定的，披露这一事实和原因。

3.前期差错更正的报表披露

企业应当在附注中披露与前期差错更正有关的下列信息：

（1）前期差错的性质。

（2）各个列报前期财务报表中受影响的项目名称和更正金额。

（3）无法进行追溯重述的，说明该事实和原因以及对前期差错开始进行更正的时点、具体更正情况。

（六）报表重要项目的说明

企业应当按照资产负债表、利润表、现金流量表、所有者权益变动表及其项目列示的顺序，采用文字和数字描述相结合的方式披露报表重要项目的说明，尽可能以列表形式披露重要报表项目的构成或当期增减变动情况。报表重要项目的明细金额合计，应当与报表项目金额相衔接。

（1）资产负债表各重要项目的明细列示。企业应按各项目的构成明细及期初、期末、本期增减变动，依其在资产负债表中出现的顺序依次进行列示。由于目前在资产负债表中各项资产均只列示净额，在附注部分应将其抵减项目的增减变动情况详细列示出来。如固定资产是以原价减去累计折旧、减值准备后的净额列示的，故在附注中应将其累计折旧、减值准备的计提及增减变动情况予以详细列示。

（2）利润表各重要项目的明细列示。企业对营业收入的不同构成应予以明细列示。由于利润表中的费用是按功能分类列示的，故在附注中对费用可按照性质进行分类列示，如可将费用分为耗用的原材料、职工薪酬费用、折旧费用、摊销费用等。由于其他综合收益是目前利润表新增的项目，企业应在附注中详细披露其各项目构成及增减变动的信息。

（3）在资产负债表日后、财务报告批准报出日前提议或宣布发放的股利总额和每股股利金额（或向投资者分配的利润总额）。

（4）终止经营披露的内容。终止经营的收入、费用、利润总额、所得税费用和净利润，以及归属于母公司所有者的终止经营利润。企业披露的上述数据应当是针对终止经营在整个报告期间的经营成果。

（七）其他需要说明的重要事项

其他需要说明的重要事项包括或有事项、资产负债表日后非调整事项、关联方关系及其交易等，具体的披露要求应遵循相关准则的规定。

【课程思政】

财务报告作为财务会计信息系统的最终对外信息呈现的载体，其对经济业务的正确、精准分类和列报，不仅有助于外部信息使用者决策，也有助于各方对企业管理层受托责任履行情况进行评判，更有助于政府及监管部门对企业“脱实向虚”及时发现和管控。因此，财会行业从业者应该熟练掌握专业知识并深刻领会国家宏观经济政策动向和要求，既为企业管理层专注主业出谋划策，也为宏观经济决策提供准确信息，发挥会计信息对社会经济发展向善的引导和守护作用。

【与国际会计准则的比较及主要差异】

财务报告体系与列报要求与国际会计准则基本一致，主要是四大主表中的利润表、现金流量表与国际会计准则存在一定差异：

1. 利润表的差异。IAS1对利润表的小计项目及其构成没有统一规定，尤其是对营业利润的构成内容与我国相比存在较大差异，其中公允价值变动损益、投资收益、资产减值损失等项目究竟在营业利润的线上还是线下各国并不统一。

2. 现金流量表的差异。我国要求现金流量表同时采取直接法和间接法编制并分别以现金流量表主表与附表形式列报，国际会计准则鼓励企业采用直接法，但并不要求必须同时提供基于间接法的附表。另外对支付现金股利及利息的现金流出的分类也不同于我国，其按照支付现金股利及利息的现金源泉归为经营活动现金流出，我国则按照产生现金流量的原因将其归为筹资活动现金流出。

【与小企业会计准则的比较及主要差异】

1. 报表体系不完全相同。《小企业会计准则》要求企业对外通过的报表包括资产负债表、利润表、现金流量表及附注，即不包括所有者权益变动表。

2. 利润表明细程度及结构不同。《小企业会计准则》要求在利润表中的“税金及附加”项目分别列示消费税、增值税、城建税、资源税、土地增值税及其他零星税种及附加，对销售费用、管理费用要求分别列示广告费和业务宣传费、业务招待费及研究费用等，对营业外支出也要求列报坏账损失、无法收回的债券投资损失、长期股权投资损失等内容，以减少报表附注披露的内容。净利润即为该报表底线，不存在其他综合收益、综合收益总额等内容。

3. 现金流量表要求不同。《小企业会计准则》不要求企业提供以间接法编制的现金流量表附表。

【重点与难点】

（一）重点

1. 财务报表列报的基本原则和要求。

2. 资产负债表的结构和特点、资产负债表的作用及其编制。

3. 多步式利润表的构成及其编制。

4. 现金流量表的概念基础、编制基础及其作用。

5. 现金流量表编制的直接法和间接法及其优缺点。

6. 财务报表附注应包括的主要内容及作用。

（二）难点

1. 采用直接法及间接法编制现金流量表经营活动现金流量。

2. 现金流量表编制的基本原理及与资产负债表、利润表之间的关系。

3. 投资活动现金流量、筹资活动现金流量各项目的理解和编制。

【课后练习】

（一）单项选择题

1. 下列资产负债表项目中，根据总账科目和明细科目余额分析计算填列的是（　　）。

A. 长期借款　　B. 长期股权投资　　C. 货币资金　　D. 应付账款

2.某企业“应收账款”总账科目月末借方余额400万元，其中：A公司借方余额350万元，B公司借方余额50万元；“预收账款”科目月末贷方余额300万元，其中：甲公司贷方余额500万元，乙公司借方余额200万元；与应收账款有关的“坏账准备”明细科目贷方余额为10万元，与其他应收款有关的“坏账准备”明细科目贷方余额为5万元。该企业月末资产负债表“应收账款”项目的金额为（　　）万元。

A.400　　B.600　　C.590　　D.585

3.某企业“应付账款”总账科目月末贷方余额为20 000元，借方明细科目余额为10 000元；“预付账款”总账科目月末借方余额为2 500元，其中：预付A公司账款明细科目借方余额为15 000元，预付B公司账款明细科目贷方余额12 500元。该企业月末资产负债表中“应付账款”项目的金额为（　　）元。

A.25 000　　B.45 000　　C.22 500　　D.42 500

4.下列项目中，不属于流动负债的是（　　）。

A.应付职工薪酬　　B.预付款项

C.预收款项　　D.一年内到期的非流动负债

5.2022年10月31日，“生产成本”科目借方余额50 000元，“原材料”科目借方余额30 000元，“材料成本差异”科目贷方余额500元，“委托代销商品”科目借方余额40 000元，“工程物资”科目借方余额10 000元，“存货跌价准备”科目贷方余额3 000元，则资产负债表“存货”项目的金额为（　　）元。

A.116 500　　B.117 500　　C.119 500　　D.126 500

6.下列业务中，不影响现金流量的是（　　）。

A.计提坏账准备　　B.预付购货款

C.收到现金股利　　D.接受现金捐赠

7.下列各项中属于资产负债表非流动负债项目的是（　　）。

A.应付票据　　B.应付账款　　C.应付债券　　D.应付利息

8.下列各项中，不影响营业利润的项目有（　　）。

A.提供主营劳务收入

B.随同商品出售单独计价的包装物收入

C.固定资产报废的净损益

D.交易性金融资产公允价值上升形成的收益

（二）多项选择题

1.下列资产负债表项目中，应根据有关科目余额减去备抵科目余额后的净额填列的有（　　）。

A.其他应收款　　B.长期股权投资

C.在建工程　　D.无形资产

2.下列各会计科目的期末余额，应在资产负债表“未分配利润”项目列示的有（　　）。

A.应付股利　　B.盈余公积　　C.利润分配　　D.本年利润

3.资产负债表的“存货”项目包括（　　）。

A.生产成本　　B.发出商品

C.材料成本差异　　D.委托代销商品

4. 以下资产可以计提减值准备的是（ ）。

A. 货币资金　　B. 库存商品

C. 交易性金融资产　　D. 长期股权投资

5. 财务报告由（ ）构成。

A. 资产负债表　　B. 利润表　　C. 现金流量表

D. 所有者权益变动表　　E. 附注

（三）判断题

1. 财务会计报告包括财务报表及其附注和其他应当在财务会计报告中披露的相关信息和资料。（ ）

2. 资产负债表各项目“上年年末余额”栏内各项数字，应根据上年年末资产负债表的“期末余额”栏内所列数字填列，若本年度报表项目与上年度相比发生变化的，则应根据上年度报表项目对本年度报表进行调整。（ ）

3. 通过利润表，可以考核企业一定会计期间的经营成果，分析企业的盈利能力及未来发展趋势。（ ）

4. 企业购买股票、债券等付出的现金，属于筹资活动产生的现金流量。（ ）

5. 财务报告附注是对在资产负债表、利润表、现金流量表和所有者权益变动表等报表中列示项目的文字描述或明细资料，以及对未能在这些报表中列示项目的说明等。如果没有需要，企业可以不编制附注。（ ）

（四）简答与思考题

1. 何为财务报告？其主要构成内容及作用是什么？

2. 资产负债表的结构和各项目的排列特点是什么？

3. 现金流量表中的现金概念是什么？现金流量表编制和列报的基础是什么？

4. 现金流量表直接法和间接法的编制原理及各自的优缺点是什么？

5. 综合收益表与传统利润表有何不同？其对财务报表目标有何影响？

参考答案

【知识结构图】

主要参考文献

（一）主要书目

［1］裴仁斯，等. 国际财务报告准则——阐释与应用［M］. 3版. 上海：上海财经大学出版社，2019.

［2］杨雄胜. 会计基本理论研究［M］. 北京：中国财政经济出版社，2021.

［3］傅荣. 中级财务会计［M］. 大连：东北财经大学出版社，2021.

［4］李蕾. 中级财务会计［M］. 2版. 北京：中国人民大学出版社，2022.

［5］刘永泽，陈立军. 中级财务会计［M］. 7版. 大连：东北财经大学出版社，2021.

［6］施先旺，季华. 中级财务会计［M］. 2版. 大连：东北财经大学出版社，2021.

（二）相关论文

［7］樊晓霞，章雁. 新修订薪酬会计准则与IAS19的比较分析［J］. 交通财会，2014（6）.

［8］黄世忠. 优先股性质认定、会计处理及其经济后果分析——基于小米财务报告的案例研究［J］. 财务与会计，2018（10）.

［9］IASB，等. 财务报告概念框架（2018）［J］. 新会计，2018（5-12）.

［10］缪艳娟. 试论改变现金流量表“依附性”的现实路径［J］. 中国农业会计，2020（10）.

［11］缪艳娟，吴慧. 投资收益为何变为扭亏为盈的魔法棒？——基于海南矿业的案例分析［J］. 会计之友，2021（3）.

［12］缪艳娟，吴慧. 投资收益的性质和列报——兼论IASB《一般列报和披露（征求意见稿）》［J］. 财务与会计，2020（19）.

［13］缪艳娟. 其他综合收益：“保稳箱”抑或“收纳箱”［J］. 财会月刊，2022（5）.

［14］闵泽豪. 财务报表附注披露的国际经验借鉴［J］. 财会通讯，2021（17）.

［15］倪敏. 借款费用会计处理国际比较与启示［J］. 财会月刊，2009（3）.

［16］张满军. 对我国上市公司财务报表附注信息披露的思考［J］. 财务与会计，2019（6）.

［17］赵建勇. 确认的公允价值变动损益需要转出吗？［J］. 中国注册会计师，2021（9）.

［18］周俊义. 对小企业会计准则与企业会计准则差异比较［J］. 中国证券期货，2013（5）.

（三）相关政策法规（限于篇幅，仅列示2019年1月1日后发布的）

［19］企业会计准则第7号——非货币性资产交换（CAS 7）（2019年5月9日修订发

布，自2019年6月10日起施行).

[20] 企业会计准则第12号——债务重组（CAS 12）（2019年5月16日修订发布，自2019年6月17日起施行).

[21] 企业会计准则应用指南（2019年版）[M]. 上海：立信会计出版社，2019.

[22] 企业会计准则应用指南（2022年版）[M]. 上海：立信会计出版社，2021.

[23] 永续债相关会计处理的规定（2019年1月28日发布，自发布之日起施行).

[24] 企业会计准则解释第14号（2021年1月26日发布，自发布之日起施行).

[25] 企业会计准则解释第15号（2021年12月30日发布，自发布之日起施行).